존 로스의 한국사

HISTORY OF COREA

Ancient and Modern

WITH

*DESCRIPTION OF MANNERS AND CUSTOMS,
LANGUAGE AND GEOGRAPHY.*

MAPS AND ILLUSTRATIONS.

BY

REV. JOHN ROSS,
Seven years resident in Manchuria.

PAISLEY: J. AND R. PARLANE.

014
그들이 본 우리
Korean Heritage Books

존 로스의 한국사

서양 언어로 기록된 최초의 한국 역사

존 로스 지음
홍경숙 옮김

살림

발간사
'그들이 본 우리' — 상호 교류와 소통을 위한 실측 작업

　우리는 개화기 이후 일방적으로 서구문화를 수용해왔습니다. 지금 세계는 문화의 일방적 흐름이 극복되고 다문화주의가 자리 잡는 등 세계화라는 다른 물결 속에 있습니다. 이제 우리가 주체적으로 우리의 문화를 타자에게 소개함에 있어 진정한 의미에서의 상호 소통을 통한 상호 이해가 필요함은 주지의 사실입니다. 그리고 타자와 소통하기 위한 첫걸음은 그들의 시선에 비친 자신의 모습에 대한 진지한 탐색입니다. 번역은 바로 상호 교류를 통해 자신의 정체성을 확보하기 위한 작업이며, 이는 당대의 문화공동체, 국가공동체 경영을 위해 중요한 과제 중의 하나입니다. 우리가 타자에게 한 걸음 다가가기 위해서는 타자와 우리의 거리를 정확히 인식하여 우리의 보폭을 조절해야 합니다. 그런 의미에서 서구가 바라보았던 우리

근대의 모습을 '번역'을 통해 되새기는 것은 서로의 거리감을 확인하면서 동시에 서로에게 다가가기 위한 과정입니다.

한국문학번역원이 발간해 온 〈그들이 본 우리〉 총서는 바로 교류와 소통의 집을 짓기 위한 실측 작업입니다. 이 총서에는 서양인이 우리를 인식하고 표현하기 시작한 16세기부터 20세기 중엽까지의 우리의 모습이 그들의 '렌즈'에 포착되어 기록되어 있습니다. 그들이 묘사한 우리의 모습을 지금 다시 읽는다는 것에는 이중의 의미가 있습니다. 우선 우리는 그들이 묘사한 우리의 근대화 과정을 통해 과거의 우리를 확인할 수 있습니다. 하지만 이 작업은 다른 면에서 지금의 우리가 과거의 우리를 바라보는 깨어 있는 시선에 대한 요청이기도 합니다. 지금의 우리와 지난 우리의 거리를 간파할 때, 우리가 서 있는 현재의 입지에 대한 자각이 생긴다고 할 수 있습니다. 이런 의미에서 이 총서는 시간상으로 과거와 현재, 공간상으로 이곳과 그곳의 자리를 이어주는 매개물입니다.

이 총서를 통해 소개되는 도서는 명지대－LG연암문고가 수집한 만여 점의 고서 및 문서, 사진 등에서 엄선되었습니다. 한국문학번역원은 2005년 전문가들로 도서선정위원회를 구성하고 많은 논의를 거쳐 상호 이해에 기여할 서양 고서들을 선별하였으며, 이제 소중한 자료들이 번역을 통해 일반인들에게 다가감으로써 우리의 문화와 학문의 지평을 넓혀줄 것으로 기대합니다. 한국문학번역원은 이 총서의 발간을 통해 정체성 확립과 세계화 구축을 동시에 이루고자 합니다. 우리 문학을 알리고 전파하는 일을 핵심으로 하는 한국문학번역원은 이제 외부의 시선을 포용함으로써 상호 이해와 소통이 현실적으로 가능하도록 더욱 노력하겠습니다.

끝으로 이 총서가 세상에 나오게 힘써주신 여러분들께 감사드립니다. 특히 명지학원 유영구 이사장님과 명지대-LG연암문고 관계자들, 도서 선정에 참여하신 명지대 정성화 교수님을 비롯한 여러 선생님들, 번역자 여러분들, 그리고 출간을 맡은 살림출판사에 감사드립니다.

2009년 5월
한국문학번역원장 김주연

옮긴이의 말

 선교사 존 로스는 한국과 관련하여 몇 가지 부문에서 '최초'라는 수식어를 가지고 있다. 그는 서양 언어로 최초의 한국 역사책과 한글 문법책을 펴냈으며, 최초로 『신약성서』를 한글로 번역했다. 로스가 속했던 스코틀랜드 에든버러의 연합장로교회United Presbyterian Church of Scotland 선교본부는 로스가 노방전도나 전도 여행 등 전통적인 선교 활동에 전념하지 않고 한글 성서 번역과 역사서 기술 등 학구적인 일에 너무 많은 시간을 낭비한다는 이유로 그를 심하게 징계하기도 했다.

 로스는 한국인들에게 기독교의 교리를 제대로 전달하기 위해서는 선교사들이 한국 역사와 문화를 이해해야 하며, 한국인들이 평소에 사용하는 말로 쓰여진 성경이 반드시 필요하다고 생각했다. 이러한 그의 태도는 동시대의 다른 선교사들과 사뭇 다른 것이었다. 그리고 당시에 보편적으로 알려져 있던 선교 철학과도 많은 차이가 있었다. 선교사였던 그가 19세기 말엽 풍전등화 같은 형편에 처한 이 작은 나라의 역사와 언어에 이런 깊은 관심을 갖게 된 동기는 과연 무엇이었을까.

로스가 태어나 어린 시절을 보낸 스코틀랜드 시골 마을에서는 19세기 중엽까지도 영어가 아닌 그곳 고지 사람들이 사용했던 게일 말을 썼다. 그리고 학교에 가서야 로스는 비로소 정식으로 영어를 배웠다. 말하자면 영어도 그에게는 외국어나 마찬가지였다. 어린 시절에 외국어를 습득하는 경험을 한 로스에게 한국어나 중국어와 같은 생소한 언어를 공부하는 일은 남들보다 훨씬 수월했을 것이다. 이를 증명이라도 하듯 로스는 중국에 간 지 1년 만인 1873년에 중국어로 첫 설교를 한다.

로스는 만주를 오가는 상인들 덕분에 처음으로 한국인과 한글에 관심을 갖게 되었다. 만주에서 선교 활동을 시작한 로스는 1876년 고려문을 방문하여 이응찬이라는 한약재 상인을 만난다. 이응찬은 로스의 첫번째 한국어 선생이자 성서 번역의 조력자가 되었다. 로스는 한글의 가치와 잠재력을 한국인들보다 더 잘 알았다. 아마도 언어에 대한 그의 재능이 이런 통찰력을 갖게 했는지도 모르겠다. 그는 "그들의(한국인들의) 알파벳은 너무나 아름답고 단순하여 30분 만에 이 글을 충분히 습득할 수 있다"고 말했다. 그리고 당시 한국인들이 한글에 대해 가지고 있던 태도를 로스는 이렇게 표현했다. "한국인은 자국의 문자가 있다는 사실을 낯선 사람들에게 인정하기를 꺼리며 늘 한자를 쓴다고 말한다. 그리고 한글의 존재가 알려진 후에도 가르쳐 주기를 내켜하지 않을 뿐 아니라, 그 글로 말을 쓰는 것은 더욱 싫어한다. 이것은 물론 낯선 사람들에 대한 경계심과, 자기 나라의 험한 땅을 그들이 빼앗으려 한다는 두려움 때문이다. 게다가 이들은 자국의 언어로 읽고 쓰는 능력이 교육받은 사람의 자격을 부여하는 충분한 조건이 되지 않는다고 여긴다."

로스는 이응찬의 도움을 받아 1877년에 『한국어 입문 Korean Primer』을 출판했고, 같은 해에 한글 신약성서 번역을 시작한 것으로 미루어 이 입문서가 성서 번역의 초석이 되었으리라고 생각된다.

언어적인 관심 외에 로스가 한국의 언어와 문화에 관심을 갖게 된 또 다른 이유는 그의 선교 철학과 관련이 있다. 먼저 그는 기독교 신앙은 그 나라의 문화를 바탕으로 뿌리를 내려야 한다고 생각했다. 또한 교회는 외국인 선교사의 활동에 따라 성장하는 것이 아니라, 개종한 현지 기독교인들의 생활과 전도 활동을 통해서 성장해야 한다고 믿었다. 본국 선교부의 비판을 받으면서까지 한국어 성경 번역

작업을 중단하지 않은 이유도 여기 있다. 로스는 '사서삼경' 등 한학에 깊은 관심을 가지고 실제로 열심히 공부했으며, 전도를 할 때 이것을 많이 이용했다. 그는 유교를 비판한 적이 없으며 훌륭한 가치관으로 높이 평가했다. 이 책에서도 제사처럼 기독교에서 금지한 예식들에 대해 사실적인 묘사들과 더불어 그 속에 담긴 의미를 전달하고자 했다. 그리고 설교에서 이런 전통적인 가치관들을 기독교 교리를 전하는 데 사용했다.

로스는 본토인들이 자국의 선교를 맡아야 한다고 생각했기 때문에 성경 번역뿐 아니라 신학 교육에도 남다른 열정을 쏟았다. 스코틀랜드의 선교본부는 이런 그의 노력이 선교활동과 직접 연관이 없다는 이유로 심하게 질책했다. 그는 당시 '은자隱者의 왕국'으로 알려졌던 한국이 문호를 개방하기를 바랐고, 종교적인 목적이든 정치적인 목적이든 한국과 관계를 맺기 원하는 서양인들은 먼저 한국의 문화와 전통을 이해하기를 바랐으며, 이를 위해 많은 노력을 기울였다. 이 책은 그의 이런 바람이 이루어지는 데 보탬이 되기를 바라는 마음에서 쓰여진 것이다. 한국을 이해하려는 그의 노력은 본문 곳곳에서 목격된다.

"한국인들은 긴 수염을 기르고 꼭 붙는 짧은 옷을 입는 사람들은 모두 같은 나라 사람은 아니더라도 동일한 이익을 추구한다고 생각했다. …… 따라서 선교사들도 군함과 한통속으로 여겼다. 그렇다면 외세의 비밀 요원으로서 한국인들의 땅과 자유를 넘보는 자들이 죽임을 당하고, 이른바 '한국인-외국인들'이라 불리는 수천에 달하는 그들의 개종자들이 동일한 운명을 맞게 된 것이 그리 놀라운 일은 아닐 것이다. …… 이런 이유로 살인을 저지르는 것에 대해서는 변명의 여지가 없으나 그 원인을 이해한다면 그들(한국인들)의 행동이 납득이 간다."

이 책은 '한국의 역사 History of Corea'라는 원제와 달리 중국과 만주의 역사를 주로 다루었다고 해도 과언이 아니다. 고구려와 신라에 대한 장들이 따로 있기는 하지만 주로 이들 국가들과 중국의 관계를 언급하고 있으며, 9장 이후부터야 본격적으로 한국을 다루고 있다. 로스는 한국에 대한 전문적인 자료 없이 『자치통감』과 같은 중국의 사료와 로스의 성서 번역을 돕던 한국인들에게 들은 이야기를 토대로 기록했다. 그리고 자신이 관찰한 한국인들의 생활상을 엿볼 수 있는 재미있는 사실들도 끼워 넣었다.

"한국인들은 중국인들과는 달리 중국 시장에 나와 있는 싸구려 영국 무명은 어떤 가격에도 사용하지 않았다. 평민들은 상인이든 농부든 긴 옷을 입었고, 흰색이라고 하지만 푸른빛을 돌게 하여 상복의 색과 구별했다."

또한 한국 여성들의 의복에 대한 그의 견해도 흥미롭다.

"여성들은 속에 가슴 바로 밑에까지 오는 작은 재킷을 입는다. 이것은 길이 외에는 코르셋과 비슷한 점이 전혀 없다. 몸에 꼭 맞기는 하지만 폐를 눌러 폐결핵의 원인이 되는 법도 없다."

그리고 로스는 당시에 한국과 중국에서 사용되던 천연두 예방 접종을 이렇게 설명했다.

"예방 접종은 이미 수세기에 걸쳐 알려져 있었고, 또 시행되어 왔다고 한다. 그 방법은 아주 기묘했으며 어머니가 아닌 사람도 충격을 받기에 충분했다. 천연두 환자의 고름을 콧구멍으로 밀어 넣어 거기 들러붙게 했는데, 이렇게 하면 어머니의 마음을 아프게 하는 수술용 칼을 사용하지 않아도 되기 때문이다. 부자들은 물약을 준다. 그러나 어떤 방법을 취하든 약을 쓴 후 사흘째가 되면, 콧구멍으로 넣었든 목으로 삼켰든 천연두가 나타난다. 예방 접종을 받은 사람들의 10분의 9가 살아남으니, 예방 접종의 유무에 따라 생존율이 뒤바뀌는 셈이다."

그러나 부족한 자료 때문이었는지 잘못 알고 있는 사실들도 있다. 예를 들어 혼인에 관한 장에서 그는 이혼에 대해 이렇게 언급하고 있으나 1800년대 후반 한국에 이렇게 자유로운 이혼관을 가진 사람이 있었다고는 생각되지 않는다.

"그들은 혼인할 때 글씨가 쓰인 빨간 종이를 받는데 이혼할 때 이것을 둘로 나누어 각각 하나씩 갖는다. 혹시 미래에 문제가 생길 경우 남편은 이것을 보여 주어 그가 이혼했다는 사실을 증명하지 않으면 다시 결혼할 수가 없다. 한국에서는 결혼한 부부들이 '성격 차이' 혹은 그 외 다른 이유로 많이 갈라서는데 이것은 그리 놀라운 일도 아니다."

비록 역사책이라고 하기에는 미흡한 점이 있을지라도 서양 언어로 쓴 최초의 한국 역사책이라는 의미에서 우리는 로스에게 큰 빚을 졌으며, 그의 발자취를 짚어 보는 작업이 보다 활발하게 이루어져야 한다고 생각한다. 우리는 로스가 한국을 단지 문명화와 기독교화의 대상인 미개한 국가가 아닌, 오랜 역사와 고급한 수준의 문화를 지닌 독립 국가로 보았음을 이 책을 통해서 알 수 있다. 그는 목적이 선교든 정치·경제적인 관계든, 먼저 그 나라의 언어와 문화를 알아야 하며, 그 나라 백성들의 자주적인 결정을 존중하고 따라야 한다고 생각했다. 『존 로스의 한국사』도 이런 그의 가치관의 산물이라고 해야 할 것이다.

차례

발간사 · 5

옮긴이의 말 · 8

서론	21
제1장 고조선	33
제2장 선비족	70
제3장 연왕	106
제4장 연 왕국	144
제5장 고구려	201
제6장 신라	240
제7장 거란	316
제8장 여진족	367
제9장 조선	410
제10장 조선 사회의 관습	468
제11장 종교	554

제12장 정부   564

제13장 조선어   582

제14장 지리   611

중국지명의 현대 표기 · 643

찾아보기 · 646

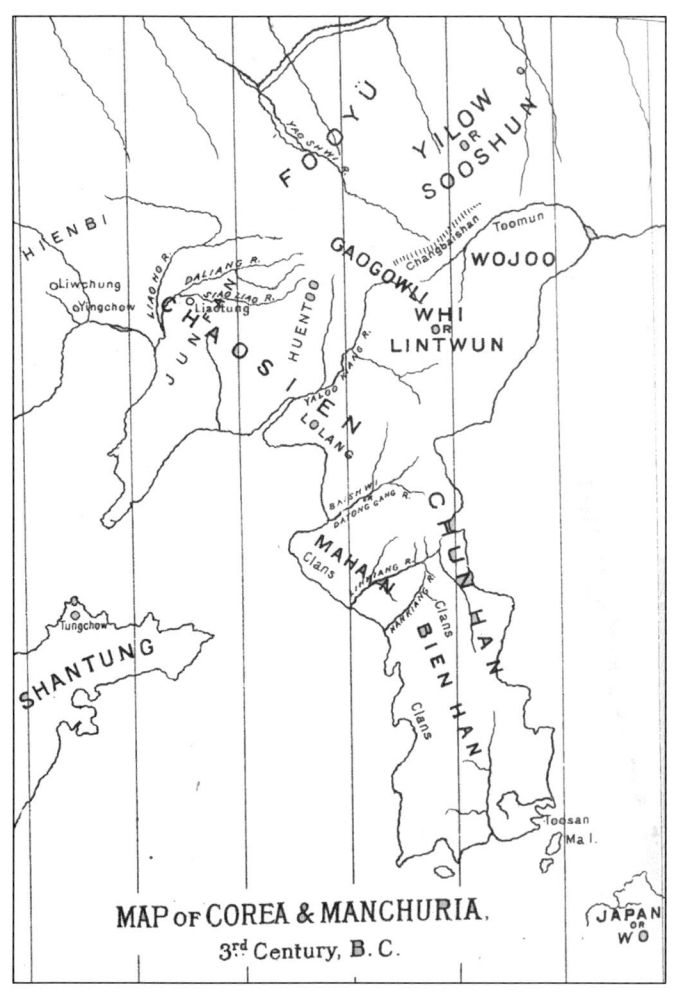

지도 1 한국과 만주(3세기)

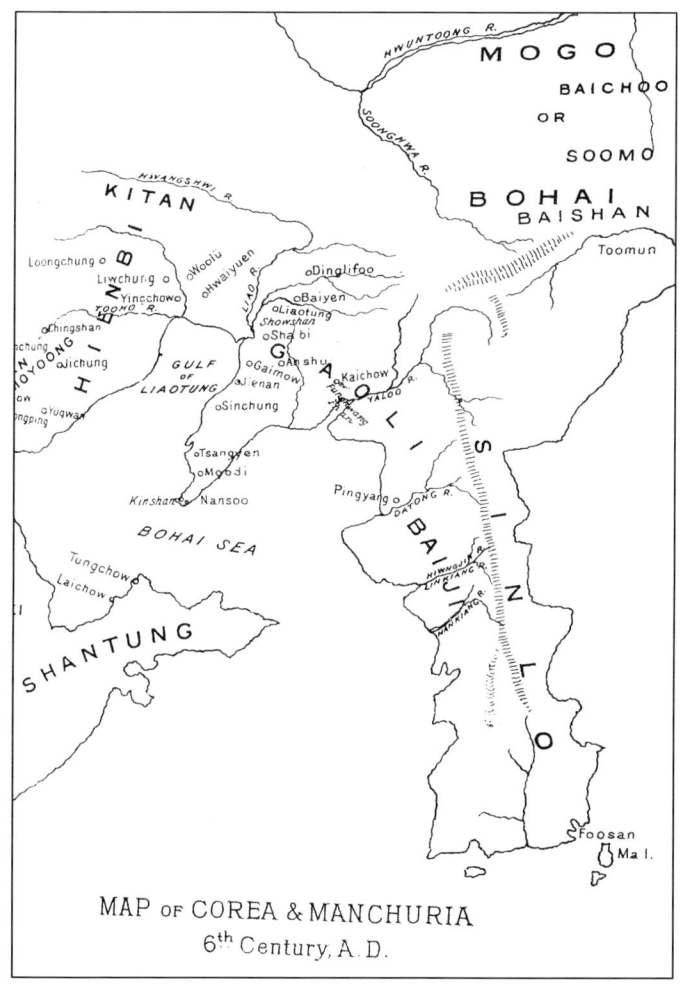

지도 2 한국과 만주(6세기)

※ 일러두기
* 중국 지명은 한자음을 그대로 적고 현재 발음을 찾아보기로 정리하였다.
* 한반도에 있었던 국가 이름은 당시 이름을 쓰는 것을 원칙으로 하고 한국 전체에 해당하는 부분에서는 그대로 한국으로 표기하였다.

서론

 중국의 역사가 자국에 관한 기록에 한해서는 태곳적 먼 옛날의 짙은 안개 속으로 독자들을 이끌고 가지만, 우주의 '중심'에 있었던 이 나라의 역사가들이 이웃한 외국인들에 대해서는 조공이나 전쟁 등으로 자국 정부와 접촉이 있을 때만 언급한 것은 유감스러운 일이다. 중국의 학자들은 지금까지도 민족학과 언어학을 연구할 가치가 있는 학문 분야로 간주하지 않는다. 막스 뮐러Max Müller가 고대 그리스인, 유대인, 로마인들의 학문적 고립과 인종적 자만심을 한탄한 바 있지만, 중국인들은 19세기에 와서도 여전히 중국을 세계의 중심으로 여기고 있다. 그리고 그 밖의 다른 나라들은 특이할 만한 것이라고는 전혀 없는 야만인들이어서, 중국의 언어만이 문명화된 소통수단이며 중국의 학문만이 학자들이 진지하게 다룰 만한 가치가 있다고 여기고 있다. 따라서 중국을 에워싸고 사면의 바다 구실을 하는 여러 이방 민족들과 중국의 관계에 대해서는 상세하게, 또 사실 정확하게 기술하면서도 이런 야만 왕국들의 언어나 인종에 대해 심도 있게 다룬 예는 찾아볼 수 없으며, 극히 드물게 일부 국가들의 관습이나 풍습을 기록한 보잘것없는 목록이 있을 뿐이다. 만일 중국의 북쪽과 서쪽의 야만족들이 이런 실정이라면, 북동쪽의 민족들에 대해서는 이보다 훨씬 심한 것이 사실이며, 이 지역이 수세기 동안 중국 역사의 장에서 중요한 역할을 담당했고, 또한 중국의 운명에 지대한 영향을 끼친 점을 고려할 때 더욱 안타까운 일이 아닐 수 없다.

    중국이 이렇다 할 국가의 모습을 갖추기 오래전에 이미 이 지역에 사람이 살기 시작했다는 것은 분명한 사실이다. 중국인들이 자신들보다 앞서 도처에 퍼져 있던 유목민 또는 유목 민족들을 자신들의 경작지 궤도 밖으로 몰아냈으며 또 이름도 존재도 모르는 유목민들의 무리가 자신들의 세력이 미치지 않는 곳 저 너머에 살고 있었다는 사실을 언급하지 않는다면 중국 고대사를 잘못 이해하는 것이 된다. 중국은 13세기가 되어서야 최초로 대만臺灣에 관리를 보냈다. 이런 사실로 미루어 볼 때, 대만 해협보다 더 건너기 힘든 미개의 평원과 불모의 산으로 분리되어 멀리 떨어져 있던 북부와 북동부에 있던 민족들의 실재에 대해서 수세기에 걸쳐 무지한 상태였다는 사실은 그리 놀랄 만한 일이 아니다.

중국 역사의 여명은 그 출처가 의심스러운 부분이 많은데, 물론 사실에 근거한 것은 분명하지만 어디서 사실이 끝나고 신화가 시작되는지 단언하기가 힘들다. 그러나 '만주'라는 잘못된 이름으로 알려졌던 나라에 대한 언급들은 너무나 보편적이어서 의심의 여지가 없다.

기원전 23세기 전, 또한 아브라함이 태어나기 4세기 전, 요임금과 순임금의 어버이 같은 정부가 중국 땅을 황금기의 축복으로 가득 채웠을 무렵, 요동반도와 만주로 알려진 나라에는 숙신 혹은 주신족이 거주했으며, 이들의 후손들은 현재 아시아 절반의 운명을 지배하고 있다. 이 고대 순족은 홍경興京의 북부 및 그 주변 지역을 차지했다고 전해진다. 우리는 요동반도의 나머지 지역도 이들이 지배했거나 사슴과 호랑이가 차지하고 있었으리라고 추측할 따름이다.

중국인들은 서쪽에서부터 지금의 영토로 들어왔는데, 황하黃河를 따라오다 강을 가로질러 나 있는 주요 도로를 통과한 것이 분명하며, 하북성河北省의 남서부 그리고 태원을 포함한 산서성山西省의 북부 중심 지역은 항상 중국 본토의 중요한 부분으로 간주되어 왔다. 우왕(기원전 2200)이 나라를 아홉 주 혹은 성으로 나누었을 때, 기주冀州는 하북성의 남서부와 산서성의 북부 중앙을 포함했으며, 청주靑州는 산동성 북서부와 하북성 동부와 남동부로부터 북으로는 요서까지 포함했다. 기주의 북부는 후에 유주幽州[1]라는 성으로 독립되었으며, 청주의 북부는 영주營州라고 불렀는데 하북성과 요서에 걸쳐 있었다. 중요한 출처들에 따르면 이곳은 산해관山海關 너머, 오늘날의 형주荊州[2] 지역을 포함한다. 유주는 후에 수세기에 걸쳐 요서성遼西省 혹은 서요성西遼省으로 불렸고, 영주는 요동성遼東省 혹은 동요성東遼省으로 불렸다. 중국 고대사를 공부할 때 이 점을 특히 유의해야 하는데, 혹시라도 요하遼河 강 서부와 동부를 가리키는 요서遼西와 요동遼東을 현재의 의미와 같은 것으로 혼동할 수도 있기 때문이다.

요동반도 남쪽에 있는 왕국이 알려지기 시작한 것은 주周나라(기원전 12세기) 때였다. 고조선[3]이라는 이 왕국은 형주의 동쪽에서부터 대동강大同江에 이르는, 요하강과 압록강을 포함하는 기름진 땅을 차지했다. 이 나라는 남으로는 바다에 닿았고, 북으로는 현재의 심양瀋陽 국경까지 이르렀다. 고조선 사람들은 주신들이 분명하며, 이들은

---

1 오늘날의 북경.
2 지도에는 이렇게 표시되어 있지만 중국인들은 'Jinchow'라고 쓰고 부른다.
3 저자는 고조선을 조선Chaosien으로 표기하나 혼동을 피하기 위해 수정한다(옮긴이).

인구가 점점 늘어나 남쪽으로 이주했다. 이 무렵에는 패수浿水 혹은 대동강 동쪽과 남동쪽으로도 100여 개가 넘는 '왕국'들 혹은 독립된 씨족들이 있었다. 또한 여러 무리의 미개한 주신들이 있었을 것이다. 하북성의 북부 지역에는 그 당시부터 40세기에 걸쳐 몽골 유목민들 혹은 그들의 후손인 토착민들이 살았다. 기원전 18세기에 주신이라는 이름은 숙신으로 바뀌었고, 6세기 후부터 오늘날에 이르기까지 조선의 북쪽과 북동쪽의 땅이 미개한 숙신들의 차지가 되었다.

따라서 중국의 역사 기록이 요동만遼東灣에서 북극해까지, 또 우랄산맥에서 태평양에 이르는 광대한 지역의 초기 역사에 대한 빈약하지만 현실성 있는 기록을 제공한다고 본다면, 이곳 주민들이 미개한 유목민들이었음을 추측할 수 있다. 사실 비교적 근대에 이를 때까지도 이 땅의 대부분을 차지하던 사람들은, 땅을 갈지 않았고 불을 사용할 줄 몰랐으며, 여름에는 산에서 살고 겨울에는 구덩이를 파고 살았다. 또 앞뒤로 네모난 헝겊을 걸친 것이 의복이었고, 겨울에는 몸에 2센티미터 두께로 돼지기름을 바르는 것이 전부였다. 따라서 고기를 주식으로 했고, 그것도 날것으로 먹었던 주신족이 어느 모로 보나 미개인들이었다고 확신해도 무방할 것이다.

기자箕子가 보인 본보기를 따르는 자들이 많아서, 그가 고조선으로 피난 온 후로 이민자들이 중국에서 요동반도로 불규칙적으로 넘어

왔으며, 그 후 100년 동안에 그 수가 가장 많았다. 많은 사람들이 탄압을 피해 은신처를 구하러, 또 법을 피해 도피처를 구하러 접근하기 힘든 유목민들에게 찾아들었다. 그러나 이것을 통해 중국 문명이 전달되었을 수도 있으며 또 어느 정도는 전달된 것이 분명하지만, 이들의 기질과 관습의 특징은 대체로 변화 없이 남아 있었다. 늘 수많은 왕국들로 나뉘어 있었던 이 지역에서 그들의 관습이 갖는 유사점과 차이점을 확인하는 것은 불가능한 일이다. 언어들은 비록 그 어족은 다르다고 하더라도 오늘날까지도 동일한 범주에 속한다. 이들의 다양한 언어들이 아무리 서로 다르다고 해도, 3,000년 아니 2,000년 전에도 지금처럼 각각 달랐으리라는 확실한 증거는 없다. 우리는 유추를 통해 그 반대의 결론에 도달하게 될 것이며, 이 지역의 우랄알타이어족 언어들이 한때는 동일한 하나의 언어였고, 지금처럼 중국어와는 전혀 달랐다는 것을 추론할 수 있을 것이다. 한(漢) 왕조 때 – 그리스도 이전과 동시대, 또 그 후에도 – 몽골, 만주, 한국 등 우랄알타이어족[4] 사람들의 이름과 지명은 오늘날과 마찬가지로 다음절이었다. 우리가 더 이상 알 수 있는 바는 없으며, 이와 같은 중국 역사의 초기에 이 광범위한 지역에 공통된 우랄알타이어

---

4 우랄알타이어족 : 우랄어족과 알타이어족을 동일한 계통으로 보고 전에 정립된 일이 있었던 어족이지만 현재는 부정되고 있다(옮긴이).

語의 원형의 존재를 증명하는 흔적을 찾기는 불가능하다.

기자가 중국 문명을 고조선의 숙신들에게 전한 후에도 오랫동안 유주와 영주는 미개한 상태로 남아 있었다. 그러나 당시에는 요서와 요동이었던 이 지역이 전국시대(기원후 5세기)에는 연燕나라로 체계화되었기 때문에 생활 방식의 변화가 있었을 것이며 땅을 경작하는 방법도 터득했을 것으로 추측된다.

여러 세기에 걸친 무정부 상태와 혼란, 유혈의 참사를 진秦 왕조의 시황제始皇帝가 평정하고 중국을 통일하였다. 그는 기원전 239년에 만리장성을 쌓기 시작했으며, 유주는 요서군으로 또 영주는 요동군으로 개명했다. 중국 최초의 강력한 왕조인 한漢 왕조가 진나라를 정복했으며, 기원전 206년부터 중국을 다스리기 시작해서 그 이름이 500년 동안이나 중국의 정사에 등장한다. 이 왕조 이후부터 중국인들은 스스로를 '한족'이라고 즐겨 불렀다.

한 왕조는 중국의 왕좌에 굳건히 자리 잡자마자 고조선에 강력한 원정대를 파병했다. 물론 고조선은 당시 동쪽에서는 끊임없는 분쟁을 계속했지만 기원전 2세기까지는 중국과 어떤 전쟁도 치르지 않았다. 끈질긴 저항도 압도적인 숫자와 잘 훈련된 군대 앞에서는 소용이 없었으니, 결국 고조선은 멸망했다. 고조선이 패망할 바로 그 시기에 부여인들이 고대와 근대 조선의 토대를 놓았으며, 이들의 본거지인 압록강 상류는 처음에는 고구려, 또 후에는 고려라는 이름으로 불렸다. 숙신은 또 부여의 북동쪽에 읍루挹婁라는 강력한 왕국을 세웠는데, 부여의 영광도 그 앞에서 희미해지기 시작했다.

한나라는 그 세력이 고조선으로 뻗기 시작하자마자 쇠퇴기로 접어들었다. 동한東漢은 원래 조선으로 불리던 지역을 봉건 왕국으로 인정했다. 한 왕조는 말기에 이르러 공손탁公孫度을 현도 태수로 임명했다. 그러나 왕조의 영향력이 쇠퇴하여 멀리까지 미치지 못하게 되었고, 공손탁은 처음에는 요동후遼東侯의 직위를 취했으며, 후에 요동왕 혹은 봉건왕의 직위를 취했다. 그는 요동 지방과 요서 지방 전체를 다스렸으며, 나라를 서요西遼, 동요東遼, 중요中遼로 나누었고, 이웃한 군소 왕국들은 그의 지배를 인정할 수밖에 없었다.

한 왕조라는 배가 난파하자 살아 있는 무수한 판자 조각들이 서로 제일 위로 떠오르기 위해 발버둥을 쳤다. 이들 가운데 위魏가 중국 북동부에서 주도권을 잡았으며, 공손도의 손자를 공격하여 전복시키고 요동을 북방 왕조에 합병시켰다. 위나라가 쇠퇴의 길을 걷는 동안 고구려는 장백산의 남서쪽 비탈을 중심으로 꾸준히 성장했으며 점차 요동 지방 전체로 확장되었고, 고조선의 동쪽이자 고구려의 남동쪽에 자리 잡고 있던 백제百濟는 요서 지방을 차지했다. 이들을 몰아낸 진 왕조(기원후 3세기)는 요동에 봉건 왕국을 세웠다. 그러나 진나라의 세력은 급속하게 소멸했고, 모용귀慕容歸가 평주와 요하강 서부를 차지했다. 그리고 수隋나라(기원전 6세기) 때에는 고구려가 다시 요동을 정벌하여, 수 황제가 보낸 압도적인 병력에도 불구하고 물러나지 않았다. 당태종唐太宗이 고구려를 압록강 너머로 몰아냈다. 그리고 한나라가 고조선을 멸망시켰던 것처럼 당고종唐高宗이 후에 고구려를 섬멸하였으며, 9도독부 42주 100현으로 편제했다. 당나라는 고구려를 제압하는 것으로써 그 한계에 도달하여 더 이상 버티기 힘든 상황에 이른다. 개봉開封의 황제는 고구려의 옛터 북부에 생겨난 발해渤海를 인정하지 않을 수 없었다. 발해국은 남쪽으로는 요동반도까지, 또 서쪽으로는 산해관 혹은 그 너머까지 뻗어 있었다. 발해에는 성벽으로 방비한 도시들과 농업에 종사하는 촌락들, 그리고 학술 기관 등이 있었다. 그러나 발해는 오늘날의 형주의 경계 너머까지 중국을 휩쓸었지만, 뒤를 이은 숙신 왕국들과는 달리 중국 본토까지 침투하지는 못했다. 오히려 남쪽과 남서쪽으로 세력을 넓혀 가던 거란契丹이 발해를 삼켜 버렸으며, 거란은 '랴오' 혹은 요遼라는 이름으로 송宋 왕조를 옛 황하의 남쪽으로 몰아내고 전멸시켜 버리겠다는 엄포를 놓았다.

발해의 세력이 쇠퇴하자마자 여진 혹은 숙신이 재 속에서 다시 살아나는 불사조처럼 서서히 날아올랐다. 이들은 장백산의 북쪽 비탈과 영고탑寧古塔의 아름다운 자연 속에서 발해의 발자취를 따랐는데, 요나라를 요동에서 그리고 중국에서 몰아내고는 황하 북쪽의 중국을 장악하고, 양자강揚子江 북쪽 기슭의 실질적인 지배자가 되어 '김' 혹은 '금'이라는 이름으로 한동안 힘을 잃은 송 왕조를 좌지우지 했다.

고비 사막 북부와 만주 북서부의 몽골인들이 일본해[5]에서 러시아의 심장부에 이르기까지 아시아 전체를 저항할 수 없는 힘으로 휩쓸며 진을 삼켜 버리고, 중국 남부에서 목숨을 이어 가던 송나라를 진압하고 원元 왕조를 세운다. 이들은 요양을 만주의 수도로 삼았고, 일곱 개의 '로' 혹은 구역으로 나라를 나누었다. 그러나 원 왕조는 곧 부패하여 인심을 잃게 되었고, 중국의 도승 하나가 몽골인들을 몰아내고 명明 왕조를 세운다. 요동은 승려의 펜 놀림에 함락당한 셈이다. 그러나 명 왕조는 만주 땅에서 개원 북부로는 그 세력을 확장하지 못했고, 지도상으로 지금은 삼림이 우거진 절벽으로 에워싸여 있는 땅으로 만족해야 했는데, 한때 이곳은 실재했던 것으로 보이며 뒤 알드Du Halde에 따르면 17세기에 존립했다고 한다.

이 왕조도 전에 없던 숙신의 대담한 공격의 물결에 밀려난다. 친

---

5 원문에 sea of Japan이라고 했기 때문에 그대로 표기(옮긴이).

족들이었던 이들의 일족이 200년 이상 중국 땅을 다스렸던 것이다. 장백산 남서쪽 끝과 심양의 동쪽, 폭이 좁고 아름다운, 그러나 황량한 협곡에서 그들은 태어났다. 이들은 만주 왕조로 불렸는데, 만주라는 말은 그들의 언어로 '맑다'는 의미이며 이들을 앞섰던 명 왕조의 이름도 '밝다'는 의미였다.

이런 관점은 요동이 광대한 중국의 운명에 그 부와 자원의 규모를 넘어서는 중요한 역할을 했다는 사실을 보여 주고 있다. 또한 저자가 요동의 역사, 실은 한국의 역사를 현 만주제국 기원의 역사의 필연적인 전조로 간주하는 주된 이유를 설명해 줄 것이다.

이 책을 쓰기 위해 수백 권에 달하는 중국 저서들을 샅샅이 뒤졌으며, 중요한 자료로는 사마광의 『자치통감資治通鑑』, 명 왕조 말년까지 전해 내려왔던 주자朱子의 저서, 『삼국지』 혹은 『만주 전쟁사』, 『동화록東華錄』 혹은 『만주실록』, 내용에 비해 지나치게 부피가 큰 요동사, 그리고 고대 요동의 이해에 도움이 되는 내용의 기행문들이 있다. 한국의 관습, 정치 등에 관한 정보는 일부 말로 전해 들은 것도 있고 한자로 기록된 한국 서적을 통해 얻은 것도 있다.

그 결과는 이렇다. 방대한 양의 자료를 소화하는 과정에서는 조잡한 결과가 나오기 쉽다. 그러나 동아시아의 지적이고 문명화된 인종들을 좀 더 정확히 설명할 수 있고 또한 나의 동포들이 고귀한 특성들을 진정으로 많이 가지고 있는 중국인들에게 깊은 관심을 갖게 된다면, 그 목적은 충분히 달성된 것이다. 그리고 동북아시아의 퉁구스족 인종들의 뿌리를 찾아내려는 노력이 이렇다 할 결실을 내지 못한다고 해도 이런 연구를 수행할 자격을 갖춘 이들에게 어떤 실마리를 제공할 수 있다면 그다지 후회스럽지 않을 것이다.

한국의 의상

제1장
고조선

아시아의 동북부, 일본의 서쪽, 그리고 만주의 동쪽에 위치한 험난한 반도 땅은 서구 사람들에게는 'Corea' 혹은 'Korea'로 알려져 있으나, 자국의 황제가 이 나라의 군주였던 중국인들은 조선Chaosien[6]이라고 불렀다. 조선인들은 두 가지 이름을 다 사용하며, 공식적인 명칭은 조선이지만, 일상적으로는 고리Gori 혹은 고려Gaoli라고 부른다. 오늘날 사용하는 조선이라는 이름은 이 나라가 최초로 중국과 접촉했을 때 사용한 이름이 부활한 것이다. 그러나 당시의 조선은 오늘날의 조선과 동일한 지역을 가리키는 것은 아니며, 현재 조선의

---

6 뒤 알드가 간단하게 언급한 조현Chaohien은 틀린 것이다(지도 1 참고).

대부분은 원래 조선이 있었던 곳을 벗어나 동쪽으로 널리 확장된 상태다.

그런데 옛 조선은 지금보다 훨씬 서쪽으로 뻗어 나가 요동을 모두 품에 안고 있었고, 그 기간은 알 수 없지만 한동안 요서 지방의 많은 부분을 차지하고 있었다. 또 동쪽으로는 평강 혹은 대동강 너머로 상당히 뻗어 나가 있었다. 이 나라의 동쪽에는 수많은 독립 부족들이 있었으며, 후에 백제와 신라라는 두 나라로 합병되었다. 광릉, 요양, 압록강을 잇는 직선이 고조선의 북쪽 극단을 이루며, 남쪽은 바다로 에워싸여 있다.

중국 역사를 통해서는 고조선의 주민들이 어디에서 왔는지 알아내는 것이 불가능하다. 무왕武王의 형제(?)인 기자의 자손이라는 기록은 그저 고조선 왕족의 계보 하나를 알려줄 뿐이며, 그 나라를 구성하는 사람들을 언급한 것은 아니다. 그가 가기 전에도 사람들은 거기에 살고 있었고, 또 얼마나 오랜 세월이 흘렀는지도 알 수 없다. 그들이 주위의 다른 부족들과 마찬가지로 퉁구스족이라는 사실은 의심의 여지가 없다. 그러나 그들이 어디에서 왔는지, 또 언제 이주했는지도 역사는 우리에게 말해 주지 않는다.

한 가지 거의 확실한 점은 이들이 처음에는 미개인이었다는 사실이다. 최초로 비친 역사의 서광은, 비록 희미한 여명에 불과했지만,

문왕文王의 아들인, 주 왕조(기원전 1122)의 시조 무왕이 동생 기자를 고조선의 봉건 영주에 임명했다는 것이다. 그러나 중국 학자들은 '임명'이라는 말은 공자의 조상의 인격을 보호하려는 미사여구에 불과하다고 한다. 사실은 신의가 있고 정직했던 동생이 형의 궁정을 떠나야 했으며, 고조선으로 도피하여 왕으로 선출되었다는 것이다. 그는 새 황제인 무왕에게 당시 중국의 통치자들이 마땅히 취했던 주권을 인정하지 않았다. 중국의 역사와 한국의 전통 모두 기수를 고조선의 원주민들을 문명화시킨 인물로 본다. 그러나 한국의 역사는 기록으로든 구전으로든 중국 역사에 의존하며, 앞으로 보게 되겠지만 오늘날 한국에는 고조선과는 아무런 연관이 없는 사람의 후손들이 거주하고 있다. 기수는 고조선에 예 혹은 예절, 의 혹은 정의, 그리고 농사와 양잠을 보급했다고 한다. 그는 여덟 가지 법을 창제했으며, 사람들은 이 법을 엄격히 준수하여 도둑이 없었고 집에는 빗장을 지르지 않았으며 상점을 잠그지 않았고 정숙하지 않은 여자가 없었다고 한다.

내몽골과 만주 그리고 고조선의 드넓은 평원과 수많은 계곡들에는 기원전 5세기경 공자의 시대에도 사람이 살고 있었다. 공자가 중국의 여러 나라들을 여행할 때 '구이九夷'의 나라들을 방문하고 그곳에서 살고 싶다고 했다. 이 아홉 개의 이방 종족들은 모두 중국의 동쪽에 있었다. 요동을 비롯해 당시 고조선이 차지하고 있던 지역도 여기에 포함되어 있었다. 그런데 그보다 5세기 전에 문명화되었다면, 이들이 머리카락을 틀어 머리 꼭대기에 올리고 몸에 칠을 했으며 날 음식을 먹고 곡물에 대해서도 모르는 구이족[7]들과 구별되지 않았다는 점이 이상하다. 기수의 이야기는 불가능한 것은 아니지만 신중하게 받아들여야 할 것이다.

한 왕조 초기인 기원전 200년경에 준왕_{準王}은 고조선의 14대 왕이었다고 한다. 중국을 진_秦이라는 이름으로 하나의 왕국으로 통일한 황제는 군사학자들에게는 유목민의 무리들을 막기 위한 장벽으로서 만리장성[8]을 쌓은 인물로 알려져 있으며, 학자들에게는 분서갱유_{焚書坑儒}[9]를 일으킨 장본인으로 알려져 있는데, 공자는 백성을 위해 군자

---

7 『사서_{四書}』의 「인간과 사물에 대한 고찰」을 보면 구이족과 그들의 영토를 다음과 같이 배치하고 있다. 1.견이_{畎夷}는 현토, 2.우이_{于夷}는 낙랑, 3.방이_{方夷}는 고리, 4.황이_{黃夷}는 만지, 5.백이_{白夷}는 부여, 6.적이_{赤夷}는 서경, 7.현이_{玄夷}는 동토, 8.풍이_{風夷}는 왜(일본), 9.양이_{陽夷}는 선비다. 처음 다섯은 요동의 동쪽과 북동쪽에 위치한다. 일부 다른 곳은 그 지역을 알 수 없다. '이'는 여러 가지로 해석된다. '웅크리다'라는 의미가 있기 때문에 '예의나 기품이 없다'는 뜻이다. 또한 '내쫓다' '부딪치다'라는 의미가 있으며, '땅을 일구다'라는 의미로도 쓰이기 때문에 살아 있는 것들을 보고하 하는 희망으로서 '자비롭다'라는 의미로 간주된다. 이 마지막이 흔히 쓰이는 의미이다.
8 여기서 짚고 넘어가고 싶은 것은 오늘날의 만리장성은 기원전 2세기에 지은 것이 아니라는 사실이다. 『체임버스백과사전Chambers's Encyclopaedia』의 '화약 무기'라는 글을 보면, 어떤 영국 사관이 만리장성에 나 있는 총구멍들을 보고 중국은 진나라 때 화약 무기가 있었다고 추론한 것을 인용하고 있다. "벽돌에 나 있는 이 총구멍들이 영하의 겨울들과 열기가 90도에 달하는 여름들을 2,000번을 견디고 지금까지 양호한 상태로 남아 있다는 것은 신기한 일이다." 이 장성은 처음 기초를 놓은 후로 두 번 재건축되었다.
9 기원전 213년 진시황 때 실용 서적을 제외한 모든 사상 서적을 불태우고 유학자를 생매장한 일(옮긴이).

가 있는 것이며 군자를 위해 백성이 있는 것이 아니라고 가르쳤다. 황제가 죽자마자, 마치 그보다 1세기 전 알렉산더가 그랬던 것처럼 그의 왕국은 산산조각이 났다. 극심한 무정부 상태가 중국을 지배했다. 연나라의 도읍지는 동으로는 산해관 가까이 유관榆關까지 900리,¹⁰ 서쪽으로는 운중雲中¹¹까지 700리, 남쪽으로는 항주杭州까지 240리, 북쪽으로는 고북구古北口까지 300리로 그 경계를 두었다. 이 나라도 중국의 다른 지역들과 마찬가지로 혼란에 빠졌으며, 사람들은 연나라를 사이에 두고 있었던 진번과 고조선에 보호를 구했다. 그런데 연나라 사람 위만衛滿이 고향 사람들로 구성된 군대를 이끌고 와서 준왕과 충돌했고, 그와 싸워서 조선의 왕이 되었다. 그는 수도를 당시에는 북강北江이라고 불렀던 대동강 동편에 세웠다. 그 성을 왕검이라고 불렀다. 그의 북동쪽, 순안의 북쪽, 옥저의 남쪽에 임둔이 자리했고 이 나라는 동쪽으로 바다에까지 닿아 있었다. 기원전 126년 임둔은 한 왕조에 충성을 맹세했다.

한¹²나라는 중국의 난류를 극복하고 적수가 없어지자 국경으로 눈

---

10 옛날에는 4리가 영국식으로 1마일에 해당했으나 오늘날에는 3리가 조금 넘는다.
11 산서성의 대동大同.
12 중국에서는 현 왕조를 내쫓는 데 성공한 모반자나 혁명가는 자기 자신과 후손들을 위해서 새로운 왕조의 명칭을 취하는데, 이 명칭은 그의 일가가 통치를 하는 동안 계속해서 사용된다. 이 왕조의 각 통치자는 자신만의 고유한 이름이 있다. 전자를 왕조의 명칭이라고 한다면 후자는 연대기적인 명칭이라고 하겠다. 그 이유는 우리가 그리스도 기원으로 연대를 표기하듯이 중국인들은 황제의 이름으로 연대를 표기하기 때문인데, 이것은 의회가

제1장 고조선 **37**

을 돌리기 시작했다. 연나라는 수도에서 거리가 멀어 직접 통치하기에는 힘들었다. 따라서 황제는 북강을 국경으로 삼았고, 결과적으로 요동뿐만 아니라 오늘날 조선의 평양平壤까지 포함하게 되었다. 우리가 여기서 알 수 있는 것은 만일 고조선이 요동과 오랫동안 공존해 온 것이 사실이라면 그 거주민의 수가 많지 않았던 것이 분명한데, 만약 요새화된 성들이 있었더라면 한나라가 북강을 건너기 전에 위협이 되었을 것이 분명하기 때문이다.

위만의 손자 우거는 한나라의 따뜻한 날개 아래 머무르라는 초청을 거듭 받았다. 그러나 그는 그대로 있는 것이 편하다고 여겨 제안을 받을 때마다 거부했다. 뿐만 아니라 그는 진한辰韓의 왕이 한나라에 예를 다하기 위해 그의 땅을 지나려고 할 때도 통과하지 못하게 막았다. 결국 (기원전 109) 황제는 사신 섭하를 보냈고, 그는 북강을 항해하여 내려가 왕검성이 있는 동쪽으로 가서 우거를 타이르고 달래 한나라를 받들도록 종용했다. 그러나 우거는 설득당하지 않았으며, 귀향길에 오른 섭하는 목적을 달성하지 못한 연유로 심기가 불편했다. 중국 황제에게 예를 표하는 의미에서 고조선의 부장이 부하

왕대에 따라 연대를 표기하는 것과 같다. 황제가 새해의 두 번째 날에 죽는다고 해도 그해는 그의 이름으로 표기하며, 그의 후계자가 바로 왕위에 오른다고 해도 새로운 황제의 명칭은 그가 즉위한 후 첫 번째 새해 첫날과 함께 비로소 시작된다. 현재 중국은 청 Ching 혹은 Tsing 왕조이며 영국은 하노버 왕조이다. 그리고 황제 광서 치세 5년째이며 빅토리아 여왕 치세 42년이다.

와 함께 그를 배웅했다. 그러나 북강 서쪽으로 완전히 넘어오자 배웅해 준 자에게 감사 표시를 하기는커녕 부장을 죽이도록 하고, 서둘러 궁성으로 가서 조선 장군의 머리를 베고 승리했다고 고했다. 황제는 기뻐하며 그를 동東요동 자사로 삼았다. 2,000년 전의 이 살인 사건은 그 이후로 중국 궁정을 지배한 정치적 도덕성을 보여 준다. 그러나 고조선은 이 일을 동일한 시각으로 바라보지 않았고, 섭하의 임명을 모욕인 동시에 위협으로 받아들였다. 그들은 사람들을 모아 북강을 건너 서쪽으로 진격하여 공격했으며, 거기서 승리하여 섭하의 머리를 자르고는 수도로 돌아왔다. 그러나 이 일로 손상된 자존심을 회복하기 위해 한나라는 발해渤海, 즉 지금의 산동성 북서부에서 출정 준비를 했다. 해군은 고조선의 해안을 향해 출항하여 기원전 107년에 그곳에 닻을 내렸으며, 육군은 봉황산성을 따라 오늘날의 산해관과 요동을 통과하여 지금의 압록강을 지나 동쪽으로 진격하며 해군과 행보를 같이했다.

   함선이 육지에 닿자 7,000명의 병사들이 진격했다. 이들은 우거의 군대와 접전 끝에 패했으며 패잔병들은 산으로 도망쳐 열흘 동안 숨어 있었다. 육군 선봉대는 북강의 서쪽 기슭에서 같은 운명을 맞았다. 이것은 최근까지도 큰 나라들을 정복하고 거대한 도시들을 점령했던 군대로서는 예상하지 못한 일이었다. 우거는 제국의 사자를 불러들여 그들에게 공손히 절하면서, 지금까지 중국의 주권을 인정하려는 마음이 항상 간절했으나 지금 패배한 중국의 두 장수를 믿을 수가 없었다고 말했다. 그리고 자신의 충절에 대한 증명으로 당장 말 5,000필을 선물로 마련하고, 싸움에서 이기고 빼앗은 전리품과 사로잡은 포로들과 함께 후계자를 중국의 궁정으로 보낼 준비를 했다. 이 후계자는 1만 명의 군사를 거느리고 있었는데, 그 수를 본 사신과 강 서쪽의 중국 군대 지휘관은 계략을 의심했다. 한편 태자도 마찬가지로 그들을 의심하여 강의 동쪽 기슭에 도달하자 강을 건너는 모험을 하려고 하지 않았다. 이러한 그의 신중함은 근거 없는 것이 아니었는데, 과거에 자신의 나라가 경험한 중국의 명예에 관한 가치관 때문이었다. 사신은 빈손으로 궁정으로 돌아갔고, 실책의 책임을 추궁당하고 처형되었다.

  순체는 운이 좋았다. 그는 북강을 건너 북부의 고조선 군대를 격퇴하고 도성의 북쪽에 진을 쳤으며, 육지에 상륙한 누선장군樓船將軍 양복은 남쪽에서 맹렬히 공격했다. 순체의 연나라[13] 병사들은 행실을 바르게 했으며, 수많은 자들이 용감하게 죽었지만 몇 달이 지나도록 성에는 아무런 피해를 입히지 못했다. 포위된 자들의 관심은

---

13 연나라에 대한 내용 참고(36, 37쪽).

중국 여인 (기원전 2세기)

순체에게 집중되어 있었고, 첫 패배 이후 더 이상 싸울 의지를 상실한 양복과는 협정을 맺기 위해 비밀리에 노력하고 있었다. 그러나 중국군 장수들과 고조선 왕은 서로를 의심했기 때문에 이 작전은 아무런 소득이 없었다. 성 하나를 차지하는 데 시간이 지나치게 지체되자 황제는 산동성 제남濟南의 태수를 보내 조사하도록 했다. 순체는 포위가 끝나지 않고 시간이 지체되는 이유를 양복이 자신을 돕지 않기 때문이라고 말했다. 태수는 누선장군을 순체의 진영으로 불러 그를 가두었다. 성 양쪽의 모든 군사들의 운명은 포위를 더욱 강화한 순체에게 달려 있었다. 다섯 명의 고조선 무관들은 왕이 결코 굴복하지 않을 것이며 아군의 세력은 점차 약화되어 포위는 비참하게 끝날 것이라는 판단을 하고는, 믿을 만한 사람들을 비밀리에 보내어 왕을 살해하고 사람들을 이끌고 순체에게 피신했다. 당장 성문이 열렸다.

　이렇게 해서 중국과 지금 조선의 일부인 땅 사이의 첫 번째 전쟁이 끝났다. 고조선은 바로 네 개의 주 혹은 구역으로 나누어졌다. 첫 번째는 고조선인들이 낙랑이라고 불렀던 서경西京으로 지금의 평양인데, 함락된 왕검성이 있던 곳이다. 두 번째는 임둔으로 위만조선이며, 오늘날의 강원도이다. 세 번째는 현도군으로 고구려의 원형이며, 오늘날 요하강의 동쪽 지역이다. 네 번째로는 요하를 경계로 요동반도의 서쪽 절반을 차지한 진번군이다(지도 1 참조).

그러나 오늘날의 조선은 대부분 이 지역 저편에 있었다. 정복 지역의 동쪽으로는 54개의 '왕국' 혹은 독립된 일족들로 이루어진 마한馬韓이 있었다. 그보다 더 동쪽으로는 진한이 있었는데 12개의 독립된 '왕국'으로 나누어져 있었다. 그 남쪽에 있었던 변한弁韓은 중국의 역사에서는 왜倭로 알려진 일본에 가까웠으며, 역시 12개의 '왕국'으로 되어 있었다. 진한의 북쪽 국경에는 임둔이 동쪽으로 바다까지 뻗어 있었다. 북쪽으로는 옥저가 역시 바다까지 닿아 있었다.

백제는 낙랑의 동남동쪽에 있었던 마한의 54개 왕국 가운데 하나였으며, 이 이름은 100가구가 중국에서 그곳으로 피신했다는 사실에서 중국의 저자들이 망설이며 이끌어 낸 말이다. 후에 백제는 마한에서 최고의 위치에 올랐다. 이 땅에서는 엄청난 크기의 배를 그때부터 지금까지 생산하고 있으며, 꼬리가 긴 닭이 있고, 사람들은 큰 진주를 옷에 여러 줄로 꿰매어 달고 있으며, 그 진주로 목걸이도 만들었다. 아주 건장한 사람들은 등에 튼튼한 줄로 짐승 가죽 조각들을 묶었다. 이들은 이 가죽에 긴 막대기를 달고 익살을 부렸다. 그들에게는 격식을 차린 예의범절도 없었고, 말도 소도 탈 줄 몰랐기 때문에 당시 그들에게는 말도 소도 없었다. 그들은 집을 흙으로 지었고, 그 모양은 돼지우리 위에 문이 달린 것 같았다.

진한은 진한秦韓이라고도 불렸는데, 이 이름은 진 왕조가 쓰러졌을 때 충성을 지키다가 이주한 것으로 추정되는 중국인들한테서 유래한 것이다. 이들은 아들이 태어나면 무거운 돌로 머리를 눌러 납작하게[14] 만들었다. 진한의 남쪽에 있었던 변한에는 독특하고 고유한 풍습은 없었던 것으로 보이며 전해 내려오는 것도 없다. 이 두 한韓나라는 후에 신라로 통합된다. 관리들은 16개의 등급으로 나누어져 있었으며, 가장 높은 등급은 좌평이고 두 번째는 솔관이었다. 지방은 방령方領들이 주관했으며 이들도 솔관이었다. 또 각 지방은 다섯 지역(군)으로 나누어져 있었고, 각각에 덕관이라고 불리는 네 등급의 무관 세 사람이 있었다. 모든 면에서 백제의 관리들과 다를 바가 거의 없었다. 따라서 중국인을 아는 사람들은, 중국 관리들의 등급은 항상 아홉 개였기 때문에 중국인들의 이주가 있었다고 하더라도 주민들은 중국인이 아니었다고 단번에 추론할 수 있을 것이다.

　임둔은 고구려와 옥저의 남쪽에 있었다. 역사적으로 한때는 서쪽으로 봉황산성까지 뻗어 있었다. 원래 임둔은 고조선의 지배를 받았으며, 이 나라와 함께 기수를 통해 중국 문명을 받았던 것으로 전해

---

14 당시 만주에서는 중국인들도 머리 뒤에 판자 조각을 묶어 머리를 위아래로 편편하게 만드는 고대 만주의 관습을 따랐다. 골상학자들은 과연 이 풍습에 대해서 뭐라고 할 것인가? 확실한 것은 주목할 만한 결과가 분명하게 나타나지 않았다는 것이며, 다만 뒤통수가 목덜미와 일직선을 이루며 솟아오를 뿐이다.

진다. 기원전 169년에 임둔에는 2만 8,000명의 건장한 성인 남자들(정丁)이 있었다. 고조선이 멸망했을 때 임둔의 왕자 난루難樓는 독립국가를 세웠다. 그 땅에는 면과 비단 그리고 아주 작은 말[15]이 있었다. 이 말을 과하마果下馬라고 불렀는데, 등에 사람을 태우고도 과수의 가지 아래로 지나갈 수 있기 때문이었다. 그 키는 90센티미터였다. 북쪽의 고구려에서도 이런 작은 말이 났다. 고조선 및 삼한三韓의 산출물 가운데는 이 말에 대한 언급이 없다. 따라서 지금은 조선의 서부 전역에서 흔히 볼 수 있는 이런 작은 말들이 이 나라의 북쪽에서 왔고, 장백산의 동쪽 비탈에서 유래했다는 결론을 내릴 수밖에 없다. 임둔의 산지에는 범이 많았고, 동쪽의 바다에서는 아름답고 다양한 색깔의 물고기인 방어가 났다. 가장이 죽으면 그 집을 버리고 썩어 무너지게 놔두었으며 유족들은 새로 집을 지었다.

옥저는 고구려의 동쪽에 있었으며, 일본해의 해안까지 뻗어 있었다. 이 나라 사람들의 한 가지 특이한 관습이 기록으로 남아 있다. 한 집안의 가장은 30미터 정도 되는 큰 나무를 마련하여 그것을 태워 속이 텅 비도록 파내고, 한쪽 끝으로는 단단히 밀봉이 될 정도

---

15 이 말은 셰틀랜드종 조랑말과 키는 같지만 체격은 더 좋고 품위는 덜했다. 저자는 말레이반도 해안의 싱가포르에서 한국의 말과 거의 똑같은 작은 말을 발견하고 놀랐다. 그러나 이 말들의 원산지는 싱가포르 남쪽에 있는 섬이다. 중국 본토에서는 이렇게 작은 말에 대해서 들어본 적이 없다.

의 나무만 태우지 않고 남긴다. 가족들 가운데 누가 죽으면 시체를 다른 곳에 묻어 살이 모두 없어질 때까지 기다렸다가 뼈만 추려서 이 관에다 넣는다. 일가 모두를 이 기묘한 관에 다시 묻는 것이다. 심양 북쪽 만주의 시보족錫伯族들 사이에는 오늘날에도 이 풍습이 살아 있다.

삼한의 동쪽, 바다 한가운데에 왜(일본)가 있었다. 30여 명의 왕과 왕국이 있었고, 가장 강력한 나라는 야마타이국이었다. 이 나라는 흰 진주와 짙은 남빛 옥을 생산했다. 그 땅에는 소, 말, 양, 새가 없었다. 이들은 뼈[16]로 화살촉을 만들었다. 남자들은 얼굴을 검게 칠하고 몸에는 밀가루를 뿌렸다. 색의 범위와 짙기가 그 사람의 지위를 말해 준다. 칼라일Carlyle의 '벌거벗은 임금님'을 넘어서는 최초의 진보라고 하겠다! 여자들은 머리를 풀어 길게 뒤로 늘어뜨렸으며, 붉은 물감으로 몸을 칠했다. 그들은 손가락[17]으로 음식을 집어 먹었고 신발을 신지도 않았다. 또 힘 있는 신들을 좋아했다. 그들은 장수했으며, 100년 이상 사는 일도 흔했고, 존경심을 표할 때에는 허리를 반쯤 구부리고 앉아 있었다. 여자가 남자보다 많았기 때문에

---

16 인간의 뼈나 생선뼈?
17 이것이 뜻하는 바는 삼한 시대의 중국인들은 그 훨씬 이전부터 젓가락을 사용했다는 것이며, 지구상에서 손가락으로 음식을 먹지 않는 유일한 사람들이었다고 생각된다.

부양할 능력이 있는 사람은 네댓 명의 아내[18]를 거느렸다. 그들은 한 왕조에 사신과 공물을 보냈다. 이 왕조 초기에 일본은 약탈을 목적으로 고조선을 침략했으며, 그때부터 이런 일이 자주 있었다. 왜나라는 기원전 147~170년 사이에 극심한 무정부 상태를 겪었다. 나이 든 독신녀였던 비미호卑彌呼가 주술적인 힘을 빌미로 여왕에 등극할 때까지 최고 권력자가 없었다. 그녀에게는 1,000명의 하인이 있었지만 그녀의 얼굴을 본 남자는 단 한 사람밖에 없었으며, 그는 그녀에게 음식을 가져다주고 그녀의 명령을 전달했다.

옥저의 동쪽, 넓은 바다에는 '여성 왕국'이 있었다. 그러나 그들은 서양에 있었던 그들의 자매들보다 성격이 온순했다. 세계적으로 명성이 드높은 아마존 여전사들은 고대에 여성의 권리를 칼끝으로 주장했으며, 전쟁터에서는 치명상을 입혔다. 동방 아마존의 후대는 여자들이 그 섬 왕국의 한 우물을 내려다보는 것으로써 보장되었다. 이렇게 내려다본 결과로서 남자 아이가 생기면 죽였고 여자 아이가 생기면 살렸다고 하니, 남성 전제 군주들에 대한 이들의 증오가 얼마나 사무쳤는가. 고대 저자가 기록한 이 이야기의 의도가 무엇이었든지 중국인들은 약간의 회의론적인 성향을 띠기는 하지만 오늘날

---

18 바람직하지 못한 결과이지만 그와 마찬가지로 중국에도 항상 남자보다 여자가 많았다.

까지도 이 '여성 왕국'을 믿고 있다.

여성 왕국에서 남쪽으로 4,000리를 가면 주리족의 왕국이 있었으며, 이 나라의 남자들은 90~120센티미터에 불과했다. 그리고 남동쪽으로는 나('벌거숭이의')족의 왕국과 흑치('검은 치아')족의 왕국이 있었다. 이들 지역은 한 왕조 시대에 중국이 도달했던 가장 먼 지점이었다. 그들은 싱가포르에도 도달했을까? 또 당시에는 한나라 여자들도 치아를 물들였을까?

이 모든 것은 한 왕조 때의 동아시아의 상황을 중국의 역사가들이 진지한 기록으로 남겨 놓은 것들이다. 과장되거나 꾸며 낸 부분은 독자들이 쉽게 가려낼 수 있다. 일본에 관한 내용은 이 책의 범위를 넘어서지만, 이 나라에 흥미를 느끼는 사람이라면 전혀 어울리지 않는다고 여기지는 않을 것이며, 이 나라는 증기선의 고동 소리와 기차 엔진의 쇳소리에 기나긴 잠에서 깨어났다.

이제 본론으로 돌아가자. 사실로 보이기도 하지만, 기록에 따르면 한 왕조가 분열된 나라의 상처를 미처 치료하기도 전에 끊임없는 갈등, 전쟁, 살인 그리고 세리稅吏들과 강도들의 약탈 때문에 많은 중국인들이 자발적인 망명길에 오르게 되었다고 한다. 이들 가운데 일부는 고조선뿐 아니라 삼한으로도 찾아들었다. 그들은 이 나라 사람들의 인종학적인 특성에 새로운 요소를 더할 수 있을 만큼 수적으로 충분하지는 못했으며, 따라서 그 땅의 원주민들에게 완벽하게 흡수되었다. 그리하여 이 땅의 예의범절, 법, 관습에는 아무런 변화가 없었고 중국인들의 것과 확연하게 구분되었다.

이제 우리는 약 3세기를 뛰어넘어, 한 왕조가 생존을 위해 애쓰면서도 여전히 왕좌에서 비틀거리고 있는 것을 본다. 모든 사람들은 각자 스스로 알아서 하도록 방치되었고, 또 대부분 저마다 원하는 대로 했다. 장순張純은 양주로 진격하기 위해 187년 6월 요주와 오환에서 3,000명의 군사를 일으켰다. 장순은 지휘관이 되고 싶었으나 거부당했고, 지휘권은 요서공에게 돌아갔다. 그러나 그들이 기주에 닿았을 때 대부분의 오환 군사들은 탈영하여 집으로 갔고, 분노한 장순은 산동성 태산의 태수인 장거와 연합했으며, 오환족의 대인大人이 유착함으로써 세력은 더욱 확대되었다. 그들은 군대를 조직하여 기주로 진격했으며, 많은 사람들을 살해하고 남아 있던 오환의 군사들을 사로잡았다. 또 다른 1만 명의 군사들이 비여[19]에서 우북평[20] 태수와 요동 태수의 지휘 아래 진을 쳤다. 장거는 황제로, 또 장순은 하늘이 내린 장군이자 평화를 가져다준 왕으로 선포되었다. 오늘날의 국제 관계에서처럼, 보편적인 평화는 평화를 부르짖는 장본인이

---
19 현재 영평의 노룡현.
20 오늘날의 준화.

경쟁자들을 제거했을 때 오기 마련이다.

한나라 황제는 공손탁을 요동 태수로 임명하여 이 지역의 독재적인 권력을 부여했다. 그의 목적은 동쪽으로는 고구려로, 또 서쪽으로는 오환으로, 그 두 이웃을 향해 진격하여 마음대로 목을 베고 파괴하는 것이었다. 그는 이 일을 성공적으로 시작했다. 11월에 장순의 목을 벴고, 발해를 약탈하던 30만(!)을 무찔렀다. 그는 2만 명의 기병과 보병을 거느리고 하북성 남동쪽, 오늘날의 창주인 동관현에서 치열한 전투를 벌였다. 3만 명의 모반자들이 살해되었다. 그들은 정복자에게 바싹 추격을 당하여 무거운 짐은 버리고 강을 건너 동쪽으로 도망갔으나, 7만(!) 명이 사로잡혔다. 마차를 포함한 엄청난 양의 온갖 재물을 빼앗았다. 약탈자들은 오합지졸이었고 공손탁은 군대를 거느렸던 것은 분명하지만, 이 이야기에는 무리가 있다. 그러나 몇 년 전 태평천국의 난의 폭도들이 패배했을 때도 이와 유사한 일이 벌어졌다.

중국은 너무나 심각한 혼란에 빠졌고, 모두 똑같이 약탈을 일삼으며 나라를 황폐화시켰기 때문에 친구와 적을 구분할 수 없었다. 이 나라에서는 오랫동안 반복된 기근 후에 이런 일이 일어나곤 했는데 당시에도 마찬가지였다. 폭동이 난무했고, 여러 해 동안 나라는 무정부 상태에 빠졌다. 모든 지방과 도시, 아니 모든 마을에서 국민을 상대로 싸움을 했다. 싸우는 군인들은 봉급을 받는 경우에는 제국에 충성했으나, 그보다 약탈이 벌이가 나은 경우에는 전혀 망설이지 않았다.

기원후 199년, 상곡上谷[21]의 족장 혹은 '지도자'('위대한 자') 난루, 요동의 '지도자' 소복연蘇僕延, 그리고 우북평의 '지도자' 오연吳延은 마음껏 약탈을 하는 데 방해가 되는 공손찬公孫瓚에 대항하기 위해 오환과 연합했다. 이들은 직함으로 미루어 볼 때 그 지방 원주민들의 보잘것없는 족장들이었을 것으로 추측된다. 이것은 중국 관리의 직함이 아니었으며, 다만 지금은 고위 관리를 존경하는 뜻으로 부르는 말로 사용된다. 또 이것은 직위가 없는 중국인에게 적용될 수 있는 것도 아니며, 무엇보다 오환에는 중국적인 것이 아무것도 없었고, 앞으로 알게 되겠지만 하북성 북부와 요동에는 당시 중국인들이 살지 않았다. 이 연합군은 원소袁紹의 지휘 아래 놓이게 되었는데, 그는 자신을 황하 북부 모든 땅의 황제로 선포했다. 공손찬의 군대는 이 연합군에게 격파되었고 그는 죽임을 당했다. 오환의 선왕先王 구력거丘力居의 아들 누반樓班이 어렸기 때문에, 국정은 섭정을 했던 서출인 형 답돈蹋頓이 맡았다. 이 승리 후에 모든 지도자들은 '황제'에게 공식

---

21 오늘날 북경 근방의 현화.

적인 인장과 함께 선우單于라는 작위를 받았는데, 답돈과 다른 수령들도 여기 포함되었다. 이런 사실은 이들이 원주민들이라는 것을 말해 주는 또 하나의 결정적인 근거이다. 오늘날의 몽골족의 조상인 흉노족匈奴族과 훈족만이 선우라는 직위를 사용했으며, 이것은 중국인들에게 황제의 의미와 동일한 것으로 선우는 '왕 중 왕'이라는 말이다.

204년에는 요동 지방도 중국의 중심부와 마찬가지로 혼란에 휩싸였다. 최근에 황제의 임명을 받았거나 자신들을 스스로 임명한 수많은 관리들이 모든 속박을 벗어 버리고는 마음 내키는 대로 행동하면서 황제는 이제 황제가 아니라고 말하고 다녔는데, 황제는 이들의 목을 칠 수가 없었기 때문에 이것이 기정사실화되었다. 그도 그럴 것이 태곳적부터 중국에서 믿어 온 바에 따르면, 악이 온 나라에 쏟아져 나와 이처럼 횡행할 때는 하늘이 지금의 왕조를 저버렸고 황제를 '하늘의 아들'로 인정하지 않기 때문이라는 것이다. 황제가 하늘의 아들이 아니라고 말한 어떤 사람은, 요동에만 100만 이상의 병사들이 공격과 방어, 약탈과 축재를 위해 활동하고 있다고 했다. 이것은 가능한 일이었으며, 요동은 그때까지 300년간 한 왕조의 지배를 받고 있었다. 현 왕조 아래 요동의 역사를 살펴보면 200년에 걸쳐 그와 유사한 인구 증가를 보여 주는 것을 알 수 있는데, 황폐한 마을에 숨어든 몇 사람의 망명자들에서 시작해 2,000만 명이 북적대는 나라로 커졌다. 부여와 위만도 무장을 갖추고 경계를 늦추지 않았다.

10만 가구가 넘는 중국인들이 본국의 가혹한 무정부 상태를 피해 국경을 지나 오환으로 도주했다. 오환은 남으로 진격하여 침주[22] 지역을 노략질했다. 북쪽에서 자행되는 약탈을 막기 위해 한나라 장수 조조曹操가 대규모의 군대를 모았다. 그는 북쪽으로 진격했으나 그 땅은 비로 인해 침수된 상태였기 때문에 수레가 움직일 수 없었고, 배를 띄우기에는 물이 너무 얕았다. 207년 가을에 그는 서무산에서 500리를 행군하여 평강을 따라 노룡현을 지나서 백랑산白狼山[23]으로 갔다. 9월에 그는 적을 찾아 백랑산(흰늑대산)을 지나갔다. 그는 적을 발견하자마자 공격을 위해 장요張遼의 지휘 아래 선봉대를 보냈다. 선봉대는 맹렬하게 진격하여 적을 살육했다. 답돈과 몇몇 다른 대장들도 죽었다. 20만이 항복했으며 원상을 따르는 자들 몇이 요동으로

---

22 오늘날 북경의 우청현에서 40리 남동쪽.
23 우북평의 서쪽으로 알려져 있다. 그는 지금의 형주 근방인 유성으로 추격해 갔을 것이다. 명 왕조 말까지 내려온 『자치통감資治通鑑』에는 다음과 같이 명나라 저자들이 주석을 붙인 기록이 있다. "유성은 용산의 남서쪽이자 북평의 북동쪽이다. 백랑은 북평의 남쪽이자 호우의 동쪽이었다. 오늘날의 미원현에서 남쪽으로 25리에 있었다. 백랑은 오환 땅에 있었으며 요주의 북동쪽이다. 노룡은 요주의 사법권 내에 있었으며, 지금도 노룡현으로 부른다. '북쪽 사람들(오환)'의 언어로 '노'는 검다는 것을, 또 '룡'은 물을 의미한다. 그곳의 강물이 아주 탁하다고 한다."

도망쳤으나, 아버지의 대를 이어 요동 태수가 된 공손강의 추격을 받아 대부분 죽었다. 10월 조조는, 혹독한 날씨 속에서 유성으로 돌아왔다. 군사들의 고통이 가중된 것은 이들이 물 없이 200리를 행군해야 했기 때문이며, 물을 얻기 위해서 1미터 정도를[24]를 파기도 했다. 그리고 말 수천 마리를 죽여 식량으로 삼았다. 고향에 돌아온 살아남은 자들에게 후한 상을 내렸다.

물에 흠뻑 젖어 팽팽하게 긴장되어 있던 국가라는 선박은 이제 파열되었으며, 중국의 북부에는 위 왕조가, 남쪽에는 오吳 왕조[25]가 태어나 유교 국가들을 그 옛터에 재건했다. 그러나 한 왕조는 중국의 중부와 서부의 넓은 지역을 계속해서 지켰다. 이것이 100년 동안 이어졌던 수많은 상반된 세력들의 공격과 반격, 충돌과 화합의 마지막 결과였다. 그리고 이 경쟁적인 왕권들은 종국에는 자신들과 그 지지자들에게 스스로 통치 능력을 증명했다. 그러나 스스로에게는 하늘이 부여한 권리라고 주장했던 황제의 칭호를 경쟁자들에게는 부정하며 그들을 역도들이라고 불렀고, 그들도 그를 역도라고 불렀다. 이런 식으로 이들은 동양의 중국 황제들이나, 서양의 독재적인 통치자들이었던 '라이벌 교황'[26]들처럼 각자 경쟁자들을 파문했고,

---

24 역사서에는 30장丈 혹은 300피트라고 언급되어 있지만 이것은 터무니없는 일이다.
25 상해는 오나라에 속했다.

하늘의 뜻을 완수하는 것이기도 했던 그들의 파멸을 가져오기 위해 최선을 다했다. 그러나 한 왕조는 이제 우리의 눈앞에서 사라져야 할 때가 되었으니, 앞으로는 고조선이나 요동과는 아무런 관계가 없기 때문이다.

그러나 양자강 이남에 위치한 오 왕조의 창건자는 그렇지 않다. 231년에 그는 장수 주하周賀를 바닷길로 요동에 보내어 형의 뒤를 이어 요동 태수가 된 공손연에게 말을 구입하도록 했다. 그러나 지금 공손연에게는 섬겨야 할 주인이 없었다. 오나라 '황제'에게는 우번이라는 대신이 있었는데, 그는 당시 중국인들이 흔히 그랬듯이 종종 술에 취해 있었고 술의 신 이외에는 믿지 않았다. 그는 술에 취하면 심하게 화를 내는 성질이었고, 지독하게 빈정대는 말투에는 불손한 욕이 섞여 있었다. 그러나 그는 능력 있는 대신이었다. 반면에 그의 주인은 신과 악령들을 믿는 사람이었고, 그런 이야기를 나누기 좋아했다. 이럴 때면 우번은 다른 대신에게 조롱 섞인 언급을 한다거나 신의 존재에 대한 불손한 질문을 던지며, 일부러 왕에게 들릴 정도로 크게 말했다. 이런 행동은 종종 황제의 화를 돋우었으며, 마침내 참을 수 없을 정도로 기분이 상한 황제는 우번을 교주로

---

26 라이벌 교황rival pope : 1378년에서 1417년까지 로마와 프랑스의 아비뇽에서는 각각 "라이벌 교황"들이 임명되었고 이들은 상대를 지지하는 사람들을 파문시켰다(옮긴이).

추방시켰다.

망명길에 있던 우번은 주하를 요동으로 보낼 것이라는 소식을 듣고, 나라가 모든 인재를 필요로 하는 시기에 주하같이 최고의 능력을 갖춘 자에게 말을 구입하는 심부름을 시킬 수 있느냐며 불만을 터뜨렸다. 우번은 이런 내용의 진정서를 썼으며, 황제가 그것을 읽지 않을까 걱정이 되어 친구에게 부탁하여 황제에게 자신의 의중을 알리도록 했다. 이 일은 충실하게 실행되었고, 그 결과 우번은 더 멀리 명림현(오주)으로 보내졌다.

위나라 궁정에는 공손연이 신뢰할 만한 사람이 못 된다고 알려져 있었고, 이 북쪽 나라의 황제는 청주[27] 자사와 유주[28] 태수의 지휘 아래 요동으로 군대를 파견하기로 결정했다. 대신들 중 한 사람이 이러한 정책을 단념할 것과 이번 원정을 그만둘 것을 강력하게 주장했다. 그 이유는 혹시 성공을 거둔다고 하더라도 요동은 왕국의 영토로는 적합하지 않으며, 자원 또한 풍부하지 않다는 것이었다. 그리고 지금은 비록 적대적이라고 해도 잠재적으로 그럴 뿐이지만, 이런 비우호적인 움직임에 대한 소식을 듣게 되면 공개적인 적이 될 것이라는 주장이었다. 먼저 주변의 더 강력한 적을 정복한 다음

---

27 산동성.
28 오늘날의 북경.

에, 멀리 떨어진 적을 생각하자는 주장으로, '호랑이와 늑대가 길에서 만나면 여우를 공격할 때가 아니라'는 것이었다. 큰 위협을 처리하면 작은 것은 저절로 사라지기 마련이라는 말이다. 황제는 이 권고를 들으려고 하지 않았다. 이미 명령이 떨어졌기 때문에 군사들은 출정하였다. 결국 이들은 패배하여 해산되었고, 실패라는 수치스러운 낙인이 찍혔다.

그러나 산동성 청주의 총독 '향'은 바람의 세기와 방향을 관찰하고서, 당시 요동을 막 출발하려던 주하가 만(灣)을 가로지르며 밀려가다가 내주(徠州) 근처의 산인 청산이나 그 근방에 닿을 수밖에 없으리라는 것을 알아냈다. 그래서 그는 군사들을 청산 뒤에 배치했고, 그리 오래 기다릴 필요도 없이 거친 파도가 주하와 그의 선단을 밀고 와 그들의 발 앞에 데려다 놓았다. 주하는 상륙할 수밖에 없었고, 즉시 공격을 받아 모든 군사들과 함께 죽임을 당했다. 이 참사를 전해 들은 오나라 황제는 당장 우번을 궁중으로 불러오도록 했다. 그러나 사신들은 죽어 있는 그를 발견했을 뿐이었다. 그들은 우번의 시신을 가지고 돌아와 최고의 경의를 표하여 장사를 지냈다.

말 구입 원정이 대실패로 돌아갔음에도 공손연은 자신이 오나라 황제에게 충성을 맹세한다면 아주 싫어하지만은 않을 것이라고 믿었는데 이런 그의 생각은 옳았다. 그리고 위나라가 자신을 놓고 어떤 계략을 세우고 있는지 알 수 없는 상황에서, 독립을 잃을 것이 뻔하더라도 약삭빠르게 오나라를 자신의 동맹국으로 만드는 것이 현명하다고 생각했다. 오나라는 그의 충성을 전하는 사신들을 정중히 맞았다. 그리고 황제는 기뻐하면서 공손연에게 연왕燕王이라는 칭호를 수여하기 위해 자신이 가장 신임하는 신하들 중 한 사람인 태장 장우張禹에게 비싼 선물을 들려서 보냈다. 이런 황제의 행보를 놓고 고옹高雍을 시작으로 대부분의 대신들이 반대했는데, 그는 공손연을 신뢰해서는 안 된다고 고집했다. 그 이유는 그가 지금은 위나라에 기분이 상해 있지만, 위나라는 가깝고 오나라는 멀기 때문에 그는 때가 되면 다시 변절할 것이고 오나라는 세상의 웃음거리가 될 것이라는 말이었다. 말하자면 그를 친구로 여기기에는 적당하지만 봉건왕으로 삼기에는 터무니없는 인물이라는 것이었다. 오 황제는 성이 났다. 간언이 계속해서 밀려들자 그는 망설이며 흔들렸으나 이미 떠난 사절을 다시 불러들일 정도는 아니었다.

오 황제의 어머니는 임종할 때에 장소張昭를 곁에 불러 놓고 가까이 서 있던 아들에게 이르기를, 외교 문제와 관련해서는 장우의 조언을 들어야 하고, 내정과 관련해서는 장소의 조언을 들어야 한다고 말한 바 있었다. 이번 비상사태를 맞아 늙은 장소는 황제가 자신의 조언에 귀를 기울이지 않자 눈물을 훔쳤다고 한다. 그리고 오 황제도 어머니의 임종 당시를 생각하고 눈물을 흘리며 뽑아 들었던 칼을 바닥에 떨어뜨렸다. 궁정에서 물러난 장소는 자신의 충고를 무시당하자 몹시 마음이 상하여, 이후로는 중병을 가장하여 어전 회의에 출석하지 않았다. 황제는 장소가 사라지자 진노했고, 출석하라는 명령도 소용이 없자 신하들을 보내어 노인의 집 문을 부수어 버렸으나, 문은 흙더미로 안에서 바리케이드가 쳐져 있었다.

오나라의 사신들은 233년 봄에 출발했다. 연왕은 오나라가 멀고 군대가 그곳으로 이동하기도 힘들기 때문에 사절로 온 사람들을 자기 마음대로 좌지우지할 수 있으며, 자신의 이익을 최대한으로 도모하는 쪽으로 그들을 대할 수 있다는 계산을 했다. 그리하여 다음 해 1월에 그는 사절단의 중요한 일원들의 목을 베어, 그 머리를 위나라에 화친의 제물로 보냈다. 위나라는 이 제물을 기꺼이 받았으며 그것을 바친 자에게 요동공遼東公이라는 작위를 수여했다.

연이 배신했다는 소식을 오나라 황제가 들었을 때 그의 나이 60이었다. 그는 몹시 화가 나서 당장 군대를 보내어 사신들의 죽음과 그가 당한 모욕을 복수하려고 했다. 그러나 그는 다시 한 번 대신들의 완강한 반대에 부딪혔다. 어떤 대신은 탄원서에서, 요동의 야만인들에게는 성채도 없는 미미한 나라가 있을 뿐이기 때문에 수적으로 우세한 적이 공격하면 내륙으로 후퇴하면 그만이며, 적이 없는 텅 빈 나라를 통과하며 진격할 수밖에 없다고 말했다. 그는 섭하의 운명을 상기시키며 위나라의 대신이 그랬던 것처럼 멀리 있는 위험은 저절로 없어질 것이니, 더 가깝고 큰 위험에 귀를 기울여야 한다고 설득했다. 이런 요지의 긴 탄원서는, 뒤이어 벌어진 더 긴 토론의 도움으로 원하는 결과를 성취했고 요동은 방해받지 않았다.

오 황제는 호전적인 의도를 접고 장소와 호의적으로 대화하고자 그를 불렀다. 그러나 사신은 장소가 누워 있어서 움직일 수가 없다고 전했다. 그러자 오 황제는 직접 장소의 집으로 가서 노인의 이름을 여러 번 큰 소리로 불렀다. 장소가 마침내 대답했으나 그는 자기가 일어나기에는 너무 쇠약하고, 황제를 예를 갖추어 영접하지 않는 것은 죄악이나 자신이 너무 허약해 불가능하다고 했다. 그러나 황제는 여전히 가지 않았고 장소도 밖으로 나오려고 하지 않았다. 지난번과 마찬가지로 장소가 아픈 체하는 것이라고 믿은 오 황제는 그가 놀라서 뛰쳐나오기를 바라며 문에다 불을 질렀다. 그러나 우지직우지직하는 나무 타는 소리와 냄새도 아픈 사람에게 아무런 영향을 주지 못했다. 따라서 불은 꺼졌지만 황제가 가려고 하지 않았기 때문에, 노인이 황제를 제대로 맞을 수 있도록 장소의 아들들이 노인을 부축했다. 황제가 늙은 대신을 향한 자신의 과거 행적을 끊임없이 자책했기 때문에 그렇게 하지 않을 수가 없었던 것이다.

장우와 그의 동료들이 요동의 양평襄平에 도착하자마자, 공손연은 당장에 그들을 희생시켜 위나라와 화친을 할 수 있는 길을 모색했다. 그는 일찌감치, 그러나 조심스럽게 계획에 착수했다. 먼저 사람들을 분리했다. 단, 전, 두, 강과 함께 60명 이상을 그 통치와 수비를 돕는다는 구실 아래 요동의 동쪽 200리 길인 현도로 보냈다. 그곳 성주는 그들을 주민들 사이에 흩어져서 지내도록 하였는데, 물론 이것은 명령에 따른 것이었다. 단과 전은 함께 의논할 기회가 있었다. 망명 생활은 점점 견디기 힘들어졌다. 그 도시는 작았기 때문에 불시에 힘을 합쳐 공격한다면 사령관을 죽이고 모욕당한 모국의 복수를 할 수 있을 것 같았다. 그들의 동료들은 점차 확신을 갖게 되었고, 이제는 벗들과 떨어져 지내느니 목숨을 잃을 수도 있는 계획에 모두 기꺼이 동참하기로 했다.

그들은 음력 8월(9월) 19일을 봉기의 날로 정했다. 그러나 바로 그날 저녁 그들 가운데 한 사람이 성주에게 밀고하는 바람에 성문은 바로 닫혔다. 그러나 위에 이름을 언급한 사람들은 모두 성벽을 넘어 동쪽으로 600~700리 떨어진 야산으로 도주했다. 전은 건강이 악화되어 부축을 받아야 했다. 낮에 키가 큰 잡목 사이에 숨어 있던 그들은 결국 피곤에 지쳐 눈물을 흘렸다. 아픈 사람은 자신이 너무나 허약하여 언제 죽을지 모르니 그 자리에서 죽게 남겨 두고 가

편이 훨씬 낫겠다고 했다. 그들은 이 말을 들으려고 하지 않았으며, 살든지 죽든지 함께해야 한다고 선언했다. 두는 자신들이 함께 1만 리를 왔으니 이제 와서 헤어지면 안 된다고 말했다. 단과 강은 결국 앞서가도록 설복되었고, 두는 환자와 함께 남아 약초와 산열매를 구하여 그에게 먹이기로 했다. 며칠 지나지 않아 단과 그의 동료들은 요동에서 동쪽으로 1,000리 길인 고구려에 도착했다. 고구려의 왕 위궁位宮[29]과 그 주부主簿는 그들을 크게 환대했다. 위궁의 조부는 매우 총명하여 태어나자마자 눈을 떴다고 한다. 그는 강력한 왕이 되었고, 매우 용감한 사람이었으며, 한나라의 국경 지방을 자주 약탈했다. 그의 손자가 태어났는데, 생김새가 할아버지와 똑같았고 태어나자마자 눈을 뜬 것도 똑같았기 때문에 조부의 이름을 따라 위궁이라고 불리게 되었다. 그는 단에게 얼마의 군사를 주었고, 이들의 도움을 받아 아픈 동료를 찾아 데려오도록 했다. 헤매고 다니던 사람들이 무사히 고향으로 돌아갔고, 오의 황제는 슬픔과 기쁨에 동시에 압도되어 자제력을 잃고 눈물을 흘렸으며, 이것은 중국인으로서는 흔치 않은 의미심장한 일이었다.

우리가 오나라를 떠나기 전에 짚고 넘어가야 할 것은, 이 왕조가

---

29 동천왕.

16전짜리 3.8센티미터 크기의 동전을 주조했다는 것이다. 이 동전은 작은 동전 1,000개와 동일하게 쳤다. 한 왕조 때는 5전짜리 동전이 주조되었다. 중국의 냥兩 혹은 온스는 오늘날의 1.33온스이다. 1전은 20푼으로 나눌 수 있다. 현존하는 이 동전의 견본을 보면, 오늘날의 저급 황동보다 좋은 구리를 사용했다는 것을 알 수 있다.[30]

공손연이 오나라 대신들의 머리를 위나라에 보내기는 했지만, 그것보다 중요하다고 할 수 있는 자신의 마음은 주지 않았다. 그리하여 237년에 위나라는 수도인 장안長安에서 요동으로 4만 명의 군대를 보냈다. 위나라 군대의 사령관은 혹시 있을지 모르는 촉蜀의 공격에 대비해 장안을 지키기 위해 남았다.

한 해 전에는 유주 자사 관구검이 항상 무례할 정도로 독립적인 언어를 구사하는 공손연을 벌하라는 임무를 맡은 바 있었다. 이번 원정은 첫 번째와 마찬가지로 유력한 대신들의 항의를 무릅쓰고 이루어진 것이었는데, 이들은 강대한 오와 촉이 위나라의 남쪽에서 버티고 있는 상황에서 연에 주목하는 것은 지각없고 경솔한 짓이라고 생각했다. 그러나 관구검은 유주에서 군대를 일으켰고, 선비족鮮卑族과 오환족을 자신의 곁으로 불렀다. 이렇게 전력을 보강한 그는

---
30 오나라는 중국 남부 오늘날의 강소와 절강 지방을 포함하고 있었다.

동쪽으로 행군하여 요동성의 남쪽에 진을 쳤다. 공손연은 항복하라는 전갈에 대한 대답으로 군사들을 이끌고 나와, 요수현遼隧縣,[31] 즉 요하강의 원류와 지류가 만나는 합류점에서 관구검을 마주하고 정렬했다. 때는 8월이었고 요동의 우기였다. 10일 동안 비가 왔으며, 마치 좀처럼 비가 오지 않다가 그동안의 손실을 만회하려고 내리는 듯이 쏟아졌다. 결코 작은 강이라고 할 수 없는 요하강은 거대한 강이 되었고, 결코 약하지 않았던 물살의 흐름도 더더욱 강해졌다. 관구검은 후퇴할 수밖에 없었고, 모든 전투는 헛수고로 돌아갔다. 그러자 공손연은 자신을 연왕으로 세우고 선비족의 선우라는 직함을 취하고는, 그들을 자신의 깃발 아래 불러 모아 자신과 함께 위나라를 약탈하는 데 참여하도록 했다. 따라서 이번 원정은 분명히 그 정당성이 인정되었지만, 이전과 마찬가지로 위나라 대신들의 반대가 심했다. 그러나 황제는 굽히지 않았다. 이번 원정에 대한 반대 이유는 주로 곡식과 다른 필수품들을 수도인 낙양[32]에서 4,000리 떨어진 요동까지 운반하는 데 따르는 어려움 때문이었다.

  황제는 그들의 논쟁에 대한 대답으로 그저 공손연이 어떤 방어책

---

31 이곳은 강의 동쪽으로서, 우장의 서쪽인 지금의 산자호였을 것이며, 여기서 '외外'와 '내內' 요하강이 합쳐진다.
32 지금의 하남성 개봉부 근방으로서 이 지방은 산동성과 함께 위나라에서 가장 중요한 곳이었다.

을 수용할지 물었다. 공손연에게는 세 가지 길이 있다고 그들은 대답했다. 그에게 있는 최상의 계책은 성벽을 버리고 숲 속으로 후퇴하여 공격을 하기 전에 적군을 지치게 만드는 것이고, 두 번째 계책은 요하강을 건널 때 공격하는 것이며, 세 번째는 가장 좋지 않은 계책으로 성을 수비하여 문제를 해결하는 것이라고 했다. 황제는 이에 동의하며 전쟁을 성공적으로 끝내는 데 필요한 시간을 물었다. 그들은 가장 열악한 상황으로 가더라도 1년이면 충분하다고 대답했다.

공손연은 자신을 치기 위해 가공할 준비가 진행 중이라는 소식을 듣고는 공포에 질려 오나라에 도움을 간청하고자 사신들을 보냈다. 과거의 그의 만행에 대한 감정이 아직도 쓰디쓰게 남아 있었기 때문에, 많은 사람들이 장우에 대한 복수로 이 사신들의 목을 요구했다. 그러나 대신들 가운데 '양'이라는 자는, 이것이 좋은 복수는 되겠지만 나쁜 정책이 될 것이라고 말했다. 그리고 그의 조언에 따라 사신들을 고국으로 돌려보냈다.

위나라 군대는 7월에 요하강에 당도했다. 그들은 공손연이 수천의 군사들을 보내어 강둑을 따라 20리[33] 길에 흙 제방을 쌓아 자신들

---

[33] 연나라 역사서에는 이렇게 기록되어 있다. 진나라 역사서에는 70리라고 되어 있으나 분대들이 분리되어 이만한 거리에 퍼져 있지 않는 한 너무 먼 거리다.

을 맞을 채비를 해 놓은 것을 발견했다. 부지휘관이었던 장수들은 당장 강을 건너 공격해야 한다고 주장했다. 총지휘관이었던 사마의司馬懿는 제방의 가장 큰 목적은 공격을 감행하게 만들어 군사들을 지치게 만들자는 것이라고 그들을 설득했고, 이렇게 많은 군사들이 제방을 지키고 있다면 성을 지키는 자들은 얼마 남아 있지 않을 것이라는 결론을 내렸다. 따라서 사마의 제방을 피해 성으로 바로 진격하라는 명령을 내렸다.

사마의는 제방 남쪽을 향해 군기를 펄럭이게 하여 마치 자신이 거기서 강을 건너려는 것처럼 보이게 했으며, 선비족 출신 비연卑衍의 휘하에 있던 연의 군사들은 그 상륙을 막기 위해 방책 너머 남쪽으로 이동했다. 이 작전의 가장 주요한 목적이 이때 달성되었는데, 위의 군사들 대부분이 제방의 북쪽에서 강을 건너 수도인 양평[34]으로 바로 진격한 것이다. 비연은 자신의 실수를 알아차리고 놀라서 군대를 쫓아갔으나 이미 위의 군사들이 수산 밑에 진을 친 후였다. 비연의 맹렬한 공격은 힘을 쓰지 못했다. 그는 후퇴할 수밖에 없었고, 이미 포위당한 성으로 들어가는 것 외에는 다른 방도가 없었다. 두 달 동안 비가 쏟아졌고 땅은 물에 잠겼다. 선착장에서부터 양평

---

[34] 현재 요양 지방.

의 성벽까지 배를 타고 땅 위를 지나왔다. 위나라 군사들은 공포에 질려 물러나기 시작했는데, 물이 평지에서 1미터[35] 높이까지 차올랐다. 지휘관은 대오 이탈을 언급하는 자는 누가 되었든지 목을 베겠다고 위협했으며, 이 위협은 고급 장교 한 사람에게 적용되었다. 사마의는 장수들과 이 문제를 논하면서, 자신들은 소수이고 적군은 많으며, 자신들은 식량이 넘칠 정도이지만 포위된 자들은 이미 굶는 지경일 것이며, 장안을 떠나기 전에는 적이 싸우지 않고 도망칠까 걱정했지만 지금은 그들 스스로 후퇴를 논하고 있다고 했다. 그는 얼마 지나지 않아 포위가 종결될 것이라는 말로 결론을 내렸다. 이 연설은 장수들의 사기를 높였다.

포위된 자들은 실제로 큰 어려움에 처해 있었으며, 두 달 동안 좁은 성벽 안에서 인육人肉을 먹는 형편으로 전락했다. 공손연은 항복의 조건을 흥정하기 위해 사신을 보냈다. 이 사신을 참수하라는 명령을 내린 사마의는 병사에게는 다섯 가지 길이 열려 있다고 말했다. 그는 싸우든지, 싸울 수 없다면 요새를 지키든지, 요새를 지킬 수 없다면 도망쳐야 하며, 이것 외의 대안은 무조건적인 항복과 죽음이라고 했다. 며칠이 지나자 포위된 자들은 절망적인 지경에 이르

---

35 1878년 8~9월에 요동 지방은 이와 똑같은 형편이었다. 어떤 곳에서는 강의 굴곡을 보존하기 위해 거의 한 달 동안 배가 벌판 위로 다녔다.

렸고 모든 질서는 무너졌으며, 공손연과 그의 아들은 수백 명의 군사들을 이끌고 포위망을 뚫고 북쪽으로 도망쳤다. 그들은 추격당한 끝에 대량강大梁江[36]에서 살해되었다.

사마의는 성으로 들어가 공손연과 공손수의 수하에 있던 7,000명의 군사를 처형했다. 현도와 낙랑을 비롯해 요동 전체가 충성을 맹세했다.

걷잡을 수 없는 무정부 상태였던 기원후 220년에서 420년 사이의 시기에 수많은 왕국들이 흥했다가 쇠했다. 그리고 전쟁은 분열된 중국 제국과 그 이웃들의 취미생활이었던 모양이다. 그러나 그들 가운데 요동 북부의 보잘것없는 몽골족 혹은 훈족으로 보이는 선비족의 역사가 그 신속한 상승과 갑작스런 붕괴로 인해 가장 주목할 만하다고 하겠다. 337년에 이들과 고구려 및 요동의 다른 부족들 사이에 분쟁이 있었는데, 이들은 숫자보다는 전략으로 승리를 거두었다. 이 선비족이 망하자 요동 전체와 요서까지 끌어안았던 고구려가 제국임을 자랑할 수 있게 되었다. 선비족의 역사가 당시의 정황을 무엇보다 정확히 전달해 줄 수 있기 때문에 다음의 내용을 기술

---

36 원문의 주석에는 이렇게 기록되어 있다. "소요수小遼水는 현도, 고구려 현, 요산에서부터 남서쪽으로 흘러내려 양평을 지나며, 북쪽 국경 너머에서 내려오는 대량강과 합류한다. 합쳐진 강은 남서쪽으로 흘러 대요수大遼水로 흘러들어간다. 따라서 소요수는 대수大水이며, 대량강은 혼하渾河이고, 대요수는 몽골에서 오는 외요수外遼水다."

한 것이지만, 우리가 다루려는 주제와 항상 직접 연관된 것은 아니다. 따라서 한국에만 관심이 있는 독자라면 이 부분은 건너뛰고 제5장으로 가도 좋다.

제 2 장
선비족

중국의 군사적인 움직임은 태곳적부터 이웃 유목 민족들과 밀접하게 연관되어 있었다. 중국의 북쪽 국경 지대에 생겨난 수많은 제국들 가운데 흉노 혹은 흔히 훈족이라고 알려진 자들도 무시하지 못할 파괴력을 지니고 있었다. 훈족의 초기 역사가 흥미롭기는 하지만, 그들은 요동 지역에서 멀리 떨어져 있었기 때문에 여기서는 의미가 없다. 다만 한 왕조에게는 훈족이 그 시작부터 끝까지 가혹한 재앙이었음을 밝혀 두고자 한다. 그들은 중국 땅의 중심부까지 파고들어 가서 나라를 황폐화시키고, 성을 약탈하고, 수많은 사람들을 죽였으며, 제국의 실제적인 주인 노릇을 한 경우도 많았다. 한 왕조가 처음 세워졌을 때에는 북쪽 국경의 노략질하는 유목민 무리를 젊은 활기로 막아 냈다. 그러나 중국의 모든 제국들이 그랬듯이 그런 활기는 오래가지 못했다. 이미 기원전부터 그랬듯이 오래된 정부를 엄습하기 마련인 노쇠함이 한나라 지도자들의 정신을 흐리게 하고 손을 떨게 만들었다. 그리고 그 정도가 심해져 영국의 야만인들이 런던에서 시저Caesar의 후계자들의 주의를 끌고 있던 기원후 51년에는, 한나라 황제의 대신 한 사람이 선비와 고구려의 군사들을 불러 흉노의 동쪽 측면을 치게 하고, 장족藏族 또는 티베트의 야만족들에게는 흉노의 영토 서쪽 지역으로 진격하게 하는 한편, 중국 군사들은 북쪽으로 진격하여 지금의 하북성 북부에서 흉노를 공격하자며 황제를 설득했다. 당시 이 계획이 추진되었던 이유는, 극심한 흉년과 역병으로 흉노족이 황폐화된 상태여서 그들의 가축을 훔칠 수도 있었으며, 수년 내에 훈족을 성공적으로 흩뜨려 버릴 수 있으리라는 기대 때문이었다. 그러나 황제는 이 제안을 받아들이지 않았다.

  우리가 당시 무기력했던 한나라가 제안한 그러나 헛수고로 돌아간 이 제안에 관심을 갖는 중요한 이유는, 이 사건이 선비족이 이미 고구려와 견줄 만한 세력을 얻고 있었다는 사실을 보여 주기 때문이다. 고구려는 선비의 동쪽에서 현재의 조선과 요동의 북쪽을 차지하고 있었다. 선비는 '동호족'에 속했는데, 그 시작은 보잘것없었다.

이들은 오늘날 요서의 여주와 형주 국경 지대, 몽골 남동부의 산지와 협곡에서 살았다. 흉노족과의 분쟁을 통해 이들의 숫자와 대담성은 급속하게 커졌고, 기원후 109년에는 이들이 또 한 번 요서를 습격하는 것을 볼 수 있다. 그러나 이들은 오환 군사들의 도움을 받은 요서군에게 패배하고 물러난다. 이 싸움에서 선비족은 1,300명의 군사들을 잃었으며, 이러한 사실은 이들의 군대가 상당했다는 것을 시사한다. 그러나 이와 같은 견제는 그리 오래가지 못했으며, 다음 해 가을에 이들은 다시 어양漁陽 부근을 약탈하기 시작했다. 이 성의 태수 혹은 지휘관이자 행정관이었던 '장'이라는 자는 그들을 몰아내고 국경 너머 산중으로 그들을 쫓아갔다. 다음 날 아침 그들을 수색하던 그는 야영지에서 연기가 나지 않는 것을 보고 급하게 도주한 그들이 도망치지 못하도록 즉시 진격을 명령했다. 그는 신속하게 밀고 나갔으나, 갑자기 사방에서 맹렬한 공격을 받았다. 선비군은 매복을 하기 위해 후퇴했던 것이다. 상상 이상의 용맹스러움에도 불구하고 장은 죽임을 당하고 군대는 분해되었다. 이제 아무런 방해도 받지 않게 된 선비의 군대는 내륙으로 진격하여 상곡[37]에 이르렀고, 이들에 맞서기 위해 포진하고 있던 군대를 격파하였다. 그들은

---

37 어떤 기록에는 지금의 보정으로 되어 있으나 중국 황실의 기록에 따르면 현화로서 이곳이 훨씬 북쪽이며, 더 가능성이 있는 곳이다.

전진을 계속했고 오늘날 북경의 창평에서 35리 북서쪽에 위치한 영관을 지나, 송나라 및 근대의 다른 왕조들이 마성이라고 불렀던 도시의 성문에까지 적을 물리치며 나아갔다. 마성의 태수는 이들에게 살해되었고, 선비군은 더 많은 피해를 줄 듯했으나 111년 8월에 등의 지휘 아래에 있던 선우군에게 패배한다. 이것은 중국 군대의 사기 저하를 보여 주는 일이다.

고조선이 분열된 이후로, 이 이름으로 알려져 있던 옛 땅은 이때까지 중국 본토에 예속되어 있었다. 중국에 속했던 부분은 오늘날의 형주와 광릉 서쪽에서부터 동쪽으로 요하에 이르러, 대수강大水江의 남쪽을 따라 동쪽의 산지에 이르며, 요양 남쪽에서 바다에 이르는 모든 평지를 포함하고, 요동 동부 남쪽에서부터 압록강 혹은 평강에까지 이른다. 당시 이 지역은 제대로 된 경작지도 없었고 큰 마을들로 북적대지도 않았으며 또 지금처럼 성벽이 있는 수많은 성들이 방어를 하고 있지도 않았다. 거주자들은 극히 일부만이 중국인이었다. 그러나 고조선을 정복하고 세운 요하 동쪽과 서쪽의 몇 군데의 요새에는 중국인 병사들이 주둔했다. 요서의 서쪽과 북서쪽 그리고 북쪽을 에워싸고 있는 나라는 선비로서 남쪽의 영평에서 북쪽의 개원에 이르렀고, 고구려는 요동의 북동쪽과 북쪽으로 국경을 접하고 있었다. 양쪽 세력은 해마다 그 힘을 더해 갔다. 기원후 121년에는 선비와 고구려의 연합군이 요동으로 진격하여 남쪽[38]의 신성까지 패주하는 요동군을 추격하여 학살하였다. 중국 군대의 지휘관들은 전투의 선봉에서 모두 쓰러졌다. 고구려는 성취한 것에 만족한 모양이었으나, 선비는 서쪽으로 계속 진격하여 영관을 약탈하고, 운중[39]의 태수를 복속시켰다. 그러나 그들은 유주(북경)를 비롯한 다른 지역 태수들의 연합군에 밀려 동쪽으로 쫓겨났다. 그들은 그해 12월에 요동의 남동부인 현도를 황폐화시켰으며, 다음 해에는 많은 숫자가 태원까지 침투했다. 한 국가의 정부 기관이 얼마나 느슨하게 연결되어 있었는지를 보여 주는 예로서, 한양성의 태수가 선비군에 합류한 것을 들 수 있다. 선비군의 승리는 좀 더 굳게 결속된 정부와 좀 더 문명화된 사회의 결과이자 원인이 되었다. 그러나 그들의 강력한 사촌이었던 흉노족을 감당하기에는 역부족이었으며, 이들 가운데 일부는 산서성 북부를 차지했고, 태원 정벌 때 이들과의 전투에서 패한 적이 있었다. 그들은 해마다 중국 북부와 현도를 습격하는 것이 더 수월하고 이익이 된다는 사실을 알았다.

부패와 나약함을 피하지 못한 중국의 궁정은 외부에서부터 잠식되었다. 한나라의 수도와 여러 지방에서 산들이 쪼개져 열리고 23번

---

38 오늘날 개주의 남쪽.
39 오늘날 산서성의 대동.

의 지진이 일어나면서 현 왕조에 대한 하늘의 진노를 보여 주었고, 이것은 제국에 떨어질 크나큰 재앙의 전조가 되었다. 그런데 지진보다 더 심각한 일은 여러 지방에서 몇 년 동안 계속된 흉년이었다. 결과적으로 나타난 정신적인 불안감과 물리적인 고통이 선비족의 적극적인 공격을 용이하게 만들었는데, 이들의 군대는 때로는 예맥濊貊과 연합하고 때로는 오환과 연합하거나 혹은 단독으로 중국 내륙 깊숙이 침투했다. 당시 요동의 형편과 자원은 다음과 같은 사실로 판단할 수 있는데, 소복연은 1,000명을 거느리고 스스로 왕이라고 선포했으며, 이와 때를 같이하여 오환은 8,000명의 군사들과 남쪽으로 이동하여 요서의 북쪽을 점거했다. 또 오연이라는 자는 800명을 데리고 우북평[40]에서 비슷한 직위를 취했다. 그러나 죽어가는 한 왕조의 몸 위를 맴도는 수많은 독수리들 가운데 선비가 가장 강력하고 가장 적극적이며 가장 대담하여 거의 100년 가까이 중국 북부를 마음대로 활보했다.

선비의 세력은 점차 확대되었다. 중국의 동부, 북부, 북서부 변경지대에서 그들이 불러일으키는 분쟁이 방심할 수 없을 정도로 심각해지자, 177년에는 이들을 섬멸하기 위한 대대적인 노력이 있었다.

---

40 북경의 북동쪽으로서 오늘날의 준화.

시기가 이른 것은 아니었다. 한나라는 이미 북동부 지역 이웃 나라들에 대한 영향력을 모두 잃어 가고 있었고, 전멸을 면하고자 현도의 사령관에게 고구려의 주권을 인정하도록 했다.

요서의 한나라 장수였던 조보는 2만 명의 군사들을 모아 선비족을 견제하였다. 그는 어머니와 아내, 가족을 수도에서 데려와 함께 지내려고 사람을 보내 놓은 상태였다. 그의 가족들이 유성[41] 근방에 이르렀을 때, 그 지역을 약탈하고 있던 1만 명의 선비군을 만나게 되었다. 조보는 이들을 향해 군사를 돌렸다. 물론 조보가 적들과 마주치자마자 그들은 조보에게 가족들이 포로로 잡혀 있으며 그가 공격하면 가족을 죽일 것이라고 알려 왔다. 그리고 동시에 그가 볼 수 있도록 어머니와 아내를 앞으로 데리고 나왔다. 그들은 조보의 가족을 돌려주고 대신에 그 압도적인 숫자의 군대를 피해서 빠져나가고 싶었다. 조보는 자신이 곤경에 처했다고 크게 부르짖으며 비탄에 빠졌다. 그리고 어머니의 죽음의 원인이 되느니 차라리 목숨을 잃는 편이 낫다고 생각했다. 그러나 그가 자식으로서 도리를 다한다면 공적인 신뢰를 배반하는 것이 된다. 만약 그가 평범한 개인이었다면 어머니와 아들의 관계에 수반된 의무만을 걱정하면 되지만,

---

41 형주의 북쪽(지도 1 참고).

지금은 군주와 신하의 관계가 여기에 맞물려 있는 상태였다. 개인적인 감정은 공적인 의무를 망치기 십상이며, 1만 명의 죽음이 나라를 황폐화시키는 것보다 나은 법이다. 그가 이렇게 장교들과 숙고하는 동안 용감한 아들의 용감한 어머니가 멀리서 큰 소리로 외쳤다.

"모든 사람에게는 숙명이 있고 모두 한 번은 죽어야 한다. 한순간이라도 망설인다거나, 군주에 대한 충성과 책임에 대한 성실함에 위배되는 행동을 티끌만큼이라도 마음에 품을 수 있단 말인가?"

조보는 당장 공격을 명령했다. 선비족은 패했다. 그러나 그들은 후퇴하기 전에 조보의 어머니와 아내, 아이들을 살해했다.

추격이 끝나자 조보는 전쟁터로 돌아와 가족들을 묻었다. 이 참극을 전해 들은 황제는 특사를 보내 조객들을 위로했다. 비탄에 잠긴 조보는 그를 도와 장사를 치르던 마을 사람들에게 말했다.

"황제의 양식을 먹으며 위험을 피하는 것은 불충입니다. 청렴함을 지키기 위해 어머니를 죽게 하는 것은 불효입니다. 이제 나는 어떻게 해야 합니까? 이 세상에 내 피난처는 없습니다."

이 말을 한 그는 정신적인 고통의 결과로 피를 토하며 죽었다.

『신약성서』가 아직 완성되기도 전에 일어났던 이 사건은 고대부터 오늘날에 이르는 중국 윤리 체계의 완성을 보여 준다. 그 정점이자 본질은 '의무'라는 말 한마디로서, 이것은 『사터 리사터스Sartor

제2장 선비족 **77**

Resartus』[42]의 저자를 기쁨에 들뜨게 할 수 있을 정도로 다른 모든 말과 사물 위에 높이 자리 잡았다. 이 의무는 자기희생뿐만 아니라 애정을 질식시켜, '사랑'이라는 말을 먹을 것과 마실 것에만 사용하게 만들었다. 이것은 모든 인간관계를 지배해야 하는 차갑고 냉혹하며 경직된 의무로서, 따뜻하고 감정이 깃든 고동치는 사랑의 감정은 아니다. 대신과 장수는 군주와 나라를 사랑할 의무가 있는 것이 아니라 책임에 충실할 의무가 있으며, 자녀들은 부모를 사랑하도록 요구받는 것이 아니라 그들을 존경하고 그들에게 복종하도록 요구받는다. 부부간과 어버이로서의 관계도 동일한 기반에 근거한다. 이러한 금욕적인 가르침은 모든 종류의 열정과 모든 감정의 열기를 소멸시킴으로써 완성되었다. 오랜 기간에 걸친 이런 가르침이 오늘날 중국인들의 사회생활의 기초가 된다는 사실은 의심할 바 없으며, 조보의 경우가 그 완벽한 예라고 할 수 있다. 그의 경우에 이론적으로 부모에 대한 의무가 전부이며 아내와 아이들은 아무것도 아닌 것이다. 일반적으로 낮은 가족애의 원인이 여기 있다. 중국인들의 강한 보수주의적 성향도 이와 동일한 가르침에서 유래하였다. 의무는 부정적이고 방어적인 반면에, 사랑은 긍정적이고 적극적이다. 따

---

42 영국의 역사가이자 사상가인 토머스 칼라일Thomas Carlyle의 작품 『양복을 다시 지어 입은 양복장이』(옮긴이).

라서 나는 사랑의 종교가 가르치는 것을 철저하게 받아들인 국가들의 적극성과 그 진보적인 문명, 그리고 이와 반대로 아름답지만 냉담한 의무를 도덕의 대의로 생각함으로써 사랑의 종교를 그 단순하고 적극적인 자비로운 성격 그대로 받아들이지 못하는 국가들의 정체적이고 보수주의적인 특성의 차이가 여기에 있다고 생각한다.

수십 년간 중국을 황폐하게 만든 총체적인 혼란과 전반적인 갈등, 또 홍수, 가뭄, 메뚜기 떼로 인한 흉년, 그리고 남쪽에서 일어나고 있던 더 큰 변동과 가공할 사건들이 선비족을 잊게 만들었다. 그러나 이들이 남쪽의 이웃들을 돕기 시작했기 때문도, 또 평화롭게 조용히 있었기 때문도 아니었다. 한나라의 힘이 쇠약해지면서 선비의 세력과 만용은 커져만 갔고, 그들은 기습 공격을 하고 유주와 병주[43] 지역을 유린했다. 그리고 마침내 스스로를 국경 감시인으로 임명하면서, 먼저 한 왕조에게 그리고 또 위 왕조[44]에게 자신들의 관용을 돈을 주고 사라고 했다. 이런 명예로운 직책은 매년 꽤 큰 액수의 돈을 요구했다. 그들은 자신들의 위치에 부여된 책임을 충실하게 감당했으며, 서쪽의 흉노가 되었든 동쪽의 오환 혹은 고구려가 되었

---

43 오늘날의 태원.
44 앞에서 보았듯이 위나라는 조조가 중국 북부에 세운 나라이며, 한나라가 붕괴되고 생겨난 강력한 세 왕국들 가운데 하나다.

든, 중국 땅에 약탈을 하러 들어가는 모든 자들을 막았다.

그러나 233년 선비국에 속한 땅의 독립된 족장이었던 가비능軻比能이 선비국의 국경 감시인이었던 보도근步度根과 음모를 꾸미고 충성의 맹세를 철회했다. 그는 보도근의 딸과 혼인을 했고 장인은 사위에게 중국 쪽 국경에 있는 목초지를 주었다. 분열된 중국의 북쪽을 다스리고 있던 위 왕조는 가비능의 독립된 영토로 장군 두 사람을 연이어 보냈으나 모두 패배하고 말았다. 보도근과 그의 군사들의 이탈은 대충 이러했고, 이들은 먼저 가비능과 합류하기 위해 국경을 넘었다가, 그 족장과 함께 그들이 보호하는 대가로 돈을 받았던 곳을 약탈하고 파괴하기 위해 다시 국경을 넘었다. 그들에게 세 번째로 장군이 파견되었고 이번에는 더 나은 성공을 거두었다. 그는 선비족을 공격하여 승리를 거두었다. 가비능은 추격을 피할 수 없다는 것을 깨닫고 장인을 살해한 뒤 병사들을 데리고 항복했다. 다음 해에 유주 자사는 유명한 무사였던 왕웅의 도움으로 가비능을 제거한다. 이 무사의 공포스런 이름은 그를 앞질러 갔고, 이 지역에 있던 선비족들은 그가 와서 타격을 가하기도 전에 도망쳤다.

서쪽의 서장 또는 티베트 그리고 북동쪽의 선비족이 자신들의 이웃인 중국을 끊임없이 괴롭히는 가운데서도, 이 두 나라의 많은 주민과 일가들이 각자 나름의 이유로 국경을 넘어 중국으로 가서 처음에는 한 황제의 지배를, 또 나중에는 위 황제의 지배를 받았다. 그들은 국경의 중국 쪽에 있는 땅을 하사받았으며, 점차 정치 놀음의 중요한 요소가 되었다. 그들은 독립을 누리고 있는 동족들과 대를 이어 연락을 유지하여 "피는 물보다 진하다"는 말을 입증했다. 많은 약탈자들의 무리가 필요할 때 이들 망명자들과 그 자손들의 안내를 받았다. 위 왕조는 서진西晉 왕조라는 떠오르는 별의 그늘로 떨어졌는데, 이 나라는 265년에 제국의 모습을 갖추어 산서성 남쪽 옛 진 왕국의 자리에서 일어났다. 280년에는 인구가 250만 가구, 혹은 2,000만 명이었다. 선비족 이주자들은 중국인들 가운데서도 성가신 존재들로 여겨져, 서진 황제의 대신들은 그들을 국경 너머 고향으로 쫓아 버려야 한다고 탄원했다. 그러나 종종 목격된 그들의 변절 행위에도 불구하고, 황제는 우선 그들의 일에 간섭하려고 하지 않았다.

  선비족은 넓은 지역에, 특히 오늘날의 요서 지방 서쪽 국경 전체에 걸쳐 여러 족장들의 지배 아래 나누어져 있었다. 이들 가운데 모용황은 남쪽으로 이동하여 얼마간의 분쟁 후에 독립된 국가를 세웠고, 당시에는 요서에 속했던 오늘날의 하북성 산해관에서 110리 떨어진 창려 근방을 수도로 삼았다. 그는 곧 용성현도 차지했으나 큰 업적은 이룩하지 못하고 죽었다. 아들 모용준이 그의 대를 이은 뒤에는 또 그의 아들 모용섭귀가 왕위에 올라 요동 북부를 공격했고

281년에는 창려의 중국인들을 약탈했다. 그의 형제인 모용산이 2년 후에 왕위에 올라 선왕의 아들인 휘 혹은 외를 죽이려고 했다. 외는 때맞춰 경고를 받고 요동으로 도망쳤으며, 286년에 아버지의 대를 이어 왕위에 오르라는 부름을 받았는데, 국민들이 모용산에게 항거하여 일어나 그가 죽임을 당했던 것이다. 모용외가 임금으로 선택된 이 나라는 이제 왕조 이름인 모용으로 알려지게 되었다. 이것은 당대의 왕가가 취한 성씨다. 두 번째 선비국이 모용국의 북서쪽에 단段이라는 왕조 이름으로 세워졌으며, 개원 서쪽에 있었던 원래의 선비국은 우문宇文이라는 구별된 이름으로 불렸는데, 그 이유는 이 나라에 중국 황제들이 몇 대에 걸쳐 선비국에 하사한 황실의 급송 공문서, 서한, 예물, 옥새 등을 소유하고 있었기 때문이다. 선비국은 북동쪽으로는 부여국과 경계를 이루었고 남쪽으로는 오늘날의 개원과 맞닿아 있었다.

  모용외는 선비족을 모두 통합시켜 왕이 되려는 야망과 열정을 가지고 있었다. 그는 진나라 황제에게 우문으로 진격하여 합병시킬 수 있도록 허락해 달라고 탄원했다. 그는 당시에 막 왕위에 오른 젊은이였으나, 그의 공격적인 본성은 이 한 가지 야심만만한 욕망으로 명백하게 드러났다. 앞으로 드러날 그의 야망에 대한 다른 증거가 없는 가운데서도, 서진의 황제는 분열된 선비가 통일된 경우보다 더 유쾌한 이웃이라는 현명한 판단을 내렸다. 그러나 자신의 야심 어린 계획이 허락되지 않자 이 젊은 야만인은 분노하여 우문선비를 치기 위해 준비했던 군사들을 요서에 풀었다. 그는 분노에 떨며 무차별적인 학살을 감행하였고, 그의 군사들은 많은 양의 전리품을 얻었다. 그러나 피와 약탈로 얼룩진 서부 진격은 유주의 태수와 충돌했고, 그는 비여[45]에서 완전히 패배하고 말았다. 그러나 그의 패배는 단지 일시적인 좌절에 불과했다. 그는 매해 동쪽, 서쪽, 남쪽으로 중국을 침략했다.

모용외가 부여국을 지속적으로 공격한 것으로 미루어 볼 때 요동은 그에게 저항할 수 있는 처지가 아니었던 것으로 보이며, 서쪽은 다른 선비국들이 방어했기 때문에 남쪽에서 공격할 수밖에 없었다. 요동은 사실 사막보다 나을 게 없었으며, 모든 선비국들과 부여에는 견고한 성채들이 있었으나 요동에는 하나의 성도 없었다. 이런 그의 공격을 받은 부여가 한 번은 완전히 쇠퇴하여 왕 의려依慮가 자살하고 그의 아들들이 동쪽의 옥저국으로 피신했다. 모용외는 성 몇 곳을 점령하여 1만 명의 포로들을 이끌고 자기 나라로 물러났다. 그가 돌아가자 죽은 왕의 아들 의라依羅는 부여로 돌아가 다시 권력을 잡

---

45 오늘날의 노룡현.

았다. 국경 너머로 피신했던 자들 중 많은 이들이 고국으로 돌아오기를 원하자, 의려는 요동의 야만족인 동호의 족장 하감에게 요동 남쪽과 동쪽에 흩어져 있는 부여인들을 호위해 달라는 부탁을 했다. 하감은 무관들 가운데 한 사람을 보내어 도망자들을 고향으로 데리고 가도록 했다. 그러나 모용외는 그 여정의 무리를 공격한 다음 방향을 바꾸어 부여를 다시 약탈하고는 요서에서 빼앗은 수많은 전리품을 고향으로 가져갔다.

그 후 얼마 뒤 모용외는 사신들을 중국의 궁성으로 보내어 자신의 충성을 전달하도록 했으며, 황제는 이것을 기꺼이 받아들이고 그를 선비국의 도독으로 임명하였다. 유주의 성주도 도독이었기 때문인데, 당시의 이 직위는 행정직과 무관으로서 중장의 직위를 겸하는 것을 의미했다. 이것은 오늘날 '도통' 혹은 군정 장관이라고 부르는 직위이다. 그가 이 새로운 직위를 정식으로 받기 위해서는 궁정으로 가야 할 필요가 있었다. 그는 하감을 비롯한 모든 대신들이 자신을 정식으로 영접할 것이라는 사실을 전해 듣고는 가장 좋은 관복을 입고 나타났다. 그러나 궁전 입구에 도달하고 보니, 한 부대의 병사들이 정렬을 한 상태에서 손님을 환영하는 것이 아니라 원수를 맞는 것처럼 경계를 하고 있는 것이 보였다. 그는 당장 돌아가서 재빨리 옷을 갈아입고 평범한 복장으로 입장했다. 왜 그렇게 했는지 묻자 그는 손님으로 영접한다면 손님 행세를 하겠지만, 주인이 주인 노릇 하기를 잊어버린다면 손님이 어떻게 하겠느냐고 물었다. 그 대답으로 그는 분노를 사기는커녕 두터운 신용을 얻게 되었으며, 오늘날까지도 중국에서는 이런 대답에는 이런 대접을 받는다. 중국보다 예의범절에 정통한 나라는 없으며, 중국인들보다 예절에 대한 비난에 민감한 민족도 없다. 모용외는 단선비 왕의 딸과 이미 결혼했고, 영주에서 동쪽으로 190리 떨어져 있는 청산[46]에서 기거했다. 그러나 그는 그곳에 잠시 있었을 뿐이며, 수도로 정한 극성棘城으로 물러갔다.

중국 제국 내부의 극심한 혼란과 사나운 훈족과 거친 선비족 때문에 외부에서 밀려들어 오는 끊임없는 혼란으로, 유주의 도독은 스스로 알아서 동맹 협정을 맺지 않으면 안 되는 형편에 처했다. 그는 단선비와 동맹을 맺고 딸을 그 족장에게 시집을 보냈으며, 또 다른 딸을 우문선비의 족장에게 주었다. 이것은 마치 영국의 장군이 평화를 얻기 위해 뉴질랜드 혹은 카피르족의 추장에게 딸을 팔아야 하는 형편에 처한 것과 똑같다. 그는 또한 단선비의 족장을 요서공으로 추천했다. 선비는 이전부터 훈족을 큰 규모로 영입했던 것으로 보이

---

46 청산은 영주의 북동쪽이고 극성은 영주의 남서쪽이 확실한 것으로 여겨지지만, 『자치통감資治通鑑』에는 남동쪽 170리 길로 되어 있다. 그리고 『강감이지록綱鑑易知錄』에서는 대청이라고 부르며 그 위치를 오늘날 하남성의 저룽현으로 밝혔다. 그러나 중국의 지리학은 중국 바깥의 장소를 논할 때는 항상 옳은 것이 아니기 때문에 우리를 스스로 어둠속을 더듬어 나와야 한다(각주 48 참고).

며, 독립적인 한 선비족의 우두머리였던 요로바능이 양주를 약탈했을 때 그를 따르는 자들이 너무나 많아, 마침내 그를 몰아내고 난 다음에 10만 명을 포로로 삼았다.

서진의 황제가 도독으로 임명한 바 있는, 성이 호연인 훈족의 족장 유연劉淵은 같은 해인 304년에 이보다 더 명예로운 직위인 선우의 직위를 취하였으며, 이것은 훈족에게는 터키의 칸, 혹은 더 정확하게는 카칸에 맞먹는 것이었다. 선우 혹은 몽골족의 카칸은 중국의 '황제'와 같은 의미인데, 선우는 '왕 중의 왕'이라는 뜻이다. 한 왕조의 황제들은 몇 대에 걸쳐 자신들을 보호하기 위해 황실의 딸들을 미개한 훈족의 선우들에게 아내로 줄 수밖에 없었다. 따라서 유연은 혈관 속에 한나라 황실의 피를 적지 않게 가지고 있었다. 그는 자신의 원래 작위에다가 중국의 것인 한漢 왕이라는 칭호를 붙였다. 그는 선비를 공격하고자 했으나 대신들은 이들 호족이 자신의 친척들이니 공격하기보다는 부려야 한다고 주장했다. 그리하여 결국 그들을 공격하지 않고 중국의 북서쪽을 태원의 성벽까지 황폐화시켰다. 호연의 군대에는 수많은 선비족들이 그의 수하에 들어와 있었다. 그러나 그들에게 대항할 수 없었던 중국은 선비족 분대分隊를 고용하여 도움을 받았다. 그리고 308년 12월에 훈족은 선비족에 완전히 패배하여 물러났다. 훈족 군대에 있던 선비족들이 전투가 진행되는 사이에 탈주하여 동족에게로 돌아갔던 것이다. 그리고 같은 해 초에 한왕 유연[47]은 스스로를 황제로 선포했다. 모용외도 선비의 대선우大單于의 지위와 칭호를 취했고, 중국 북부 세 지역의 통치자들에게 이것을 인정받았다.

이 시대에는 모든 자들이 각자 자기 좋을 대로 했는데, 그 이유는 '이스라엘의 왕'이 없었기 때문이었다. 그리고 그들은 바로 그 '오래된 방식인 단순한 법칙'을 따랐으니, 누구든 할 수만 있다면 모든 사람들을 약탈해도 된다는 법칙이다. 권위의 붕괴를 보여 주는 다른 여러 사건들 가운데 이런 것도 있었다. 발해[48] 지역의 왕 혹은 봉건왕이었던 이진李臻은 서진 황제의 고위 대신이었던 왕준王浚을 몹시 싫어했다. 창려의 태자왕 왕징은 이진의 편을 들었고 왕준을 상대로 군대를 보내라고 역설했다. 이 조언을 받아들여서 이진의 아들은 자기 주인의 대신을 공격하기 위해 진격했다. 요동 태수 방본龐本은 발해의 가장 유능한 군사들이 부재중이라는 것을 알고는 왕준을 편들어 싸움을 계속하기 위해 당장 군사들을 이끌고 발해만으로 갔다. 이진은 이 갑작스런 침입에 대응할 수가 없었고, 곧바로 사로잡혀 죽임을 당했다. 한편 발해에서 요동으로 파견되어 요동(현재의 요서)

---

47 중국 오호십육국五胡十六國의 하나인 한漢: 前趙의 창립자(재위 304~310)(옮긴이).
48 산동성의 북서쪽이자 하북성의 남동쪽.

의 무려현無慮縣까지 침투한 군대를 방본의 또 다른 부대가 습격했다. 이 성과 요새는 절이 많은 의무려산醫巫閭山 기슭에 있었으며, 그 아름다운 그림자는 오늘날 광녕시에 드리워져 있다. 발해의 군대는 완전히 패배했으며, 거기에 자신의 군사 일부가 포함되어 있었던 태자 왕징은 복수를 하기 위해 모용외에게 갔다. 성공에 의기양양해진 방본은 이진의 후계자를 손에 넣고 싶어 안달했다. 이 후계자는 방본을 자신의 상관으로 인정하는 척했다. 그러나 우호적인 메시지를 보내는 가운데 매복을 하고 있었다. 방본은 공식적인 항복을 받으려고 기꺼이 진격을 했다가 그 복병을 만났고, 다른 온 가족과 함께 사로잡혀 죽임을 당했다.

그러나 왕준에게는 자기 무덤을 판 야심 찬 보호자의 죽음을 복수하는 것보다 더 중요한 일들이 있었다. 중국 내부의 혼란은 극에 달했고, 훈족에 대한 공포는 이와 비례하여 증가했다. 왕준은 군사들이 부족하여 애를 먹고 있었기 때문에, 훈족의 족장 소희련에게 패배하여 사로잡힌 뒤 참수당한 동이교위東夷校尉 이진의 죽음에 대한 원수를 갚아 달라고 선비군에게 청했다. 왕준이 처음으로 청했던 단선비는 집결하기로 약속했던 곳에 나타나려는 마음이 별로 없었다. 왕준은 화가 나서 모용외에게 이웃들을 불러 단을 벌하도록 명했다. 모용외는 명령을 기꺼이 실행에 옮기고자 했으며, 아들 모용한을 당장 군사들과 함께 보내어 단선비군을 벌했다. 단선비군은 호신성에서 양노까지 쫓겨났으며, 이곳은 오늘날 형주 근방의 옛 성이다. 모용한은 자신을 지원하기 위해 파송된 중국인 부대의 패배 소식을 듣고 중산中山에 수비대를 남겨 두고 후퇴했는데, 이곳이 오늘날 요서[49]의 여주이다.

모용한의 승리는 이미 용사이자 지배자로 유명했던 아버지 모용외의 명성을 더욱 드높였다. 특히 모용외는 중국 국내의 혼란을 피해 떠도는 난민들에게 피난처가 되어 주고 그들을 극진히 환대하는 인물로 유명했다. 처음에는 왕준이 학자들을 비롯하여 잃을 것이 많은 사람들을 중국 북부로부터 끌어들이는 중심 역할을 하였다. 그러나 그가 심연에서 몸부림치고 있을 때 사람들은 다른 곳에서 피난처를 찾기 시작했다. 사람들은 먼저 요서와 요동의 단선비에게 도움을 청했으나 극진한 접대를 받지 못하자 모용외에게 눈을 돌렸다. 모용외는 양팔을 벌리고 이들을 환영했으며, 그 가운데 뛰어난 학자들에게는 중요한 자리를 내주었다. 시대를 막론하고 학문을 관대하게 후원했던 중국인들 사이에서 이런 모용외의 행위는 그의 명

---

49 단선비가 모용선비의 북쪽에 있었으므로 호신성은 양노의 남쪽 혹은 남서쪽이었고, 양노는 청산의 북쪽 혹은 동쪽이었던 것이 분명하다. 모용한은 결국 후자로 '물러났고', 여기 (혹은 도하沱河)에서 아버지의 곁으로 불려 갔는데, 이 지역들은 모두 오늘날의 형주 북쪽이다.

성과 힘을 단번에 상승시켜 주었다.

313년에 현도의 태수가 죽자 그의 아들은 관례에 따라 관직을 물려받기 위해 궁성으로 갔다. 그때도 그랬고 그 후에도 한동안 그 직분은 세습되었다. 태수 아들의 여정은 그를 모용외의 관할 지역으로 인도했으며, 모용외는 최고의 예를 갖추어 그를 대접하고 떠나는 길도 얼마간 호위해 주었다. 젊은이는 길을 떠나면서, 지금 중국으로 가는 것은 호랑이 입으로 뛰어드는 것과 같으며 길은 많지만 한 발자국도 안전하게 뗄 수 있는 곳이 없으니 이런 상황을 고려하고, 또 모용외의 통치가 정의롭고 자비로우며 그가 훌륭한 왕이 갖추어야 할 모든 것을 갖추었으니 단선비족까지 통치하시기를 바란다고 청했다. 모용외의 명성에 대해 아첨하는 내용을 담은 또 하나의 증거가 있다. 압록강 동쪽의 대방과 서경에서 온 사신들이 전하는 내용으로, 수년에 걸쳐 패배를 거듭한 고구려 왕과의 싸움에서 도움을 청한 것이다. 그러나 바로 이 명성과 여기 동반된 권력 때문에 진요가 시샘을 했다. 그는 자신의 지배 아래에 있는 중국 지역의 주민들이 자신이 마련해 주지 못한 은신처를 찾아 모용외에게 가는 것을 보았으며, 결과적으로 그의 약점은 암처럼 스스로 커져 갔다.

요서공 단은 318년에 죽고 그의 아들이 대를 이었으나 반란이 일어나 곧 살해되었다. 그리고 그 주모자가 단족의 족장이 되었다. 320년 1월 요동의 상황을 파악하기 위해 군사들을 보냈던 평주[50] 태수는 모용외에게 몰려드는 사람들의 수에 놀랐다. 그는 사신들을 보내어 이 난민들에게 고향으로 돌아가라는 명령을 내렸으나 한 사람도 귀향하지 않았다. 모용외의 세력에 위협을 느낀 평주 태수는 고구려Gaogowli,[51] 단, 우문에게 모용외를 쫓아내고 그의 땅을 나눠 갖자는 제안을 했다. 세 열강은 이 계획을 기꺼이 실행에 옮기려고 하였다. 모용외의 영토가 남쪽과 남서쪽으로 두 선비국과 국경을 접하고 있을 뿐 아니라, 두 선비국은 황제의 대리인과 다름없이 끊임없이 커 가며 자신들을 위협하고 있는 모용외의 세력을 꺾고 싶었다. 그리고 작지만 탄탄하고 야심만만했던 고구려도 약탈을 원했다. 따라서 이 셋은 즉시 동맹을 맺고 일족들을 불러 모아 요서를 집결지로 삼아 진격했다.

셋 중에 어느 하나라 해도 자신보다 군사가 많은 이 세 왕국의 연합군을 상대한다는 것은 미친 짓이라고 생각한 모용외는 전술에 의지했다. 그는 성대하고 화려한 잔치를 벌였고, 고기와 술을 무제

---

50 하남성 북동쪽의 영평.
51 이것이 코리아라는 이름의 원형이다. 후에 고려 혹은 고리로 단축되어 코레 혹은 코리아가 유래되었다[아래 고구려Gaogowli 참고].

한으로 제공할 준비를 했다.[52] 그러고 나서 우문의 군대에, 장교들과 사병들 모두에게 그들을 위해 준비된 잔치에 와서 즐기라는 온정 어린 초대장을 보냈다. 이 초대는 그들이 마치 아주 절친한 사이인 것처럼 보이게 했다. 이 계략은 바라던 효과를 가져왔다. 당장 단과 고구려는 우문이 자신들을 속이고 있다고 의심하였다. 우문이 싸움이 실제로 시작될 때까지 기다렸다가 자신들을 배반하고 모용외와 합류하려 한다고 생각한 것이다. 단과 고구려의 군대는, 모용외의 지략과 우문의 숫자로 볼 때 자신들이 불리하다는 것을 알고는 거리를 두고 후퇴하는 것이 현명하다고 판단했다. 우문의 족장들은 자신들의 명예가 손상되었다고 생각했으며, 원통함을 못 이기며 동맹군이 지원하지 않는다고 해도 혼자서라도 진격할 것을 맹세했다. 그들은 실제로 수십만의 군대(역사에 따르면)로 진격하여 모용외가 폭풍을 기다리는 수도 극성에서 40리 떨어진 곳에 진을 쳤다.

우문이 혼자 진격을 하자 모용외는 단을 무찌른 이후로 줄곧 북쪽의 도하徒河[53]에 기거하고 있던 모용한을 급히 불렀다. 모용한에게 우문이 우문실독관의 지휘 아래 모용의 땅을 약탈하려고 진격한다는

---

52 중국인들은 보통 증류하거나 양조한 술을 모두 마신다. 증류한 술은 아주 독했으며, 퓨젤유를 함유하고 있기 때문에 스카치 위스키보다 아이리시 위스키에 더 가깝다.
53 모용한은 오늘날의 여주 남쪽인 청산에 진을 쳤기 때문에 도하는 소양하少陽河가 분명하다. 이곳은 오늘날 형주의 경계 안에 들어간다.

소식이 전해졌고, 북쪽에서 우문의 후미를 공격하라는 명령이 떨어졌다. 모용외는 그동안 극성의 수비대를 규합하여 그들을 전방에서 공격할 속셈이었다. 이러한 공격은 적이 뒤에서 공격할 것을 짐작하지 못한 우문을 혼란에 빠뜨릴 것이 분명했다. 그러나 우문실독관은 모용한을 불렀다는 것을 알고는, 모용한의 계획이 성으로 들어가 수비대를 강화하는 것이라고 확신하고 그를 차단하기 위해 수천에 달하는 정예 기병대를 보냈다. 아버지의 급한 전갈을 받고 당장 군대를 움직인 모용한은 이 기병대가 자신을 치러 떠났을 때는 이미 행군 중이었다. 모용한의 정찰병들이 그 기병대의 접근을 알려 왔다. 그는 진격을 계속하며 전령들을 전방으로 보냈다. 그리고 자신을 치려고 쳐들어온 군대에게, 자신들은 단의 군사들로서 모용외의 손에 당한 온갖 모욕들을 복수하기 위해 우문과 합류하러 가는 길이라고 말했다. 우문의 기병대는 적을 만나러 온 길에 우군을 만나게 되어 기뻐하며 진격을 계속했다. 그리고 이 기대하지 않았던 지원병들을 빨리 만나 환영하고 싶은 마음에 모용한이 매복하고 있는 곳을 서둘러 지나쳤다. 이때 모용한의 군대가 뛰어나와 기병대의 후미를 덮쳤다. 모용한은 그들이 혼란을 수습하기도 전에 즉시 삼면에서 포위하여 말 한 마리도 빠져나가지 못하게 했다. 모용한은 신속하게 전령을 아버지에게 보내어, 우문이 이런 갑작스럽고 예상치 못한 타격을 받아 아연하고 있을 때 당장에 그들을 공격하라고 청했다. 그는 아들에게 명하여 서경의 옛 성주와 함께 선봉에 서게 했으며 자신은 본대를 지휘했다. 우문실독관은 보초를 세우지도 않았고 또 세울 필요도 없다고 생각했기 때문에, 모용외의 군사들을 직접 맞닥뜨리고 나서야 적군의 적극적인 공격을 알아차렸다. 모용외가 우문을 공격했다는 소식을 들은 단의 군사들은 아무 생각 없이 공포에 질려 서둘러 막사를 떠났다. 마지막 병사가 진영을 떠나자마자 단의 군사들은 주위를 둘러보고는 자신들의 막사가 화염에 휩싸인 것을 보고 아연실색했다. 그들이 진영의 남쪽 끝으로 간신히 빠져나오자마자 모용한의 기병들 1,000명이 북쪽 끝으로 들어가서 불을 질렀던 것이다. 이들은 그쪽으로부터의 공격은 전혀 예상하지 못했기 때문에 얼이 빠져서 쉽게 패배하고 분산되었다. 우문실독관은 혼자 피했으며 그의 군사들 대부분은 모용외의 손에 떨어졌고, 약탈품들 가운데는 과거 중국의 왕조들이 선비의 족장들에게 보낸 세 개의 옥새도 있었다. 선비가 셋으로 나누어졌을 때 이들은 우문이라는 특이한 이름을 여기서 얻었다. 연합군은 그때서야 뒤늦게 사실을 깨달았다. 그 전투가 병사들의 사기에 끼친 영향과 승리를 이끌어 낸 그 교묘한 전략에 단과 고구려는 성공의 희망을 모두 잃고 서둘러 후퇴했다. 전쟁을 조장했던 장본인도 공포에 질려 조카를 극성으로 보내어 모용외와 세 왕국 사이의 중재 역할을 하게 했다. 그들의 이름으로 평화를 제안하고, 중국의 지휘관으로서 이 전쟁은 자신이 개인적으로 원했던 것이 아니라고 설명했다. 다만 평주 사람이 자신에게 그렇게 하도록 재촉한 결과라고 말했다. 모용외는 그 조카 편에 전갈을 보내어 태수에게 항복이 가장 현명한 정책이며, 도주는 차선책이라고 전했다. 모용외는 자신의 군대와 함께 이 심부름꾼을 뒤따랐다. 태수는 그 차선책을 최선의 전략으로 선택하여 기병 수십 명과 함께 고구려로 피신했다.[54] 그러나 평주에서 탈출하지 못한 그의 가족들과 성과 모든 주민들은 모용외의 손에 떨어졌다.

모용외는 아들 모용인慕容仁을 요동 태수로 임명하였으나, 관리들, 시장市場, 그리고 그 외의 모든 것을 그가 발견했던 그대로 두었다. 고구려 군대는 자신들의 국경을 모용외가 침범하는 것을 보고 군사들을 집결시켰으나 사기 면에서는 '노예'나 다름없었기 때문에 모용인의 군대는 이들을 완전히 패주시켰다. 한편 당시 모용외 밑에 있던 요동 태수 장통張統은 많은 군사들을 포로로 삼았다. 모용외는 극성으로 돌아간 후 포로로 잡은 관리들 가운데 많은 수를 자신의 관

---

54 이것은 모용외가 서쪽 혹은 북서쪽에서 평주로 진격했다는 것을 의미하며, 평주 자사가 중국으로 후퇴하는 것을 불가능하게 만들었다. 이로써 평주는 용평의 동쪽에 위치했다고 추측할 수 있다. 아마도 산해관 근처이거나 그곳과 영원 사이였을 것이다. 산해관은 지금 용평의 관할 아래에 있으며, 평주가 오늘날 용평 관할의 땅에 위치했다면 용평부에 있다고 할 수 있다.

리로 삼았다. 그들 가운데 과거에 충실했던 한 사람이 비통함으로 죽음에 이른 것으로 미루어 볼 때, 고대 한국은 이제 중국의 통치 윤리를 수용했음이 분명하다. 모용외의 가공할 군대가 서쪽의 수도로 이동하자마자 고구려인들은 새로 임명된 태수를 몰아낼 준비를 했다. 그러나 모용한과 모용인은 모든 원정을 성공적으로 막았고, 결국 고구려의 왕은 평화를 간청할 수밖에 없게 되었다.

당시 산동반도 북부 연안 내주의 자사였던 국팽鞠彭이라는 자가 있었다. 그는 남서쪽에 있던 청주 자사의 맹렬한 공격을 받았으나 혼신을 다해 방어한 결과 그의 공격을 물리쳤다. 두 전사들은 우열을 가릴 수가 없었으며, 누구도 양보하지 않았다. 마침내 국팽이 비통한 마음에 한숨을 쉬며 말했다. "이렇게 나라가 혼란에 빠진 지경에 우리 둘이 싸워서 나쁜 것을 더 나쁘게 할 이유가 무엇인가?" 그는 나라를 위해서 자신의 지위를 버리고 유배자가 되겠다는 제안으로 연설을 끝냈다. 그는 1,000여 가구와 더불어 애국심 때문에 나라를 버리고 요동으로 출발했다. 그의 원래 계획은 아직 중국 땅이라고 알고 있던 평주로 가는 것이었다. 그는 여정 중에 장군 정림鄭林과 접촉하게 되었는데, 그가 음모를 꾸미고 있다고 의심하여 그에 대응하고자 군사들을 전투 대형으로 정렬시켰다. 그러나 실제로 전투를 시작하기 전에 정림은 서로가 의심할 것이 아니라 신뢰해야 한다고 말했다. 그리고 그의 연설의 결과로 두 사람은 병력을 연합시킨 후 모용외에게 갔다. 모용외는 그들을 크게 환영하며 그 나라에서 중요한 자리를 제안했다. 그들은 이것을 거절하고 요동으로 더 깊이 들어가 그곳의 주인 없는 땅을 개척하겠다고 말했다. 당시로서는 요동으로 들어간 가장 큰 규모의 중국인 이민이었을 것이라고 여겨지지만, 이것이 유일한 경우는 아니었다.

321년 1월에 모용외는 요주와 평주의 도독으로, 또한 요동공과 선우로 임명되었다. 이것은 힘없는 황제가 지금은 모용외의 통치 아래에 놓이게 된 이 지역에서 패주한 자신의 관리들에게 복수하는 것이기도 했다. 모용외는 아들 모용한과 모용인을 각각 요동과 평곽平郭의 태수로 임명했다. 평곽은 이후 송 왕조 때 고려의 지난[55]으로 알려진 곳이다. 그러나 333년에 모용외는 큰 명예를 얻고 천수를 채우고 죽었다. 그는 독립적이면서도 탄탄하며 결코 가볍게 볼 수 없는 왕국을 건설했으며, 이 나라의 영토는 하남성의 북동쪽 지역, 요서 지방 전체, 그리고 고구려의 국경에 이르는 요동 지방의 대부분을 포함한다.

모용외의 셋째 아들 모용황이 그를 계승했다. 모용황은 가혹한

---

55 지도 1 참고.

법을 제정하는 것으로 통치를 시작하여 많은 국민들을 소외시키고 불안감이 팽배하게 만들었다. 이것은 지금까지는 조야하고 볼품없는 법과 생활 방식으로 살아왔으나 이제는 모용황이 중국의 생활양식과 정부 체제에 근접하는 문명 체계를 출범시켰음을 뜻한다. 그러나 거친 산지의 아들들에게는, 마치 서양의 타이츠가 헐렁한 옷을 입는 중국인들에게 그런 것처럼 불편하기 그지없었다. 그의 형제들인 모용한과 모용인은 이미 유능한 통치자의 자질을 증명해 보였으며, 병사들에게 승리는 물론 전리품까지 안겨다 주어 그들의 존경을 듬뿍 받았다. 그리고 다른 형제인 모용소는 그 총명함이 아버지에 필적했다. 모용황은 이들을 시샘했다. 이 주장이 믿을 만하다는 것은, 당시의 사회적인 상황으로 미루어 모용황의 암살자가 그의 계승자가 될 수 있었기 때문이며, 이들은 모용황의 질투심에 대해 알고 있었다. 모용한은 한숨을 쉬며, 첫 번째 대공이었던 자신의 아버지 때에는 최선을 다해 임무를 수행했지만, 이제는 더 그 자리에 있을 수 없다고 말했다. 그러고는 아들을 데리고 단선비로 달아났으며, 그의 형제인 모용인도 평곽에 있다가 그렇게 했다. 쓰라린 경험을 통해 이들의 능력을 알게 된 단의 통치자들은 이들을 진심으로 환영했으며, 융숭하게 대접할 준비를 했다. 그러나 모용소와 모용인은 고향 땅에서 자신들의 본래 위치를 찾고 싶었다. 모용소는 모용인에게 말하기를, 무력으로라도 모용황이 자신들에게 관대해지도록 만들자고 했다. 그리고 모용인은 평곽으로 가서 군사를 일으켜 서쪽으로 진격했다.

모용황은 그 음모에 대해서 들었지만 믿지 않았다. 그러나 진상을 알아보기 위해 전령을 보냈다. 그들은 황수黃水로[56] 갔으나 모용인은 이미 그곳으로 진격한 후였다. 모용인은 이들 첩자들을 잡아 처형했다. 그러나 그 자신은 평곽으로 후퇴했으며, 이것은 그가 기대했던 만큼 호응을 받지 못했기 때문이었던 것으로 보인다. 이런 사실을 알게 된 모용황은 반란을 일으킨 모용인을 벌하기 위해 수하의 장군 몇을 보냈으나 그들은 완패하고 말았다. 이 승리의 결과로 요동에서 가장 중요한 요새이자 오늘날의 요녕성에서 그리 멀지 않은 요동성의 성주가 모용인을 인정하게 되었다. 패배한 군대의 병사들 다수가 모용인에 합류했기 때문에 모용황에게 충성했던 나머지 군사들은 성을 공격할 수가 없었다. 요동에 흩어져 있는 다른 장수들도 요동성의 선례를 따랐으며 과거 모용한에게 속했던 지역들도 이제 모용

---

56 극성의 북동쪽으로, 영주에서 400리 거리에 있으며 한 왕조 때의 성이었던 현도 근방이다. 개원 서쪽 지역의 요하강이 분명하며 지금도 몽골인들은 '시라' 혹은 '황강黃江'이라고 부른다. 영주 혹은 오늘날의 형주에서 400리에 있는 이 강은 단의 영토 내에 있던 신민원 동쪽의 외요하이거나 혹은 우장 부근인 삼초에서 하나로 합쳐진 요하강일 것으로 보이는데, 후자일 가능성이 더 많으며 그 이유는 평고, 개주, 영주를 지나는 일직선 위에 있기 때문이다.

인에게 합류했다. 단의 요왕은 모용인의 행운을 기뻐했으며, 그의 북쪽 이웃이었던 우문도 단에 못지않게 모용황의 불행을 기뻐했다.

단의 선우였던 요는 모용황이 처한 위기를 틈타 도하로 군사들을 진격시켰으나 후퇴할 수밖에 없었다. 그 후 그는 모용한의 군사들을 안내자로 삼아 동생 난蘭을 보내어 여주의 북쪽인 유성을 공격하도록 했다. 그러나 이 성의 견고한 방어력을 뚫지 못하고 난은 후퇴할 수밖에 없었다. 단요는 그의 무능함을 꾸짖고는 그를 다시 돌려보냈다. 그는 성벽보다 높은 흙더미를 쌓고 성곽 공격용 사다리를 만드느라고 20일 밤낮을 쉬지 않고 일했다. 포위된 성을 반복해서 공격하는 동안 그는 1,000명 이상의 군사들을 잃었으나, 온갖 노력에도 불구하고 성은 그 어느 때보다 굳건했다.

마침내 모용황은 포위를 풀기 위해 동생 모용한을 보냈으며, 먼저 정찰을 위해 기병 1,000명을 보내어 적의 위치를 파악하라고 했다. 그러나 모용한은 지시를 따르지 않았고, '니우 웨이 구', 즉 소꼬리 골짜기牛尾谷라는 곳으로 들어갔다가 기습을 받고 군사들 절반이 죽임을 당했다. 이렇게 되자 모용인은 새 왕국에서 안정을 찾았으며, 자신을 평주 자사이자 요동의 대공이라고 칭했다. 그는 또한 왕제王濟를 비롯한 몇몇 관리들을 붙잡아 가두었는데, 이들은 요동을 장악하고 지배하도록 진나라의 황제가 바다 건너 보낸 사람들이었다.

이들이 붙잡힐 당시 전달하려던 황제의 명령은 모용황에게 예의를 갖춘 후에 황제의 교지에 이름이 적힌 중국 장수들과 함께 요동으로 진격하라는 내용이었다.

모용황은 이 전갈을 받지 못했으나 스스로도 게을리 하지 않고 만만찮은 준비를 하고 있었다. 그가 황제의 봉신이기는 했지만 황제에 대한 충성의 의무는 명목상에 불과했으며, 그에게는 요동보다 중국의 황제가 되는 것이 더 큰 관심사였다. 향평[57]의 사령관은 모용황의 대군을 위해 성문을 열었으며 요동의 모든 요새화된 성들이 그 선례를 따랐다. 모용황은 향평의 배신을 복수하고 싶었으며, 성 전체를 초토화시키려고 했다. 그러나 그의 대신들은 이것이 현명한 정책이 아니라고 설득했다. 모용황은 주민들을 모두 요하의 서쪽으로 이주시킴으로써 화가 풀렸다. 이와 같은 대량 추방형은 1,300년 후 만주에 의해 바로 이 강에서 반복되었고, 요동, 복건, 광동의 연안 지방에서는 더 광범위하게 이루어졌다. 모용인은 모용황 앞에서 후퇴하여 요동반도의 산맥들 사이에 위치한 자신의 영역인 평곽으로 돌아간 것으로 보이며, 이들 두 형제들의 군대 사이에는 충돌이 없었다.

---

57 위에서 '요동성'이라고 불렸다.

335년에 모용인은 황제의 사신 왕제와 그의 동료들을 풀어 주며 바닷길로 고향으로 돌아가도록 했다. 그러나 그들은 바다로 나오자마자 남쪽이 아닌 서쪽으로 방향을 돌려 모용황에게 갔으며, 모용황은 황제의 명령을 처음으로 듣게 되었다. 당시는 336년 1월이었고, 사신들이 요동의 해안에 닿은 지 2년 후의 일이었다. 이 전갈의 내용은 곧 단과 우문에도 알려졌고, 모용황의 세력을 질시했던 이들은 모용인을 지지하고 또 그가 준비를 갖추도록 하려는 의도에서 모용인이 감금했다가 놓아주었던 사절들의 임무를 알려 주기 위해 전령들을 보냈다. 그들의 방해를 알게 된 모용황은 급히 서둘러 일단의 군사들을 보내어 우문의 전령들 가운데 10명을 죽였다. 이제 자신의 계획에 대한 황제의 재가를 확인한 모용황은 아우를 진압할 준비를 시작했으며 337년 2월에 그 계획을 끝냈다. 그의 대신들 가운데 한 사람이 말하기를, 신들이 모용인을 벌하기 위해 모용황과 동맹을 맺었으며, 모용인이 반란을 일으켜 나라를 버리고 친구들을 배반한 이후부터 전에 없이 넓은 지역의 바다가 매년 겨울마다 얼어붙는다는 것이었다. 이런 조짐은 신들의 의도를 명백하게 공표하는 것이자 반역자들을 속히 처단하라는 분명한 뜻으로서, 신의를 지키는 사람들을 위해 바다를 건너 직통으로 길이 난 것이라고 했다. 다른 대신들은 얼음을 길로 사용하는 데 반대했으며 그 안전성을 의심했다.

그러나 모용황은 이 초자연적인 해석을 크게 환영했으며, 몇몇 대신들이 여전히 육로가 멀기는 하지만 더할 나위 없이 안전하다며 육로 사용을 권하자 모용황은 화를 내며 계획은 이미 정해졌으니 누구든 감히 무모하게 반대하는 자는 죽임을 당할 것이라고 선언했다. 그는 동생에게 창려에서 역림구歷林口[58] 혹은 해포구라고 불리는 곳까지 이르는 300리를 얼음 위로 진격하라고 명령했다.

모용인은 이 군대가 평곽에서 7리 떨어진 곳에 도달하고, 두 명의 정찰병들이 체포될 때까지만 해도 이들의 진격을 알아채지 못했다. 그는 당장 성의 북서쪽에 군대를 정렬시키고 형의 도착을 기다렸다. 그러나 그의 군대에 있던 모용 사람들은 모용황의 밑에 있는 동포들에게로 탈영했고, 요동 사람들을 거느렸던 모용인은 완전히 패배하고 말았다. 전쟁이 끝나자 모용인의 진영에 있던 군사들은 그를 붙잡아 승자들에게 포로로 데려갔다. 모용인이 가장 신뢰하던 벗들과 조언자들은 살해되었고 그에게는 자결이 허락되었다. 터키 사람들과 달리 중국에서는 왕족 혹은 황실의 일가는 처형할 수 없었으나,

---

58 창려에서 동쪽으로 바다 건너 300리라면 오늘날의 우장 혹은 영구가 이 대담한 모험의 목적지로 지목된 것인데, 그보다 더 가능성이 많은 곳으로는 개주 강의 입구가 될 것이며 여기서부터 평곽까지의 거리는 그리 멀지 않다. 이 노정으로 미루어 모용인의 무지를 설명할 수 있을 것이다. 지금 매년 겨울이면 요동의 해안을 따라 형주와 개주 사이의 바다가 얼어붙는데, 인구가 희박하여 평원의 숲과 소택지를 개척할 여력이 없었을 당시 겨울은 당연히 더욱 모질었을 것이다.

자결하라는 명령은 내릴 수 있었다. 처음에 도망쳤던 모용인의 군사들 대부분이 다시 돌아와 정복자와 합류했으며, 장교들 가운데 두 사람만이 고구려로 피신했다. 모용황은 이 원정을 성공으로 이끈 장군 모여근慕與根을 대공으로 임명했다.

단을 견제하기 위해 모용황은 단의 동쪽 끝에 있는 을연성乙連城 동쪽에 호성好城[59]을 세웠다. 그곳의 사령관으로 난발蘭勃을 임명하고 단과 우문 양쪽을 빈틈없이 감시하기에 충분한 군대를 주둔시켰다. 성이 완성되고 난 그 다음 달에 수천 명의 단 군사들이 성채를 무너뜨릴 수 있을지 확인하기 위해 접근했으나 모용준이 이들을 물리쳤으며, 후에 단의 두 번째로 큰 부대의 지휘관을 사로잡았다.

그러나 단의 요왕은 포기하지 않고 5만 군사의 세 번째 군대를 보냈으며, 이들은 유성의 서쪽 회수回水[60]에 진을 쳤다. 이 군대의 지휘관은 모용황이 동일한 수의 군사들을 이끌고 자신을 향해 진격하고 있다는 소식을 듣고는 공격도 해보지도 못하고 재빨리 후퇴했다. 모용황은 북쪽으로 진격하여 자신이 수년 전에 세운 성으로 갔다. 다른 군대를 이끌고 남쪽으로 향했던 우문의 장군도 무거운 짐과

---

59 이 성은 광녕 근방 어디쯤이다.
60 초기 중국 역사에서 '강'은 항상 '수水' 혹은 물로 번역된다. 오늘날에는 일반 명칭으로 사용되는 '하河'는 고대에는 황하를 가리켰다.

마차들을 버리고 황급히 철수했다. 그러나 모용황은 피를 흘리지 않고 쟁취한 승리를 전혀 만족스럽게 생각하지 않았다. 그래서 그는 1,000명에 달하는 군사들을 산 속에 매복시켰다가, 약탈을 목적으로 몰래 숨어 들어오던 단의 군사들 수천을 덮쳐 완전히 섬멸하였다. 단 군대의 지휘관은 살해되었다. 아무것도 두려운 것이 없고 오직 복수심에 불탔던 단은 홍국성興國城에 있던 황의 아들 모용준에게 또 다른 군대를 진격시켰으나, 이들도 황급히 퇴각해야 했다. 단의 일족인 북평[61]의 수령은 형제들 간의 다툼을 가슴 아프게 생각했다. 그리고 이 끊임없는 유혈의 참사를 항변하면서, 혼인을 통한 결연, 자비심, 미덕이 국가의 가장 소중한 보석과 같은 것이라고 말했다. 그리고 단 일가가 여러 세대에 걸쳐 모용족과 혼인을 해 왔으니, 이 끝없는 전쟁에 종지부를 찍고 두 왕국에 평화를 복구하고 국민들에게는 평온을 주도록 합의를 보지 않을 이유가 없다고 했다. 그러나 요왕은 이 충고를 듣지 않았다. 예나 지금이나 이런 충고를 아주 불쾌한 것으로 받아들이는 통치자들이 있기 마련이다.

---

61 최근에야 중국의 영토가 된 오늘날의 준화를 말한다.

제 3 장
연왕

　모용황은 이제 세력에 걸맞은 공포의 대상이 되었으며, 동쪽에서는 자신의 아버지가 누렸던 것보다 훨씬 큰 세력을 갖게 되었다. 그는 모든 내부 갈등을 성공적으로 잠재우고, 모든 외부의 공격을 막아 내는 일을 완료했다. 또한 그때까지는 중국 황제의 완전한 승인을 받고 있었기 때문에, 자국의 땅과 맞닿아 있는 중국의 북쪽 국경의 권력자들의 태도에 신경을 쓸 필요가 없었다. 그러나 그는 중국의 진晉 왕실에 거의 의존하지 않았으며 자신을 위해 연왕이라는 옛 직함을 되살렸다. 사실 이 시점에는 진나라 왕실은 중국의 4분의 1에 해당하는 곳에서만 진정한 주인 노릇을 했으며, 새로운 연왕은 사실상 독립적인 왕국들로 분열된 중국에 다섯 번째 왕국을 더한 것뿐이었다. 그의 남쪽 이웃은 석호(돌 호랑이)였는데 그는 후조後趙의 왕이었다. 단의 요왕은 모용황의 국경으로 끊임없이 군사들을 보내어 약탈했다. 모용황은 장군 송회宋回를 남쪽 국경의 이웃들에게 보내어 모두의 약탈자인 요왕을 벌하는 데 도움을 요청했다. 우리가 보아 온 바에 따르면, 모용황은 법을 제정했고 틀림없이 땅을 경작하도록 장려했을 것이다. 그러므로 그는 원래의 선비족보다는 중국인에 더 가까웠으리라고 생각된다. 선비족은 그때까지도 대부분 여전히 유목민이었던 것이 분명하며, 그들의 자손들은 오늘날까지도 그런 형편이다. '석호'는 3만 명의 군사를 육로로 진격시켰고, 추가로 1만 명을 표유진漂俞津에서 승선시켰다. 이곳은 산동성의 청하淸河 어귀가 분명하며, 황하가 바로 거기서부터 동쪽으로 흐른다. 이 연합군의 대장은 7만 명의 군사들을 거느리게 되었다. 앞으로 보게 되겠지만, '호랑이'가 모용황을 도운 것에는 나름대로 이유가 있었다.

338년 5월 아직 단의 궁정에 머물던 모용한은, 3만의 군사들이 미처 증원되지 않고 격리되어 있을 때 그들을 공격해야 한다며 요왕을 설득했다. 그러나 패배의 경험이 많은 난은 이런 간섭에 화를 냈으며, 모용한의 의견을 따르기를 거부하고 자기 뜻대로 하다가 모용황이 숨겨 둔 복병에게 사로잡혔다. 거기서 난의 군사들 수천 명이 전사하였으며 5,000가구가 포로가 되었다. 이것은 단족이 적어도 부분적으로는 여전히 유목민이라는 것을 보여 주는 유사한 단서들 가운데 하나라고 할 수 있다. 정복자는 많은 전리품을 차지했다.

조趙의 왕은 군대를 이끌고 진격해 와 금대金臺에 진을 쳤다. 어양을 비롯해서 40개가 넘는 단의 요새화된 성들이 그에게 성문을 열었다. 북평62을 다스렸던 양유陽裕는 수천 가구의 주민들과 함께 연산燕山63으로 후퇴하여 그곳에 강력한 요새를 쌓았다. 여러 장군들은 양유를 뒤에 남겨 놓는다면 문제를 일으킬 수도 있으니 더 진격하기 전에 뿌리를 뽑아야 할 필요가 있다고 강조했다. 그러나 석호는 그럴 만한 가치가 없다고 생각했다. 따라서 그는 양유를 지나쳐 진격을 명령했고, 군대는 우오현, 즉 당나라 기주의 유전현을 지나갔다. 단요는 너무나 자주 패했기 때문에 한 번의 모험에 모든 것을 걸고 싶지 않았다. 그는 싸우는 대신에 1,000가구의 주민들과 아내와 친척들을 데리고 후에 밀운현이 된 밀운산으로 갔다. 눈물로 작별을

---

62 현재의 준화.
63 예전에는 연경燕京이라고 불렸던 북경 근처다. 준화, 우전, 밀운의 위치에서 연산은 북경의 동쪽 혹은 북동쪽으로 보는 편이 낫다. 브렛슈나이더 박사가 말하는 사산이었을 가능성은 작은데, 사산이었다면 양유는 현장에서 멀리 떨어져 있어 불안감을 조장하지는 않았을 것이다.

한 모용한은 북쪽의 우문으로 피신했고, 뒤에 남았던 여러 장수들은 항복했다. 조왕趙王과 연왕은 밀운으로 2만 명의 연합군을 보내어 단요의 아내와 어머니를 사로잡았고 3,000명을 살해했으며, 그 나머지는 사방으로 흩어지고 말았다. 단요의 아들은 명마를 타고 가서 받아 달라고 간청했고 말은 받아들여졌다. 2만 가구 이상의 단 주민들은 소주와 옹주 등으로 이주를 당했는데 이곳은 홍안의 옛 이름이다. 도움을 기대할 수 없게 된 양유도 항복을 고했고, 그를 천막문에서 영접한 석호가 이렇게 말했다.

"그대는 지난날에는 노예였으나, 이제 자유로운 군인이 되었도다."

모용황은 유주의 '무령', 즉 '계획자이자 인도자'로 또 평주 자사로 임명되었다. 그러나 조왕은 황의 명성을 질투했다. 조왕은 황의 군사의 수와 물자들 그리고 그 국토의 넓이를 이제 알게 되었다. 모용의 친족이자 가장 가까운 이웃이었던 단은 이제 완전히 전멸되었고, 조왕은 자기 영역을 넓힐 길이 훤히 열렸다는 것을 깨닫게 되었다. 그의 첫 행보는 자신의 군사들을 연왕의 군사들과 분리시키는 것이었는데, 연왕은 이런 행보를 택하기 훨씬 전부터 조왕의 본심을 알고 있었다. 그도 또한 나름대로 눈앞에 다가오고 있는 투쟁을 위해 준비하고 있었다. 먼저 그는 의심이 가는 장수들을 모두 쫓아냈다. 그러고는 장군 모여근에게 군사들의 형편과 그들의 사기가 어떤지 물었다. 모여근은 죽음으로 성을 사수해야 한다고 답했는데, 이것은 군대보다 성채가 더 믿을 만하다는 것을 의미했다. 그리고 중국 내륙이 부패한 정치에 휘둘리며 모든 사람들이 서로 대적하고 있을 때, 조왕은 연왕을 향해 진격했다.

이 결투는 마치 덴마크의 패배 이후 프로시아와 오스트리아가 서로 그랬던 것처럼 신중하게 준비를 마친 후에 시작되었다. 양쪽 다 물자를 비축했을 뿐 아니라, 동맹국을 얻고자 사방팔방으로 힘을 썼다. 당시 조왕의 왕국은 중국 최초의 왕국 혹은 '제국'을 포함했다. 일곱 주州인, 소주, 의주, 청주, 구주, 요주, 병주, 영주가 있었다. 이 왕국이 산동성 서부를 비롯하여, 거기서부터 하북성의 남쪽 절반과 섬서성과 상책까지라고 믿은 것은 그리 놀라운 일이 아니다. 따라서 연왕에게 속한 36개 도시가 조왕의 부름에 성문을 열었다. 연왕은 자신과 함께해 줄 것을 이웃 부족들에게 청하였으나, 그들은 대부분 답을 하지 않았다. 그리고 고구려는 모용황의 필연적인 패배와 그 세력의 확실한 붕괴에 대비하여, 조왕이 연왕을 궤멸시킨 후에 조왕을 방어하기 위해 서경으로 진격했다. 요새화된 성 창려에서 모용황의 사령관인 손영孫泳은 휘하의 장수들 중 서경 출신인 자들이 꾸민 음모를 발견했다. 그것은 조왕에게 성문을 열어 주려는 것이었다. 손영은 이 음모자들을 사형에 처했으나 죄를 자백한 이들은 풀어 주었다.

앞에서 우리가 이미 만난 국팽은 200명의 군사들을 이끌고 극성으로 갔다가 조왕의 갑작스런 진격 소식을 들었다. 조왕은 이 성을 단번에 차지할 수 있을 것으로 믿었다. 곧 성은 완전히 포위되었다. 그러나 국팽의 군사 수백 명이 짧지만 성공적으로 돌격해 와 수비대의 사기를 높여 주었다. '석호'는 사방에서 포위를 좁혀 갔다. 그러나 포위된 자들의 기백은 모여근이 바라던 대로 필사적이었다. 또 열흘 동안 계속된 수백 명의 돌격이 너무나 집요하고 대담했기 때문에 석호는 포위를 풀어야 했다. 후퇴하는 이들의 배후를 모용황 군대의 정예 기병 2,000명이 무자비하게 궤멸시켰다. 이들은 호박벌처럼 달라붙었기 때문에 후퇴는 패주가 되었고, 공격하는 자들은 시간이 갈수록 늘어나 조왕의 군사들을 극심한 혼란에 빠뜨렸으며, 결국 3만(?) 명이 포로가 되거나 죽임을 당했다.

조왕에게 해를 당할지도 모른다는 두려움이 사라진 지금, 승리의 기쁨에 넘친 모용황은 당장 반역한 도시들을 향해 진격했으며 이들은 짧은 시간 안에 모두 항복했다. 반역에 앞장섰던 주인공들은 고구려로 도망쳤다. 모용황은 반란을 일으킨 군사들을 처형했으며 자신의 군사들에게는 후한 상을 내렸다. 그러나 첫 번째 시도에서 실패를 했다고 해서 석호의 자원이 모두 고갈된 것은 아니었으며, 그의 계획도 한 번의 실패로 땅에 떨어져 버린 것은 아니었다. 석호는 군사들을 만(灤)을 지나 요동으로 보냈으며, 300만 호⁶⁴의 곡식을 자신들이 사용할 용도로 육로로 보냈고, 그보다 더 많은 양을 300척의 배에 실어 고구려⁶⁵로 보냈다. 이러한 준비는 선박으로만 가능한 요동으로부터의 배후 공격과, 육로로 곡식을 보낸 것이 확실한 천진으로부터의 정면 공격을 의미했다. 그는 또한 청주에 명하여, 연 왕국으로 진격할 수 있도록 1,000척의 배를 준비하라고 했다. 그의 아들은 기병과 보병 2만과 함께 원정을 가 선비족 4만을 포로로 잡거나 죽였다.

다음 해 1월에 그때까지 밀운에 있었던 요왕은 조왕에게 도움을 요청하기 위해 사신을 보냈다. 마추(麻秋)가 3만 명의 군대를 이끌고 요왕의 항복을 수락하기 위해 갔다. 마추가 말하기를, 항복하는 자는 공공연한 적이나 다름없이 신중하게 맞아야 한다고 했다. 그는 자신의 현명한 관찰력을 입증하였다. 그리고 모든 군사들을 이끌고 연왕의 군대를 중도에 막기 위해 진격했다. 그러나 요는 모용황에게 사신을 보내어 어떻게 하면 조왕의 군대를 쳐부술 수 있는지를 논했

---

64 호Hoo는 일정하지 않은 단위로서 일반적으로 40파운드(기장)짜리 2펙[약 9리터(옮긴이)] 정도를 말한다. 이렇게 계산한다면 척당 평균 80만 파운드가 되는데 이것은 불가능한 양이다. 대신 10으로 나누어 호를 2파인트 혹은 8파운드로 만든다면 이치에 맞는 양이 나온다. 그리고 이것은 현재 상해에서 사용하는 호의 실제 무게이다. 그렇다면 상해는 아주 보수적인 셈이다! 법정 혹은 표준 호는 5펙이다.
65 요동반도는 당시 고구려의 지배 아래에 있었다.

다. 모용황은 7,000명의 기병을 매복시키기 위해 밀운산으로 보냈으며, 마추는 안주와 밀운의 '세 물줄기'가 만나는 곳인 삼장구三藏口에 이르러 적을 만나 공격을 받고는 패배했다. 그의 병사들 가운데 60퍼센트가 궤멸되었다. 마추는 거의 홀로 도망쳤다. 그의 장수들 가운데 한 사람인 양유는 모용황의 손에 포로로 잡혔다. 그는 '상수' 혹은 황실 자문회의 의장이었는데, 조왕은 그 전에 황제의 칭호를 취하였다. 모용황은 양유를 장수로 임명했다. 그리고 단선비의 마지막 남은 자들이 모용황의 신하가 되었다. 다음 해에 조왕은 또다시 전쟁에서 패했고, 그의 두 장수들은 모용평에게 죽임을 당했다. 그러나 조왕은 복수를 하고자 3만 명의 병사들을 연왕의 범성으로 보냈다. 모용황은 서둘러 1,000명의 군사들을 모용각慕容恪의 지휘 아래 그 성으로 보냈다. 이 작은 요새는 조왕의 군대가 접근하자 벌벌 떨었다. 그리고 자신들이 너무나 불리한 상황이니 후퇴하도록 허락해 달라고 간청했다. 모용각이 어떤 생각이었는지는 모르겠지만, 그는 이 요구에 크게 화를 내며 이렇게 말했다.

"요새를 지킬 때는 한 사람이 100명의 적과 같다는 것을 모르는 자가 있단 말인가."

그리고 그는 누구든지 제일 먼저 움직이는 자는 즉각적인 처형이라고 위협했다. 이와 같은 대담한 웅변에 수비대는 단결했고, 그는 군사들에게 용기를 주기 위해 화살과 노포의 돌이 쏟아지는 곳 한가운데에 섰다. 열흘 간의 격렬한 방어 끝에 조왕은 포위를 풀어야 했다. 그리고 이제 황의 적극적인 공세를 두려워하지 않을 수 없게 되었기 때문에 요서의 군사들이 연왕의 세력 아래 놓이는 것을 막고자 의주의 남쪽으로 이동했다.

모용황은 연왕 칭호에 대한 중국 황실의 재가를 받지 못했기 때문에 조왕을 이긴 지금이 그 칭호를 주장할 수 있는 좋은 기회라고 생각했으며, 진晉의 황제는 권위를 휘두를 수는 없어도 직함과 칭호를 분배할 수는 있었다. 모용황은 그 칭호에 대한 권리의 증거로써 특사를 통해 자신이 제국의 주권을 지지하여 지금까지 한 모든 일을 장황하게 낭독했다. 그러나 이것은 실패로 돌아갔다. 황제가 그가 한 모든 일이 모용황 자신의 주권과 위풍을 위한 것이었다고 믿었기 때문이었는지 혹은 다른 이유가 있었는지는 알 수가 없다. 그러나 여러 번의 승리를 거둔 후 모용황은 341년에 또 다른 특사를 보냈다. 황제는 대신들과 상의한 끝에 이번에도 그 칭호의 수여를 거부했다. 이유는 한 왕조와 위 왕조 이후로 낯선 자(즉, 외국인)에게는 이런 칭호를 내린 적이 없다는 것이었다. 그러나 특사들의 길고 끈질긴 반박은 마침내 성공하였고, 황제는 특허장을 작성하여 연왕의 칭호를 비롯해 다른 어마어마한 칭호들을 모용황에게 수여했다. 모용황의 아들은 동호의 태수로 임명되었고, 모용황의 휘하에서 처신을 잘한 고위직 장수들에게도 적당한 칭호들이 수여되었다. 그런데 이러한 특권들은 이 칭호들을 수여하는 황제의 가신들과 싸워서 얻은 것들이었다. 약하고 불안정하며 노쇠한 진晉 왕의 정책은 어느 모로 보나 시작부터 지금까지 중국의 모든 약하고 노쇠한 정부의 정책을 보여 준다.

모용의 첫 수도는 도하강 가의 중산이었다. 이곳은 주 왕조의 고대 구주 왕국과, 춘추의 상구와 곡부가 있던 곳이다. 중산은 금성에서 동쪽으로 190리 떨어진 곳이었으며, 여기서 동남쪽으로 170리에는 두 번째 수도인 극성이 있었다. 조왕의 땅을 최초로 성공적으로 습격한 후(131쪽 참고) 모용황은 용성[66]이라는 이름을 붙인 새로운

---

[66] 모용가의 수도의 위치를 결정할 수 있는 영주와 유성의 위치를 정하는 일은 처음에는 쉽지 않다. 하북성 용평부의 원주민들은, 고대에 구주국의 유명한 두 형제가 소유했던 곳으로 이들의 이름을 딴 거리를 알고 있다. 그들은 동일한 장소에 그 왕국이 있었다고 주장하며, 당나라 역사에 따르면 구주는 송 왕조 시대에 나중에 영주가 세워진 곳에 있었다고 한다. 그리고 후위後魏는 호용성이 있던 곳에 영주를 세웠다. 영평의 학자들은 그 도시에서 40리 북서쪽에 있는 양산이라는 곳에 용성이 있었다고 말한다. 송 왕조의 역사가들도 영평의 옛 이름인 평주의 경계 안에 용성이 있었다고 말한다.
영주는 기원전 진 왕조에 의해 처음에는 요서군이라고 불렸다. 첫 위 왕조는 영주를 창려, 건덕, 낙랑, 익양, 영구의 6개 군 위에 두었다. 수 왕조는 이곳을 요서군이라고 불렀다. 당나라는 다시 영주라고 명명했으며, 유성군을 그 밑에 두었다. 수 왕조 초기에 요서군은 옛 성 요로가 있던 곳에 세워졌으며, 수는 요서, 노하, 회연 등의 현에서 고구려 원정을 위한 곡물을 거두어들였다. 당 왕조 초기, 고구려 정복 후에는 건덕, 금화, 용성만 있었으며, 유성이 곧 다시 재건되었고 당의 무황후 때 거란에 빼앗겼다. 그러나 그들도 곧 이 성을 다시 빼앗겼다. 786년에 옛 연금성이 있던 자리에 지난군을 건설했다. 연군은 영주에서 북동쪽으로 80리에 있었다. 오루, 향평, 요로, 회연을 영평 아래 두었다. 오루는 광릉 근방인 의오루산의 동쪽 기슭에 있었다. 그리고 향평은 요하강의 동쪽이었다. 이

성을 유성 북부와 용산의 서쪽에 건설했다. 바로 그 무렵에 그는 자신이 스스로 취한 연왕이라는 명칭에 대한 합법적이고도 정당한 사용권을 진 황제한테 탈취하는 데 성공한다. 그는 황제의 위임장이 도착하자마자 극성에서 새로운 수도로 왕궁과 정부 관청들을 옮기고 왕실의 조상을 위한 신당을 지었다. 용성은 단선비에 속했던 땅에 있었다. 따라서 모용황은 우문을 지배하고 모든 선비족을 하나의 왕국으로 통일시킬 수 있는 중심지를 차지하고자 북쪽으로 이동하고 있는 것 같았다.

그동안 모용황은 자신의 취미에 더욱 잘 맞는 전쟁터의 공기를

> 모든 지명들은 알려진 바에 따르면 요서와 요동에 속했고, 낙랑은 한국에 있었다. 창려는 예외적으로 산해관 서쪽에 면해 있었다. 그러나 당나라 역사에 기록된 다음과 같은 숫자는 정확하다. 영주에서 북서쪽으로 100리에는 송정이 있었는데 '시족'이라고 불렸던 사람들의 동쪽 국경에 면해 있었으며 이들이 살던 곳은 지금의 몽골 남동쪽이다. 따라서 영평의 서쪽이 아닌 북쪽이 될 것이다. 그리고 영주는 당시 거란족이 살던 황수에서 400리 남쪽에 있었다. 이 강은 개원을 향해 동쪽으로 흐르는 시라무렌 강이다. 영주에서 만주의 수도 안동도호부로 이어지는 길은 80리 거리에 있는 연군과 요하강 가까이 요로를 지나갔다. 도호부는 500리 밖이었고 도호부에서 평양까지는 800리였다. 한국의 평양은 애주의 압록강에서 500리이고 봉황산성에서 약 100리이며, 또 이곳은 요양에서 약 500리 거리에 있다. 그렇다면 당시 도호부는 고구려 전 지역뿐 아니라 요동까지 지배한 것이 된다. 오늘날의 형주는 오늘날의 요양에서 400리 이상 서쪽에 있으며, 영평은 요하강에서 그보다 두 배나 먼 곳에 있다. 이것으로서 결론을 내리기에 충분하지만, 1가지 숫자가 영주의 위치를 확실하게 결정해 줄 것이다. 유관은 영주에서 '서쪽'으로 480리에 있는데, 유관은 산해관에서 서쪽으로 40리에 있는 오늘날의 임유현 근방이다. 유관과 향평(혹은 요양)의 중간 지점은 유관의 서쪽인 영평 근처 어디가 될 수는 없으며, 형주와 아주 가까웠을 것이다. 또 요동사를 보면, 양산은 광릉의 북동쪽 20리에 있으며 오늘날은 호양산이라고 부른다. 이 모든 것을 보면, 오늘날의 형주 근처가 가장 가능성 있는 것으로 결론이 나오는데, 지도2에서 보면 용성 등이 자리한 곳이다. 이 문제는 저자 외에는 아무도 흥미롭게 생각하지 않을 수도 있지만, 나는 우리 주인공들의 본거지를 가능한 한 모두 찾아보고자 한다. 그리고 많은 중국 학자들이 북부 하북성 중심에 있다고 보는 성들의 위치가 요서라는 근거를 제시할 필요가 있을 것이다.

쏘이고 있었다. 그는 요동 쪽 국경 근처, 오늘날의 개주 남쪽에 위치한 고구려 성인 신성을 공격하고자 동쪽으로 진격했다. 고구려는 스스로 강력한 모용황의 경쟁 상대가 되지 않는다는 판단을 내리고는, 성 하나를 두고 싸우기보다는 종속을 인정하는 조약을 맺었다. 원래 선비국의 일부였던 우문으로 군대가 파견되었으며, 당시 13세였던 모용황의 아들이 그것을 지휘했다.

그러나 모용황이 우문과의 오래된 갈등을 재개하면서 예상하지 못했던 거대한 폭풍이 밀려올 조짐이 보였다. 중국은 항상 분리되어 있었고 인구 조사는 언제나 군사적인 측면에서 실시되었다. 인구 조사 단위는 국가를 방위하기 위해 병역에 복무할 수 있는 건강한 성인 남자다. 이 단위를 정丁이라고 불렀는데, 보통 전쟁이 일어나면 10개의 정 가운데 한 사람을 현역 군인으로 공급하고 지원해야 한다. 그러나 340년 추수가 끝나자 조왕은 모든 주에 명하여 정해진 집결지로 정丁 다섯마다 셋을, 또는 넷마다 둘을 보내도록 하여, 건강하고 무기를 휴대할 수 있는 왕국의 장정 가운데 절반을 징집했다. 이런 엄청난 강제 징집으로 50만 명을 불러 모았고, 조왕은 이들을 위해 1,100만 호[67]의 곡식을 준비하여 1만 척의 배에 싣고 낙안성

---

67 이것은 2파인트로, 한 사람 앞에 두 달에 넉 되 혹은 중국식으로 4펙으로 충분한 배급량이며, 따라서 호의 양은 2파인트라는 것이 증명된다. 배 한 척의 짐이 8,000파운드가 넘는다.

제3장 연왕

樂安城⁶⁸으로 이동했다. 또 조왕은 단에게서 빼앗은 어양과 북평 그리고 요서의 다른 지역에서 1만 가구 이상의 주민들을 퇴거시켰는데, 그 이유는 옹주 등 남쪽의 다른 주에서 뽑아 온 사람들로 대체하기 위한 것이었다. 그들은 모용황의 유혹에서 벗어나 있는 사람들이었을 것이다. 그리고 그는 유주의 동쪽으로 태흥과 천진을 거쳐서 백랑으로 진격했으며, 군사들이 사용할 용도로 4만여 필의 말을 행군 중에 빼앗았다. 조왕은 이렇게 해서 연을 세상에서 지워버리고 싶었다. 그러나 그는 자신이 유능한 적과 상대해야 한다는 것도 알고 있었다.

　모용황은 대신들과 상의한 끝에, 석호가 낙안성에서 대군을 거느리고 있으며 거기서는 보초를 빈틈없이 세우고 엄격한 훈련을 시키고 있지만 계성⁶⁹의 남쪽과 북쪽은 수비 없이 그대로 두었을 가능성이 많기 때문에 공격하기 쉬울 것이라는 결론을 내렸다. 그리고 기습은 성공의 가능성이 아주 높으니 당장 공격하라는 명령을 내렸다. 그는 용성을 지나는 서쪽 길로 행군하며 도중에 조왕의 상당수 군사들을 사로잡고 계성에 도착했다. 그곳의 성주는 수많은 군사들의

---

68 산동성 제남의 임제에서 동쪽으로 80리이다.
69 하북성에는 세 곳의 계성이 있다. 그러나 이 성은 북경 동쪽에 있는 것이 분명하며, 모용황에게 가장 근접한 곳으로써 그는 그곳을 향해 서쪽으로 행군한다.

선두에 있으면서도 감히 출격할 엄두를 내지 못했는데, 모용황의 이름이 공포의 대상이었기 때문이다. 연의 군사들은 무수진[70]에서 요새를 파괴하고, 고양高陽으로 들어가 모든 것을 불태우고 파괴하였으며, 3만 가구를 포로로 데려갔다. 이 제빠른 일격으로 조왕은 텅 빈 나라를 파멸에서 구하기 위해 대군을 낙안에서 서쪽으로 이동해야 했다.

조왕은 징집한 막강한 군대를 활용하지 못했던 것이 분명하다. 그러나 많은 비축 물자를 파괴한 모용황의 갑작스러운 공격으로 조왕은 측면 공격으로 내습을 받게 될 때 야기될 막대한 피해에 눈을 뜨게 되었다. 무엇보다 자신의 왕국을 수비하는 데 필요한 모든 자원이 막강한 공격용 무기에 집중되어 있었기 때문이다. 조왕이 모용황만큼 유능한 장군이었다면 이 사태를 빨리 해결할 수 있었을 것이다. 그러나 모용황의 수완을 대등한 위치에서 감당하기에는 자신의 힘이 부족하다는 자각이 조왕을 불안하게 만들었다. 따라서 우리가 여기서 배울 수 있는 것은, 활과 화살이 대포였고 창이 총이었던 15세기 전에도 통솔력, 즉 직관으로 최상의 움직임을 알고 또 그것을 첫눈에 알아보는 정신력이라고 할 수 있는 능력과, 가능한 한

---

70 보정의 안수현에서 25리이다.

모든 계획들 가운데 가장 성공할 가능성이 있는 계획의 이론을 세우고 그것을 실제로 수행하는 능력이, 나폴레옹의 전술이 오스트리아인을 놀라게 했을 때나 몰트케가 프랑스인을 쩔쩔매게 만들었을 때와 마찬가지로 당시에도 승리를 거두는 데 중요한 요인이었다는 것이다. 시대를 막론하고 싸움에 이기는 사람은 용감한 병사들이 아니라 현명한 장군이다. 혹은 더 정확하게 말하자면, 현명한 장군이 자신감을 불어넣고 협동과 복종을 이끌어 냄으로써 용감한 병사를 만든다고 하겠다. 역사는 절대로 '신은 가장 큰 대군 편'이라고 말하지 않는다. 그러나 역사가 말하는 것은, 일반적으로 작은 군대를 거느린 장군이라도 한 지점에 많은 군사들을 집중시킬 수 있어서 무능한 적이 드러내는 취약점을 공격하여 뚫을 수 있는 자, 즉 전략 혹은 선견으로 적의 허를 찌르고 적을 혼란에 빠뜨릴 수 있는 그런 자에게, 칼과 창으로 싸울 때에도 엄청난 무기로 싸울 때와 마찬가지로 승리가 보장된다는 것이다. 위에서 언급했던 범성의 몇 안 되는 군사들도 그러했다. 도망칠 수도 있었지만 상관의 대담한 말 몇 마디에 자기 자리로 돌아가 복종했고, 결과적으로 성공을 거두었다. 큰 군대도 마찬가지이다. 모용황은 군대를 이동할 최적의 지점과 가장 신속한 방법 그리고 가장 결정적인 순간을 판단할 수 있었다. 자신의 수중에 있는 적은 수의 군사들이 적들의 수중에 있는 많은 수의 군사들보다 더 가치가 있는 것이다. 이런 관점에서 '중기中期'와 '전기前期'의 전쟁은 '후기後期'의 전쟁과 같다. 늘 그랬고 또 늘 그렇겠지만, 그 시대가 금이든 은이든 철이든 주인은 정신이다. 조왕은 마술사의 하인이 망령을 불러오듯 50만 대군을 어렵지 않게 모았을 것이다. 그러나 이런 대군을 지휘하는 것은 별개의 문제이다. 그리고 치밀하게 균형을 이루며 파죽지세로 진격하는 민첩한 부대가 되었든, 혹은 적에게보다는 자신과 친구들에게 더 위험한 무질서한 오합지졸이든, 모든 것은 군대의 지휘관에게 달려 있다. 50만의 군사들을 모으는 것이 그들을 지휘하는 것보다 더 쉽다. 조왕의 군대는 이런 이유에서든 혹은 다른 어떤 이유에서든 모용황과 그의 군사들을 요동만으로 쓸어버리지 못했을 뿐 아니라, 용성에서조차 쫓아내지 못했다. 우리는 이 상황을 다시 만날 것이다.

   모용황은 일개 선단을 바닷길로 가로질러 연나라 요동의 안평만으로 보냈다. 이 선단에 오른 사람들은 청주 사람들과 무섬을 지나다가 태운 그곳 사람들이었다. 이들은 안평을 점령했고, 그쪽 지역의 요동을 잃는 것을 막기 위해 모용각에게 서둘러 평곽을 점령하라고 명령했는데, 이곳은 모용인이 태수로 있다가 그 후로 버려진 곳이다. 모용각은 이미 지휘관으로서 성공했기 때문에 당장 평곽으로 뛰어갈 수 있을 것이라고 생각했다. 그리고 그는 그렇게 했다. 모용각은 옛 주민들을 보호하고 새로운 주민들을 환영했으며, 한편으로는 그 성을 되찾기 위해 온 수많은 고구려 군사들을 공격하여 그들이 평곽으로 진격하는 것을 저지하였다.

모용황은 이미 상인으로 변장한 전령을 우문으로 보내 동생 모용한에게 돌아오라고 청하였다. 이 청을 수락한 모용한은 대대적인 환영을 받았다. 당시에 연 왕국은 형편이 여유로웠기 때문에 이제는 장군이 된 모용한이 모용황에게 북쪽 이웃 국가들 중 하나를 공격하자고 제안했다. 모용한은 우문의 세력이 다시 강해졌기 때문에 언제 쳐들어올지 모르며, 고구려 또한 끊임없이 동쪽 국경을 염탐하고 있어 우문을 통해 북쪽에서 침입하여 밀고 들어와 동쪽에서 요동을 차단할 수도 있다고 말했다. 때는 341년, 봄으로 한창 접어들었을 때이나, 다루기 힘든 조왕 군대의 위협으로 위험해졌다는 언급 같은 것은 없다. 모용황은 그 권고를 좋게 받아들여 위험을 미연에 방지하고자 결심하고 당장 고구려로 진격했다. 길은 두 갈래가 있었는데, 북쪽은 수월했고, 목저성木底城[71]을 거치는 남쪽은 좁고 험준했다.

---

[71] 목저성은 개주 근방이었고, 당시에는 한국 혹은 고구려의 성이었으며, 남쪽 길은 양자강의 수원들 가운데 그중 험준한 곳인 수연을 통과했을 것이 분명하다. 그렇다면 북쪽 루트는 요양에서부터 새마지와 관전을 통과하는 것으로서, 그 땅은 전혀 평평하지 않았으며 산들 사이로 굽이쳐 다니며 대수를 따라 동쪽과 남쪽을 지난다. 심양을 통과하여 혼하渾河를 따라가는 루트는 지나치게 북쪽에 있고 험난하며, 당시에는 알려져 있지 않았던 것이 분명하다. 게다가 용성은 요양에서 바로 서쪽에 있었으며, 새마지 루트는 가장 가깝고 가장 평탄했다.

따라서 우리가 알 수 있는 것은, 전쟁은 호전적인 자들이 뚜렷한 개전의 이유 없이, 단지 미래의 어느 시점에 공격을 받을 가능성이 있는 세력을 공격할 기회와 능력이 있는 자들에 의해 시작된다는 사실이다. 따라서 최근의 전쟁과 전투처럼 힘이 전부이며 정의는 무가치한 것이다.

　고구려는 연의 군사들이 북쪽 길로 공격할 것이라고 확신하여 그쪽 길에 군대를 집결시켰다. 따라서 모용황은 4만 명의 군사를 뽑아 한국인 혹은 고구려인들이 가장 약할 것으로 예상되는 험난한 남쪽 루트를 통해서 진격하였으며, 북쪽 길로는 1만 5,000명의 군사만 보냈다. 고구려는 북쪽 길에 5만 명의 군사를 집결시킨 반면, 남쪽은 모용황이 예견했던 대로 고구려 왕이 직접 몇 천의 노약한 군사들을 이끌고 길목을 지켰다. 이런 식의 공격을 제안한 사람도 역시 모용한이었다. 그는 고구려의 수도인 환도丸都로 군사들이 밀고 들어가면 고구려는 당장 성문을 열지 않을 수 없게 되어 나라의 중심부가 완전히 노출될 것이며, 북쪽의 고구려 군대가 현장에 도착하기까지는 시간이 오래 걸릴 것이므로 완강한 저항을 염려하지 않아도 된다고 하였다. 모용한 자신도 모용패와 함께 남쪽 군대의 선봉대에 섰다. 그는 고구려인들을 보자마자 공격했으며, 그의 격렬한 공격을 모용황의 주력 부대가 지원했다. 그러나 노령에도 불구하고 고구려인들은 밀려나면 모든 것을 잃게 된다는 것을 알고 용기를 내어 필사적으로 싸웠다. 그들은 너무나 용감하게 싸워 모용황 군대의 총공격에도 집요하게 자신의 자리를 지켰다. 모용황의 장수였던 선우량이 군주의 무한한 은혜를 입은 자신이 이제 목숨을 바쳐 보답할 기회가 왔다고 했다. 그는 소수의 용맹스러운 기병들을 거느리고 고구려 병사들 속으로 뛰어들었다. 이 갑작스러운 충격으로 고구려 병사들이 약간 동요했고, 이 순간적인 움직임이 열을 흐트러뜨리며 빈틈을 보이자 모용황의 주력 부대가 밀고 들어가 고구려군을 완전히 혼란에 빠뜨렸다. 고구려군의 패배는 즉각적이었고, 이런 백병전에서 불가피하게 뒤따르기 마련인 잔인한 살육이 동반되었다. 고구려 장수 한 사람이 죽임을 당했고, 모용황은 환도성 안으로 도망자들을 추격했으며, 고구려 왕의 어머니와 아내를 포로로 잡았다. 이 소식은 곧 북쪽의 군대에 닿았고, 사기가 꺾인 그들은 쉽게 항복했다. 모용황은 이제 추격을 계속할 필요가 없었다. 고구려의 고국원왕은 이제 국가의 중심부를 잃은 집 없는 도망자였다. 모용황은 그에게 사신을 보내어 화친을 제의했으나 그는 사신을 만나지 않았다. 그러나 모용황이 철수하려고 하자 한 장수가 어떤 확실한 보증이 없다면 이번 출정은 결실 없이 끝나는 것이나 마찬가지라고 주장하였다. 그는 고구려인들이 산골짜기에 숨어 있다가 다시 나타나 많은 화를 입힐 것이라고 하였다. 그래서 그는 선왕先王의 무덤을 파헤쳐 그 시체[72]와 생존하고 있는 왕의 어머니를 데리고 돌아갈 것을 권했다. 이 계획과 함께 가치 있는 국가의 보물과 상징물을 모두 약탈한다면 고국원왕이 정신을 차릴 것이라는 것이 그의 생각이었다. 그리고 그 말대로 진행되었다. 죽은 왕을 무덤에서 파내어 살아 있는 그의 미망인과 함께 끌고 갔고, 궁전의 온갖 보물들과 남녀 포로 5만 명도 함께 데려갔다. 그런 다음에 모용황은 궁정을 불태우고 성벽을 완전히 무너뜨린 후에 돌아갔다. 이 계획은 성공하였다. 다음 해 이른 봄, 고국원왕은 가장 크고 좋은 진주를 동생에게 들려 보내어 협정을 요청했다. 연왕은 전령과 함께 관을 돌려보냈으나 왕의 어머니는 그대로 남아 오랫동안 인질로 붙잡혀 있었다.

조왕의 대군은 항해에 나선 지 오래였다. 긴 야영 생활로 많은 군사들이 지쳐 있었고, 요동만을 지나는 며칠간의 험난한 항해를 두고서도 아무런 준비가 되어 있지 않았다. 50만 대군의 3분의 2와 17만 명의 선원들이 대부분 싸워 보지도 못하고 바다에 수장되었다. 육지에 상륙한 후에는 수천 마리의 늑대와 여우가 호랑이 몇 마리의

---

72 어떤 가톨릭 수사가 전하는 바에 따르면, 조선의 현 왕조가 죽은 조상들의 시체에 극단적인 가치를 부여한다는 사실을 들은 한 미국 청년이 보상금을 노리고 시체를 훔쳐 가는 수치스러운 일을 저질렀으나, 이른바 문명국의 국민이라는 자들에게는 다행스럽게도 이 일은 실패로 돌아갔으며, 이 부활주의자들은 계획한 바를 실행에 옮기기 전에 진노한 사람들에게 쫓겨났다고 한다.

원조를 받으며 그들의 뒤를 끊임없이 추적했다. 인간의 군대와 장수들과 다를 바가 없었다. 결국 그는 모용황과 맞설 수가 없어 서쪽으로 진격하기를 포기했다. 그러나 그의 아들이자 후계자는 북쪽의 선비족을 향해 진격하여, 곡곡제斛斛是의 지휘 아래에 있던 이들과 싸워 이기고 3만 명을 죽였다. 그는 오늘날의 요양과 심양을 거쳐 북쪽으로 진군한 것이 확실하며, 그 북쪽은 우문선비의 본거지였다.

그 당시 가족과 연관된 흥미로운 사건 하나가 있었다. 십익건은 흉노 혹은 훈족이 아닌 호족 오랑캐였고, 당시에 서쪽 대족代族[73]의 왕이었다. 그는 연왕의 일가와 혼인하기를 두 번이나 청하였는데, 그 이유는 모용가의 세력이 너무나 커져 결혼을 통한 동맹이 전부는 아니더라도 큰 영향을 끼쳤기 때문이었을 것이다. 연왕은 신부와 1,000필의 말을 교환하기 위해 사신을 보냈다. 그러나 대代의 왕은 이런 선물은 하지 않겠다고 했다. 그의 거절은 예의에 어긋나는 일일 뿐 아니라 도전으로 받아들여졌기 때문에, 모용황은 혹시 있을지도 모르는 대의 왕의 공격에 대비해 자신의 후계자를 군사들과 함께 서쪽으로 파견했다. 대의 왕은 싸울 의도가 없었으나 모용의 군사들이 진격한다는 소식을 듣고 서둘러 병사들을 이끌고 갔다. 적을 만

---

73 산서성 북부의 황하 유역. 그는 그 얼마 전에 운중을 수도로 삼았다.

나지 못한 그는 다시 성으로 돌아갔다. 강력한 호족이었던 대의 왕은 자신이 신부를 택하는 것이 모용가에 명예가 되는 일이라고 생각했으며, 의례적인 선물을 할 생각은 결코 하지 않았다.

모용황이 앞으로 일어날 일을 준비하려는 의도가 있었다면, 고구려의 세력을 붕괴시키려는 의도는 필요 이상으로 이른 것은 아니었다. 그 이유는 고구려의 사신들이 관을 가지고 돌아가자마자 우문이 대군을 이끌고 남쪽으로 진격했기 때문이다. 연나라 군사들은 적을 만나 당장 전투에 들어가기를 열망했으나, 모용황은 수적으로 밀릴 것을 염려하여 이를 허락하지 않았다. 우문의 군사들은 적이 나타나지 않자 모용황이 두려워하는 것이라고 여겨 경솔하게 마음 내키는 대로 돌아다니고, 야영지에 보초를 세우지도 않았으며, 적을 알기 위해 정찰병을 파견하지도 않았다. 모용황은 이런 절호의 기회를 놓칠 사람이 아니었다. 그는 모용한을 보냈고, 혼란에 빠진 우문의 군사들을 습격했다. 지휘관만이 홀로 빠져나갔고 대부분의 군사들은 그대로 모용한에게 희생되었다. 이 전투는 용성에서 북쪽으로 그리 멀지 않은 요하강 서쪽에서 있었던 것으로 보인다.

부여 왕국은 원래 고구려의 본거지였으며 남서쪽에는 현도가, 동쪽에는 읍루가, 또 서쪽에는 선비가 있었다. 고구려의 동쪽에 있었던 왕국 백제는 북쪽의 부여를 침입하여 완전히 와해시켰다. 부여인들은 사방으로 흩어졌으나, 주로 연나라 땅에 거의 닿을 정도까지 서쪽으로 이주했다. 거기서 그들은 아무런 관심도 악의도 없이 살았다. 모용황은 1만 7,000명의 기병을 보내어 그들을 급습했으며, 현왕玄王과 5만 명의 주민을 포로로 잡았다. 모용황은 현왕을 총사령관으로 삼고 딸 하나를 그와 혼인시켰다.

우리는 이제 요동에서부터 본론인 중국 본토 북쪽의 조왕에게 되돌아가기로 한다. 그는 황제의 직위를 오랫동안 유지했으며, 그의 일가는 당시에 중국을 여러 조각으로 분열시키고 있던 재난의 주요 원인으로 간주되었다. 진의 황제는 스스로 난국에서 벗어날 길을 찾는 것이 불가능해지자, 오만한 조왕을 무너뜨리고 흉노족을 그들이 빼앗은 중도中都[74]에서 쫓아내기 위해 동쪽의 모용황과 서쪽의 모용준에게 도움을 청했다. 그는 또한 그들의 군대와 제국의 군대가 집결할 날짜와 장소를 제안했다. 그러나 당시에는 그 제안은 아무런 결실이 없었다.

349년 2월 조왕 '석호'는 모용황의 후계자이자 아들인 모용준의 예정된 공격에 맞설 준비를 하던 중에 병을 얻었다. 그는 5월에 죽었고 성대한 장례식이 치러졌다. 모용준은 조왕의 땅으로 진격하라

---

74 북경(옮긴이).

는 권고를 받았는데, 제국의 혼란한 상태가 그를 재촉하는 이유였다. 두려움의 대상이었던 자가 사라진 형편이었기 때문에 그도 내키지 않았던 것은 아니며, 믿을 만한 장수들인 모용패와 모용평, 모용각을 20만 명의 군사와 함께 보냈다. 모용준은 이제 연의 주인이었다. 그의 아버지인 유능한 모용황은 조왕이 죽기 전에 죽었으며, 둘 다 자신들의 싸움을 각각 후계자들이 계속하도록 물려주었다. 진의 황제는 모용준을 요주와 평주의 태수로 임명했다. 그리고 모용준의 신하들은 그에게 전쟁에 나갈 것을 종용했으며, 황제의 왕관을 상으로 그의 눈앞에 놓았다. 그는 웃었지만 열심히 준비를 하였다. 용의 왕좌가 가파른 오르막 꼭대기에 있는 것이었다면 원래보다 가까워 보였고, 그곳에 도달하는 것도 불가능해 보이지 않았다. 조왕의 나라가 거의 죽을 지경에 이를 정도로 피를 흘린 반면에 모용은 착실하게 성장해 왔기 때문이었다. 모용준은 섬서성 양주의 장중화와도 동맹을 맺었고, 장중화는 군사들을 모두 이끌고 와서 모용준과 합세했다. 그리고 이제 그는 동쪽 국경을 경계하지 않아도 되었다. 그런데 바로 그때 고구려의 왕은 모용황이 동쪽으로 진격했을 때 고구려로 피신했던 동이호군 지휘관을 포로로 보냈다. 아마도 강력한 연왕의 비위를 맞추려고 그랬을 것이다. 모용준은 이 포로에게 자유를 주고 장수로 삼았다.

우리는 이미 많은 선비족들과 장씨 일가들이 한나라 때부터 중국 땅에 머물렀으며, 그보다 더 많은 수가 조왕에게 포로로 잡혀 왔다는 것을 알고 있다. 그리고 물론 흉노족 일가도 있었다. 이들은 진 제국 초기에 국경을 넘어와 약탈을 일삼는 친족들의 스파이와 길잡이 노릇을 하여 말썽을 일으켰다. 조왕은 앞으로 닥칠 폭풍에 대비하여 자신의 영토 안에 있는 모든 '호족'[75]들을 살해할 준비를 하기 시작했다. 이렇게 해서 비상시에 반역자들이 되는 것을 막기 위해 20만 가구 이상이 살해되었다. 이 학살을 성 바르톨로메오 축일의 학살처럼 신속하게 진행하지 않으면 많은 사람들이 탈출할 가능성이 있었다. 이 사람들은 모두 토착민들처럼 중국어를 했기 때문에 최근에 들어온 사람들 외에는 말로 구분할 수가 없었다. 따라서 호족을 알아볼 수 있는 표시는 '얼굴에 털이 많고 코가 높다는 것'뿐이었다. 이런 불운한 표시를 지닌 사람들은 자신이 호족이 아니라 진짜 중국인이라고 강력하게 주장해도, 또 이것이 사실인 경우에도 무조건 살해되었다. 많은 중국인들이 이렇게 호족들과 함께 비명횡사한 이유는, 당시 중국인들이 지금보다 수염을 더 많이 길렀기 때문이었다. 이렇게 많은 민간인을 살해한 조왕은 폭풍이 몰아치기

---

75 따라서 이 말은 중국인들 사이에서 사는 외국인들 모두를, 어떤 부족의 유목민이든지 포함한다고 보아야 한다.

전에 잠시 숨쉴 틈을 벌었다. 그러나 이 소름끼치는 학살은 북쪽에서 준비를 서두르게 하고 모용준의 군사들로 하여금 복수의 함성을 지르며 냉혹한 마음을 먹게 할 것이 분명했다. 잔인한 인도인 용병들의 잔학 행위를 보고 피의 광란에 빠졌던 영국인들이, 조국의 아이들이 아시아인들과 투르크족들만이 경험했던 것처럼 살해되고 학대받는 것을 봤다면 과연 어떻게 했겠는가!

350년 3월 연왕은 장군 모용패에게 2만 명의 군사들을 이끌고 도하徒河를 지나는 동쪽 루트를 통해 출발하라고 명령했다. 따라서 모용패는 오늘날의 산해관을 통과하여 해안을 따라 남쪽으로 행군했다. 모여구는 열옹새를 지나 서쪽으로 진격했으며, 모용준은 본대의 선두에서 중간 길로 나가 노룡새(평주의 북서쪽 200리)[76]를 통과하여 진격했다. 모용각과 선우량이 선봉에 섰다. 그리고 세자는 용성을 지키는 책임을 맡았다.

모용패가 삼형 근방에 닿자마자 안락 혹은 낙안의 성주 등항鄧恒은 비축 물자를 모두 쌓아 놓고 불을 지른 후 성을 떠났다. 그리고 나서 그는 계성을 지키기 위해 유주 자사 왕오王午에게 갔다. 계성은 전에 모용황의 군대가 약탈한 적이 있었다. 계성은 현재 북경 근방 태흥

---

76 이 둘은 오늘날 북경의 북동쪽과 북쪽에서 들어왔을 것이다. 그들이 통과한 주요 협곡들은 수세기 후에 칭기즈칸의 몽골 유목민 집단과 요동의 만주인들의 깃발들로 가득 메워졌다.

현이라는 곳이다. 그러나 등항이 너무 일찍 후퇴하는 바람에, 도하에 있던 남부도위 손영이 안락으로 들어가서 불을 끄고 엄청난 양의 곡식과 비단을 빼냈다. 북평과 안락의 모든 곡물이 그곳에 저장되어 있었다. 그리고 손영은 임거에 있던 모용준과 합세했다. 임거는 지금은 삼하라고 불리는 곳으로 북경에서 50킬로미터 떨어져 있다.

연의 군사들은 4월에 무종에 도착했는데, 왕오는 왕타王陀를 수천의 군사들과 함께 계성에 남겨 두고 노구盧口[77]를 지키고자 등항과 서둘러 퇴각했다. 며칠이 지나지 않아 기주를 기습당하고 빼앗겼으며, 왕타는 붙잡혀 참수되었다. 왕우와 그의 부관은 다른 날 싸우고자 하여 이런 운명을 약삭빠르게 피할 수 있었다. 모용준은 자신의 아버지가 향평에 있었을 때와 마찬가지로, 그러나 그 규모는 훨씬 덜한 도발임에도 불구하고 왕타의 병사들을 모두 처형하라는 명령을 내리려고 했다. 그러나 모용패는 바로 그런 행위 때문에 석호가 중국의 황제가 되지 못했다며 모용준을 설득했다. 무능한 지도자를 위해 싸우지 않는 병사들은 자신의 목숨을 보전하기 위해 싸우는 법이다. 이것은 또 하나의 황금 가교이다. 기주에서는 단 한 사람도 죽지 않았으며, 이와 같은 조치의 현명함이 곧 드러났다. 학자들과

---

77 지금의 정주.

여자들이(흥미로운 조합!) 보호를 받고자 도처에 있는 은신처에서 몰려나왔던 것이다.

연의 군사들이 범양范陽[78]에 당도했을 때, 그곳의 성주는 최후까지 성을 지키려는 열의와 결심을 보였다. 그러나 그의 병사들은 싸우기를 거부하며 성주에게 성문을 열도록 강요하여 모용패의 조언이 현명했다는 것을 다시 한 번 증명해 보였다. 태수는 아직 그대로 자리를 지켰으나 그의 아들은 왕우에게로 도피하여 그에게 더 뒤로 물러나 달라고 탄원했다. 이 조언은 받아들여지지 않았고 왕우는 젊은이를 그의 아버지에게 돌려보냈으며, 모용준은 그를 장수로 임명했다.

모용준은 계성에 수비대를 설치하여 모여구의 휘하에 남겨 두고 노구를 공격하기 위해 진격했으며, 청량성까지 뚫고 갈 생각이었다. 연의 군사들이 가까이 다가오자 등항은 수천의 군사들을 밤에 내보냈고, 이들 가운데 절반 정도가 보초를 제대로 세우지 않은 선봉대의 진영에 침투했다. 그들이 천막 안으로 들어가면서 낸 소리 때문에 모용패는 잠에서 깼다. 그는 무기를 잡았고 자기 손으로 십 수 명을 죽였다. 위급한 상황이 모두에게 알려지자 녹발조鹿勃早는 군사들을 데리고 퇴각하지 않을 수 없었다. 소요가 커지자 모용준이 잠

---

78 지금의 순의현.

을 자다 일어났고, 이 기습은 그를 초조하고 불안하게 만들었다. 그가 사령관 모여근에게 불안감을 호소하자 적은 경계가 필요없다고 생각한 틈을 탄 것이라고 말하며, 그들(연)은 적을 찾으러 왔고 이제 찾았으니 잘된 일이라고 말했다. 그러나 모용준은 전혀 기뻐하는 것 같지 않았다. 따라서 모여근은 그에게 누워서 쉬라고 말하며 그날 밤에는 자신이 왕 노릇을 할 것이며 더 괴롭히지 않겠다고 말했다. 그러나 모용준은 불안을 떨쳐 버리지 못했으며, 눕는 대신에 야영지 바깥으로 나가 군사들 수백 명에 에워싸인 채 높은 무덤 위에 서서 가능한 한 멀리 내다봤다. 그는 녹발조를 쫓으라는 명령을 내렸으며, 이 명령은 철저하게 수행되어 녹발조 혼자만 등항에게 돌아갔고, 그의 군사들은 모두 흩어지거나 죽임을 당했다. 그러나 모용준은 제왕으로서 단맛과 쓴맛을 이미 보았고, 거기다가 군인의 것을 더할 야망은 없었기 때문에 기주로 돌아갔다. 그는 동방의 모든 정복자 집안에 실례가 될 뿐이다. 그 집안을 창건한 사람은 뛰어난 군사적 정치적 능력을 지닌 인물이 분명하며 그의 후계자도 하찮은 인물이 아니지만, 일반적으로 직계로 이어지는 유전적인 능력은 여기서 고갈된다. 역사와 다윈을 조화시키는 일은 힘들다.

영지ᅟ슈支의 성주였던 단의 난[79]이 7월에 죽자, 그의 후계자인 단감段

龕이 조나라를 비롯해 이웃에 있는 중국의 다른 나라들이 모두 무정부 상태에 빠진 것을 보고는 군사들을 이끌고 남쪽의 광고로 가서 산동반도의 옛 왕국인 제왕齊王의 칭호를 취했다. 중국화된 선비국의 일부 지역들이 모용준의 세력 아래로 들어왔으며, 조합趙楹이라는 자는 연에 대한 복종을 공언했다가 300가구를 이끌고 조나라로 도망쳤다. 다른 선비족 족장들도 기회가 나는 대로 중국의 고향으로 돌아갈까 두려워한 나머지, 모용준은 광녕과 상곡[80]의 부대들을 '서'와 '무' 지역으로 보냈고, 대代의 부대는 동쪽의 범성으로 보내 귀향하려는 유혹을 버리게 했다.

신흥왕은 수도 양국[81]에서 초여름에 조나라 황제가 되었다. 그러나 그가 북쪽의 연이 입힌 피해에 주의를 돌리고 있을 때, 점차 세력이 커지고 있던 위나라 왕 석민石閔이 양국을 급습하여 그곳에 있던 10만 명의 군사들과 함께 성을 빼앗았다. 그때는 12월이었다. 그러나 이듬해 4월에 조나라 왕은 양국에 있던 석민을 공격하여 승리를 거두고 10만 명 이상의 병사를 살해하고 군대를 해산시켰다.

---

79 난蘭은 1만 필의 말과 우문의 탈주자들을 조의 왕이 요동을 공격했을 때 그에게 선물로 보냈다. 이렇게 해서 난은 수하의 선비군들로 이루어진 수비대를 거느리고 임저의 태수가 되었다.
80 어떤 저자는 상곡을 오늘날의 하북성 보정부의 옛 이름이라고 한다. 그러나 중국의 기록은 현화부를 고대의 상곡으로, 또 오늘날의 현화현을 광릉으로 본다. '무'는 나중에 무중이 되었고, 지금은 하북성의 옥전현이다.
81 지금의 순태부.

조趙는 엄격한 법을 제정하여 수많은 장족과 호족(티베트과 훈) 일가를 나라에서 몰아냈다. 이들은 대학살에도 불구하고 많은 수가 다시 모여들었다. 이들이 각자 자기 나라로 돌아가고 있을 무렵 그들은 고향이 전쟁 중이라는 소식을 듣는다. 그들은 '가는 도중에 이탈하여' 떠났던 사람들 중 5분의 1만이 고향땅을 밟았다. 조의 법은 엄격하긴 했지만, 그 법을 동등하고 공정하게 집행할 힘이 없었다. 잃어버린 명성을 되찾고자 대대적인 준비를 하고 있던 위와 발해가 동맹을 맺게 된 것은 엄격한 법이 아니라 혼란 때문이었다. 그리고 이듬해 봄에 장군 포홍이 진(섬서성)의 왕이 됨으로써 조의 방어력에 또 다른 불길한 틈을 만들었다.

선비족의 탈주를 막을 예방 조치를 한 후에 연의 장군 모용평은 남쪽으로 진격하여 의주를 점령한 다음 장안을 빼앗았으며 그곳의 성주는 도주했다. 그리고 나서 모용준은 용성으로 돌아가 제사를 지내며 조상들에게 연의 세력이 확장되었음을 알렸다. 모용평은 남안에서 노구의 사령관이 보낸 군대를 무찌르고 노구로 진격했다. 고누관위庫耨官偉는 관리들과 함께 성문을 열었으며, 요익중姚弋仲이 조의 세력이 마지막 숨을 들이쉬고 있다는 것을 알고는 모용준과 화친을 하였다. 그리고 모용준은 육이六夷(서쪽의 오랑캐들)의 도독으로 임명되었으며 그의 아들도 장군이 되었다. 발해도 연과 연합해야 하지 않을까 망설였으며, 중산[82]은 장군 모용각에게 함락되었고 그는 많은 대신들과 주민들을 계성으로 보냈다.

이제 풍요로운 나라인 조가 빈곤한 나라인 연에 몇 달 안에 병합될 것은 자명해졌고, 비도덕적인 세력이 먹은 것을 토해 내도록 강요할 베를린 회의가 없었기 때문에 위나라는 전리품을 차지하기 위해 달려들었다. 이 공격도 수도를 향한 것이었으며 예상했던 대로 이전보다 훨씬 성공적이었는데, 그해 봄 조의 국력은 매우 피폐해져 있었기 때문에 지원하려고 진격하던 군대가 패배하자 양국은 쉽게 함락되고 말았다. 성 안에서는 100명의 귀족들이 사로잡혔다. 궁전은 불탔고 젊은 '황제'는 왕비와 후궁들과 함께 붙잡혔다. 그들은 모두 참수형에 처해졌다. 중국의 용좌를 목전에 두고 있던 석호 일가는 몰살되었고, 연과 위는 조 왕국을 그들의 뜻대로 나누어 차지했다.

조 왕국이 없어진 마당에 연과 위는 이웃이 되었다. 위의 왕에게 대신들은 연과 전쟁을 치를 생각을 하지 말고 현상태로 만족하라고 조언했다. 그러나 왕은 화를 냈으며, 연을 차지하는 것뿐만 아니라 요주를 차지하여 조나라 영토였던 땅을 모두 손에 넣을 수 있으리라는 자신의 신념을 보여 주겠다고 선포했다. 그는 형주의 안시에 진

---

82 지금의 정주.

을 쳤고, 모용각은 맹렬히 공격해 왔다. 그가 상산으로 이동하자 모용각은 그의 뒤를 바싹 쫓아와 중산의 위장현[83]에 진을 쳤다. 그때까지 그들 사이에는 열 번의 교전이 있었으나 둘 다 뛰어난 장수였기 때문에 어느 한쪽도 우위를 차지하지 못했다. 모용각의 군사들은 모두 기병들이어서 매우 유리한 입장에 있었다고 할 수 있으나, 그 지역을 뒤덮고 있던 숲은 위나라의 보병에게 유리했다. 위는 모용각의 기병들이 이로운 위치에 놓일 때마다 숲으로 퇴각했다. 그리고 모용각은 이런 형편의 군사적인 체스 경기에서는 숲 속으로 추격하지 말고 넓은 벌판에서 좋은 기회가 올 때까지 인내심을 가지고 끈기 있게 기다려야 한다는 조언을 들었다. 그리고 마침내 그들이 평평한 지역에 도달했을 때 모용각은 군사들을 세 그룹으로 나누었다. 2개 사단은 그가 5,000의 기병들과 함께 적의 주의를 온통 끌 때까지 움직이지 말고 있다가 위의 양쪽 측면을 공격하여 승리를 확실히 하려는 것이었다. 모용각이 직접 말을 타고 5,000명의 최고 궁수들 앞에서 선두 지휘를 했는데, 이들은 사슬 갑옷을 입고 있었다.

염민冉閔은 주룡朱龍이라는 이름의 훌륭한 군마를 탔는데, 이 말은 하루에 1,000리를 달렸다. 그는 오른손에 쌍날검을 들었고, 왼손에

---

83 현재의 우제현을 옛날에는 위장이라고 불렀다. 그러나 우리는 중산이 지금의 정주라는 것도 알고 있다.

는 끝에 갈고리와 미늘이 달린 긴 창을 들었으며, 이런 무기를 가지고 300명 이상의 연의 군사들을 죽였다. 그는 연의 깃발이 저 앞에 나부끼고 있는 것이 보이면, 연의 지휘관이 그 엄호 아래 있는 것을 확인하고는 말을 타고 그리로 질주했다. 염민은 모용각과의 일대일 대결에서도 우세하여 맹렬하게 공격하였다. 염민의 군사들이 그를 바싹 뒤따르며 적들에 둘러싸인 자신들의 당당한 대장에게 주의를 온통 집중하고 있을 때, 그들을 기다리던 모용각의 군대가 그 측면을 급습했다. 이 첫 번째 공격으로 염민의 군대는 혼란에 빠졌으며, 곧 비참하게 패주하고 말았다. 이것은 두뇌가 용맹을 이긴 또 다른 예이다. 염민은 적들에게 겹겹이 에워싸였으나 그것을 뚫고 나가 동쪽으로 20리를 도망갔으며, 용감하고 충직한 주룡은 병이 나서 죽는다. 그러다 결국 사로잡힌 염민은 다른 지휘관들과 함께 계(劍)로 보내졌다. 염민의 아들인 조(䘏)가 노구에 도착했다. 모용준은 위왕의 목숨을 구해 주고, 그가 어떻게 황제의 직위를 취할 수 있었는지 물었다. 그는 천하가 온통 혼란에 빠졌다고 말했다. 그리고 계속해서 이렇게 말했다.

"만약 새나 짐승처럼[84] 무지한 너 같은 오랑캐가 그 칭호를 취할

---

84 '새나 짐승들처럼'이라는 말은 중국인들이 야만족을 가리키는 직유적인 표현으로서, 이들이 동물처럼 교양이 없고 예절을 모른다는 뜻이다. 연나라 사람들이 중국인들과 동일한

수 있다면, 이 나라의 영웅이라면 더욱 자격이 있지 않겠는가."

이 대답은 모용준의 화를 돋우었고, 그는 염민에게 300대의 태형을 가하고 용성으로 압송하여 곧 처형했다. 그런데 여름이 되어 가뭄이 들고 뒤이어 메뚜기 떼가 몰려들어 모든 것을 먹어 치우자, 모용준은 염민의 혼이 복수를 하는 것이라고 믿고 그를 위해서 사원을 세웠다! 그는 떠나간 성가신 영혼에게 제물을 바쳤으며, 그에게 '신성한 왕, 용감한 전사'라는 시호를 내렸다. 위의 모든 성들은 연을 인정했으나 수도인 업鄴은 예외였으며, 오랫동안 철저하게 포위되어 있었기 때문에 안에 있는 사람들은 인육을 먹었다. 새로 등극한 위나라 황제는 대신 장간蔣幹과 함께 있었고, 그가 최고 통솔권을 가지고 있었다. 그들은 조나라 수도인 양국에서 잡은 자들을 모두 먹은 후에 강화를 제의하려고 사람들을 내보냈다. 그러나 주목적은 도움을 구하는 것이었다. 모용평은 업의 멸망을 확실히 하기 위해 2만 명의 증원군을 요청했으며, 장간은 진 황제가 구원군을 보내주지 않아 5,000명을 거느리고 출격에 나섰다. 장간의 사정은 절망

문예와 문화 생활을 누렸다면 이런 직유를 사용하지 않았을 것이며, 우리는 여기서 그들이 아직 미개함을 완전히 벗지 못했다는 것을 추론할 수 있다.
85 오늘날의 하남성 상덕부의 임장현인 '업' 혹은 '네'이다. 이곳은 335년에 조나라의 수도였다. 352년에 위는 양국을 합병시키고 업성을 차지했다. 같은 해 가을에 모용각이 위를 멸망시키고 이 왕조의 종지부를 찍었으며, 357년에 업성은 연 '제국'의 수도가 되었다. 군대들의 잇따른 진격과 왕국들의 융성과 쇠퇴는 급속하게 진행되었다.

적이었으며 필사적으로 싸웠으나 소용이 없었다. 그는 성 안으로 홀로 도망쳤고, 4,000명의 군사들이 죽거나 포로가 되었다. 이 용감한 성을 돕기 위해 마침내 군대가 도착했으나 패배하였고, 모용준은 장래의 희생물과 가까이 있기 위해 중산으로 갔다. 8월의 전쟁터보다 더 잔인한 고통과 공포스러운 광경이 뒤따른 후에, 주둔군이 석 달이나 인육을 먹고 살았을 무렵, 하급 장교였던 마원이 연의 군사들에게 성문을 열었다. 장간은 밧줄을 타고 성벽을 내려갔다. 모용평은 아직 왕위에 오르지 않은 황태자를 황후한테서 빼앗아, 대신들, 황실의 마차, 의복, 공무와 관련된 집기들과 함께 계로 보냈다. 그러나 어떤 대신들은 중국식 개념의 충성심을 실행에 옮겨, 나라가 없어진 후에 사느니 차라리 죽겠다며 자살했다.

　한편 모용각은 상산으로 가서 왕오에게 주의를 돌렸는데, 그는 위나라의 멸망 소식을 들은 후에 안국왕安國王이라는 칭호를 취했다. 모용각은 그를 추궁했다. 그러나 왕오는 휘하의 장수에게 살해되었으며, 이 장수는 다시 왕오의 호위대 장교에게 죽임을 당했다. 이 장교는 나중에 정권의 고삐를 잡았다. 모용각은 노구에서 진격하여 무극현無極玄에서 중산의 소림蘇林과의 전투에서 승리한다. 소림도 황제의 지위를 열망하던 자였다.

　다음 사건은 군주를 향한 충성과 부모애 대한 순종에 관해 중국

평민층의 생각이 어떻게 표현되는지 정확하게 묘사한 것으로서, 이들은 자신들을 언제든지 희생할 정도로 열성적이지도 않고, 가장 높은 입찰자에게 자신들을 팔 만큼 천하지도 않다. 그러나 이들은 자신들의 이기주의가 허용하는 한 책임을 다하려고 노력할 것이며, 대부분의 교육받은 중국인들이 이런 부류에 속한다는 사실은 구태여 말할 필요도 없을 것이다. 요익중은 석호를 중국의 왕좌에 앉히려고 노력한 용감한 자들 가운데 한 사람이었다. 그가 삶을 귀중하게 여기는 중요한 이유는, 현장에서 행동을 통하여, 자신과 가족들에게 큰 인정을 베푼 주인에게 은혜를 갚을 수 있기 때문이었다. 그는 무자비하게 밀려드는 연의 세력을 용맹스럽게 막아 내며 조국을 구하려고 최선을 다했다. 그러나 그는 성공하지 못했다. 그의 나라가 사라졌고, 그와 함께 그의 삶의 주된 목적도 사라졌다. 같은 해 봄, 요익중은 조국의 수도가 연의 차지가 되자, 병을 얻어서 죽을 때를 기다리며 침상에 누웠다. 그는 42명의 아들을 침상 곁으로 불러 석호에게 입은 은혜를 되새긴 후 그것을 갚을 길이 없음을 고백했다. 그러고는 아들들에게 군대를 이끌고 가서 남쪽의 진晉 황제를 도우라고 명했다. 진晉 황제는 서쪽과 북쪽에서 진秦과 연에게 위협을 받고 있을 뿐 아니라, 국내에서는 강력한 폭도들 때문에 고투하고 있었다. 당시 한 폭도가 4만 명의 부하들을 거느리고는 중요한 큰 성인 무창武昌의 길목을 장악하고 있었다. 요익중은 이 명령을 내리고 얼마 후에 죽었다. 충성스러운 아들들은 그를 정성스럽게 묻고 예의를 갖추어 애도한 후 6만 가구를 이끌고 남쪽으로 이동했다. 그들은 양평, 원성, 발간을 포위하여 빼앗고는 황하 유역, 지양군 부근의 '고노' 여울에 진을 쳤다. 그러나 그들은 여기서 진秦나라 군사들의 맹렬한 공격을 받아 3만 명이 전투에서 가혹한 죽임을 당했다. 생존자들은 형제들 가운데 한 사람인 요양의 지휘 아래 남쪽의 형양으로 진격했다. 이들은 마전에서 또 한 번 치열한 전투를 치러야 했으며 헛되이 몸을 던져 죽었다. 지휘관은 어쩔 수 없이 다섯째 형제를 진晉 황제에게 보내어 호의를 전했으며 그 증거로 볼모를 남겼다. 그가 이렇게 한 이유는 황하를 건너 진晉나라 궁정으로 가는 것이 불가능했기 때문이었다. 따라서 우리는 당시 중국이 완전히 분열된 상태였으며, 쓸모 있는 자원은 대립 중에 있는 진영들이 흡수했고, 이들은 규모에 상관없이 모두 한 가지 목적만을 가지고 있었다는 것을 알 수 있다. 징세의 권리를 보유하려고 싸우는 제국의 경우부터 가난한 근방의 마을을 약탈하는 보잘것없는 강도떼까지 모두 마찬가지다.

제 4 장
연 왕국

위나라를 흡수한 후 모용준은 자신이 황제에 등극하는 것이 정당하다고 생각했다. 그래서 자신의 지지자들한테서 많은 다른 명예로운 칭호들과 함께 이 직위도 받았다. 그는 또한 중국의 관습에 따라 몇 대에 걸친 자신의 조상들에게도 왕족의 지위를 부여하였다. 353년에 그의 왕비는 황후로 선포되었고 계성으로 천도하였다. 수도인 이 성은 간단히 계로 알려지게 되었다. 모용각은 석 달의 포위 끝에 노구를 함락시켰다. 354년 봄에는 여호慕護가 항복하여 하내河內의 태수가 되었다. 황하의 '안쪽'이라는 뜻의 하내라는 이름은 섬서성을 따라 흐르는 강 남부에서 강의 동쪽으로 이어지는 땅을 가리킨다.

따라서 연 제국은 하북성과 하남성 전체, 산서성의 일부, 그리고 요서, 요동, 또 몽골의 남동쪽 일부를 포함하게 되었다.

그러나 연이 모든 괴로움에서 놓여난 것은 아니었는데, 제국의 광활한 면적과 이질적인 정치적 요소들은 완전한 평화를 처음부터 불가능하게 만들었다. 그중 일찍 내부적인 갈등을 불러일으킨 자는 낙릉樂陵의 태수이자 용감한 모용한의 아들이었던 모용구로서, 그는 자신이 모용준과 같이 황제가 될 만한 인물이라고 믿었다. 그러나 그의 야망은 단명했다. 그는 가을에 살해되었고 살인자는 단감에게 피신했다. 모용준은, 중요한 도시인 유주와 의주에 불충한 세력이 존재하는 것으로 의심되며 그 악령들이 독립을 위한 분쟁으로 나타나기 전에 없애 버려야 한다는 권고를 받았다. 그러나 그는 움직이기를 거부했다. 이미 항복을 받아 낸 성들을 공격하는 졸렬한 일은 하고 싶지 않았기 때문이었다. 단감은 모용준을 황제라고 부르지 않아 그의 화를 돋우었으며, 모용준은 그가 정신을 차리도록 해 주려고 모용각을 북쪽으로 보냈다. 모용각은 감이 그를 강가에서 맞이하여 강을 건너지 못하도록 할지도 모른다고 생각했다. 감의 동생은 지혜롭고 용감한 젊은이였다. 그는 모용각이 뛰어난 능력을 가졌기 때문에 그가 가까이 오도록 허락한다면 사람들이 그에게 성문을 열어 줄 것이라고 생각했다. 따라서 그는 모용각이 우려했던 바로 그 조치를 취하라는 제안을 했다. 그는 자신이 직접 강둑으로 가서 모용각이 강을 건너지 못하도록 하겠다고 자청했으며, 그동안 감은 성을 굳게 지키면 되는 일이었다. 그러나 감은 이 계획에 동의하지 않았다. 게다가 동생이 계속해서 고집을 피우며 설득하려고 하자, 감은 화가 나서 동생을 죽여 버렸다. 결과적으로 모용각에게 길이 열린 셈이 되었으며, 그는 356년 2월에 강을 건넜다. 감은 모용각과 맞서고자 3만 명의 군사들을 이끌고 수도인 광고廣固에서부터 100리를 진격했다. 그러나 그는 패배하여 후퇴할 수밖에 없었다. 모용각은 후퇴하는 군대에 전령을 보내, 항복하는 자들은 자신의 군대에 받아 주겠다고 말하자 수천 명이 그와 합세했다. 따라서 감이 성으로 들어가자 성은 곧 포위되었으며, 감의 통치 아래에 있던 다른 성들은 모두 모용각의 명령에 따라 성문을 열었다. 도망칠 길이 없자 감은 진晉의 황제 앞에 몸을 던졌으며, 그는 연나라의 남쪽 국경으로 장군을 보내어 두 개의 성을 빼앗았다. 그러나 모용각이 남쪽으로 방향을 바꿀 만큼 심한 피해를 주지는 못했다. 11월에 모용각은 장수들로부터 사다리로 성을 탈취하라는 권고를 받았다. 그는 만약 병사들이 희생되지만 않는다면 그 계획은 적절하지만 그가 오래전부터 알고 있던 계획을 실행에 옮긴다면 성은 확실히 점령하더라도 너무 많은 병사들을 잃을 것이라고 했다. 이 대답은 곧 전 진영에 퍼졌고 모두들 만족해했다.

이제 수비대는 인육을 먹는 지경에 처했으며, 감은 대군을 이끌고 대담하고 필사적인 공격을 감행했으나 패퇴하고 말았다. 한편 모용각은 각 성문 밖에 병사들을 배치했다. 감은 후퇴하기 위해서는 이들을 뚫고 가야 했는데 감이 성으로 들어갈 때는 죽거나 포로가 된 병사들이 더 많았다. 그는 12월에 성문을 열 수밖에 없었으며 3,000가구의 선비족들과 함께 계로 갔다. 광고의 원주민들과 이방인들은 좋은 대접을 받았으며, 감은 다른 곳에서 지휘관으로 임명되었다. 그러나 그는 또 불만을 샀는지 다음 해 봄에 그와 3,000명 가까운 신하들이 죽임을 당했다. 이렇게 해서 선비족의 단 왕국은 마침내 연 왕국에 통합되었는데 단은 모용에서 유래한 가장 작은 선비 부족이었다. 연이 북쪽의 오랑캐 사촌들을 흡수하고 있었다면 남쪽의 중국인들은 밀어내고 있었다. 연은 서쪽의 진晋과 동쪽과 남쪽의 진秦을 화강암의 암맥처럼 가르며 지나갔던 것이다.

섬서의 진秦 왕국은 그때까지도 전쟁 중이었는데, 주로 진晋 황실과 충돌했다. 354년에는 큰 전쟁이 있었는데, 그때 진晋의 장군 환온桓溫이 진秦 군대에 완전한 승리를 거두었다. 막 전투가 진행되고 있을 때, 진秦의 왕은 제일가는 장수 하나를 잃었다. 왕은 그 장수를 애도하면서 탄식하기를, 하늘은 그가 '사해四海' 안에서 평화를 회복하기를 원치 않는다고 했다. 평화에 대한 왕의 생각은 모든 전사들이 항상 추구하는 것이었다. 바로 현존하는 모든 정부를 전복시킨 후의 평화이며, 그 전복자는 바로 자신이었다. 왕에게는 야눌이라는 아주 완고한 장수가 있었는데, 최근에 그 장수가 왕의 화를 돋우어 왕이 그를 볼 때마다 이를 갈기에 이르렀다 그러다 마침내 왕의 분노가 극에 달하여, 그 장수와 그의 아홉 아들 그리고 27명의 손자들을 죽였다. 야눌은 장(티베트) 사람이었기 때문에 진秦에 있던 많은 장족들이 불안해했다. 왜냐하면 범죄를 저지른 것도 아니었고, 처형에 대한 공식적인 이유가 있었던 것도 아니었기 때문이다.

356년 진秦의 왕은 경제적으로 곤란한 처지에 있었다. 이것은 끊임없는 군비 지출 때문이었다. 그러나 왕은, 한 대신이 국민들의 안녕을 위하는 마음에서 또 왕 자신의 이익을 위해서라도 평화를 권고하자, 그를 처형해 버렸다. 바로 그때 환온이 왕과 싸워 주목할 만한 승리를 거두었다. 그러나 왕의 장수 장평張平이 향과 싸워 승리하였다. 정복자와 패배한 적은 의형제를 맺었고, 다시는 서로 싸우지 않겠다는 맹세를 했다! 어느 날 진秦의 왕이 대추야자를 많이 먹고 큰 탈이 났다. 어의가 불려 왔으나 그는 심각한 이상이 없다고 단호하게 말했다. 그리고 왕의 병은 오로지 대추야자를 너무 많이 먹은 것과 그의 급한 성질 때문이라고 했다. 왕은 몹시 화를 냈으며, 그

급한 성질 혹은 난폭한 격정을 증명해 보이며 이렇게 말했다.

"너는 예언자냐? 내가 대추야자를 먹은 것을 어떻게 알았단 말이냐?"

그리고 당장 의원을 끌고 가서 처형하라는 명령을 내렸다. 왕은 사납고 잔인한 군주였으며, 자주 술에 취했다. 이런 사례들은 법과 질서의 필요성을 증명하고 보여 주기에 충분하다. 358년에 왕은 진晉과 연燕을 상대로 일방적인 싸움을 했는데, 연나라가 그의 땅을 많이 차지했다. 359년에 왕은 장수 왕맹王猛을 '왕국을 분리하는 사령관'으로 임명했다. 우리는 그를 다시 만나게 될 것이다.

358년 봄, 산동성 서쪽 태산[86]에서 진晉나라 태수가 연의 동쪽을 공격했다. 그러나 모용각이 그를 바로 격퇴하여, 강을 건너 추격하여 남쪽 강기슭을 황폐화시켰다. 모용평은 장강과 우강 사이로 남하하면서 늙은 족장 가견賈堅과 발해[87] 사람들에게 항복하라고 명했다. 이들은 위나라의 전성기에 장소가 패망하면서 분리되어 나온 후로 아직 주인을 찾지 못하고 있었다. 늙은 가견은 연의 군대에게 싸워서 지배권을 차지하라고 했다. 그러나 그는 쉽게 제압되었다. 가견은 사로잡혔고 이 육순 노인의 용기, 노련함, 능력, 힘은 높이 평가

---

[86] 산동성의 수도인 제남의 남쪽에 있는 유명한 산.
[87] 하북성의 남동쪽인 오늘날의 남피현은 발해 지역의 중심지였다.

되었다. 장군 모용각은 100보[88]의 거리에다 황소를 갖다 놓고 노인에게 표적으로 삼게 했다. 가견은 이렇게 말했다.

"젊었을 때는 상처를 입히지 않고 명중시킬 수 있었지만 지금은 눈을 믿을 수가 없고 손은 떨리는구나."

바로 그 순간 화살을 쏘아 황소의 어깨를 스쳤고, 또 다른 화살이 배를 스쳤다. 화살들은 각각 털을 자르고 지나갔으나 가죽은 다치지 않았는데, 이 두 자국은 똑같았다. 보고 있던 사람들은 큰 소리로 환호하며 노인의 솜씨를 칭송했다. 가견은 태산 근방의 국경 수비대의 태수로 임명되었는데, 요새에는 700명의 병사들이 있었다. 동쪽에서 진晉의 장수 순선荀羡이 열 배나 되는 군대를 이끌고 와서 그를 공격했다. 그러나 가견은, 작은 군대는 성 안에서 방어하기에 적합할 뿐이라는 충고를 무시하고 과감히 전투에 나섰다. 그는 대담하게 바깥에서 싸우는 것이 도망갈 희망이 없는 곳을 잘 방어하는 것보다 낫다고 믿었다. 그는 병사들의 선두에서 진격했으며, 그들은 맹렬하게 싸웠다. 그러나 1,000명의 적을 죽인 후에는 성 안으로 쫓겨 왔다. 그러고 나자 순선이 들이닥쳐 요새를 포위하고 몇 겹으로 둘러

---

88 중국식으로 1보는 5피트로서 양쪽 발로 한 걸음씩 걸어 1보가 된다. 프라우드Froud는 그의 저서 『영국의 역사History of England』에서 옛 영국에서 남자 궁술의 최소 법적 과녁 거리가 220야드라는 것에 놀란다. 그러나 영국의 궁수들은 600피트 이상을 맞추도록 명령받았기 때문에 가견에게 500피트는 불가능한 거리가 아니라는 것을 알 수 있다.

싼다. 가견은 한숨을 쉬며 희망이 없다고 말했다. 그는 병사들에게 항복하여 목숨을 구하라고 권하며, 자신은 혼자 남아 요새 안에서 죽겠다고 했다. 병사들은 눈물을 흘리며 그를 떠나지 않겠다고 했다. 그러면서 무엇이든 그가 하는 대로 할 것이며 그와 함께 살든지 죽든지 하겠다고 말했다. 가견은, 그렇다면 요새 안에서 목이 졸려 죽는 것보다는 밖으로 진격하여 싸우다가 죽는 편이 낫다고 대답했다. 마침내 가견은 병사들의 선두에서 말을 달렸다. 그러나 놀라운 궁술과 용감함으로 적을 용감하게 공격했음에도 또 그의 군사들의 용맹스러움에도, 그들은 앞에 놓인 두텁고 깊은 포위망을 뚫지 못했다. 곧 가견과 그의 부대는 포위되어 사로잡혔다. 순선은 노장의 용기에 감탄하면서 진정한 황제를 섬기지 않는 이유를 물었다. 가견이 대답하기를, 진(晉)이 제국을 잃은 것은 그의 탓이 아니며, 진정한 황제는 없다고 했다. 그러다가 거듭 반역하라는 권고를 받던 가견은 마침내 자기를 어린아이로 알고 있느냐고 화를 내면서 물었다. 이 대답에 담긴 냉소가 순선을 불쾌하게 하였다. 순선은 가견을 쇠사슬로 묶으라는 명령을 내렸다. 가견은 며칠 후 분에 못 이겨 죽었다.[89]

---

[89] 흔히 중국인들은 우둔하고 무기력하며 열정이 없는 민족으로 인식되어 왔다. 그러나 중국의 역사에 관한 지식이나 가족과 사회에 대한 정보를 보면, 이러한 인식을 뒷받침하지 않는다. 많은 사람들이 가견처럼 격정에 복받쳐서 죽는다. 같은 이유로 많은 자살, 살인 그리고 위험하고 피비린내 나는 공격들이 자행되어 왔다. 그들의 일상적인 냉담함은 한편으로는 엄격한 자제력을 주입시키는 국가적인 교육 때문이며, 다른 한편으로는 그들의

순선은 그의 죽음을 후회하게 되었는데, 연의 군사들이 복수를 요구하며 그에게 달려들어 요새를 다시 차지하고 그를 쫓아냈기 때문이었다. 가견의 아들은 아버지의 덕을 입어 작위를 받았다.

순선의 패배 후 얼마 지나지 않아 모용준은 몸이 허약해지는 것을 느끼고 머리카락이 희어지는 것을 보면서 나라의 미래를 걱정하기 시작했다. 그의 후계자는 훌륭한 자질들을 이미 갖추고 있거나 막 드러내기 시작하고 있어서 끊임없이 큰 소리로 칭송받고 있었으나, 그는 여전히 마음을 놓지 못했다. 모용준은 조의 왕이 팔꿈치를 물어뜯는 꿈을 꾸었다. 이 꿈은 물론 그의 불안감에서 비롯된 것으로서, 그가 조왕의 손에서 억지로 빼앗은 승리들과 관련되어 있었다. 모용준은 이 꿈이 너무나 강한 인상을 남겼기 때문에 조왕의 시체를 찾아오라고 보냈지만 실패했다. 그는 시체를 찾는 사람에게 100냥의 금(당시에는 은을 사용하지 않았다)을 상금으로 걸었다. 상금을 걸자 한 노파가 나타났고, 노파는 성의 남쪽에 있는 무덤 하나를 가리켰다. 시체를 파냈더니 뻣뻣하고 부패하지 않은 상태였다. 모용준은 화가 나서 발을 구르며 시체에 욕을 퍼부으며 이렇게 말했다.

"죽은 오랑캐 놈이 살아 있는 '상제의 아들'을 놀라게 할 수가

삶과 행동 양식에 깊이 스며들어 있는 이기주의 때문이며, 이것은 다른 사람의 행복이나 고통에 대한 부주의한 무관심으로 이어진다.

있는가."

그러고는 시체에 채찍질을 하고 장수漳水에 처넣으라고 명령했다. 그러나 시체는 다리의 기둥에 걸려 떠내려가지 않는 것이었다! 후에 진秦이 정복했을 때 시체를 찾았던 이 가엾은 여인 이토李兔는 처형을 당하고 땅에 묻혔다. 미신과 용기의 기묘한 조합은 이 정도로 하겠다. 이것은 중국에만 국한된 것도 아니며, 15세기 이후인 근래에도 목격된다.

모용준은 356년에 북쪽의 훈족을 치고자 8만 명의 군대를 보냈다. 이들은 훈족의 군대를 물리쳤으며, 10만 명을 죽이고, 말 100만 필, 양과 소 1,000만 마리를 노획하고 3만 5,000가구의 훈족들을 포로로 삼았으며, 이들은 군주인 선우와 함께 충성을 맹세했다. 이들은 모두 산동성의 발해로 이주해야 했으며 그곳에서 땅을 하사받았다.

이쯤에서 중국으로 끊임없이 유입되는 이방인의 피에 대해서 언급하고 넘어가는 것도 좋을 것이다. 중국인들 이전에 중국에 거주했던 묘족苗族과 만족蠻族의 대부분은 정복자들과 섞일 수밖에 없었다. 그리고 오늘날에 와서는 서쪽의 티베트, 북쪽의 훈족 그리고 북동쪽의 선비에서 많은 이주민들 혹은 포로들이 유입된 것을 알 수 있다. 이 사람들은 모두 중국인들과 통합되었으며, 따라서 중국인들의 혈

통은 어떤 이유에서도 순수하다고 할 수 없다. 키가 작고 몸집도 작으며 귀여운 남쪽의 중국인들과, 키가 크고 풍채가 단단하며 느린 중국 북부의 거주자들 사이에 신체적이고 정신적인 차이는 오랫동안 지속된 이런 혈통의 혼합에 기인하는 것은 아닐까?

진晉의 황제는 연나라가 급속하게 정복 사업을 성공해 가는 것에 불안을 느꼈다. 그리하여 백성들에게 포고령을 내려 힘을 합쳐서 북쪽 오랑캐를 물리쳐야 한다고 명했다. 한편 연은 5만의 군대를 이끌고서, 2만의 군사들로 쳐들어온 태산의 태수를 물리쳤다. 그리고 다른 곳에서도 여러 도시들이 차례로 연의 병사들 앞에 쓰러져 갔고, 이로써 연의 남쪽 국경은 점점 넓어지게 되었다. 그러나 모용준은 아직도 미래에 대한 불안을 가지고 있었다. 그 이유는 정복이 아직 완전히 마무리되지 않았고, 정복 지역들도 굳게 결속되지 않았기 때문이었다. 그러자 모용각은 모용준이 죽은 후에는 그의 아들이 후계자가 되어 지지받을 것이라고 말하며 그를 위로하려고 했다. 이 말에 모용준은 마치 이전에는 모용각의 의도를 의심하고 있기라도 했던 것처럼 기분이 좋아졌다. 그리고 이렇게 말했다.

"내 형제의 생각이 그렇다면 내가 무엇 때문에 걱정을 하겠는가?"

그러고는 연나라 태수였던 오왕吳王 모용수慕容垂를 요동에서 불러들였다.

360년 2월 모용준은 큰 원정을 준비하던 중에 병을 얻어 바로 다음 날 죽었다. 11살에 불과했던 아들 모용위慕容暐가 황제가 되었다. 모용각은 태재太宰에 임명되었으며, 모여근도 여러 사람들과 함께 높은 지위와 명예를 얻었다. 그러나 그는 불만을 품고 모용각에게 황제의 지위를 차지하라고 권하며, 이런 행보가 모든 사람들을 기쁘게 할 것이라고 확언했다. 그가 명시한 이유도 완전히 틀린 것은 아니었을 것이다. 그러나 모용각은 그 제안과 그것을 품은 마음을 심하게 꾸짖었다. 그는 또한 앞으로의 재난을 막기 위해서는 불만과 음모로 가득한 모여근을 처형해야 하며 마땅히 그래야 한다고 선언했다. 복수를 위해 모여근은 소년 황제가 모용각을 경계하도록 만들려고 그가 제국을 전복시킬 음모를 꾸미고 있다고 고발했다. 이 어린 '황제'는 그 말을 믿으려고 하지 않았으며, 아버지가 남긴 두 대신들 사이의 화평과 우정을 강조했다.

모용각은 모여근의 이중적인 행동에 크게 노했으며, 특히 모여근이 궁정을 용성으로 옮길 것을 권했을 때는 더욱 그랬다. 용성에서는 모여근이 주인 노릇을 할 수 있었고, 남쪽의 진晉과 서쪽의 진秦을 견제해야 했던 모용각은 하남河南 북쪽 오늘날의 적도부에 주둔한 본대와 함께 남쪽에 남아 있을 수밖에 없었기 때문이다. 모용각은 모여근의 죄를 기록한 진정서를 정식으로 만들어, 그의 선동이 필연적으로 초래할 재난을 막고자 그와 그의 도당을 사형에 처하려고 했다. 당시는 내분을 일으킬 때가 아니었다. 진晉 황제는 모용준이 죽었다는 소식에 사람들을 불러 모아 연으로 쳐들어가고자 했다. 그러나 군주보다 나은 정치가이자 유능한 장수였던 진晉의 장군 환온은, 모용준이 죽었어도 모용각은 살아 있으며 살아 있는 그의 형제도 죽은 자와 마찬가지로 만만찮은 적일 것이라고 말했다.

궁정의 내분은 곧 연의 국민들에게 알려졌고 많은 군사들이 퇴역하여 각기 다른 길로 갔다. 그러나 모용각은 2만 명의 병사들을 회수에 주둔시키고 이미 알려진 진晉 제국의 속셈에 대비하여 남쪽 국경을 지키도록 함으로써 질서를 회복했다. 진秦은 작았으나 단결되어 있었고, 수많은 선비족들이 보강하고 있었다. 이들은 해 아래 있는 모든 국가들의 경우와 마찬가지로, 궁정의 음모와 이기주의 때문에 나라가 처할 불안한 미래를 두려워했다. 앞으로 보게 되겠지만, 이들과 이들의 선례를 따른 자들은 진秦의 운명에 큰 영향을 끼쳤다. 진秦은 분열된 중국에서 수위를 차지하려고 경쟁하는 나라들 가운데 가장 작았지만, 가장 탄탄하고 단결이 잘 되어 있었다. 그리고 이러한 유입과 함께 진秦의 북쪽에서 수많은 훈족들이 들어와 자발적으로 복종을 공언했는데, 이들은 봄에 '내륙'으로 들어갔다가 가을에 고향으로 돌아갔다. 이들은 농업에 종사하는 농민들로서 일하려고 중국에 들어갔던 것으로 보인다. 이들은 연나라 땅을 지나다가 붙잡히기도 했으나, 연나라 장군은 진秦 왕의 항의를 받고 풀어 주었다.

장평은 연이 수비대를 두고 있었던 평양을 공격했는데, 그는 진秦과 연 사이를 여러 번 왔다 갔다 하다가 지금은 진秦의 편에 있었다. 그러나 그는 자기 병사들에게 너무나 악하게 굴면서 기분 내키는 대로 사람을 죽이기도 하는 등 행실이 나빴기 때문에, 진秦에서는 그를 벌하지 않으면 안 되겠다는 생각을 했다. 장평을 벌하려고 군대가 파견되자 곤경에 처한 그는 또다시 충성을 맹세하며 연의 개입을 간청했다. 그러나 그들은 변절을 일삼는 장평을 운명에 맡겼고, 군사적인 기회주의자였던 그는 파멸되어 합당한 벌을 받았다.

362년 3월에는 하내에서 연에 반란을 일으켰다가 패배하여 다른 공직으로 좌천되었던 여호가 낙양[90]을 침략했다. 여호는 8월이 되자 후퇴하여 소평진小平津을 지켜야 했다. 다음 해 7월에 모용각이 이 성으로 진격했으며, 그는 지나치는 곳마다 사람들을 자신의 깃발 아래로 불러들였다. 그는 어디서나 환영받았다. 그가 낙양을 공격했

---

90 진晉의 수도 가운데 하나로서 오늘날의 개봉부 근방이다. 수세기에 걸쳐 중국 최고는 아니더라도 그중 훌륭한 도시로 간주되었다.

제4장 연 왕국 157

다면 함락시켰을 것이다. 다만 성벽이 너무 높았으므로 사다리로 기어오른다면 너무 많은 군사들이 희생되었을 것이다. 그러나 일상적인 포위 공격으로 수비대를 굶주리게 하여 항복시킬 수가 있었다. 한편 형양의 성문은 열렸고, 하남성의 미성도 오래전에 함락되었다. 하남성의 여러 성읍들이 연의 군대 앞에 쓰러졌으나 낙양은 여전히 버텼다. 364년 4월에 모용각은 식량 부족으로 낙양의 사령관이 이미 대부분의 군사들을 이끌고 그 거대한 성을 떠났다는 것을 알았다. 적들이 수적으로 약세라는 것과 요새의 지형을 알고 있던 그는 공격을 감행했고 쉽게 함락시켰다. 방어군의 지휘관이었던 양무楊武 장군 심경沈勁은 문필가였다. 모용각은 그의 능력을 높이 평가했으며 부하로 삼으려 했을 것이다. 그러나 모용각의 장수들은 심경이 용감하기는 하지만 그의 관상이 미래의 재난을 의심하게 한다고 생각했기 때문에 그를 처형했다. 모용각은 사람들이 가고 싶은 곳으로 가도록 허락했다. 이것은 '오랑캐다운' 덕목인데 중국인들은 성을 함락시키면 그 주민들을 살해하곤 했다. 특히 고집스런 저항 끝에 성이 함락된 경우에는 반드시 그랬다. 그리고 그는 효곡崤谷과 면지沔池로 군대를 진격시켰다. 진秦의 영토의 내륙 지방은 온통 공포에 휩싸였다.

그러나 연의 실수를 이용하려고 노리는 적들이 사방을 에워싸고 있었다. 북서쪽의 대왕代王[91]은 그 자신이 '호족' 또는 훈족의 자손이었으며 모용준의 딸과 결혼했다. 그러나 그는 결혼으로 친족관계를 맺은 땅을 약탈할 준비와 야망을 갖추고 있었다. 대왕은 훈족의 우두머리인 고차高車를 두 번에 걸쳐 공격하였는데, 그가 높은 이륜 전차를 타고 전쟁을 했기 때문에 그렇게 불렸다. 연의 군사들은 367년에 바로 그 훈족을 상대로 성공적인 원정을 끝내고 돌아오는 길이었으며, 대왕의 밭을 지나던 중에 서 있는 곡식을 아무 생각 없이 망쳐 버렸다. 화가 난 대왕은 서쪽에서 올 수 있는 모든 공격에 대비하도록 연이 운중[92]에 배치했던 유주 태수를 치러 동쪽으로 진격하여 완전히 궤멸시켰으며, 또 다른 연의 장수인 모여하신募與賀辛의 군대를 전멸시켰다. 연의 군사들은 남쪽에서도 패배가 무엇인지 배우고 있었다. 그리고 그들의 번영은 모용각이 늙어 감에 따라 나약해지면서 마지막이 다가오고 있음을 느꼈을 때 이미 절정에 달해 있었다.

모용각은 지휘관으로서 엄하지 않았고 공정하며 자비롭고 또 진실했으며, 죄인에게 벌을 주기보다는 은혜를 베풀기 좋아했다. 그러나 병사들이 그를 좋아했다면 장수들은 하나씩 그에게서 멀어졌는

---

91 代라고 알려진 지역은 북경 서쪽과 그쪽을 흐르는 황하에 인접하고 있었으며, 황하는 오늘날에는 오르도스라고 부르는 몽골 영토를 통과하며 흐르고 있다. 군주 또는 왕은 중국의 왕국에서와 마찬가지로, 또 스코틀랜드의 '영주'와 마찬가지로 통치하는 영토의 지명에 따라 불렀다.
92 오늘날 산서성의 대동부.

데, 이것은 궁정의 음모 내지는 시기의 결과가 분명했다. 그 얼마 전에 모용각이 업으로 돌아가야 했기 때문에 군대를 오왕에게 맡겼는데, 오왕은 훌륭한 대리인이었다. 모용각은 젊은 황제에게 오왕은 자기보다 훨씬 능력 있고 정책적으로도 더욱 안전하게 인도할 사람이라고 말하며, 대사마를 임명할 때가 되면 그를 정사의 수위에 앉히라고 충심으로 권했다. 2~3개월 후 모용각은 병을 얻었고 젊은 '황제' 모용위는 그를 자주 방문했다. 황제는 숙부의 중병 때문에 깊은 시름에 빠졌다. 숙부를 인간으로서 또 조언자로서 존경하게 되었기 때문이다. 그리고 황제는 나라의 미래를 크게 걱정했다. 그때까지는 지금 죽어가고 있는 총리가 수많은 강력한 적들에 맞서서 나라를 강건하고 현명하게 통치해 주어서 훌륭하게 유지되었기 때문이다. 그래서 그는 스스로 전부 알아서 해야 할 때가 되면 어떻게 해야 정부를 제대로 이끌어 갈지 그 방법을 자세히 물었다. 모용각도 자세히 대답했으며, 훌륭한 국내 정치만 필요한 것이 아니라는 사실도 상기시켰다. 왜냐하면 진晉과 진秦이 끊임없이 국경을 넘보며 영토를 확장할 준비를 하고 있었기 때문이었다. 수완가이자 훌륭한 군인이었던 그는 후계자를 남기지 않고 세상을 떠났다. 젊은 모용위는 모용각이 제안한 조치들을 실행에 옮기기에는 너무 심약했다. 오왕은 이전과 마찬가지로 군대의 수장 자리에 그대로 있었고, 모용평은 그를 무시했다. 이러한 모용평의 행동은 일부의 불쾌감을 샀다. 궁정의 갈등이 예전부터 있었던 것이라고 한다면, 모용평의 이기적인 행동과 젊은 통치자의 유약함이 혼란을 더욱 가중시켰다. 때는 왕국의 모든 자원들이 동쪽과 남쪽의 진晉 그리고 서쪽의 진秦의 공격에 집중되어야 할 시기였다. 모용평이 유약하고 질투심이 많으며 현재 차지하고 있는 자리가 그에게 적합하지 않다는 것을 알았던 낙안왕樂安王 모용장은, 모용각의 권고를 실행하고 오왕을 야영지에서 불러들여 국정의 키를 잡게 하라고 황제에게 정식으로 청원했다. 모용평은 들으려고 하지 않았다. 그러나 그때부터 얼마 후에 황제의 남동생인 모용충慕容忠을 대사마 혹은 총리로 임명했다. 이렇게 해서 모용평은 명목상의 힘은 아니지만 실제적인 힘을 확보했다.

바로 그즈음에 진晉의 황제는 방이라는 학자의 주문에 묶여 있었는데, 그는 황제에게 먹으면 영원한 생명을 약속하는 약을 주었다. 매일 이 약을 먹은 황제는 혼미한 상태가 되어 정사를 돌볼 수 없었으며, 그의 어머니가 국사를 처리했다. 이 약은 아편이었을까? 만주의 중국인들은 생명을 연장시켜 줄 것이라는 망상을 가지고 아편을 시작했으며, 아편은 조선의 약방에서도 수백 년 동안 사용되었고, 그 용도는 오늘날과 같았다. 진晉 황제가 정사를 돌보지 못할 정도로 얼이 빠졌다면, 술에 취한 진秦의 군주 또한 나라를 그와 비슷한 무정부 상태에 빠뜨렸으며, 진晉 황제는 이것이 중국의 일상적인 상황임을 한탄했다. 이와 같은 무정부 상태는 석호가 독립적인 행보를 시작하면서부터 60년간 계속되었다. 진秦의 궁성에서 반역이 일어났다. 장천석張天錫의 기민함과 용기만이 그것을 막을 수 있었고, 그는 당장 승진하는 것으로 보상을 받았다. 장흠張欽이라는 관료가 최근에 진秦의 '황후'가 된 여인과 장천석을 살해하려고 했다. 장천석은 이번에도 반역자들 보다 한발 앞서 장천석의 하수인들을 모두 죽였다. 겁에 질린 장흠은 물러나 장천석을 지지하겠다고 했으나 그는 들은 척도 하지 않았다. 그러자 장흠은 장수를 한 사람 고용하여 장천석에게 독립과 제국의 권력을 위해 반역을 하라고 부추겼다. 그러나 장천석은 바로 그 장수를 장흠의 집으로 가도록 명했으며, 그날 밤 장흠은 살해되었다. 진晉과 진秦은 순수한 중국 국가들이었고 연나라 사람들은 하북성과 하남성의 중국인 백성들한테 문명을 익혔으나 중국은 살 만한 곳이 못 되었다!

모용각이 세상을 떠났을 때 진秦의 사신이 왔다. 명목상으로 모용각의 죽음을 애도하기 위해 왔지만 사실은 정확한 정세를 파악하려는 것이 목적이었다. 모용평의 성격과 행실에 대해 이 사신들이 올린 보고를 보고, 진秦의 황실은 기뻐하면서 당장 군사들을 징집하라는 명령을 내렸다. 장천석은 여러 해 동안 진秦에서 수차례의 반란을 진압해야 했다. 그런데 위에서 언급한 바로 그 징집이 시작되었을 때, 섬성陝城의 위공魏公이라는 자가 진秦에 반역하여 연의 도움을 청했다. 이 일로 진秦이 크게 놀랐으며, 당시 진秦의 왕위를 계승했던 부견符堅은 섬성의 서쪽에 있는 고개로서 그 유명한 동관潼關만큼이나 험난한 곳인 화음華陰에 군대를 증파하였다. 부견은 모용각의 죽음과 모용평의 유약함으로 무력한 상태에 빠진 연을 치고자 하는 열망으로 모숭毛嵩의 지휘 아래 또 다른 군대를 보냈다. 그러나 그는 연공燕公 부무符武에 패하고 말았으며, 두 번째 부대도 구흥苟興에 패했다. 부무는 승리를 거둔 후에도 구흥에게 선봉을 맡겨 공격을 계속하게 했다. 구흥은 여러 번 모습을 드러냈으나 진秦의 군대를 지휘하던 여광呂光은 이 거짓 움직임에 말려들지 않았다. 그리고 자신을 쫓는 연의 군사들을 군량이 비축된 곳에서 멀리 나오게 하여 그들이 식량 부족으로 후퇴할 수밖에 없게 되었을 때 방향을 전환하였다. 20일간을 진격하던 구흥은 식량이 바닥나자 후퇴할 수밖에 없었다. 여광은 이제 후퇴하는 자들을 집요하게 추적하여 그들을 패주시켰다. 구흥의 군대는 완전히 해체되었다. 본대와 함께 있었던 부무는 공격을 받고 패배했으며, 1만 5,000명의 병사들이 목숨을 잃었다. 그는 안정安定[93]

---

93 오늘날의 산서성 평량.

을 포기하고 상규로 피신했으나 안전하지는 못했으며, 성은 함락되고 그는 죽임을 당했다.

진秦이 이렇게 동쪽 국경에서 연의 세력을 밀어내고 있을 때, 이미 언급한 바 있는 왕맹은 남쪽에서 진晉 제국과 맞서 싸우고 있었다. 그는 진晉의 공公인 부류符柳에게 패배하여 맹렬한 추격을 받았다. 그러나 기회를 엿보던 왕맹은 방향을 돌려 부류의 군대를 완전히 섬멸하였는데, 포판까지 쫓아가 성을 함락시키고 부류를 잡아 처형했다. 또 그는 포판에서 등강鄧羌을 군사들과 함께 섬성으로 보내어 함락시켰다. 반란을 일으켰던 위공魏公 부수符廋는 마침내 붙잡혀 부견에게 끌려왔고, 부견은 왜 반란을 꾀했는지 물었다. 그는 어쩔 수 없었다고 말했다. 그의 형제들이 성에서 음모를 꾸미고 있었기 때문에 그가 반란을 일으키지 않았다면 성은 전쟁터와 납골당이 되었으리라는 것이다. 왕은 그의 슬픈 운명에 눈물을 흘렸으며, 그에게 죽음의 방식을 선택할 수 있게 했고 그의 아들들에게는 관직을 주겠다고 약속했다.

환온은 당시 야망의 정상에 올라 있었고, 진晉의 대사마 혹은 제국의 병조판서였다. 그는 이제 국민들이 모두 일어나 연이 약할 때 그 힘을 꺾고 땅을 빼앗기를 열망했다. 그의 계획은 압도적인 힘으로 밀고 들어가 앞에 있는 것을 모두 쓸어버리고 연의 수도인 업을 급습하는 것이었다. 환온이 이렇게 적극적이었던 것은, 연이 황하를 차지한다면 그 강에 의지하여 군량을 공급받았던 진晉의 마지막이 어떻게 될지 예측되었기 때문이었다. 준비 단계로 그는 청수淸水[94]의 함대를 황허 혹은 황하에 띄웠다. 한꺼번에 일어나자는 환온의 권고는 받아들여지지 않았으나, 그는 자신이 불러 모을 수 있는 모든 병사들을 호륙湖陸으로 보내 그곳을 빼앗고 장군 모용충도 붙잡았다. 그는 또한 황허黃墟에서 필사적으로 대항하는 연의 군대 2만 명을 무찔렀다. 모용려慕容厲는 패배한 군대를 이끌고 고평으로 피했으나, 그곳의 태수는 진晉의 편에 붙었다. 등하鄧遐는 진晉의 선봉대를 이끌고 또 다른 연의 군대를 무찔렀다. 연의 군사력은 그 어떤 때보다 강력했지만 사기는 형편없었다. 모용장慕容臧은 오환을 막으려고 최선을 다했으나 군대는 사기를 잃어 완전히 무력한 상태였다. 따라서 그는 진秦에 즉각적인 도움을 청하는 전갈을 급히 보냈다. 오환은 맹렬한 공격을 멈추지 않았고, 7월에는 무양 혹은 조장에 도달하여 연의 장군들을 부대들과 함께 받아들였다. 오환이 방두枋頭에 가까이 오자 황제 모용위와 태수 모용평은 공포에 휩싸여 당장 화룡和龍으로 철수하자는 제안을 했다. 그러나 오왕은 완강히 반대했으며, 밀어닥

---

94 청수는 강소江蘇에 있으며 산동의 강이 아니다.

제4장 연 왕국

치는 조수를 막는 것이 불가능해졌을 때 후퇴에 대해 생각해도 시간은 충분하다며 이의를 제기했다. 이와 같이 폭풍이 거세게 몰아치기 전인 369년에 20만 가구의 연나라 국민들은 배의 키를 맡을 강력한 인물이 없는 허약한 중앙정부 때문에 북쪽으로 이주했다. 그들이 내세운 이유는 황실 가족의 수가 너무 적고 자원이 부족하다는 것이었다. 먼 남쪽에서 이처럼 이주하는 사람들이 있었다는 사실은 연의 인구가 얼마나 빨리 그리고 크게 증가했는지를 보여 주었다. 몸이 좋지 않았던 '관'이라는 대신은 너무나 큰 충격을 받아 죽어 버리고 말았다. 이러한 인물들의 연이은 출현만이 이 불안한 체제를 지탱할 수 있는 상황이었음에도 연나라의 실제적인 기둥들은 이렇게 하나씩 사라져 갔다. 물론 연나라에는 아직도 훌륭한 인물들이 많았으나, 권력을 잡고 있던 비열한 자들은 나라의 안녕이 희생된다고 하더라도 자신들이 너무나 무능하게 휘두르고 있는 권력을 포기하고 자신들에게 마땅한 자리인 비천한 신분으로 떨어지는 것은 원하지 않았다.

연은 전쟁터에 5만의 군사들이 있었지만, 환온을 막기에는 부족하다고 판단했다. 그리하여 궁정에서는 진秦에 사신을 보내어 모용장이 군대에서 했던 것과 똑같은 요구를 했다. 진왕 부견은 각료 회의를 소집하여 이런 예외적인 경우에 어떻게 해야 할지 논의했다.

그들은 도움을 주지 말자는 쪽으로 결론을 내렸다. 그리고 연이 비슷한 상황에서 자신들에게 했던 것처럼, 연이 서 있든 쓰러지든 그대로 두기로 했다. 그러나 왕맹은 사적으로는 완전히 다른 조언을 했다. 연이 원래 강력하기는 하지만 모용평은 환온의 상대가 되지 않으며, 환온이 동쪽의 산동성에 도움을 청한다면 연을 침몰시킬 수 있다는 것이었다. 이것은 진秦에 심각한 영향을 끼칠 수 있는데, 진晉이 연의 모든 땅과 병력으로 커진다면 그들을 감당할 수 없게 될 것이기 때문이었다. 따라서 왕맹의 권고는 연이 환온의 먹이가 되는 것을 막을 정도로만 도와주자는 것이었으며, 진晉의 군대가 물러난 후에 진秦이 들어가 연의 땅을 쉽게 차지하면 된다는 것이었다. 부견은 왕맹이 제안한 계획이 가장 훌륭하다는 데 동감했으며, 이 현명한 조언에 크게 만족하여 그를 상서령尙書令에 임명했다. 즉, 등광鄧光을 2만의 군사들과 함께 낙양으로 보내어, 연의 탈영병들의 안내로 빠르게 진격하던 환온이 되돌아가도록 만들자는 것이었다. 과거에도 미래에도 정복자의 군대는 보상이 충분히 구미에 맞을 경우에 얼마든지 많은 중국인들의 안내를 받을 수 있었다.

10월에 5,000명의 연 군사들을 유주로 보내어 측면 공격을 감행하고 환온의 보급로를 차단하도록 했다. 연의 범양왕范陽王 모용덕慕容德은 1만 명의 군사들 중 1,000명을 선봉대로 보냈다. 이 1,000명의 지휘관은 200명을 미리 보내고 800명을 세 개의 매복조로 나누었다. 200명은 적의 선봉대와 맞붙었다가 패배를 가장하고는 도망치기 시작하여 환온의 선봉대를 매복 장소로 유혹했으며, 그들을 쫓아온 자들은 대부분이 전사하였다. 이때부터 환온은 진격을 계속하며 산만한 싸움을 이어 갔으나 유리한 입장을 차지하지는 못했다. 진秦이 연과 동맹을 맺었다는 소식을 들은 그는 비축물과 배를 불태우고 돌아갔다. 물 공급이 중단되었기 때문에 후퇴하는 중에도 우물을 파야 했다. 환온은 그 때문에 더욱 지체되어 정신을 빼앗겼으며, 연의 군사들이 후방과 측면에서 그를 계속 괴롭혔다. 연의 장군들 대부분은 접전을 주장했다. 그러나 오왕 모용수는 이를 반대했으며, 후퇴하는 자들을 괴롭힘으로써 원수에게는 숨쉴 틈을 주지 않고 자신은 아무런 피해도 입지 않는 쪽을 택했다. 그는 8,000의 기병을 환온의 후방에 배치하여 700리를 추격했다. 그러다 마침내 끊임없는 진격 끝에 환온의 군대가 형편없이 지쳐 버리자, 그는 총공격을 하려고 본대를 가까이 불렀다. 당시에 환온은 양읍襄邑에 있었다. 모용덕은 4만의 기병을 양읍의 동쪽에 매복시켰다. 이어진 전투에서 환온은 3만 명의 군사들을 잃고 패배했다. 그리고 이번에는 진秦의 군사들이 나타나 그들을 추격하여 1만 명을 더 살해했다. 환온은 흩어진 군사들 중 남아 있는 자들과 함께 11월에 산양山陽에 도착했다. 그는 자신의 재난을 군량 부족의 탓으로 돌렸고, 석문('돌문')[95]의 장수 원진袁眞을 원망했다. 원진은 자신이 실패에 대한 희생양이 되었다는 것과 자신을 기다리는 운명이 무엇인지 잘 알고 있었기 때문에, 연나라로 피신하는 동시에 진秦에게는 우호적인 메시지를 보내 이중으로 피난처를 마련했다. 이러한 처신은 당시 연으로서는 싫지 않은 일로서, 진秦과는 좋은 관계를 맺고 있었고 평화와 우호의 메시지가 끊임없이 오가고 있었다. 그러나 진秦의 우정은 알다시피 연기에 불과했으며, 그러는 동안에도 연을 궤멸하기 위해 철저히 준비를 했다.

연의 궁정에서는 남자들이 관직을 감당할 능력이 없었기 때문에, 여자들이 정사를 주도했다. 그리고 이런 상황에서 흔히 그렇듯이 공동의 번영보다는 개인적인 감정에 따라 행동했다. '황후'는 모용수를 싫어하고 모용평을 사랑했다. 따라서 환온에 대한 승리의 영광은 모용평에게 돌아갔다. 또한 황후는 모용수를 없애 버리기 원했는데, 모용평의 부추김으로 이렇게 되었는지는 추측에 맡길 따름이다. 모용수는 모용각이 임종하며 남긴 충고와 그 자신의 검증된 능력에도 여전히 추운 바깥에 있었으며, 모용각의 아들에게 그 얘기를 들

---

95 산수현의 옛 이름.

기 전까지는 그 음모에 대해서 모르고 있었다. 이런 비열한 배은망덕함에 혐오감을 느낀 그는 자살로 적들의 간절한 소망을 들어주고자 했다. 그러나 그의 친구들은 도주하여 생명을 구하라고 했다. 모용수는 개인적으로 데리고 있던 병사들과 함께 용성을 향해 출발했다. 그러나 추격을 받은 대부분의 병사들은 강제로 혹은 설득을 당해 업으로 돌아갔다. 그러나 모용수는 적들의 묵인 아래 빠져나간 것으로 보이며, 한참을 돌아다닌 끝에 진秦의 궁정에 도달했다. 그곳의 군주는 자신이 연에서 유일하게 두렵게 여기던 사람이었으므로 왕족에 걸맞은 환영을 베풀었다. 모용수와 그의 아들은 그 자리에서 당장 벼슬을 받았다. 왕맹은 개인적인 질투심 때문이었는지 혹은 그의 말대로 오왕이 자기 나라로 돌아가 진秦에 해를 끼칠 것을 두려워했기 때문이었는지, 모용수 부자父子는 용과 호랑이라며 빨리 없앨수록 좋다고 넌지시 말했다. 부견은 그들을 따뜻하게 맞이하고 나서는 그런 비열한 짓을 할 수는 없다며, 사해四海[96]의 평화는 용맹스러움으로 얻는 편이 훨씬 낫다고 말했다.

 연의 궁정을 완전히 조종하고 있던 모용평은 자신이 질투심 때문에 궁정과 나라에서 하나씩 몰아냈던 모든 자들의 용맹스러움에 대

---

96 '중심의 땅'이라는 의미의 중국은 사해 사이에 있으며, 중국의 동쪽, 서쪽, 북쪽, 남쪽에 있는 사람들은 야만인이다.

해 매일 일깨움을 받았다. 또한 진秦이 연의 남서쪽 국경인 섬성의 동쪽 경계 지역에 군량을 비축하고 있다는 소문이 끊임없이 들려왔다. 그리고 그는 평화가 그리 오래 유지되지 않을 것이라는 말도 들었다. 그러나 모든 열등한 자들이 그렇듯이 모용평은 자신의 신하들과 매한가지로, 왕맹과 그의 신하들에게서 탁월하고 비범한 자질을 전혀 발견하지 못했다. 그리고 준비를 하라는 충고를 듣고도 행동에 옮기기를 거절했다. 자신이 적극적인 전쟁 준비를 시작한다면 현재 양국 간에 유지되고 있는 좋은 관계가 당장 깨져 버릴 수 있다는 것이었다. 그리고 그는 낯선 사람의 제안을 좇아 현존하는 우호 관계가 단절되는 위험을 감수하는 것은 옳지 않은 일이라며 화를 냈다. 그 이유는 도망자 모용준이 그의 최고 고문이었기 때문이다.

연나라에서는 환온의 패배가 누구의 도움도 없이 자신들이 이룩한 성과라고 늘 자랑했으며, 진秦의 원조에 대한 보상으로 내주었던 땅에 대해서도 아쉬움을 표했다. 실제적인 싸움과 관련해서는 그들이 옳았지만, 동맹으로 자신들의 사기가 올라갔다는 것은 잊어버린 것이다. 부견은 연의 비아냥거림에 감정이 상했다. 그는 이것을 핑계로 준비가 갖추어지자마자 3만 명의 군사들을 왕맹의 지휘 아래 낙양으로 보냈다. 그러나 동쪽으로 진격하던 이 장군은 패배하였다. 그러나 왕맹에게 그 패배보다 더 비통한 것은 자기 주인의 궁정에 있는 모용수의 존재였으며, 그를 없애기 위해서라면 어떤 일도 할 수 있었다. 수도로 돌아온 그는 모용수를 잔치에 초대했다. 그리고 술을 계속해서 권하여 취하게 만들고는 조롱하는 말로 그를 욕했다. 두 사람 사이에 험악한 말이 오갔고, 모용수는 진정한 후 자기 나라로 도망하기로 결심했다. 그는 사냥을 하는 척하며 나갔다가 도망쳤으나, 붙잡혀서 다시 돌아오게 되었다. 부견은 당연히 그의 배은망덕함을 나무랐다. 그러나 왕맹이 바라던 대로 그의 목숨을 빼앗는 대신에 용도龍都에서 600리 떨어진 사성沙城으로 추방했다. 유형에 처해진 사람은 가석방을 받아 그곳으로 간 것이 분명했으니, 요동 북쪽인 그 외진 도시의 수백 리 밖까지 진秦은 아무 권한이 없었다.

 왕맹은 곧 연을 무찌르고 승리를 거두었으며, 그가 모용수를 살려둔 점을 치하하기 위해 제후 및 다른 명예로운 벼슬을 수여하려 했던 것으로 보이나 그는 모두 거절했다. 그러나 연을 상대로 한 왕맹의 첫 번째 승리는 그 중요성이 높이 평가되어 그는 6만 명의 군사들을 거느리게 되었다. 이와 같은 지휘권 수여가 연의 궁정에 끼친 영향은 다음과 같은 사실로 미루어 알 수 있다. 즉, 연 황실의 일원인 모용령慕容令은 수천의 군사들을 매수하여 사성으로 달아나는 것이 상책이라고 생각했던 것이다. 그러나 그는 목적지에 도달하지 못했다. 추격을 받아 병사들은 죽임을 당하거나 흩어져 버렸고, 모용령은 사로잡힌 후에 처형되어 시체가 용성으로 보내졌다. 모용위는 이런 징후 및 그 외 다른 조짐들에 너무나 놀라, 마침내 모용평에게 30만의 군대를 주어 진격해 오는 왕맹을 섬멸하라는 명령을 내렸다. 그는 또한 이 일을 의논하기 위해 최고회의를 소집했다. 대신 이봉李鳳은 진秦의 병사들은 수도 적고 형편없기 때문에 연의 적수가 못 된다고 말했다. 모용평도 같은 말을 했을 것이다. 또 다른 대신 양침梁琛은 한 국가의 안전은 병사들의 수보다는 장군들의 자질에 달렸기 때문에 숫자보다는 작전이 승리를 보장하며 전술[97]만이 왕맹의 진격을 막을 수 있다고 말했다.

그러나 연의 관료들이 말을 하고 있는 동안 왕맹은 행동을 했으며, 그들이 토론하고 있을 때 호관壺關을 강습하여 빼앗았다. 그리고 모용평이 나라 안에서 받는 평가는 다음과 같은 사실로 추론할 수 있는데, 왕맹이 통과하거나 지나가는 모든 지역의 모든 도시가 그에게 성문을 열었다는 점이다. 그리고 대신 한 사람이 대담하게도 업도 안전하지 못할 것이라고 말했기 때문에 마침내 연의 궁정도 위기를 느끼기 시작했다. 양안楊安은 진양晉陽을 포위했으나 이들이 식량을

---

97 이것이 당시와 그 이전 그리고 그 이후로 중국에서 모든 능력 있는 자들의 견해라고 굳이 밝히는 것은 불필요한 일일 것이다. 또한 오늘날의 권위 있는 작가들이 중세의 모든 전쟁들이 짐승 같은 힘으로 결정된다고 믿는 것도 우리는 잘 이해할 수가 없다.

충분히 보유하고 있었기 때문에 뜻대로 되지 않았다. 왕맹은 호관에 수비대를 남겨 두고 양안을 도와주려고 직접 갔다. 한 지방 관리가 고향 사람 수백 명을 거느리고 마치 한편인 것처럼 가장하며 성으로 들어가서는, 안으로 들어가자마자 함성을 지르며 보초를 덮쳤다. 그는 왕맹에게 성문을 열어 주었고, 그의 군대는 들어와 성을 점령하고 그곳의 장수들을 사로잡았다.

이번 일을 비롯해 이와 유사한 다른 사건들에 대한 부분적인 설명으로 우리가 기억해야 할 것이 있다. 중국인들은 같은 종족이 아닌 군주의 통치를 싫어하기 때문에, 비록 더 나은 통치자라고 할지라도 외부 오랑캐의 통치라면 그보다 형편없는 중국의 토착 왕조로 기꺼이 바꾼다는 사실이다. 그들은 북쪽의 연나라 오랑캐 세력이 원래 자신들의 미개한 영토로 밀려가는 것을 기쁘게 바라볼 것이며, 모국의 왕조를 기꺼이 환영할 것이다.

환온은 얼마 전에 남쪽에서 출정하여 수춘壽春에 못 미쳐 연의 군대를 무찌르고 그 성을 포위했다. 맹고孟高가 포위를 풀어 주려 출발했으나 서쪽에서 진秦의 군대가 밀려와 되돌아가지 않을 수 없었고, 연의 어려움을 더욱 가중시킨 것은 사방팔방에서 일어난 폭동들이었다.

모용평은 이처럼 압박을 당하는 상황에 이르자 왕맹의 군대보다 훨씬 큰 군대를 거느렸음에도 극심한 공포를 드러내어 자신의 무능함을 보여 주었다. 그는 노천潞川에 남아 있을 용기가 없어 후퇴하기 시작했다. 그러나 모용평은 겁에 질려 있었으나 왕맹은 신중했다. 그는 선비족의 후손이 화가 나면 어떻게까지 할 수 있는지 알고 있었다. 충동적인 성격의 부사령관 등강은 당장 공격을 재촉하며 왕맹이 지체하고 있는 것에 화를 냈으나, 왕맹은 한 번의 전투에 모든 것을 걸려고 하지 않았다. 왕맹은 그가 죽어 마땅하지만 그의 잘못이 싸우고자 하는 열의에 있기 때문에 목숨만은 살려준다고 말했다. 등강은 몹시 화를 내며 숙소로 돌아갔고, 왕맹을 반역자로 여겨 공격할 준비를 하며 이렇게 말했다.

"우리는 멀리 있는 반역자들과 싸우라는 명령을 받지 않았는가. 그런데 그들이 가까이 있는 지금 가만히 누워 그들이 도망치도록 내버려 두어야 한단 말인가?"

그러나 그는 결국 왕맹에게 마음이 누그러졌다.

모용평의 비겁함과 무능함을 그의 군주인 모용위가 심하게 책망하자, 그는 산서성의 성도 근처인 오늘날의 태원 부근에서 왕맹과 맞서기 위해 억지로 떠밀려 갔다. 적들의 숫자와 빈틈없는 대열을 이룬 그들을 본 왕맹은 등강에게 이런 전갈을 보냈다.

"장군의 도움 없이는 나는 이들을 뚫을 수가 없소. 그리고 우리가 이 고개로 들어오게 된 것은 내 탓이 아니오."

그는 등강을 만족시키기 위해 자신의 예상보다 더 멀리 왔음이 분명했다. 그러나 등강은 용감하게 모든 책임을 졌다. 연의 군사들이 가까이 다가오자 그는 맹렬히 돌격하여 적들의 대열을 뚫고 들어가 종횡무진 적진을 누볐다. 그가 죽인 수백 명의 군사들은, 그가 쑥밭을 만들어 극도의 혼란에 빠뜨린 적군의 대열에 비하면 아무것도 아니었다. 연은 팔은 많았지만 머리는 없었다. 결국 그들은 이런 상황에서 역사상 처음으로 후퇴하기 시작했다. 처음에는 느긋하고 질서정연한 후퇴였다. 그러나 등강의 강력한 팔이 기병대를 이끌고 그들의 후위로 맹렬하게 돌진했기 때문에 후퇴하던 군사들은 패주하기 시작했고, 연의 군사들은 그들이 저지르기는 했지만 결코 당한 적은 없었던 학살의 현장이 이어졌다. 5만 명의 군사들이 포로가 되거나 죽임을 당했고, 그만한 숫자가 도망쳤다. 대단한 통솔력이 아닐 수 없다. 모용평은 혼자 말을 타고 업으로 도망갔으나 이곳은 바로 포위당했다. 왕맹은 진秦 병력을 대규모로 소집하라는 전갈을 급히 보냈다. 이에 대한 응답으로 부견은 수도인 장안과 낙양[98]을 수비대에 맡기고 10만 대군을 이끌고 동쪽으로 진격했다. 그는 7일

---

98 낙양은 오늘날 산서성 남동쪽의 상주현이다. 개봉의 낙양과는 다른 특성을 갖는다.

만에 하남성 북쪽 안양^{99}에 도착했다. 등강은 신도(信都)를 공격했으며, 5,000의 선비족 쥐들이 침몰하는 배를 떠나^{100} 용성으로 갔다.

업성에는 몇 년 전 고구려의 왕비가 복위되었을 때^{101} 보냈던 고구려인 포로들과 상당(上黨)^{102}에서 온 포로들이 있었다. 부여인들을 더하면 모두 500명에 달했던 이들은 자신들의 대표를 정하고 왕맹에게 북문을 열어 주었다. 모용위와 그의 관료들은 이 소식을 듣고 수천의 군사들과 함께 아침 일찍 용성으로 피했다. 그러나 군사들은 차차 떨어져 나갔고 결국 10명만이 남았다. 복록(福祿)에서 모용위는 자신의 부하들보다 훨씬 강한 강도떼를 만났고, 이들은 패주자들을 공격했다. 과거에 모용위의 충실한 장군이었던 맹고는 여전히 그의 곁에 있었고 강도들을 상대로 용감하게 싸웠다. 그러나 모용위는 자신이 직접 여럿을 죽였음에도 빠져나가는 것이 불가능하다는 사실을 깨달았다. 그리하여 강도 하나를 땅바닥에 꼼짝 못 하게 누르고 무리 전체를 그 주위로 모이게 하여 그 한 사람을 향해 화살을 쏘도록 했다. 이렇게 해서 숨쉴 틈을 얻은 모용위는 말에서 내려

---

99 연의 수도 업은 하남성의 북동쪽이자 하북성과 접하고 있는 임장에 있었다. 안양은 남서쪽으로 짧은 거리에 있고, 태원은 큰 성 업의 북서쪽에 있다.
100 서양에서는 배가 출항하기 전에 쥐들이 배를 버리고 떠나면 불길한 항해라고 생각했다.
101 고구려 고국원왕(재위 331~371) 때에 모용황에게 미천왕의 시체를 빼앗기고, 왕의 어머니 주씨와 왕비가 납치되었으나 조공으로 찾아왔다.
102 산서성의 용안부.

고양에 닿을 때까지 달려갔으며, 거기서 그를 추적하라고 곽경郭慶이 보낸 무리들 중 하나에게 붙잡혔다. 모용위는 당당하게 말했다.

"너 같이 미천한 자가 어떻게 감히 천자에게 손을 대느냐!"

병사는 반역자를 잡으라는 황실의 명령을 받았다고 말하며, 천자가 누구냐고 물었다. 물론 황제의 왕관을 놓고 경쟁하는 자들은 모두 천자들이며, 다른 모든 경쟁자들은 반역자이자 배신자이다. 모용위는 자신이 왕위를 빼앗은 자임을 증명했으니, 그는 약하고 불운했기 때문이다. 이것은 하늘이 그를 버렸다는 증거였다. 실패한 자는 범죄자이고, 성공한 자는 정직한 자인 것이다. 왕 부견 앞에 끌려온 모용위는 며칠 전까지만 해도 일개 족장으로 업신여겼던 그를 황제로 인정할 수 없었다. 그러자 부견은 화를 내며 말했다.

"이 둘도 없는 우둔한 자야. 너희 조상들의 무덤으로 들어가기를 그렇게 간절히 원하느냐?"

그러나 그는 젊은이를 불쌍히 여겨 아버지의 왕궁으로 돌려보내라는 명령을 내렸다. 그는 이렇게 할 여유가 있었다. 젊은이는 무기력한 상태였을 뿐 아니라 그곳의 관료들은 이미 모두 진秦을 종주로 생각하고 있었기 때문이었다. 모용각이 남긴 연 왕국은 숫자나 물자 면에서 진晉과 진秦이 감히 대항할 수 없을 정도로 강력한 상대였으나, 정사의 선두에 남자가 있었던 세력에게 이렇게 무너져 버렸다.

따라서 이제 진秦은 모든 연나라 땅과, 그의 통치권을 인정한 주州의 성들, 그리고 '6이夷'의 주인이 되었다. 모두 합쳐 그의 왕국에 157개 부府와, 250만 가구, 그리고 999만 명을 더하게 되었다. 위의 관료들은 모두 자리를 지켰으며, 오직 지도자만이 달라졌다. 모용위는 4만 가구의 선비족들과 함께 장안으로 쫓겨 갔고, 이들은 파멸을 예측하고 이미 서쪽으로 피신했던 자들과 합류했다(156쪽).

연의 파멸은 완전했기 때문에 곽경은 어떤 저항도 없이 용성까지 갈 수 있었다. 그가 용성에 닿기 전에 모용평은 비겁하게 고구려로 피신했으나 진秦에게 넘겨졌다. 진秦이 이 비열한 자에게 호의를 갖는 것이 마땅했으니, 진秦의 위대함의 진정한 입안자는 모용평이었기 때문이다. 발해의 왕을 살해했던 또 다른 도망자가 부하들과 함께 요동으로 피신했으나, 요동이 승자의 편을 들어 성문을 열지 않자 성을 포위했다. 그러나 곽경은 동쪽으로 진격하여 습격자를 몰아내고 그를 추격하여 살해했다.

372년에 모용수는 아직 진秦의 궁성에 있었다. 그는 왕권은 없어졌으나 훌륭한 지휘관으로 신임을 받았다. 모용평도 범양의 태수라는 직책을 가지고 그곳에 있었다. 연나라 사람들은 자신들에게 치욕을 안겨다 준 그가 무덤 속에 들어가기를 바랐다. 그 다음 해에 개원 서쪽의 원래의 선비족은 진秦이 자신들을 칠 준비를 하고 있다는 소식을 들었다. 그러나 선비족은 사자를 보내어 충성을 맹세함으로써 원정을 막았다. 모용위는 의심과 불신 속에서 살았다. 그의 옛 원수들은 지칠 줄 모르고 그를 죽이려는 시도를 계속했으나, 부견은 진晋을 공격할 때 그가 유용할 것이라고 믿었기 때문에 듣지 않았다. 그러나 더 큰 위험에 노출되어 있었던 것은 모용수인데, 그가 모든 연나라 군사들의 신임을 받고 있었기 때문이다. 장안 근처에는 큰 군대를 일으킬 만한 인원이 있었고, 그는 그렇게 하라는 권고를 받았다. 그러나 이런 유혹에 전혀 귀를 기울이지 않는 모용수의 태도는 사람들에게 더한 호소력을 발휘했다. 유주 자사는 380년에 왕권을 확립하고는 북쪽의 모든 공직자들을 자신의 휘하로 불렀으나 실망을 금치 못했다. 서쪽의 계에서부터 일본해의 신라에 이르기까지 이구동성으로 자신들은 황제의 신하들이며 반역자들과는 상관하지 않을 것이라는 답을 보내왔던 것이다. 그는 놀라서 물러나려고 했으나 너무 늦었다. 여광呂光이 이미 그에게 들이닥쳤던 것이다. 그의 군사들은 패배했고 수백 명이 죽임을 당했으며 그는 사로잡혀 추방당했다.

    고구려와 함께 신라는 3년 전에, 지금은 조공이라고 해야 할 선물을 보내어 진秦의 주권을 인정했다. 따라서 산동성을 제외하고, 장안을 수도로 한 제국은 황하 북쪽의 중국을 모두 포함하게 되었고,

그 세력은 요동 지역과 한반도의 세 왕국에까지 미치고 있었다. 이제 제국은 너무나 강력해졌고 그 군주는 너무나 야심만만했다. 그는 당장에 '100만 대군'을 진(晉)에 풀어놓고 싶었다. 그는 그들을 쓸어버리고 자신의 세력 아래 중국을 재통일할 자신이 있었다. 그래서 그는, 병사들은 과거의 싸움 때문에 지쳐 있어 이런 힘든 일을 감당할 여력이 없으며 국민들은 무거운 세금으로 불안하다며 대신들이 완강히 반대했을 때 굴욕감을 느꼈다. 2년이 흐른 후에 그의 마음은 네브카드네자르[103]의 마음보다 더 득의양양해졌다. 몽골의 동쪽에서부터 투르케스탄의 서쪽에 이르기까지 62개의 독립적인 부족들이 그에게 사신들을 보내고 조공을 바치며 그를 군주로 인정했기 때문이다. 이것은 자신과 다른 사람들이 그가 실제적인 중국의 지배자라는 것을 인정하기에 충분한 근거가 되었다. 그리고 그는 실제로 패권을 잡기 위해 1년 이상 지체하지 않았다. 그는 383년에 통일 제국을 이루기 위해 장안에서 대담하고 엄청난 공격을 준비했는데 60만의 보병과 27만의 기병을 집결시켰다. 이 군대가 출발하기 전에 그의 신하들 대부분이 오왕 모용수가 어떻게 행동할지 알 수 없다는 이유로 그를 모든 관직에서 물러나게 하기 위해 공모했다. 그들은

---

103 고대 바빌로니아의 왕(재위 : 기원전 1124~1103)(옮긴이).

그의 충절은 믿을 수가 없었으나, 그에 대한 그들의 질투심에 대해서는 항상 확신이 있었다. 그러나 그럼에도 모용수는 양평공과 함께 25만 명을 선두에서 지휘하게 되었다. 이 대군의 행렬은 부대의 선두에서 마지막 끝까지 1,000리 혹은 480킬로미터가 넘게 이어졌다.

모용수는 성공적으로 여러 성을 차지했으나, 12월에는 군대의 다른 진영에서 자신의 진영으로 쏟아져 들어오는 탈영자의 무리에 압도되었다. 이들은 회수准水를 건너갔던 군대로서, 싸움에 패배하여 1만 5,000명의 병사들을 잃고 진晋의 맹렬한 추격을 받으며 강을 건너 도망치고 있었다. 진晋은 내부적인 갈등과 끊임없는 전쟁을 겪고 있었으나 힘을 모아 외부의 침입자들을 막아 냈다. 이제 진晋은 수춘에서 동쪽으로 30리 떨어진 청강靑岡에 도달했다. 여기서 무서운 전투가 벌어져 진秦의 군대는 지리멸렬하게 되었다. 이렇게 분쇄된 데다가 추위 때문에 이 대군은 3분의 1도 채 생존하지 못했다. 그날 패배 후에 진秦의 왕은 전차에서 뛰어내려 말을 타고 달아났다. 진晋의 궁정에서 왕맹이 교묘한 수완을 부려 자신들을 계책으로 누르고 연을 빼앗은 일을 놓고 손가락을 물어뜯었다면, 이번에 이 중대한 사건을 실패로 돌아가게 함으로써 기뻐할 수 있게 되었다. 왕맹이 살아 있었다면 이번 일은 더 어려웠겠지만 그는 죽은 지 8년이 되었다.

오왕 모용수만이 병사들을 제대로 거느리고 있는 장군이었으며,

부상당하지 않은 병사들 3만 명이 질서를 지키고 있었다. 당시 진秦에는 오왕의 군대가 유일했기 때문에 그는 또다시 독립하라는 권고를 받았다. 그리고 그는 또다시 자신을 잘 대해 준 군주에게 배은망덕한 짓을 할 수 없다고 했다. 진秦의 왕은 낙양으로 후퇴했으며, 곧 100만 대군 가운데 10만이 자신의 휘하에 있음을 알았다. 장군 왕맹이 연에 가했던 것과 같은 너무나 끔찍한 재난 앞에서 그는 병을 얻어 죽고 말았다.

3년 후인 386년에, 이제 우리가 수垂라는 이름으로 부르게 될 오왕은 국경을 지키러 북쪽으로 가라는 명령을 받았다. 큰 패배를 당한 후로는 대신들이 괴롭히기에 오왕은 너무 강했다. 대신들은 그도 부견처럼 떠날 것이라고 생각했다. 그들의 확신은 그대로 적중했다. 오왕은 자신을 수천 번이라도 죽였을 궁중보다는, 이미 사라지고 없는 왕 개인에게 빚을 진 것뿐이라는 생각이 들었기 때문이다. 따라서 그는 독립적인 왕국을 세우고, 연이 그 유성 같은 역사를 시작했던 중산[104]에 도읍을 정했다.

앞에서 언급했던 바와 같이(156, 178쪽) 많은 연의 군사들이 장안 근방에 거처를 정하고 흩어져 있었다. 진秦이 완전히 마비된 상태였

---

104 지금의 하북성 정주.

기 때문에, 그들은 이제 독립을 선언하고 서연西燕이라는 이름을 취했다. 그리고 모용영慕容永을 자신들의 왕으로 삼고, 모용이라는 첫 음절을 버리고 '영'이라는 이름만 취했다. 아직 진秦은 여전히 성들을 소유하고 있었으며 장안은 여전히 그 도읍지였으나, 지독하게 혼란스런 상태에 빠져 싸움과 살인이 일상이 되어 있었다. 그래서 모용충은 힘들이지 않고 그 성을 지나 동쪽으로 진격할 수 있으리라고 생각했다. 그리고 4만의 선비와 모용 군사들을 이끌고 동쪽으로 진격했다. 그러나 여광이 2만의 군사들을 이끌고 장안에서 진격해 와 그를 격퇴했다. 이 경험은 모용영에게 값진 것이었으며, 그는 비록 패배했지만 힘들이지 않고 진격할 수 있으리라고 생각했다. 따라서 모든 서연의 군사들은 동쪽으로 이동했고, 그들은 장안에 당도하자 그 성을 지나 진秦의 땅을 지나가게 해 달라고 겸손하게 간청했다. 대답 대신 진秦은 대군을 이끌고 성 밖으로 나왔으나 완전히 패배했다. 진秦의 새 왕은 죽임을 당했고, 그 후계자는 포로로 붙잡혔다.

진秦의 장수들 중 일부는 수천의 군사들과 함께 이 충돌에서 살아남았으나, 비록 그들이 원한다고 해도 진秦 왕가를 지키는 일은 불가능했다. 이렇게 해서 진秦은 이번에는 자신들이 축출한 자들에게 멸망하였다. 그리고 모용영은 자신의 장자를 진秦 대신 '황제'로 선포하고 진秦의 황후 양씨楊氏를 제일 높은 부인으로 삼았다. 그러나 양씨는 이런 변화를 그리 기쁘게 받아들이지 않았으며, 새 주인을 살해하려고 하다가 죽임을 당했다. 이렇게 진秦은 분해되었지만 그 조각들은 여전히 남아 있었다. 한 사람은 자신을 후진後秦이라고 부르며 안정에 자리를 잡았다. 그러나 부등苻登이 '황실'의 자손을 추대하자 남안 호족과 3만 가구의 중국인들이 동맹을 통고했다. 이 진秦의 사람들은 패권을 얻고자 경쟁했으며, 후진이 전쟁터에서 부등에게 상처를 입은 후 부등이 승자가 되었다. 여광도 스스로를 황제로 칭하여 경쟁하는 '황제'들 반열에 일곱 번째로 가담했다. 그 몇 년 전에 중국에서는 독립한 17명의 황제들이 피비린내 나는 유혈 사태를 벌인 적이 있었으며, 이들에게는 각각 왕실과 군대가 있었고, 각각 나름대로 전성기도 누렸다.

모용영이 장안에 입성한 후 그의 군사들은 청하로 진격했으며, 여기서 이들을 몰아내려는 모용수 군대의 무모한 공격을 받는다. 이들은 중산에서 남쪽으로 온 자들이었다. 몇 년이 지나는 사이에 연의 두 세력은 증오에 찬 경쟁자가 되었고, 모용영의 경쟁심은 치명적인 미움으로 변하여 연의 주요 인물 여럿을 처형했다. 아마도 죽은 이들은 모용수 밑에 통일된 연을 만드는 편이 낫다고 생각했을 것이다. 죽은 자들 가운데는 모용수의 아들들과 손자들도 있었다.

따라서 모용수는 즉각 복수하기를 간절히 원했으며, 그때까지 한 해도 평화로운 때가 없었지만 391년에는 노구를 향해 진격했다. 그러나 그때 모용수는 지켜보면서 준비만 할 수밖에 없었으며, 3년 후에도 그의 조급한 성질은 대신들의 항의에 맞서 헛된 논쟁만 계속했다. 대신들은 병사들이 너무 지쳐 있다는 이유로 서연과의 전면전에 반대했다. 여기서 요서의 왕인 모용농慕容農이 그와 합세했다. 이 동맹으로 도덕적으로 또 수적으로 강력해진 모용수는 하남성 북쪽 업성의 남서쪽 사정沙庭을 통과해 진격하여 대벽臺壁에서 그를 기다리는 서연을 공격했다. 서연은 두 번의 공격 끝에 패배했으며 대벽은 포위되었다. 모용영이 직접 5만의 정예 부대를 이끌고 포위를 풀기 위해서 갔다. 그러나 많은 군사들이 모용수의 진영으로 탈주했다. 모용영은 넘어간 자들의 아내들과 자식들을 죽임으로써 이와 같은 이탈을 막았다. 모용수는 성의 남쪽에 있었으나, 모용영이 접근하자 군사들을 매복시킨 후 몇 리 밖으로 후퇴했다. 그리고 모용영이 추격하도록 유인하여 그가 매복 장소를 지나자 바로 뒤로 돌아 맹렬한 공격을 퍼부었다. 전투가 본격적으로 시작되자 매복하고 있던 자들이 후미에서 일어났다. 모용영은 완패했고, 곤경에 처한 그는 신흥왕국인 위에 도움을 청했다. 5만 명이 파병되었으나 때는 이미 늦어, 모용영은 그 군대가 도달하기 전에 붙잡혀 죽임을 당했다.

376년에 연 제국이 망하고 몇 년 후 진秦의 전성기에 대의 왕[105] 탁발십익건拓拔什翼健이 유위진劉衛辰을 공격하자 유위진은 진秦에 군대를 요청하고 안내자 역할을 했다. 대왕은 패배했고 그의 왕국은 혼란에 빠졌다. 그가 후계자로 지목한 아들은 어린 탁발규拓拔珪만 남기고 이미 사망했다. 대의 왕이 모용 집안의 아내에게 얻은 아들이 형제를 죽이고 아버지를 살해했으며 그 어린아이도 죽이려 했는데 아이의 어머니가 도망쳐 아이를 숨겼다. 진秦의 군대는 운중에 남았으나 변화를 싫어한 대의 대신들이 또 한 번 도움을 청했다. 진秦의 군대는 현장에 나타나 아버지 살해범을 어렵지 않게 붙잡아 그를 고발한 자들과 함께 장안으로 보냈다. 진왕은 어떻게 해야 할지 물었고, 대신들은 이번 일을 해결하는 길은 하나밖에 없다고 했다. 따라서 아버지 살해범은 죽임을 당했고 대 왕국은 두 지역으로 나누어졌다. 강(황하)의 동쪽은 유고인劉庫仁의 통치 아래에, 그리고 강의 서쪽은 철불위진鐵弗衛辰의 통치 아래에 들어갔다. 그때 아이 탁발규의 어머니가 나타나 충직한 관료였던 유고인에게 보호를 청했다. 소년은 총애를 받았고 유망한 장래를 보장받은 듯했다. 그러나 어떤 연 나라 사람이 유고인을 살해하고 그의 말들을 끌고 도망쳤다. 유고인

---

105 124, 125, 158쪽 참고.

의 동생이 그의 뒤를 이었으며, 3년 후인 387년에는 탁발규가 대의 왕으로 왕위에 올랐다. 그때부터 연의 세력이 다시 부상하여 북쪽에 그 그림자를 드리우기 시작했다. 전쟁의 신은 이제 대의 왕을 황제들의 각축장으로 호출했는데, 이들은 중국을 안팎으로 난도질하고 있었다. 그는 위라는 제국의 호칭을 취하고 이 호출에 응했다. 그러나 모용수가 살아 있는 동안에는 그는 더 남쪽으로 진격할 수 없었고, 조왕 모용린慕容麟과 모용수의 장수 한 사람이 그를 다시 북쪽으로 몰아냈다.

서연의 패배로 모용수는 위와 얼굴을 맞대게 되었다. 이 나라는 연이 내란에 시달리는 틈에 산서성 북쪽과 하북성 서쪽에서 세력을 펼쳤다. 모용수는 2년에 걸쳐 천천히 싸워 나가며 승리에 승리를 거듭한 끝에 업성의 성벽에 도달했다. 그러나 그곳에서의 단 한 번의 패배가 그를 완전히 무너뜨렸고, 중산으로 후퇴한 그는 거기서 죽어 용성에 시신이 묻혔다. 위는 다음에는 태원의 양곡陽曲에서 요서의 왕을 물리쳤다. 그리고 도주하는 중에 수천 명의 군사들이 흩어져 버렸고, 연의 지휘관과 그의 아내 그리고 자식들은 위의 수중에 들어갔다. 397년에 위가 업성을 물샐틈없이 포위하자 연은 두려움에 떨며 연약한 진秦에 오지 않는 도움을 요청했다. 그러나 위의 진영에 불이 났고, 스파이로서 위의 자원 부대에 합류했던 연나라 사람이 이것은 수비대의 짓이라고 단언했다. 결국 위의 군대는 이제 심각한 야간 공격을 두려워하여 혼란에 빠져 후퇴했다. 그러나 추적하던 연의 군대는 패배를 거듭했고, 많은 수가 매서운 바람에 목숨을 잃었다. 다른 성들과 함께 신도 혹은 태홍도 함락되었다. 그리고 연의 내부 분열과 유약함은 이 제국을 거듭 파멸시켰다. 그 남부 지역은 401년에 위에 함락되었다.

모용수의 손자 모용성은 이제 용성에서 통치했다. 그의 영토는 위의 강력한 햇살 앞에서 원래의 오랑캐 국가의 규모로 축소되었다. 400년에 그는 충성을 거부하고 독립을 선언한 고구려에 군대를 보냈다. 모용성의 군대는 신성과 남소[106]를 함락시키고 5,000가구를 포로로 삼았다. 그러나 완전히 정복하지 못하고 돌아가야 했다. 모용성은 관료들을 대부분 싫어했고, 이들은 나라에 반역한 자들로서 죽어 마땅하다고 생각했다. 이들은 그를 죽이기 위해 500명을 고용하여 밤중에 왕궁의 문을 활짝 열고 큰소리를 지르며 들어가 잠자고 있던 모용성을 깨웠다. 그의 뛰어난 용맹스러움은 이미 증명된 바 있으며, 일반 대중들은 여기에 나라의 안녕을 위한 희망을 걸었다. 그는 깨어나 가까이 있던 병사들과 함께 음모자들을 맹렬하게 공격

---

106 요동의 개주 남쪽(지도 2 참고).

했으며 그들은 아직 성문이 열려 있는 것을 다행으로 여겼다. 그러나 한 사람은 예외였다. 그는 왕의 침실에 몸을 숨기고, 성문이 닫히고 빗장이 질러질 때까지 그대로 있었다. 이 대담한 음모자는 마지막 발자국 소리가 사라지고 왕궁에 거하는 자들이 모두 깊이 잠들자, 숨어 있던 곳에서 몰래 나와 침상으로 다가가서 잠든 왕을 공격했다. 대신들은 다음 날 아침 새벽녘에 문안을 드리러 갔다가 새로운 '황제'를 발견했다. 이것은 무력함의 증거이자 그 원인이 되었다. 고구려는 당장 이 무력함을 이용했다. 신성과 남소를 회복하고 요동 전체를 합병한 후, 그들은 요하강을 건너 용성의 북동쪽에 위치한 성인 호곤(昆)에 이르는 지역을 휩쓸었다. 그들은 평주 자사 모용귀를 위협하여 도망가게 했다.

  404년에는 또다시 고구려 병사들이 서쪽으로 원정을 떠나 후연의 땅을 휩쓸고 지나갔다. 다음 해에 후연의 왕은 군사들을 모집하여 동쪽으로 진격하여 고구려를 벌하고 다시 충성의 의무를 다하도록 하려고 했다. 그는 요동성을 포위하려 했으나 수포로 돌아갔고 다시 요하강을 건너 집으로 돌아갈 수밖에 없었다. 앞으로 보게 되겠지만 요동성은 이보다 훨씬 강력한 포위도 견뎌야 했고, 또 견뎌냈다. 다음 해 봄에 있었던 또 다른 원정에서 이들은 행군 중에 큰 어려움을 겪었는데, 많은 군사들과 말이 극심한 추위[107] 때문에 고생을 했다.

3,000리[108]를 행군한 후 살아남은 군사들은 목저성으로 가서 헛된 공격을 강행했으며, 연은 또다시 불명예스러운 후퇴를 했고, 이것은 큰 전쟁에서 진 것처럼 국가에 도덕적으로 해가 되었다. 408년에 연의 왕 운運은 모용귀를 요동공으로 임명했으나 그의 직위는 공허한 것이었으니, 그가 자신의 영지를 거의 점유하지 못했기 때문이었다. 7년 후에 윤제가 요동 태수로 임명되었으나, 군대를 집결시킨 그는 자신의 왕국을 세우는 것이 더 쉽겠다는 생각을 했다. 그러나 이런 그의 계획이 완수되기 전에 사로잡혀 죽임을 당했다.

이렇게 연은 원래 태어난 땅에서 무력한 삶을 이어 갔다. 그리고 우리와 이미 면식이 있는 진秦은 불운한 나날을 수없이 보냈으며, 이것은 도움을 청하는 연을 거절했던 것을 뉘우치게 만들기에 충분했다. 연이라는 완충 장치가 없어지자 진秦은 위의 힘의 무게를 고스란히 받지 않을 수 없었는데, 이것은 쓰라린 경험이었다. 단 한 번의 장안 포위 공격에서 10만 명이 굶어 죽었고 생존자들은 인육을 먹어야 했다. 진秦도 무력한 상태이긴 했지만 생존을 계속했다. 위나라만이 강건했고 활력이 넘쳤다. 이들은 동쪽과 남쪽에서 빼앗은 전리

---

107 오늘날 요동은 한겨울에 영하 14도까지 며칠씩 내려가지만, 산들이 숲이고 평야가 수목으로 덮인 습지였을 때보다 지금이 더 따뜻하다.
108 이것은 10배나 먼 거리다. 송 왕조의 저자들은 요동에 대해서 무지했다. 목저는 요동 땅 요동반도, 오늘날의 금주 근처다.

품으로 살을 찌웠고, 흉노 혹은 훈의 세력을 대체한 유연柔然을 상대로 성공적으로 싸웠다. 때로는 북쪽의 사촌들을 국경 밖으로 몰아내기도 하고, 때로는 그들의 땅 깊숙이 밀고 들어가 거대한 모래 사막인 '고비'까지 가기도 했다.

이제 진晋 왕조가 지르는 단말마의 고통과 그 장례식에 커튼을 드리우고 유송劉宋이 제1인자로 군림했던 435년으로 건너가자. 위는 유연과의 사이에 대규모 분쟁과 혼인을 번갈아 하며 북부와 북서부에서 가장 강력한 적수가 되었다. 위는 요서로 진격했고, 작기는 했지만 화룡성이라고도 부르는 용성에서 아직도 군주 노릇을 하던 연왕은 군사들이 아니라 화주火酒를 가득 실은 소와 짐마차 떼를 이끌고 와서 자신의 왕관을 차지하려고 온 군대에게 잔치를 베풀었다. 이런 일은 전에도 한 번 있었다. 연왕은 전쟁터에서 정정당당하게 겨룰 수 없었고, 위는 화룡성을 차지할 수 없었다. 435년의 방문이 중요한 유일한 이유는 고구려의 왕이 그때 처음으로 위의 주권을 인정했기 때문이며, 위는 최근까지 진秦의 '황제'가 채우고 있던 자리를 차지하고 중국 북부 전체를 다스리고 있었다. 고구려의 왕은 위에 의해서 고구려 왕으로, 또 당시 그가 지배하고 있던 요동의 공公으로 재임명되었다.

연과 위의 만남은 항상 유쾌한 것은 아니었다. 두 번의 잔치가 있었다면 수십 번의 전투가 있었고 그때마다 연은 패했다. 그러나 대신들의 충고에도 유약한 왕은 고집스럽게 독립을 위해 저항을 계속했으며, 그는 만일의 경우에는 고구려에 의지하면 된다고 생각했다. 여기서 처음으로 고구려라는 이름에서 '구$_{gow}$'를 버렸고[109] 이것이 오늘날 코리아$_{Corea}$의 유래가 되었다. 왕의 고문들은 여전히 반대하며, 아마도 틀림없이 그렇게 될 텐데, 위가 중국 전체에서 패권을 쥐게 되면 고구려를 포함한 다른 어떤 곳도 감히 궁정의 원수들에게 피난처를 제공하지는 못할 것이라고 말했다. 그러나 연왕은 완강했다. 그리고 안전을 보장받고, 미래의 은신처를 확보하기 위해 양의를 사신으로 고구려에 보냈다.

436년 5월에 위는 또다시 화룡으로 진격했으며, 가는 도중에 병주의 중요한 성인 백랑성白狼城을 탈취했다. 고구려의 동맹은 빈말만은 아니었고, 이 동쪽의 왕은 동맹국을 구하려고 갈로맹광葛盧孟光을 군대와 함께 보냈다. 이들은 화룡 동쪽 임천에 진을 쳤다. 연의 관료인 '성'이라는 자가 반역을 하여 위에게 성문을 열어 주었으나, 음모를 두려워하여 들어가지는 못했다. 그러자 '성'은 성 안에서 연왕을 공격했다. 연왕은 동쪽 문을 열고 고구려의 군사들을 들어오게 하여

---

109 저자는 '고려'와 '고구려'를 혼동한 것으로 보인다(옮긴이).

자신을 방어했다. 전투는 궁전 담벼락 밑에서 치러졌으며, '성'은 화살을 맞아 상처를 입고 목숨을 잃었다. 전투가 끝나자 고구려의 장수는 병사들에게 명하여 그들의 낡은 옷을 벗고 연의 저장고에서 옷을 꺼내 입으라고 했다. 고구려 군사들은 며칠 동안 성 안에서 제일 좋다고 생각되는 것은 무엇이든 마음대로 취했다. 연왕은 미심쩍으나마 이런 도움에도 불구하고 선조들이 그에게 남긴 성을 버릴 준비를 했다. 그는 궁전에 불을 질렀고, 불은 열흘 동안 계속 탔으며, 전쟁 때문에 업과 하남에서 북으로 옮겨 온 재물과 화려한 의복들이 모두 소실되었다. 그리고 나서 그는 모든 주민들을 이끌고 동쪽으로 출발했다. 여자들은 이주단의 중심을 차지했고, 양의가 선봉대를 이끌었으며, 고려가 후부를 지켰다. 그 행렬은 80리를 늘어섰다.

위의 하급 관리였던 '고'는 이들을 추격하려고 기병대를 모았으나, 술에 취한 그의 상관 '비'가 칼을 뽑아 그를 막았다. 위의 군주는 연왕이 도망쳤다는 말을 듣고 몹시 노했으며, '비'와 책임을 맡은 지휘관 오청을 평주[110]로 불러 그들을 문지기로 강등시켰다. 위는 연왕을 넘겨 달라고 요구했으나 고구려는 거절했다. 위는 매우 화가

---

110 황실 기록부에는 오늘날의 하북성 북동쪽, 산해관의 서쪽에 있는 오늘날의 임유가 고대의 평주라고 되어 있다. 어떤 자료는 그보다 더 서쪽인 오늘날의 용평 근처라고 하기도 한다. 그러나 양쪽 다 용성이 하북성 너머 요서에 위치했다는 데 일치한다.

나서 고구려로 진격하라는 명령을 내릴 참이었으나 유연과의 심각한 충돌 때문에 방해를 받았다. 그는 437년에 화룡을 포위했다.

도망자인 연왕 홍弘이 아직 여정 중에 있을 때 고구려 왕 연璉[111]은 요동으로 사신들을 보내어 그를 환영했다. 그러나 도망자는 사신들이 비아냥거리며 조롱스런 말을 전한 것에 심하게 감정이 상했다. 그들은 아마도 홍의 선조들이 고구려에 가한 고통의 원한을 이제 갚았다는 생각에 기쁨을 감추지 못했을 것이다. 그의 첫 거주지는 평곽이었다. 그는 후에 북풍으로 옮겨 갔으며, 거기서 아주 비위에 거슬리는 태도를 보았다. 그리고 고구려의 정치 체제와 법률에 대해 경멸적인 태도로 말하며 자신의 나라의 정치 체제와 법률을 도입하라고 훈계했다. 중국과 교류를 하기 전인 홍의 시대에서 몇 대 올라가면 선비족도 '오랑캐'였으나 여기서 그는 중국인의 거만한 태도를 보이고 있다. 우리는 또한 고구려가 아직 중국 문명을 완전히 습득하지 않았다는 것을 알 수 있으며, 그럼에도 그들은 정복자의 자만심으로 가득했고, 그들 사이에 도망자로서 온 자의 오만함을 달가워하지 않았다. 따라서 그들은 홍을 수행하는 인원수를 줄이고, 홍의 후계자인 아들을 그가 행실을 바르게 하는 조건으로 볼모로 잡아

---

111 고구려 장수왕.

벌했다. 틈은 치유하기보다 넓어지기가 더 쉬운 법이다. 뜨거운 피가 더 뜨거워져 마침내 홍은 자발적인 유배 생활이 싫증나기 시작했다. 그는 남쪽 송나라 궁정으로 사신들을 보내어 망명을 요청했다. 황제는 기뻐했고 그는 도망 중인 왕을 환영하고자 사람을 보냈다. 그러나 고구려 왕 연은 자신의 환대에 대한 이런 예상치 못한 모욕을 달갑게 여기지 않았고, 일단의 군사들에게 명하여 홍을 더 남쪽으로 데려가도록 했다. 그가 홍을 조용히 없애도록 시킨 것인지 혹은 병사들의 지휘관이었던 손수孫漱와 고구高仇가 자의적으로 지배자를 기쁘게 할 소식이라고 생각하고 한 짓인지 판단하기는 어려운 일이나, 홍은 북풍의 관할 지역을 벗어나기 전에 이 사람들에게 죽임을 당했다. 그의 아들과 손자들도 함께 살해되었다. 이렇게 해서 모용가는 비참하게 멸문되었다. 이들은 신중하고도 용맹스럽게 일어났고 스스로의 힘으로 제국을 손에 넣었으며 온 중국을 쥐고 흔들었다. 그리고 무모한 이기주의 때문에 갑자기 이런 운명을 맞게 되었다. 홍은 살아 있을 때보다 죽은 후에 더 큰 존경을 받았다. 거연왕은 그를 '조성황제'라는 이름으로 추대했다.

홍을 맞으려고 7,000명의 군사들과 함께 파송되었던 송 황실의 사신 왕백구는 그의 종말에 분개하여 그 두 고구려 장수들을 공격했고, 고구를 죽이고 손수를 사로잡았다. 고구려 군대가 그들을 구조하러 서둘러 떠나, 왕백구를 붙잡아 옥에 가두었다. 고구려는 너무 멀리 있었기 때문에 송 황제는 이 일에 간섭하지 않았고, 이렇게 해서 죄수는 남쪽의 고향으로 돌아갔다. 그리고 이것이 연의 마지막이었다.

우리는 연의 탄생과 진보, 쇠퇴를 뒤쫓았다. 이것은 그 시대의 생생한 묘사를 제공하고자, 그리고 하찮은 국경 지대 부족이 용맹스러움보다는 신중한 노련함으로 점차 확장되어 큰 왕국이 되었고 또 이 큰 왕국이 이기적인 무능력함으로 인해 그렇게 쉽게 분열되고만 것을 보여 주고자 한 것이었다. 그 이기적인 무능력함은 적소에서 그 진가를 발휘하며, 나라를 위한 것이 아니라 그 주인을 위해서 판단하고 일한다. 여기 주어진 사실들에 대한 판단을 내리기 전에 독자는 카라우시우스가 브리튼에서 황제의 지위에 올랐을 당시 로마 - 브리튼과 야만 - 브리튼으로 나누어졌을 때, 콘스탄틴이 시저의 위치에 오르고 후에 로마 군대를 철수시켜 무력한 남쪽을 야만족인 픽트족과 스코트족 앞에 놓이게 했을 때 그런 일이 일어났다는 것을 기억해야 한다. 당시 프로이센 사람들의 선조들을 고트족이라고 부를 때였으며, 그들이 남쪽으로 이주하여 그들의 눈이 처음으로 문명을 발견하고 이교 로마의 성벽으로 둘러싸인 도시들과 기름진 곡식들이 풍부하고 비옥한 땅을 보았을 때였다. 저매니아는 수많은 유목민들과 야만족들의 광활한 수렵지였고, 수에비족, 킴브리족, 알레마니족, 프랑크족 등은 글자를 써서 명령을 내리거나 가죽과 종이에 생각과 업적을 기록할 수 있는 세상에 대해 무지했다. 그리스 제국이 있기 전이고, 러시아가 알려지기 전이며, 클로비스가 갈리아로 들어가기 1세기 전이었다. 그리고 고대 그리스와 로마의 영광인 문명화의 영향들에 대한 완전한 혹은 부분적인 무지 때문에 중국이 분열되고 흔들렸던 것은 아니다. 그것은 흔히 문명이라고 부르는 것에도 불구하고, 아니 그것을 통해서, 반드시 그리고 불가피하게 얻게 되는 사치스러운 습관 때문에 생겨나는 나약함 때문이었다. 사회는 사치스러워지기 전에 필연적으로 문명화된다. 과거에도 현재와 마찬가지로 문명은 사치를 불러오고, 사치는 유약함을 또 정치적인 부패를 그리고 국가적인 파멸을 불러온다. 만약 영국이 매끄러운 언덕을 미끄러져 내려가고 싶다면, 그저 나약한 '감미롭고 가벼운' 새로운 학풍의 인도를 받고, 모든 진지한 의도들은 속물 근성이라고 비난하기만 하면 되는 것이다. 설교단과 언론, 종교, 정치 그리고 사교계에서도 누룩이 이미 활발하게 활동을 하며 우리의 국가적인 성격을 바꾸고 있다. 이것이 우리의 최근 외교 정책을 결정하고, 우리 당국자들에게 지시를 내린다. 만찬 때를 제외하고는 진지함을 금하며, 예술품에 대한 것을 제외하고는 열의를 비난한다. 모든 종류의 종교적인 견해들, 모든 유형의 도덕적인 행실들, 모든 형식의 정치 체제, 모든 종류의 현존하는 불공평한 법률에서 찾아볼 수 있는 보편적인 자유방임주의. 이것은 다른 사람에게 어떤 피해가 가든, 어떤 도덕적인 해악이 있든 상관하지 않는 보수주의와 이기주의, 자기 본위주의의 본질이다. 즉, 나의 이해관계에 방해가 되는 자 외에는 아무도 미워하지 말 것이며, 자신의 신념을 전파하고자 노력하는 자의 신념 외에는 경멸하지 말 것이며, 자신의 소신 때문에 기꺼이 목숨을 바치려고 하는 고집불통이나, 일생을 그 소신을 퍼뜨리기 위해 노력하는 자 외에는 아무도 비웃지 말아야 한다.

이와 같이 모든 형태의 불법 행위에 대한 관대한 호의의 정신, 이 미소 짓는 섬약한 자기만족은 자신이 세상의 악 때문에 해로운 영향을 받지 않는 한 항상 만족되는 것으로서, 중국을 피로 거듭 물들였다. 부도덕하고 도도한 왕국들이 이렇게 해서 모두 사라졌으며, 이제는 영국과 미국 같은 기독교 국가들에 영향을 끼치고 있고, 우리가 염려하고 있지만 이미 상류층에서 일반화된 것처럼 중산층에서도 일반화된다면, 다른 나라들을 그렇게 만든 것처럼 이 나라들도 파멸시킬 것이다. 이 사치스러운 이기주의가 만들어 내는 파괴자는 국외에서 오는 경우도 있지만, 대부분 국내에 존재하기 마련이다. 그 이유는 어떤 강력한 왕국도, 사치스러운 이기주의가 그 나라의 품속에 증오하는 적을 불러낼 때까지는 붕괴된 적이 없기 때문이다. 두려워해야 할 것은 이런 내부의 적이다. 한때 유럽에서 그랬던 것처럼 현존하는 사회를 전복시킬 수 있을 정도로 강력하고, 외부의 원수에게 성문을 열어 주어 직접 혹은 간접적으로 이런 전복을 야기할 수도 있으나, 그는 항상 국토를 피로 물들게 하고 사랑하는 이들을 사치스러운 이기주의의 품속에서 잡아채어 기쁨의 의복 대신에 상복을 입힌다. 이 원수의 도래는 보편적인 자유방임주의 정신의 확산 그리고 원기왕성하고 용맹스러우며 정의롭고 활기찬 실리주의의 소멸 혹은 쇠약만큼이나 확실하다. 그러나 중국이 그 광대한 영토와 내부적으로 자급자족을 할 수 있는 자원들 그리고 동족으로 구성된 인구로 인하여 이렇게 쉽게 회복한 것이라면, 이 모든 특성들을 결여한 영국이, 만약 점점 늘어나는 사치스럽고 안락한 방종이 바라고 위협하는 대로 국민들을 지배하고, 사회 생활을 동요시킬 정도로 강력해진다면, 이 나라가 현재의 도도한 위치를 다시 차지할 수 있으리라는 증거는 없다.

제 5 장
고구려

　3세기 중국의『삼국지』에 따르면, 현도에서 1,000리 북쪽으로 또 요동성(현재의 요양) 북동쪽 1,400리에 부여 왕국이 있었다고 한다. 그리고 그 북쪽으로는 고구려[112] 왕국이 있었다고 하는데, 너무나 오랜 옛날이기 때문에 중국의 사가들조차도 어느 정도 회의적으로 언급한다. 전설에 따르면 다음과 같다. 이 북방 고구려의 첫 왕은 여자 노예가 아이를 가졌다는 것을 알게 되었다. 왕은 태어난 사내 아이가 죽기를 원했으나, 어머니는 아이를 가졌을 때 어떤 감화가 있었으며 암탉의 계란 같은 형태의 기를 느꼈다고 말했다. 갑자기

---

112 이 이름에 해당하는 한자는 한국어의 고구려와 전혀 다르다.

죽이기가 무서워진 왕은, 좋은 징조일 리가 없는 이런 비범한 자를 살려 두기도 두려워, 쓰레기와 온갖 오물을 버리는 돼지우리에 아기를 던져 버렸다. 그러나 돼지는 아이의 콧구멍에 숨을 불어넣어 생명을 유지시켰다. 죽었어야 할 아이가 계속 살아 있자 아이는 또 마구간으로 쫓겨났다. 그러나 말들도 돼지들의 본보기를 쫓아 숨을 불어넣어 아이를 살렸다. 이렇게 해도 아이를 없앨 수가 없자 왕은 어머니에게 명하여 아이를 궁전에서 키우도록 했는데, 운명이 아이를 살려 두기로 결정한 것이 분명했기 때문이었다.

이 아이의 이름을 동명東明, 즉 '동쪽의 빛'이라고 지었다. 그리고 아이는 장성하여 왕의 말을 먹이는 책임자 혹은 사육자가 되었다. 동명은 활을 매우 잘 쏘았는데, 왕은 그 때문에 그가 반역을 하여 나라를 빼앗을지도 모른다고 생각하여 동명을 또 죽이고자 했다. 이 이야기로 미루어 볼 때, 일개 궁수가 나라를 위험에 빠뜨릴 수 있다면 그 규모가 하찮았음을 알 수 있다. 동명은 왕의 의도를 눈치 채고 남쪽의 시엄수施掩水로 갔는데, 이곳은 송화강이 분명하다. 동명이 아끼는 활을 가지고 강물에 화살을 쏘자, 번갯불 같은 그의 활을 피하기 위해 물고기들이 모여들어 살아 있는 물고기 다리를 만들었다. 그가 맞은편에 가까스로 닿자마자 추적자들이 쫓아왔으나 임시 다리는 다시 끊어지고 말았다. 그는 부여의 왕[113]이 되었다. 이 이야기의 소용을 굳이 찾는다면, 고구려와 부여가 모두 작은 왕국이었다는 것이다.

부여는 북쪽의 요 혹은 연수까지 뻗어 있었는데 이곳은 송화강의 동쪽 경로가 분명하며, 서쪽으로는 선비에 또 동쪽으로는 읍루에 닿아 있었다. 그 넓이는 2,000리였다. 그 땅에는 산이 많았으나 대체로 평평했다. 밭은 기름지고 비옥했으며 물이 풍부했고, 수많은 종류의 곡식이 풍성하게 생산되었다. 사람들은 술을 많이 만들어 마셨고 또 아주 즐겼다. 그들은 식초를 썼고 나무 주발과 콰이주(젓가락)를 사용했다. 이들은 은殷나라의 예법을 따랐으며, 예[114]를 갖추었다. 그들은 다른 사람들에게 명예로운 직위를 양보하는 미덕을 보였고, 은나라의 예식에 따라 하늘에 제사를 지낸다. 상중에는 남자와 여자들 모두 흰옷을 입고 일체의 장식을 하지 않는다. 왕의 시신은 물고기 비늘로 만든 관에 넣어 매장했는데, 관은 그가 살아 있을 때 만들어 현도로 보냈으며 그가 죽을 때까지 그곳에 두었다. 여행을 할 때는 밤낮으로 노래를 부르며 목적지까지 갔다. 전쟁 전에는 황소를 하늘에 제물로 바쳤고, 나중에 발굽을 살펴서 징후를

---

113 부여의 시조도 동명왕이다(옮긴이).
114 중국식 인사는 양손을 함께 모아 머리 위로 팔 길이만큼 올렸다가 몸과 함께 굽히는 것이다.

점쳤다. 갈라진 발굽이 벌어진 채 있으면 액운을 의미했고, 저절로 닫혔으면 확실한 승리가 보장되었다.

왕궁들, 나무로 된 벽이 있는 성들과 집들, 곡물 창고, 왕실 국고, 국립 교도소 등을 갖춘 왕국이었다. 장관들과 관료들은 여섯 등급으로 되어 있었고, 말, 개 등 여러 동물들로 표시했다. 이상한 일이지만 오늘날의 만주 정부는 문관들의 직위를 그들의 겉옷 앞뒤에 큰 새를 금실로 수놓아 표시한다. 한편 무관의 직위는 야수의 모양을 동일한 방법으로 꿰매어 넣어 표시했다. 이러한 만주 특유의 풍습은 고대 부여의 풍습과 연관되어 있을 가능성도 있다.

부여는 온갖 종류의 곡물을 생산했으며, 콩 종류가 널리 보급되었다. 그들의 빼어난 말은 널리 알려져 유명했고 아주 많았다. 그들의 동쪽 이웃들의 말이 그렇게 작은 것은 이상한 일이다. 부자들은 모두 말, 소, 개를 소유했다. 국경 지방에서는 작은 구스베리만한 진주와 함께 진홍색 옥이 나오고, 숲 속에서는 털이 고운 검은담비를 덫을 놓아 잡았다.

진주는 송화강이 눈강과 합류하는 지점 이남에서는 찾을 수 없으며, 삼흥 이남에서 발견되는 검은담비는 모두 하급으로 치고 최상품은 우수리강 근방에서 나온다. 부여의 북부 경계선은 이렇게 가늠할 수 있다. 그 땅은 그 후에도 자주 그랬지만 지금보다 경작이 잘 되었다. 이처럼 송화강 양쪽의 기름진 평야와 골짜기에서 풍부한 식량이 공급되었기 때문에 중국 북부의 넘쳐 나는 인구가 몰려들었다. 중국에서 제국을 목표로 생사를 건 투쟁이 벌어져서 그 이주민들의 물결을 막지만 않는다면 그 같은 현상이 다시 벌어질 것이다.

중국 사람들은 다른 이웃들에 비해 부여를 문명화된 국가로 간주했던 것으로 보인다. 특히 오늘날 중국을 다스리는 왕조의 조상인 읍루 사람들은 넓이와 길이가 30센티미터인 천 조각들을 허리 앞뒤에 하나씩 대는 것으로 의복을 대신했다. 한 왕조가 쇠퇴할 무렵에 부여는 힘의 절정에 있었고, 읍루는 속국이었다. 중국 사람들이 기자箕子가 끼친 문명화의 영향을 고조선이 아니라 부여가 받았다고 했더라면 그 정당성을 더욱 인정받았으리라고 생각한다.

이 왕국의 몇 가족이 남쪽으로 이주하여 기원전 언젠가 고구려 왕국의 기초를 놓았다. 이 이름은 첫 번째 왕의 성인 고高에서 유래한 것이다. 이 성은 나라를 건국한 일가의 성이기도 하다. 이것으로 미루어 볼 때, 몇 사람이 더 독립적인 삶을 위해 부여에서 남쪽으로 이주하거나 혹은 도피하여 고구려를 건국한 것으로 보인다.

고구려가 더욱 강력해졌을 무렵에는 요동성에서 동쪽으로 1,000리 길이었다고 한다. 현재 심양에서 신빈新賓을 거쳐 압록강 상류의 한국 국경까지 동쪽으로 난 길의 거리를 반올림하면 바로 그 거리이다. 본래 고구려가 있던 자리를 장백산의 동서쪽 등성이 아래의 언덕들과 강들 사이 그리고 압록강 서쪽 인접 지역으로 보는 것이 잘못된 판단은 아닐 것이다. 지금 고구려의 후손들은 이 강을 경계로 그 동쪽에서만 산다. 고구려의 성장과 군사 행동은 고구려가 서쪽, 즉 압록강의 동쪽이 아닌 그 상류에서 기원했다는 것을 말해 준다. 특히 한 왕조가 압록강을 현도의 통치 아래에 두었기 때문이다. 또한 고조선이 멸망한 후에야 고구려 사람들은 압록강을 건너 동쪽으로 갔다. 따라서 고조선이 쇠약한 노후의 왕국으로 기울고 있을 당시, 고구려는 배내옷을 입은 유아였다.

한나라 역사서의 기록에 따르면 고구려의 풍습은 부여의 것과 달랐으며, 읍루의 풍습과는 더욱 달랐다. 중국식 인사 방식 대신에 그들은 만주인들이 여전히 하는 것처럼, 마치 그들의 본을 딴 듯이 무릎을 구부렸는데, 고구려는 원래 만주 땅만을 차지하고 있었기 때문이다. 그들은 극도의 청결함으로 유명했으며, 이것은 오늘날 가정에서 조선인들을 본 중국인들이 그들의 특성으로 관찰한 점이다. 그러나 그들에게는 남녀 간에 '내외'를 하지 않았다. 그들은 한밤중에 모임을 열고 즐거운 시간을 보냈으며 방종함도 마다하지 않았다.

높은 사람들은 꽃무늬가 있는 긴 관복을 입고 공공장소에서 만나 국사를 논했다. 신랑은 장인의 집에 살러 갔고, 아들이 태어나 클

때까지 거기 있다가 가족과 함께 자기 아버지의 집으로 돌아왔으며, 이 풍습의 자취는 지금도 남아 있다. 그리고 마치 스코틀랜드 사람들이 수의를 준비하는 것처럼 모든 사람들은 살아 있을 때 나중에 묻힐 관을 준비했다.

3세기에는 세 곳에 수도가 있었다. 관직은 12등급으로 되어 있었으며, 가장 높은 직위는 대대로大對盧였고 다음은 태대형太大兄이었다. 이들은 당시 중국의 오경을 받아들였는데, 이것은 『역경』『서경』『시경』『예기』『춘추』를 가리킨다. 이런 사실의 가능성에 대해서는 반대할 뚜렷한 이유가 없지만 그 진실성이 의심스러운 것은 사실이며, 그 이유는 『삼국지』를 그들의 책의 하나로 언급하고 있기 때문이다. 그들이 중국의 것을 이렇게 많이 알고 있기에는 그 시기가 너무 이르다고 생각된다. 그러나 한국 땅에서 한국 역사를 자유롭게 접할 수 있을 때가 되어야 그 답이 나올 것이다. 지리적인 측면에서는 고조선과 달리 중국의 이주민들과 피난민들이 미치지 못하는 곳에 있었으며, 이들의 방랑벽은 요동, 고조선 그리고 마한의 영토 내에서 충분히 만족될 수 있었다.

기원후 9년 무렵의 고구려는 정치적으로 너무나 하찮은 존재였기 때문에 현도군의 관리 아래에 있었다. 현도는 조선을 네 개의 영역으로 나눈 것의 하나다. 그러나 고구려는 곧 왕성한 생명의 징후를 보였고, 32년에는 왕이 있었을 뿐 아니라 한나라 황실에 '공물'을 보낼 정도로 스스로를 중요하게 생각했다. 51년에 한나라 황제는 그들에게 도움을 청하여 선비족과 함께 강력한 흉노족의 동쪽 측면을 공격하라고 했는데, 흉노족은 당대에는 물론 지나간 왕조들에게도 큰 재앙이었다. 그러나 고구려의 서쪽 진격은 70년에야 시작되었고, 당시 요동을 약탈하는 대담함을 보여 주었다. 이들은 결국 요동태수 채풍蔡諷(출처:「소위 한사군의 교치僑置에 관하여」,『만주원류고』를 사랑하는 모임, 작성자 봉오 선생)에게 쫓겨났으나, 이미 반년 동안이나 그 땅을 헤집고 다닌 후였다. 110년 여름에 그들은 임둔을 유린했으며, 한때 그들의 동맹국이었던 선비국은 요서를 황폐화시키고 있었다. 121년 고구려의 세력과 대담함이 지나치게 커지자 유주의 태수는 이 건방진 왕국에게 올바른 행실을 가르치고자 동쪽으로 진격하여, 요동과 현도 가까이 갔다. 고구려 왕은 순종을 가장하고 자신의 아들을 볼모로 궁정으로 보냈다. 그리고 유주의 파견단이 물러가자마자 현도와 요동성의 군대를 공격하여 무찔러 2,000명 이상을 살해했다. 그 후 그는 선비족과 결탁하여 요동 땅을 약탈하며 또다시 군대를 쳐부수고 도피하게 만들었는데, 이 일은 개주 근방 산지에 있는 신성 앞에서 벌어졌다. 요동의 장수들은 모두 용감하게 그러나 헛되이 선두에 서서 싸우다가 전사했다.

이와 같은 급속한 발전은 수많은 고조선 사람들이 한나라의 세력을 피해 일부는 북으로 또 일부는 동으로 이주했다는 사실을 상기할 때만 설명할 수 있는 일이다. 이들은 바로 고구려의 보호 아래 들어가든지, 혹은 오늘날의 한국 북쪽의 산골짜기에서 농사를 짓다가 고구려가 그 세력을 강 건너 동쪽으로 뻗어 오면 복종할 것이었다. 그들의 후손들은 고구려에 완전히 융합될 것이며, 이 젊은 국가의 희망 찬 활기에 옛 고조선의 허약함을 잊을 것이다. 이들은 옛 조국의 멸망에 대한 복수를 주저하지 않고 요구할 것이며, 특히 그 복수가 그들을 부유하게 만든다면 더욱 그럴 것이다.

고구려 왕 궁宮[115]은 자신의 왕국을 크게 넓혔을 뿐 아니라, 일부 이웃 나라들에 강력한 영향력을 행사하기 시작했다. 군사들은 대부분 마한과 예맥 사람들이었고, 이들과 함께 궁은 현도를 거의 삼켜버릴 뻔 했다. 그가 현도를 합병시키지 못한 것은 그의 북쪽 사촌이자, 아마도 질투심 많은 이웃이었을 부여 왕의 방해 때문이었다. 이렇게 그의 진보를 막았던 부여군의 수는 2만이었다. 궁은 이 싸움에서 패하고 돌아간 후에 곧 죽었다. 그리고 현도 태수 광은 중국의 황제 폐하인 자신의 군주에게 상황을 설명하면서 이번 기회에 이

---

115 고구려 태조왕太祖王(옮긴이).

나라를 붕괴시켜 버리도록 허락해 달라고 했다. 군주는 그 청을 거절했는데, 살아 있는 동안 감히 맞서지 못했던 자를 죽은 후에 싸우는 것을 금하는 '예禮' 때문이었다. 진짜 이유가 그가 성공하지 못할 것이라는 생각 때문이었는지 혹은 선비국과 균형을 유지할 만한 세력이 동쪽에 있는 것도 그리 나쁘지는 않다는 판단 때문이었는지는 알 수 없다. 그러나 그때도 그랬지만 그 후로도 어떤 예법 때문에 중국의 왕실이 확실한 기회를 붙잡지 않은 적은 없다. 그러나 현도 태수는 원하는 것을 얻지 못했을 뿐 아니라, 그와 유주의 태수는 원하지 않는 것을 얻었다. 그들은 자결[116]을 강요받았던 것이다. 젊은 고구려의 왕은 사의를 표하기 위한 것이었는지 혹은 정책적인 것이었는지, 그가 데리고 있던 모든 중국인 포로들을 현도로 보냈다.

169년에 고구려 왕 백구伯句[117]는 요동을 약탈했다. 현도의 태수는 백구의 패권을 인정함으로써 목숨을 부지했다. 그 당시 고구려는 처음으로 먼 옛날의 고조선 땅을 손에 넣게 되었다. 현도를 점령하자 대부분의 요동이 백구에게 합병되었기 때문이다. 연은 그 후 곧

---

116 일본의 할복 자살이 중국에서 유래한 것인지 알아보는 것도 흥미로운 일일 것이다. 중국이 자결을 가장 관대하고 명예로운 사형으로 간주하는 본보기를 보인 것은 확실하다.
117 고구려 신대왕新大王(옮긴이).

고구려를 신성 등에서 동쪽으로 몰아내려다가 패했다. 신성은 네 개로 분할된 고조선의 가장 서쪽 끝에 있었다. 이후로는 '조선'이라는 이름은 13세기까지 다시 나타나지 않는다.

고구려 왕 위궁位宮[118]이 서쪽의 이웃들을 끊임없이 노략질하자, 유주의 태수는 모든 군사들을 불러 모아 압록강을 건너 위궁의 수도인 완도성[119]으로 진격했다. 왕은 싸울 용의가 있었던 단 한 번의 전투에서 패했다. 그리고 1,000명 이상의 군사들이 죽었지만 항복을 권하는 신하 득래의 조언을 듣지 않았다. 이 신하는 수치심으로 굶어 죽었으며, 중국 군사들에게는 그의 무덤을 신성화하라는 명령이 떨어졌다. 그리고 그들은 득래의 아내와 자식들이 붙잡히자 그들을 집에까지 안전하게 데려다 주었다. 위궁은 아내와 아이들과 함께 옥저에서 800리 떨어진 중요한 성인 먼 북쪽의 청목곡으로 도피했다. 현도의 새 태수가 파송되어 위궁을 추격했고, 위궁은 두만강 너머로 쫓겨나 야만적인 숙신들 사이로 피신했다. 이 태수는 8,000명을 죽이거나 포로로 잡아서 돌아갔다.

435년 당시에 중국을 분리시키고 있던 여러 경쟁국들 가운데 가

---

118 고구려 동천왕東川王(옮긴이).
119 "압록강을 100리 거슬러 올라가고, 다시 작은 배를 타고 또 다른 강을 올라가 모두 530리를 가면 완도성이 있다." 애주 밑에는 압록강으로 흘러드는 작은 지류가 있다. 그러나 애주의 남동쪽에는 소형 선박들을 위한 항구가 있긴 하지만, 배들이 거기까지 올라갈 수 있다는 말을 들은 적이 없으며, 홍수 때는 가능할지도 모르겠다.

장 강력한 나라는 훈족 계통인 위(북위)였으며, 친족 관계가 있는 선비족[120]을 전복 합병시켰다. 고구려의 왕은 책임을 지게 될 것을 두려워하여 위에 공물과 함께 사절을 보냈다. 위는 그를 고구려의 왕(봉신)과 요동의 대공(公公)으로 임명했다. 그러나 그 후 위가 마지막 남은 연[121]의 큰 성을 포위하자 고구려는 상당한 군대를 보내어 포위를 풀려고 했다. 그러나 그것으로는 충분하지 않았다.

중국의 내적인 분쟁과, 위와 그 동쪽 산동 지방에서 새로운 강력한 세력으로 떠오른 제齊나라 사이의 끊임없는 전쟁, 그리고 서쪽에서 훈족이 소멸한 잿더미에서 일어난 유연의 공격에 대한 방어전도 간간히 치러야 했기 때문에 고구려[122]는 그 어느 때보다 강해졌다. 이것은 한편으로는 그들이 약한 이웃들에 대한 자발적인 공격 외에는 전쟁에서 일시적으로 벗어났으며, 다른 한편으로는 증가하는 중국의 유혈 참사를 피해 비교적 안정된 고구려로 넘어온 수많은 이주민들 때문이었다. 따라서 이 나라는 국경을 서쪽으로 확대시키며 요동 전체를 포용하는 제국을 이룩했다. 479년에 고구려는 오늘날의 영평 근방에서 거란의 막불하莫弗賀[123] 물우勿于의 부족을 해체시켰

---

120 제4장 참고.
121 제4장 참고.
122 이제 '구gow'는 탈락되고 이때부터 고려Gaoli라는 이름으로 알려지게 되었다. 한국인들은 항상 고려Gaori라고 발음하며, 여기서 코리아Corea 혹은 Korea가 나왔다(189쪽).

으며 이들은 1만 명(사람 혹은 천막 수)에 달했다. 거란족은 위의 품에서 보호를 받기 위해 남쪽으로 피신했다. 그러나 484년에 고구려 왕 연은 제와 위 양쪽에 공물을 보냈다. 그 이유는 중국 북부에서 이 둘 중 어느 쪽이 최고의 위치에 오를지 예측할 수가 없었기 때문이다. 위는 그를 고구려의 왕과 요동공으로, 또 요하강의 군사적인 업무를 관장하는 태수로 임명했다. 그러나 함대가 없었기 때문에 이 직책은 실질적인 것이라기보다는 명예직이었다. 그러나 위와 이렇게 좋은 관계를 유지했음에도 불구하고 그는 당시 위의 수도였던 평성으로 아들을 보내기를 거절하고 대신 그의 숙부인 순천을 보냈다.

백제라는 이름은 345년경부터 두각을 나타내기 시작했으며, 당시 이웃한 마한의 53개 씨족들을 점차로 모두 삼키고 독립적으로 고구려에 대항할 수 있게 되었다. 백제는 대동강 동쪽과 한강 서쪽의 땅을 차지했으며, 수도는 오늘날의 수도인 서울이 있는 경기도에 있었다. 변한[124]과 진한은 한반도의 동쪽과 남쪽 끝에서 연합하지 않을 수 없었으며, 만약 그렇게 하지 않았다면 북서쪽의 고구려나 서쪽의 백제를 감당하지 못했을 것이다. 이 두 한 연합국이 취한 이름은 신라였으며, 그 땅은 그때나 지금이나 한반도에서 가장 따뜻

---

123 제7장 참고.
124 지도 1 참고.

하고 비옥한 곳이다. 345년에 신라는 백제로부터 심한 고통을 받았다. 그러나 그 후에는 저 북쪽 끝까지 뻗어 나갔고 백제 땅의 많은 부분을 차지했다.

5세기에 백제는 위의 비위를 거스르게 되었는데, 아마도 감히 독립을 원했다는 이유 때문이었을 것이다. 올바른 예법을 가르치고자 위의 대군이 파견되었다. 그러나 백제가 그 군대의 진격을 완강히 저지하자, 군대는 할 수 없이 후퇴했다. 그들은 싸움 후에 더 좋은 친구가 되었고, 2년 후에 위는 백제의 왕을 '동쪽의 위대한 보호자'로 임명했다.

중국은 500년 이상 비참한 상태에 빠져 있었다. 황제는 항상 셋부터 흔히 일곱 명 이상 있었고, 한번은 열일곱의 자칭 황제들이 권력 다툼을 하기도 했다. 그리고 '전쟁의 참화'는 끊이지 않았다. 아마도 동시대 유럽의 상황보다 나쁘지는 않았던 것이 분명하지만 일부 유럽의 사가들이 개인적인 목적을 위해 단언했던 것처럼 잘 정돈된, 평화로운 나라는 아니었다. 그러나 6세기 말엽에 토착 국가인 수$_{隋}$ 왕조는 마지막 경쟁자를 짓밟아 버리는 데 성공했고, 마침내 중국의 찢어진 의복은 또다시 피묻은 손가락으로 꿰매어졌다. 그러나 그 바늘은 조악했다.

고구려 왕 탕$_{湯}$[125]은 587년에 수가 완전히 승리했다는 소식을 듣고 자신의 영토에 대해서도 불안감을 갖게 되었다. 그리하여 곡식을 비축하고, 국경 방어를 준비하고자 군사들을 훈련시키기 시작했다. 이런 준비에 대한 소문이 수나라 궁정에까지 도달하자 황제는 당장 사자를 보냈다.

"요하강은 양자강보다 넓지 않고, 탕의 군사들은 최근에 멸망한 진陳의 군사들보다 많지 않도다."

이런 위협적인 메시지를 갖고 사자가 도착하자, 탕은 너무나 큰 공포에 질려 병을 얻어 죽었다. 수의 황제는 그의 뒤를 이은 아들 원元에게 요동공의 작위를 수여했다. 원은 감사의 뜻을 표하고, 더 높은 작위인 왕을 내려 달라고 간청하기 위해 궁정으로 사신들을 보냈다. 황제는 여기에 동의했으며, 그는 이때부터 고구려를 항상 염두에 두었고, 마침내 이 바위에 머리가 깨졌다.

원은 아버지의 나라를 물려받았으나 그의 공포심을 상속받지는 않았다. 그는 외국 땅에서 병사들을 훈련시키는 것도 좋겠다는 생각에 주로 몽골인인 1만 명의 병사들을 요하강 너머로 보냈으며, 이들은 당시에도 지금처럼 오늘날의 하북성 대부분을 포함하고 있던 요서 지방을 황폐화시켰다. 이 군대는 결국 영주[126]의 태수(총관)에게

---

125 고구려 평원왕平原王.
126 115쪽의 각주 참고.

쫓겨났다.

황제는 이 무례함에 바로 분노했고, 이로써 오래도록 기다리던 고구려를 합병시킬 기회가 왔다. 그는 고구려를 육지와 바다로 공격하기 위해 30만 명의 군사들을 준비했다. 유성의 서쪽으로 480리 떨어진 임유관臨愉關을 통과하여 진격한 본대는 식량이 도착하기도 전에 요하강을 건넜고, 7월의 뜨거운 날씨 때문에 전염병이 맹위를 떨쳐 병사들의 수가 줄었다. 식량을 운반하는 짐수레들은 큰 비로 진창이 된 길을 지나갈 수가 없었다. 군대의 80퍼센트가 적을 만나기도 전에 죽었다고 한다.

내주萊州에서 주라후周羅喉의 지휘 아래 출항한 해군의 형편도 나을 것이 없었다. 이들은 무서운 강풍을 만나 고구려의 수도로 가는 도중에 많은 수의 배가 침몰했다. 당시 고구려의 수도는 대동강 유역의 평양이라는 도시였는데, 거리는 6리에 접근이 어려운 산을 끼고 있었다. 따라서 고구려는 단 한 번의 공격도 받지 않고 이 압도적인 세력에서 벗어났으며, 5분의 1만이 중국땅을 다시 보았다. 중국인들은 먼 곳에서 벌어지는 전쟁을 좋아하지 않았으며, 오래 계속되었던 내란이 종료된 후 나라가 전혀 회복되지 않은 상태였기 때문에 이 전쟁은 더욱 열의 없이 시작되었다. 그러나 원은 대군이 그를 처러 왔고 그 규모가 너무나 커서, 만약 그들이 문 앞에 당도한다면 저항을 못할 것이 분명한 사실이었기 때문에 두려워하지 않을 수 없었다. 따라서 그는 사자들을 보내어 자신의 죄를 빌고 용서를 구했다. 황제는 그를 요동의 '거름과 진창 같은 신하'라고 부르면서도 그때는 용서해 주었다.

고구려에 원한을 품고 있던 백제는 계획되었던 원정에 대해서 듣고 황제에게 충성을 맹세했으며, 황제는 이것을 기꺼이 받아들이고 백제에게 전쟁에 필요한 모든 물품들을 주었다. 백제는 행동을 개시할 기회조차 없었으나 그가 계획한 일이 원의 귀에 들어갔고, 원은 그 이웃 나라의 서쪽 해안을 황폐화시켰다.

수나라의 첫 번째 황제가 죽고, 이름난 황제 양楊이 뒤를 이었다. 그는 우리가 터키족이라고 부르는 돌궐족의 가한可汗 계민啓民을 방문하고 있었는데, 계민의 천막에는 고구려의 사신이 와 있었다. 그러나 계민은 그를 황제에게 소개할 수가 없었다. 황제의 대신들 가운데 하나가 이 사신을 보았고, 대신은 그 상황을 전하면서 위에서 상세히 설명했던 고조선과 고구려의 초기 역사를 반복해서 이야기해 주었다. 그는 또한 황제에게 전 황제가 고구려에 대해 가지고

---

127 영어로는 흔히 칸Khan이라고, 아니 이 말을 가져온 불어로 이렇게 쓰지만, 이 말이 번역되어 나온 중국에서는 절대로 이렇게 쓰지 않는다. 항상 가한Kokan이며, 몽골의 조상들에게는 중국의 황제, 즉 '최고의 지도자'와 같은 뜻이다. 유연과 흉노의 후계자인 돌궐족은 흔히 '투르크족Turks'으로 번역하여 몽골와 구별한다. 그러나 이 명칭들은 동일한 종족의 다른 이름들일 뿐이며, 다른 종족 혹은 인종의 사람들이 아니다.

있던 계획을 알려 주고 이 계획을 잊어서는 안 된다고 말했다. 성질이 급했던 황제는 그 제안을 듣고 더 기다리지 않고 행동했다. 전쟁 준비의 규모는 엄청나서 말 한 필이 10만 전[128]에 팔렸는데, 이것은 오늘날의 명마 한 필 가격이다. 궁정과 나라 안에서는 이런 엄청난 지출을 두고 말들이 많았다. 나라는 아직도 지난 전쟁에서 회복하지 못해 비틀거리고 있었고, 곳곳에 흉년이 들어 수많은 사람들의 목숨을 앗아 가고 있었다. 그러나 감히 전쟁에 반대하는 사람이 하나라도 나온다면 목을 베어 버리라는 명령이 떨어졌다. 그리고 611년에는 모든 준비가 끝나 가고 있었다. 그러나 고구려로 진격하는 대신 군대는 처라후(혹은 모라)를 치기 위해 북쪽으로 진격해야 했다. 계민의 아들이자 후계자였던 그가 새해 인사를 하지 않고 조공을 바치지 않아 감정을 상하게 했기 때문이었다. 처라후는 패배했고 수천 명의 군사들과 함께 도망쳐야 했다. 이 일로 그는 정신을 차리고 궁정으로 갔고, 황제는 그를 기꺼이 받아들였으며 군대는 동쪽으로 이동하도록 허락받았다.

산동은 그 전 해에 홍수로 물에 잠겨 곡식을 모두 잃었으며, 사람들은 식량이 모자라 많은 고생을 했다. 그럼에도 그 지방의 태수에

---

[128] 은 1테일tael 혹은 냥에 해당하는 것이 1,000전이다.

게 두 성의 곡물 창고를 곡식으로 채우라는, 탈세도 유예도 허락하지 않는 강제적인 칙령을 내렸다. 이 곡식은 굶주리는 지방에서 실어 와야 할 뿐 아니라, 주민들의 노동과 비용으로 운송해야 했다. 이 곡식 창고 중 하나는 요서에 있는 노하濾河 혹은 노항에 있었다. 다른 하나는 낙양에서 북쪽으로 7리 떨어진 회원懷遠[129] 혹은 회루에 있었다. 그러나 산동에서 이곳으로 곡식을 보낼 필요는 없었을 것이다. 노항은 하북성 북동쪽 백하강 혹은 난하강 유역에 있는 것이 분명하다. 회원의 곡식 창고에는 2,400만 단에 달하는 곡식이 있었다. 이것은 각각 200킬로그램이다. 그리고 노하의 곡물 창고에는 그 10분의 1이 있었다. 이만한 무게의 곡식을 최근에 홍수가 난 지역과 길이 없는 산지와 강을 지나 운반하는 데 드는 노동은 상상할 수 없을 정도의 고통을 야기했다. 짐의 무게에 눌려 죽은 자들의 수가 너무나 많았기 때문에 황제는 60만 대의 수레를 마련했고, 각 수레에 한 단 반을 실을 수 있었다. 그러나 길이 나빴기 때문에 이 수레들도 부서졌다.

 국민에 대한 가혹한 고통과, '아버지와 어머니'로 부르는 황제의 무자비함이 수많은 사람들을 반란으로 내몰았다. 이들은 오늘날의

---

[129] 요서의 형주 북동쪽에 회원이라는 곳이 있었는데, 여기서 말하는 보급소일 가능성이 크다.

제남부 장산현인 장백산에 본부를 두었다. 주민들에게는 어떤 무기도 허용되지 않았지만 무기는 곧 만들어졌고 '반란군'은 식량을 구하기 위해 약탈을 했다. 동일한 고통을 받는 다른 사람들은 무리를 지어 '강도'가 되어, 절대 전제 군주의 이기적이고 쓸모없는 변덕에 대한 복종의 결과인 굶주림으로부터 자신들을 구하려고 했다. 그전에 있었던 중국 서쪽의 도구원 원정으로 국고가 고갈되었으며, 2년에 걸친 흉년 위에 이런 무거운 과세는 너무나 가혹했기 때문에 모든 대신들은 황제에게 원정 연기를 청했으나 헛수고였다. 군대가 집결되자 황제는 고구려가 감히 어떻게 맞설 수 있겠느냐고 거만하게 물었다. 군대와 동행하기로 했던 한 대신이 대답하기를 군대가 고구려를 정복하기는 하겠지만 황제는 수도에 머무르는 것이 좋겠다고 했다. 이 조언은 황제의 노여움을 샀고 그 대신은 머리를 잃을 뻔했다.

군대는 24개의 사단으로 편성되었다. 각각 장군이 있었고, 행군 루트와 목적지가 정해졌다. 황제는 주루와 500명의 돌궐족을 호위병으로 삼았는데, 이것은 황제가 자기 백성들에게 확신을 갖고 있지 않다는 것을 보여 주는 일이었다. 군대는 좌우익으로 구성되었고, 각각 12개의 사단이 있었다. 좌익은 누방, 장잠, 명해, 개마, 건안, 남소, 요동, 현도, 부여, 조선, 옥저, 낙랑으로 진격할 셈이었다. 처음 세 곳은 서경의 관할이었고, 다른 곳들은 지도에서 볼 수 있다. 우익은 염제, 함자, 혼미, 후성, 제해, 답돈, 숙신, 갈석, 동이, 대방, 양평, 그리고 요동의 임둔으로 진격할 예정이었다. 이 지역들은 대부분 고구려 땅에 있었지만 지금은 그 흔적을 찾기가 거의 불가능하다.

이 중국의 크세르세스는 아마도 중국에서 소집된 것으로는 가장 컸을 군대를 동원했는데, 113만 3,800명에 달했다. 그들의 나팔 소리와 북소리는 960리 밖에까지 들렸으며, 나부끼는 깃발은 500리에 달하도록 끊이지 않았다. '꼬리'가 '머리'가 있었던 자리를 지나는 데까지는 40일이 걸렸다. 5월에 그들은 지금의 하북성 조주趙州인 임서에 도착했다. 이렇게 해서 그들은 지난번 원정을 실패로 돌아가게 만들었던 장마철에 진격하는 실수를 피했다.

이들이 요하강의 서쪽 강둑에 도달했을 때 고구려 군대가 맞은편에 있는 것을 발견했다. 그리고 쉽게 강을 건너려던 그들의 시도는 실패로 돌아갔다. 따라서 공사 책임자는 세 개의 다리를 건설하라는 명령을 내렸고, 그는 그렇게 했다. 그러나 다리를 띄웠을 때는 동쪽 강둑에서부터 3미터가 모자랐다. 그들이 건너려던 지점들은 그 폭이 모두 거의 800미터 혹은 그보다 약간 모자랐다. 말과 병사들로 다리 위가 붐볐다. 양자 모두 물속으로 뛰어내려 싸웠고, 걷거나 헤

엄을 쳐서 강기슭으로 나온 자들은 그곳에서 싸웠다. 그러나 강둑은 가팔랐고, 적군은 무수했으며, 물살이 셌기 때문에 한 사람도 빠짐없이 급류에 휩쓸려 떠내려갔다. 장군 맥철장麥鐵杖은 세 아들에게 이렇게 말했다.

"관대하신 폐하의 은혜에 감사를 표할 날이 왔다."

이것은 희망이 없는 상황에서 자원할 때 쓰는 중국어 표현이다. 그는 앞으로 밀고 나갔으나, 그 대담한 용기에도 불구하고 다른 많은 용감한 자들과 함께 모든 것을 삼켜 버린 강물에 휩쓸려 갔다. 그러나 그는 그 자리에서 작위를 받았다. 이것은 중국의 관습을 철저히 따른 것으로서, 오늘날에도 훌륭한 신하가 받을 수 있는 최고의 명예는 사후에 수여된다. 그의 아들들도 더 높은 관직으로 승진했다. 그러나 다리를 바로잡기 전에 수많은 군사들이 불필요하게 목숨을 잃었으며, 군대의 열정은 한없이 컸으나 훈련은 불충분했다. 다리를 동쪽에 닿도록 충분히 늘이기까지는 이틀이 걸렸다. 그리고 그 후에는 중국인들이 떼를 지어 건너갔고 곧 고구려는 발이 얼마나 빠른지 증명해야 했다.

고구려는 요동으로 부르던 오늘날 요양 근처에 있는 자신들의 성으로 들어가기 전에 강둑 혹은 벌판에 1만 명의 군사들을 남겼다. 도망치는 고구려인들은 성문 바로 앞까지 추격당했다. 그러나 포위하는 쪽이 맹렬했음에도 방어하는 쪽이 너무나 완강했기 때문에, 포위한 자들의 사기가 가라앉기 시작했다. 하지만 그들은 포위한 자들의 출격을 모두 막아냈다. 몇 달 동안의 포위에도 불구하고 벽에는 어떤 흔적도 없었고, 요새가 굴복할 기미도 보이지 않았다. 황제가 아무리 비꼬는 말을 해도 장수들은 뺨을 붉힐 뿐 그 외에는 아무런 소용이 없었다. 그러던 어느 날 그들의 비능률과 군기 부족을 평소보다 심하게 빈정거리던 황제는 부하들이 수치스럽기라도 하다는 듯이 요동 서쪽의 한 성으로 물러났다. 일부 다른 사단들도 서로 다른 길로 갔다.

어떤 군대는 내주에서 해상으로 돌아왔는데 이 성은 혼자 힘으로 300척의 배를 제공해야만 했다. 지상군의 수가 많았던 것처럼 수군의 규모도 컸다. 바다는 평양을 향해 동쪽으로 가는 배들로 덮였다. 이 배들은 곡식을 저장했을 때와 마찬가지로 강제 노역으로 산동성과 복건 연안, 황하강과 양자강에서 건조되었다. 중국의 북쪽과 남쪽에서 무수한 목숨들이, 해가 져도 일이 끝나지 않는 해군 공창에서 희생되었다. 국가가 돈뿐 아니라 목숨으로도 엄청난 지출을 하여 건조한 이 수송 함대는 내호아來護兒 장군의 지휘 아래 놓였다. 그 이유는 군함이 없으니 제독도 없기 때문이었다.

내호아는 군사들을 평양에서 60리 남쪽에 있는 패수에 상륙시켰는데, 이곳에는 고구려 군대가 주둔하고 있었다. 그는 이 군대를 즉시 공격하여 승리를 거두고 추격했다. 그의 부관은 추격에 신중하라고 조언을 했으나, 이 조심스런 조언에 화가 난 내호아는 급하게 앞으로 밀고 나가서 고구려군을 따라잡고 승리했다. 그리고 그의 추격은 더욱 맹렬해졌다. 그러나 이 두 번째 패주는 그를 안심시키려는 속임수였다. 내호아의 병사들이 추격으로 혼란에 빠져 있을 때 측면에서 갑자기 매복하고 있던 자들이 나타나 그를 포위하여 패배시켰다. 그 많은 군사들 가운데 수천 명만이 배로 돌아갔다. 그러나 그들의 군세는 여전히 막강했기 때문에 그들을 뒤쫓던 고구려는 감히 공격을 계속하지 못했다.

육지로 진격한 우문술宇文述은 군대를 이끌고 훨씬 북쪽으로 갔으며, 아마도 형주에서 심양으로 이어지는 길을 택한 것으로 보인다. 그는 고구려 땅의 서쪽 경계 지역을 지나고 북쪽 경계 지역을 지나, 오늘날의 홍경을 거쳐 부여(개원)와 남동쪽 지역을 통과했으리라고 생각된다. 그는 홍경에서 봉황성으로 이어지는 아름다운 산길과, 장엄하고 맑고 투명한 압록강[130]을 지나 그 서쪽 기슭에서 다른 여덟 개의 사단과 합세하여, 30만 5,000명의 대군을 이루었다. 군대가

---

130 압록강은 원래 마자수馬沮水라고 불렸으며, 당나라 역사에 따르면 물의 빛깔이 오리鴨의 머리와 같기 때문에 압록鴨綠이라고 불렀다고 한다.

노하와 회원에 도착하자, 병사들은 사람과 짐승 몫으로 100일간의 식량을 배급받았다. 이만한 무게의 곡식은 상당한 짐이 되었기 때문에 곡식을 버리는 병사는 참수형에 처한다는 명령이 떨어졌다. 그러나 어떤 이유 때문이었는지 압록강에 도달했을 때는 양식이 모두 바닥나 있었다.

고구려는 가장 훌륭한 대신들 가운데 한 사람인 을지문덕乙支文德을 중국 군대로 탈영한 것처럼 가장하여 보냈다. 그러나 그의 임무는 그 군대의 형편을 염탐하는 것이었다. 장군 우중문은 을지문덕의 의도를 의심했으며, 그가 접근하는 대로 체포하라는 명령을 내렸다. 그러나 의장들 가운데 한 사람이 이런 대접에 강력하게 반대했다. 우중문은 여전히 의심을 하면서도 포로를 풀어 주지 않을 수 없었다. 그는 풀려나자마자 서둘러 물러났다. 그가 이렇게 서두르자 의장도 의심을 하게 되었다. 의장은 전령을 보냈고, 전령은 을지문덕을 쫓아가서 의장이 긴히 할 말이 있어서 당장 그를 보고 싶어 한다고 전했다. 이 전갈이 반갑지 않았던 을지문덕은 반대 방향으로 갔고, 곧 압록강의 동쪽 기슭에 있던 자신의 군대의 선두에 서 있었다. 그는 큰 위험을 무릅썼고 성공할 자격이 있었다.

이 책략으로 우중문과 우문술은 크게 당황했으며, 우중문은 자신들에게 아직 양식이 남아 있을 때 경무장한 군대를 투입하여 즉시 공격하자고 주장했다. 그는 을지문덕을 사로잡아 조금이나마 명성을 얻으려는 목적이 있었다. 우문술은 현 상황에서 이런 움직임에 완강히 반대했다. 그러나 우중문은 화를 내며 이런 대군을 이끌고 빈손으로 돌아간다면 황제를 어떻게 보겠느냐고 물었다. 이런 우중문의 태도를 보고 다른 장수들은 그가 적을 만나면 실행에 옮길 훌륭한 작전 계획을 가지고 있으리라고 생각했다. 그래서 그들은 우중문의 편을 들었고 우문술은 전진 명령을 내리지 않을 수 없었다. 그가 고구려 장수의 방문 목적을 정확하게 판단했다는 사실은 다른 사람들로 하여금 그의 판단력에 의지하도록 만들었다.

을지문덕은 굶주림에 지친 중국 병사들의 얼굴을 보고 그들에게 운동을 시키기로 작정했다. 그는 전멸할 수도 있는 전면전을 벌이기보다는 작은 배들로 함대를 흩뜨리는 작전을 써서, 후퇴했다가 되돌아가서 교전하고는 또다시 후퇴했다. 첫날에 격렬하고 짧은 일곱 번의 전투가 벌어졌다. 중국군은 기지에서 점점 멀어져서 살수薩水를 건너, 을지문덕이 항상 주의 깊게 지켜보는 가운데 평양에서 30리 떨어진 곳에 진을 쳤다. 그가 이렇게 해서 유능한 장수임을 증명했다면, 경험은 매우 부족했던 것이 분명하여 그는 우문술에게 군대와 함께 항복하라는 제안을 계속했다. 이것은 당시 우문술의 세력으로 보아서는 그저 터무니없는 일이었다. 그는 조악한 농담으로 그렇게 했는지 모르지만, 우문술이 이 제안을 믿기를 바랐던 것이 분명한데, 우문술은 이 거듭된 제안을 후퇴의 핑계로 삼았기 때문이다. 그렇지 않았더라면 그의 열정적인 주인을 감히 쳐다볼 수 없었을 것이다. 패배 이전만큼 대담하지 못했던 내호아는 당시 그 성의 남쪽으로 우문술에게서 30마일도 채 떨어지지 않은 곳에 있었으나, 두 지휘관들은 서로의 존재를 전혀 모르는 것 같았다. 그들은 서로 전혀 연락을 하지 않았으며, 만약 그랬다면 선단이 양쪽 군대를 잠깐 동안 먹이지 못할 이유가 없었기 때문이다. 잘 먹인 두 군대는 고구려가 내놓는 어떤 작전도 뒤집을 수 있었을 것이다.

그러나 우중문의 배짱 좋은 말은 아무런 소용이 없었다. 식량은 하나도 남아 있지 않았다. 평양성은 자연적으로 너무나 우세한 위치에 있었고, 또 뛰어난 솜씨로 축성되었기 때문에 공격이 성공하리라는 희망이 없었다. 한편 고구려의 파비우스인 을지문덕은 항상 정신을 바짝 차리고 있어서, 적이 맞붙어 싸울 기회를 잡을 만큼 가까이 오는 법도 결코 없었고, 중국 군대가 편안히 숨을 쉴 수 있을 정도로 멀리 가는 법 또한 결코 없었다. 따라서 우문술은 무거운 마음으로 후퇴를 명령할 수밖에 없었는데, 그의 신중한 판단력은 이미 압록강 서쪽에서 이런 결정을 내린 바 있었다. 요양에서 640킬로미터나 떨어져 있었기 때문에 그는 절망적인 상황이었다. 그리고 식량도 없이 이 대군이 그 먼 거리를 어떻게 되돌아갈 수 있단 말인가? 그는 상황이 어려워지자 혼란에 빠져 버렸던 것 같다. 그렇지 않았다면 48킬로미터 밖에 있었던 내호아를 떠올리지 않았을 리가 없다. 그리고 설사 평양성이 가로막고 있었다고 하더라도 그가 전령을 보내어 탐색을 하지 못할 이유가 없었고, 두 사람은 힘들이지 않고 작전을 꾸며 평양성을 무너뜨릴 수 있었으리라고 생각된다. 우문술은 고구려 전체를 정복하기에 충분할 정도의 많은 군대를 거느리고 있었으나, 부하 장수들의 충고를 따르는 것으로 보아 이런 대군을 지휘할 인물은 되지 못했다는 사실이 증명되었다. 그러나 그가 용기가 없지는 않았으며, 이 자질은 지혜보다 훨씬 흔하다. 그는 8월에 후퇴 명령을 내리고 직접 후방을 지휘했다.

고구려 병사들은 그 대군의 퇴각을 목격하자마자 사방에서 벌떼같이 몰려들어, 무수한 호박벌들처럼 측면과 후미에 달라붙었다. 물론 을지문덕이 그 모든 벌떼의 선두에 있었으며, 사소한 접전을 벌이는 자유를 허락하면서도 그는 중국 병사들의 절반이 살수를 건너갈 때까지 군사들을 통제시켰다가 맹렬한 기세로 후미를 덮쳤다. 후미를 지휘하던 장수가 싸우다가 쓰러졌고, 그가 전사하자 이것을 신호로 숫자는 많지만 이미 기가 꺾이고 굶주린 병사들의 혼란스런 패주가 시작되었다. 후부는 중앙으로 중앙은 선봉으로 밀려갔고, 몇

주 전까지만 해도 무시무시했던 군대가 혼란에 빠진 도망자들의 오합지졸이 되어 질서를 유지하는 일도 권위를 세우는 일도 불가능했다. 모든 사람들이 최대의 속력으로 달렸으며, 24시간 동안 쉬지 않았다. 그리고 공포에 질려 450리를 달려 압록강의 동쪽 제방에 닿아서야 휴식을 취했다. 오직 위문승(衛文昇) 한 사람만이 자기 위치에 합당했으며, 그는 자신의 부대가 흩어지지 않도록 유지하여 후위에서 고구려군을 막았다. 그러나 30만 5,000명의 군사들 가운데 요동성에 당도한 것은 2,700명뿐이었다. 식량을 구할 길이 없었기 때문에 굶주린 상태였던 그들은 패주하다가 죽은 자들이 많았던 것이 분명하다. 그리고 많은 수가 포로가 되었다. 수나라 황제 때문에 고구려의 수중에 버려졌던 중국인들은 당나라로 석방되었다. 중국이 공격을 계속하는 동안은 통신을 허락하지 않았던 고구려는 이 놀라운 대참사 소식을 전할 중국인 포로들을 내호아에게 보냈던 것이 분명하다. 내호아는 동료의 도착과 그 운명에 대한 소식을 너무 늦게 듣고 황급히 퇴각했다. 중국군은 우둔해서 패배했다. 고구려의 수중으로 들어간 무기들은 "무수하고 무수하며 무수했다"고 한다.

  꿈도 꾸지 못했던 이런 와해에 황제는 격노했으며, 패주와 관련하여 본보기가 되었거나 더 나은 본을 보여 주지 못한 최고 지휘관들을 공개적으로 처형했다. 우중문은 평민으로 지위가 낮아졌고, 우문술도 당시에는 강등되었지만 죄를 범했다기보다는 운이 없었다고 판단되어 복직되었다. 몰려드는 병사들에게 줄 곡물이 모두 고갈되었기 때문에 황제는 분통을 터뜨리며 각자 최선을 다해서 고향을 찾아가라고 명했다.

패망한 군대가 수도로 돌아간 후에 건설을 책임지고 있던 관리가 죽었는데, 아마도 속을 너무 태웠기 때문이라고 여겨진다. 그 이유는 그가 지은 불완전한 다리들 때문에 여러 재난이 연이어 일어나, 한곳에 모인 것으로는 중국에서 가장 큰 군대였고, 중국 연대기에 기록된 출정 가운데 가장 많은 사람들이 목숨을 잃는 개인적인 고통을 감내하면서 이루어졌던 작전이 실패로 돌아갔기 때문이다.

한 해에 홍수가 일어나 중국 북부 농부들의 희망을 짓밟았다면, 다른 해에는 가뭄 때문에 곡식들이 시들었고, 또한 기근열이라고 불렸던 전염병에 수많은 사람들이 특히 산동성에서 죽어 나갔다. 그 결과로 나타난 국민들의 불만은 쉽사리 이해가 가는 일이었으며, 그들의 비참한 형편과 지독한 가난에도 불구하고, 지금까지도 경멸의 대상이자 웃음거리로 회자되는 수양제는 요동을 치기 위해 또 다른 원정 준비를 서둘렀다. 그리고 아무도 그를 감히 설득할 수가 없었는데, 그것은 그렇게 하려면 목숨을 내놓아야 했기 때문이다.

613년 초에 수양제가 돌아온 지 1년 남짓 되었을 때 그는 요동성에서 서쪽으로 약간 떨어진 한나라의 옛 향평을 재건하도록 사람들을 보냈다. 다음 포위 공격에서는 식량이 고갈되어 실패하는 일이 없도록 비축해 놓으려는 것이었다. 도적떼가 우굴거리는 산동성은 극심한 곤궁에 처해 있었으나, 황제는 5월에 요하강을 건너 우문술과 양의신楊義臣을 평양으로 보내 지난 원정 때의 실패를 바로잡도록 했다. 왕인공王仁恭은 아마도 해상으로, 남소성 서쪽인 신성에 가서 1,000명의 기병들로 맹렬한 공격을 하여 수많은 고구려인들을 물리쳤으나, 그 포위는 헛수고로 돌아갔다.

이번 요동성의 두 번째 공격에서 황제는 '나는 누대飛樓'와 '구름사다리雲梯'를 준비했는데, 이것은 높은 누대와 성곽 공격용 사다리였다. 성을 빙 둘러 이것들을 배치했고, 성 안의 수비대를 밤낮으로 지켰다. 그러나 방어하는 쪽이 너무나 완강했기 때문에, 20일 동안 계속된 싸움 후에도 성은 첫날과 다름없었고, 양쪽 모두 혹은 원사료原史料에 있는 것처럼 '주인과 손님' 모두 많은 희생자가 있었다. 45미터 길이의 '구름사다리' 꼭대기에서 가장 치열한 싸움이 벌어졌고, 한 사람이 쓰러지기 전에 12명의 고구려인을 죽였다.

중국 진영은 원인이 분명한 숨겨진 불만과 내적인 불협화음에도 불구하고, 식지 않는 열정으로 포위를 계속했으며, 고구려 진영은 드높은 사기로 막았다. 황제는 흙으로 60보 넓이의 누벽을 성벽 가까이 동일한 높이로 지었고, 여러 층 높이에 여덟 개의 바퀴가 달린, 성벽보다 높은 이동식 누대를 만들어 성 안으로 무엇이든 던질 수 있도록 했다. 그러나 이 장치들을 사용하여 성을 확실히 차지하게 되었을 때, 밤을 타서 당도한 전령이 숨을 헐떡거리며 서둘러 진영 안으로 들어왔다. 그리고 예부상서 양현감(楊玄感)이 반란을 일으켜 대규모 의용군을 거느리고 수도를 포위했다는 소식을 전했다. 완고했던 만큼이나 비겁했던 황제는 공포에 질려 모든 것을 그대로 둔 채 당장 진영을 버리라는 명령을 내렸다.

이 명령은 너무나 정확하게 실행에 옮겨져서, 날이 샌 후에도 고구려인들은 싸움이 일시적으로 중단되었다는 것 외에는 아무런 이상을 눈치 채지 못했다. 낮이 되어서야 그들은 막강했던 중국 진영을 살펴보려고 과감히 나섰다. 사람은 하나도 보이지 않았지만 모든 것이 제자리에 있었기 때문에 속임수를 두려워한 이들은 이튿날이 되도록 기다렸다. 그러나 마침내 호기심이 공포심을 이겼다. 그들은 너무나 조심스러웠기 때문에 사흘째가 되어서야 중국 군대가 요하 강을 다시 건널 준비를 하고 있다는 것을 발견했다. 거리를 두고 잠시 기다리던 고구려인들은 점점 숫자가 많아지자 힘없고 감시가 소홀한 후위로 용기를 내어 다가갔다. 그러나 그들은 너무 늦었고, 숫자가 점점 늘어나기는 했어도 군대 전체가 강을 건너기 전에

1,000명만을 베어 넘어뜨릴 수 있었다.

수양제에게는 다행스럽게도 내호아가 여전히 내주에 있었고, 서둘러 우문술을 소환했다. 양현감의 의용군은 며칠 사이에 10만에 달하게 되었다. 그러나 그는 패배했고 망나니의 손에 죽는 대신 자살을 택했다. 그의 반란이 유일한 것은 아니었지만, 공격의 목적과 수령의 지위로 보아 가장 무시할 수 없는 반란이었다. 일반적으로 불만은 반란으로 분출되기 마련이며, 수백 아니 수천의 무리 혹은 군대가 방방곡곡에서 혼란과 공포를 퍼뜨렸다. 그리고 이것은 수나라 황제의 세 번에 걸친 고구려 원정의 결과였다.

고구려는 아직 평화가 찾아오지 않았다. 바로 다음 해(614)에 황제는 다시 고구려로 진격할 가능성에 대해서 대신들과 의논했다. 며칠이 가도록 누구도 소신을 밝히지 않았고, 이것은 그들의 소신을 단호하게 보여 주는 하나의 방법이었다. 이 침묵은 황제가 다음과 같은 명령을 내림으로써 끝났다.

"제국의 병사들을 불러 모으라."

그 후 곧 들려온 소식은 이연(李淵)이 난을 일으키고 황제를 상대로 전쟁을 선언했다는 것이었다. 그는 스스로를 당나라 왕이라고 칭했고, 후에 첫 번째 황제가 되었다. 수만에 달하는 병사들을 거느린 반도들이 사방에서 일어났다. 제국은 큰 혼란에 빠졌다. 마침내 황제는 고구려를 치려고 불러 모았던 군대를 국내에 남아 있게 하라는 명령을 마지못해 내렸다.

그러나 함대는 내호아의 지휘 아래 비사성卑奢城으로 파견되었으며, 평양보다는 바다 쪽에 더 가까이 주둔했다. 여기서 벌어졌던 치열한 전투에서 고구려가 패하여 중국은 또다시 평양으로 진격했다. 고구려 왕 원元은 두려워하며 평화를 청하고자 사신들을 보냈다. 그리고 일을 순조롭게 하려고 지난해에 고구려로 피신한 탈주자들을 일부 황제에게 돌려보냈다. 황제는 마침내 원이 무릎을 꿇은 것을 보고 흡족해했다. 그는 당장 화친을 맺는 데 동의하고 내호아를 불러들였다. 그러나 내호아는 돌아가려고 하지 않았으며, 황제의 사신에게 본국에 있는 군대는 역도들 때문에 온 나라에 흩어져 있고, 만약 자신이 지금 고국으로 간다면 다시는 돌아오지 못할 것이라고 말했다. 또한 최근의 원정에서 명예도 상도 얻지 못했고, 고구려가 지금 곤경에 빠져 있고 평양성은 며칠 안에 무너질 것이 확실하기 때문에 성을 먼저 정복하고 고향으로 돌아가는 편이 낫다고 했다. 사신은 처음에는 그에게 고향으로 돌아가기를 명령하다가 애원까지 했으나 아무런 소용이 없었다. 사신은 마침내 화를 내면서 말했다.

"황제의 명령에 따르지 않는 자는 반역자이며 그 책임을 져야 한다."

사신은 혼자서 궁정으로 돌아갔다. 황제는 첫 번째 고구려 사신을 조상들을 모시는 신당으로 데려가 자신들의 영토에 합병된 새로운 왕국의 대표자를 조상들께 소개했다. 그러나 황제는 아직도 고구려를 완전히 정복하려는 의지를 버리지 않고 있었다. 그해의 마지막에도 평양은 여전히 서 있었고, 황제는 다른 일을 모두 외면한 채 정복에만 광기어린 집착을 하고 있었다. 그리하여 대신들 가운데 한 사람이 공손한 태도로 말하기를, 당장 고구려를 공격하는 것은 극심한 가난과 백성들의 말할 수 없는 고충 때문에 그만두어야 한다고 했다. 그리고 3~5년의 평화로운 휴식을 취하고 어느 정도 부를 축적한 후에 고구려를 공격한다면 쉽게 정복할 수 있다고 말했다. 황제는 몹시 흥분하며 그 조언자를 감옥으로 보냈고 그는 거기서 죽었다. 어떤 믿을 만한 출처에 따르면, 황제가 그의 죽음을 비밀리에 명령했다고 한다.

다음 해에는 돌궐족이 연문, 즉 태원의 태주로 쳐들어왔는데, 마침 황제가 그곳에 있었다. 성 안에는 병사들을 포함해서 15만 명이 있었고 20일분의 식량이 있었다. 연문으로 알려진 이 지역에는 41개의 요새화된 성들이 있었는데, 39개는 이미 돌궐족에게 함락한 후였다. 40번째 성을 점령하지 못하자 돌궐족은 황제가 있던 연문성을 포위했다. 황제는 극심한 공포에 사로잡혔다. 이것은 굳이 더 말할 것도 없는 일이지만, 무자비하게 잔혹한 자들은 겁쟁이라는 것을 증명하는 것이다. 그가 이런 궁지에 빠졌을 때 물론 많은 사람들이 조언을 했다. 거기 있었던 우문은 군인으로서 조언을 하며 수천의 정예 기병대를 이끌고 포위망을 뚫고 나가라고 했다. 그러나 가장 훌륭한 조언은 정치가가 했는데, 그는 국민들이 두려워하는 것은 또 다른 고구려 원정에 따른 고통이며 황제는 어떻게 되든 관심이 없다고 말했다. 그는 이렇게 조언했다.

"황제께서 현재 고구려로 진격할 의사가 없다고 당장 선포하신다면, 국민들이 사방에서 일어나 침략자들을 국경 밖으로 내몰 것입니다."

계민啓民의 아들 시필始畢은 돌궐족의 가한이었다. 그는 황제의 딸을 아내로 준다면 평화 협정을 맺겠다고 제안했다. 황제는 이것이 가장 값싸게 빠져나갈 수 있는 길이라고 생각하고 허락하려고 했다. 그러나 아버지보다 고매한 사람이었던 공주는 요양에서 군대를 일으켜 돌궐족을 향해 진격하여 포위를 풀고 그들을 국경 밖으로 내쫓았다. 나라 안에서는 여러 반란군이 많은 지역을 장악하고 있었으나, 황제는 고구려를 짓밟으려는 광적인 욕망을 그 어느 때보다 고집스럽게 붙잡고 늘어졌으며 모든 충고는 그의 화만 돋우었다. 마지막 수 황제는 극단적으로 이기적인 사람이었다. 문학에 심취했던 그는 문인들의 관대한 후견인이기도 했다. 그는 120명의 훌륭한 문인들을 고용하여 제국에서 가장 높은 고관인 대사서 혹은 대비서관 아래 두었다. 이들은 20년 이상 새로운 책을 만드는 데 종사했다. 고전, 수필 쓰기, 문학 양식, 전쟁, 농업, 지리, 의학, 팔괘, 불교, 도교, 장기, 낚시, 매 훈련, 수렵에 관한 작품들이 그것이다. 이 새로운 작품들은 31부에, 1만 7,000개의 두루마리로 만들어졌으며, 1~4개의 두루마리 혹은 권卷이 오늘날의 책 한 권과 동일했다. 그 이름으로 미루어 볼 때, 고대 중국의 문서는 고대 유대인들의 것처럼 긴 두루마리로 되어 있었음을 알 수 있다. 지금은 글씨가 훌륭한 두루마리들을 그림처럼 벽에 건다. 황제는 장안에 두루마리 37만 개가 소장된 도서관을 가지고 있었다. 황제는 근면한 주석가이자 왕성한 독서가였다. 후에 그의 보좌관들이 수정한 그의 주석들은 두 번째 수도인 요양에 보관되었으며, 두루마리로 3만 7,000개에 달했다. 그는 대규모의 도서관을 만드는 데 비용을 아끼지 않았으며 특히 열람실은 기술이 허락하는 한 최대한 웅장하게 만들었다. 세 개의 방마다 정사각형 문이 있고, 문 위로 두 개의 '날아가는 요정'이 있다. 문 바깥에는 기계적인 장치(기계)가 있어서 그 위로 내딛는 첫 걸음의 압력으로 요정이 하나 내려와 문을 열어 주고 황제가 들어갈 때까지 그대로 열고 있다. 향기가 나는 나무를 태우는 흔들 향로를 든 수행원이 앞장선다. 그가 나가면서 지나치는 자동 요정들은 문 위의 제자리로 돌아가고 문은 잠긴다. 그는 새 수도인 요양에 멋진 궁전을 지었다. 그 주위는 취향대로 최대한 화려하게 꾸민 드넓은 정원으로 둘러싸여 있다. 고구려 원정에 따른 헤아릴 수 없는 고통에다, 북쪽의 만리장성을 재건축하는 100만 명의 강제 노동에 따른 고통이 추가되었다.

    그가 이 불안정한 시대에 사람들을 좀 더 현명하게 이해하려고 했더라면, 그리고 책 만드는 일은 문학적인 일에 스스로를 가두어도 더 큰 책임을 소홀히 하지 않는 사람에게 맡겼더라면 좋았을 뻔했다. 수양제는 오늘날까지도 문학계의 모범이자 후원자로 간주된다. 그러나 그 무엇보다 분명하고 또 부정할 수 없는 사실은 그가 정치적인 삶에 대한 반면교사가 된다는 점이다. 그가 시도한 고구려 원정이 실패로 돌아간 이유는 시기를 잘못 잡았기 때문에 그리고 이미 고통의 심연 속에 있는 백성들이 당할 가혹한 고통을 무시하고 극단적으로 실행에 옮겼기 때문이다. 그러나 수양제는 그 때문에 목숨을 잃었고, 그의 일가는 정권을 그리고 중국은 수많은 인명을 잃었으며, 이것은 어떤 정복으로도 보상받을 수 없었다.

    아마도 중국을 지배했던 이런 끔찍한 고통과 기근과 전쟁 때문에, 또한 사람들이 자신을 이 모든 고통의 원인이라고 생각한다는 것을 알고 있었기 때문에, 그리고 겁쟁이여서 자신의 무모하고 경솔한 잔인함으로 야기된 위험들과 맞서는 일에 전혀 무능력했기 때문에 수양제는 스코틀랜드 술고래가 되었을 것이다. 당나라 황제 고조高祖가 돌궐족의 원조를 받아 동쪽으로 급속하게 밀고 들어올 때도 양제는 결코 술잔을 놓지 않았다. 그의 장수 우문술은 양제가 왕위에 있는 한은 희망이 전혀 없다고 생각하여 그를 죽이고 나라를 구하려는 계획으로 그의 아들을 왕으로 선포했다. 그러나 때는 너무 늦었다. 양제는 너무 오랫동안 백성들의 신망을 잃고 있었던 것이다. 그는 제국 영토의 많은 부분을 잃었고, 스스로 왕관을 보존하지 못한다면 궁정 밖의 그 누구도 그것을 지키기 위해 나서지는 않을 것이다. 이렇게 해서 수양제의 고구려 원정은 끝이 났고, 수 왕조는 오늘날의 요양인, 보잘것없는 요동 성벽에 부딪혀 머리가 깨졌다. 고구려인들은 수년 동안 휴식 기간을 가졌으며, 벌판에서는 서툴렀으나 뛰어난 수비군이었던 이들의 특성은 오늘날까지도 중국 역사에서 인정받고 있다.

제 6 장
신라

신라 왕국은 한반도의 남쪽 부분에 자리했다. 신라는 동쪽 해안을 따라 남쪽으로는 부산까지 또 북쪽으로는 두만강에 걸쳐 있었고, 오늘날 한반도 북쪽의 거의 대부분을 지배했다.[131] 신라는 세 왕국들 가운데 마지막으로 건국되었는데, 고구려는 백제보다 앞섰고, 백제는 신라보다 먼저였다. 신라는 원래 진한의 열두 부족들 가운데 하나였으며, 진한辰韓이라고 부르는 경우도 있었다. 그 주민들이 원래는 진秦 왕조의 일원들이었으며, 이 나라가 한 왕조에게 붕괴되었을 때 그곳으로 피신한 자들이 세운 것이라고 생각된다. 전하는 바에

---
131 저자가 신라의 위치를 잘못 안 것으로 생각됨(옮긴이).

따르면, 마한이 그들에게 땅을 주었고, 이들 도망자들은 그 땅을 처음에는 여섯 개의, 그리고 나중에는 열두 개의 '왕국'으로 나누었다고 한다. 이 열두 왕국들 가운데 하나였던 신라는 진한에서 점차로 최고의 위치에 올랐고, 백제는 마한에서 마찬가지 위치에 올랐다. 신라의 첫 번째 왕은 백제인이었기 때문에,[132] 신라가 백제를 더 높이 여겼다. 그러나 신라가 점차로 힘을 얻고 국경을 북쪽으로 넓혀 나가면서 종속 관계를 거부했고, 그 결과는 즉각적인 적대감 관계였다. 백제는 자신의 권한을 주장하기 위해 고구려의 도움을 빌렸고 전쟁에서 신라에 승리했으나 그때 확보한 땅을 끝까지 지키지는 못했다. 이것은 상호간의 증오심을 가중시키기만 했을 뿐이며, 한때 신라는 너무나 강력해져서 백제의 왕을 살해한 적도 있었다. 이들 둘 사이는 늘 전시 상태였다.

앞에서[133] 언급했던 이연은 수나라 섬서성의 관리였다. 그는 황폐한 조국의 한탄스러운 형편을 슬퍼한 훌륭한 사람이었다. 그의 아들은 성격이 불같았으며, 자신의 아버지처럼 행동하지 않고 비통해하는 것은 동정하지 않았다. 그리고 만약 그 아들이 슬퍼했다면 이

---

132 『수서隋書』 「신라전」에는 신라왕이 백제인이라는 언급이 있으며, 저자는 이것을 참고한 것으로 보인다(옮긴이).
133 237쪽.

고통의 뿌리를 자기 나라에서 제거하려는 욕망에 불타거나, 당시 국가가 처한 상황에서 왕조를 쉽게 바꿀 수 있는 빌미를 찾았을 것이다. 어쨌든 그는 아버지에게 반란을 일으키도록 부추겼다. 그러나 아버지는 그것을 거부했고 또 그런 행동을 할 수 있을 정도로 대담한 사람도 아니었다. 그러나 용의주도했던 것으로 보이는 아들은 잔치를 열어 아버지를 취하게 한 후, 밤에 성 안에 있던 수隋 황제의 첩 둘을 그의 방으로 들여보내 다음 날까지 있게 했다. 다음 날 아침 밤새도록 자신의 방에 있었던 그 부인들이 누구인지 알게 된 아버지는 죽을 것이 분명했기 때문에 큰 공포에 사로잡혔다. 아들은 그에게 살 수 있는 유일한 방법이라며 반역을 권했다.' 그리고 그는 반란을 일으켰다. 아들은 군인이었지만 정복은 아주 더디게 진행되었다. 그러나 그는 돌궐족을 동맹국으로 받아들였고, 이들의 도움으로 당나라의 기초를 놓았다. 이 왕조는 중국에서 건국된 가장 위대한 왕조들 가운데 하나다. 그리하여 돌궐족은 당나라의 첫 번째 황제의 일생 동안 그의 주인 노릇을 했다. 그리고 그의 군인 아들이 왕위에 오른 후 수많은 힘든 싸움을 거친 후에야 중국 황제로서의 대권을 인정받을 수 있었다.

중국 국경의 질서가 회복되자마자, 당나라 황제는 고구려, 백제, 신라에 대신을 보냈으며, 그의 행동은 너무나 훌륭하여 세 왕국은 당나라를 인정하고 공물을 보냈다. 이 대신은 다른 역사서에 622년 고구려를 방문했던 '사신'으로 기록된 인물이 분명해 보인다. 그는 수 황제로 인해 요동 벌판에 남겨졌던 죽은 병사들의 표백된 뼈를 묻고, 떠난 자들의 영혼을 위로하기 위해서, 관례에 따라 장례를 치르고 제사를 지내려고 간 것이었다. 이러한 행위의 결과로 황제는 선량하다는 명성을 얻었다. 고구려 땅에는 살아 있는 중국인들보다 죽은 중국인들이 더 많았다. 그리고 중국에는 고구려 포로들이 꽤 있었고, 황제는 이들을 624년에 고향으로 돌려보냈으며, 이들을 인솔했던 특사는 고구려의 왕인 건무建武[134]에게 요동왕의 작위를 수여하는 임무를 띠었다. 이 황제는 학문을 장려했고 사방에서 오는 학생들을 환영했다. 국자감 혹은 황실 학술원에서 중국에서 최고가는 학문을 배우고자 수도에 모인 3,260명의 젊은이들 가운데는 서쪽의 고창과 티베트,[135] 그리고 동쪽의 고구려, 백제, 신라에서 온 사람들도 있었다.

630년에 신라는 중국의 궁정에 아리따운 두 명의 숙녀를 보냈으나, 대신들 가운데 한 사람이 그들을 받아들이는 것을 반대했다. 황제는 이것을 기뻐했다. 그리고 그는 며칠 전에 화려한 빛깔의 앵무

---

134 고구려 영류왕營留王(옮긴이).
135 '티베트Toofan'으로서 이들은 5년 전에 적으로 만난 것이 중국과의 첫 접촉이었다.

제6장 신라　243

새 두 마리가 고향을 그리워하여 본토인 임읍(안남)으로 돌려보냈는데, 하물며 두 처녀를 어떻게 그런 형편에 처하게 하겠느냐고 말했다. 2년 후에 신라의 왕이 죽었고 그에게는 아들이 없었기 때문에 백성들은 그의 왕비인 덕만德曼[136]을 통치자로 선출했다.

640년에 황제는 대신 진대덕을 동쪽 왕국들을 정탐하기 위해 보냈다. 그는 환심을 사기 위한 선물로 사용하려고 많은 비단과 여러 물건들을 가지고 갔다. 진대덕의 목적은 중요한 도시들과 산과 강을 보고, 그들의 풍습과 관습을 관찰하는 것이었다. 그는 자신을 그 나라의 아름다움을 보고 싶어하는 사람으로 소개하기로 했다. 고구려인들은 그를 환영했으며, 당나라 군대가 먼 고창을 함락시켰다는 말을 듣고는 두 배의 친절을 베풀었다. 그가 어디를 가든지 수나라의 원정에서 낙오된 자들과 또 중국에서 왕조가 바뀌는 과정에 필수적으로 동반되는 고통을 피하려고 달아났던 자들을 볼 수 있었다. 이들은 고향에 있는 벗들의 안부를 애타게 물었다. 그리고 그는 문의하는 사람들 모두에게 그 벗들이 살아 있을 뿐 아니라 건강하고 행복하다고 말했다! 진대덕을 만나고 그의 말을 들은 사람들은 모두 고향을 그리워했으며, 어디서든 그와 헤어질 때는 모두들 비

---

136 맏딸을 왕비로 오해했다(옮긴이).

통하게 통곡했다.

황제는 그 여행자의 보고에 열심히 귀를 기울였다. 그러고 나서 현재의 고구려 땅은 원래 중국 땅이었다고 말했다. 그리고 몇 만 명의 군사들을 요동으로 보내고 선단 하나를 평양으로 보낸다면, 이 난민들을 그들의 고향 땅으로 되돌아오게 하고 그 지역을 중국으로 되돌릴 수 있다고 말했다. 그리고 "그러나 산동은 여전히 굶주림의 무게에 비틀거리고 있다"고 덧붙였다. 이 때문에 조신들은 황제가 고구려에 대하여 계책을 세우고 있다는 사실을 알게 되었다. 그리고 황제는 예상했던 것보다 더 빨리 개전의 구실이 될 만한 또 다른 그리고 더욱 견고한 불만의 씨를 발견했다. 다음 해에 고구려의 왕이 신하에게 살해되었던 것이다.

그때도 그랬지만 그보다 훨씬 오래전에도 조선에는 세습 귀족이 있었다. 2세기 전에 만주가 조선을 정복했을 때도 있었고,[137] 현재는 존재하지 않는다고 조선인들이 저자에게 부정했지만, 오늘날 세습 귀족의 존재를 단언하는 예수회 수사들의 말이 아마도 옳을 것이며, 다만 지금은 과거처럼 광범위하지 않은 것은 분명하다. 이런 귀족들 가운데 우리가 기록하고 있는 그 시대에 연개소문淵蓋蘇文이라는 자가

---

137 병자호란丙子胡亂을 가리키는 것으로 보임(옮긴이).

있었는데 그의 땅과 주민들은 왕국의 동쪽 변경에 있었다. 그는 강력한 힘을 가지고 비양심적으로 법을 무시하였다. 그러나 법이 무시될 만했다고 해도 전혀 터무니없는 말은 아니었다. 왕은 대신들과 함께 그를 제압할 수 있는 최선의 방법을 의논했다. 연개소문은 그 소식을 듣고는 징집 가능한 모든 사람들을 무장시켰다. 그러나 다만 그들이 전면에 나서지는 않도록 했다. 그는 수도의 남쪽에서 왕과 대신들을 위해 큰 잔치를 준비하고 그들을 초대했다. 그리고 연개소문의 병사들은 그들이 잔치에 오는 길을 지키고 있다가 덮쳐서 100명 이상을 살해했다. 이어서 연개소문은 스스로 궁전으로 말을 달려 자기 손으로 왕을 죽이고 시체를 개천에 던졌다. 그리고 왕의 조카인 장臧을 왕으로 세우고, 자신은 막리지의 자리에 올랐다. 이것은 중국에서 병권과 인사권을 가진 장관과 동일한 지위이다. 이렇게 해서 모든 권력을 손에 넣은 그에게 '사방에서' 와서 굴복했다.

   그는 몸집이 크고 강건했으며, 뛰어난 웅변술의 소유자였다. 그리고 그는 다섯 자루의 칼을 지니고 다녔다. 좌우에서 그를 시중들고 다니던 사람들은 감히 눈을 들어 그의 얼굴을 쳐다보지 못했다. 말을 타고 내릴 때는 고위 대신이 몸을 구부려 발판 노릇을 했다. 훈련을 잘 받은 한 무리의 병사들이 그가 어디를 가든지 따라다녔다. 그리고 그들이 경고하는 목소리가 멀리서 들릴 때면 모든 사람들이 길을 비켰다. 비좁은 골짜기일지라도 아무도 옆에 서 있을 수 없었으며, 완전히 시야에서 사라질 때까지 기다려야 했다. 길은 인적이 끊겼고 모두 이런 형편까지 온 것을 통렬히 후회했다. 그러나 이것은 중국 측의 이야기로서 과장된 것이라고 아니할 수 없다. 또한 그 왕은 제거되어도 백성이 유감스럽게 생각하지 않을 그런 사람이었을지도 모른다. 어찌되었든 앞으로 기록하게 될 나중의 사건들은 백성들이 왕을 살해한 자에게 이런 악감정을 가지지 않았다는 것을 증명해 준다. 중국의 역사가가 연개소문의 품성을 비방하는 데는 목적이 있다. 당나라 때의 역사 소설이 연개소문이라고 묘사하고 있는 무시무시하고 잔인한 얼굴은 고구려인의 두려움보다는 중국인의 증오를 증명한다.

고구려 땅으로 파견되었던 전령이 중국 군대를 당장 회원[138]에 주둔시켜, 고구려가 움직일 수 있는 모든 가능성에 대비해야 한다고 권고했다. 이 일과 관련하여 황제는 왕을 살해한 연개소문이 그 나라의 절대적인 지배자로 계속 군림하는 것을 두고 볼 수 없다고 했다. 그러나 피폐한 산동의 상황은 연개소문을 상대로 적극적인 조치를 취하기 어려운 장애물이 되었다. 황제는 양 황제의 발자취를 따

---

138 이것은 회원을 황하가 아닌 하북성의 북쪽에서 찾아야 한다는 것을 보여 준다(253쪽 각주 참고).

르려고 노력했고, 그는 경험을 통해서 배운 것이 분명했다. 한 대신이 고구려 북쪽의 말갈과 서쪽의 거란을 선동하여 고구려를 치도록 하라고 조언했다. 그러나 다른 대신은 개소문이 자신의 죄의 무거움을 알기 때문에, 강력한 세력이 복수할 것을 두려워하여 분명히 준비를 하고 있을 것이라며 반대했다. 따라서 중국이 자국의 군대를 보낼 수 있을 때까지 기다려야 한다고 말했다. 황제는 이 말에 동의했고, 사자를 보내어 요동왕과 장왕의 칭호를 수여하여 연개소문의 행위를 사실상 비준하기에 이르렀다. 장왕은 감사를 표하는 자리에서 황제의 말을 정확히 기록하려고 실록을 보냈다.

  석 달 뒤에 신라는 중국의 궁정에 사절을 보내어 도움을 청했다. 고구려와 백제가 신라의 땅을 약탈하고자 협정을 맺으려 하고, 백제가 이미 40개의 성을 차지했다는 것이다. 이에 따라 황제는 신라를 괴롭히지 말고 내버려 두라는 요청을 하기 위해 당장 고구려에 사절단을 파견하여, 신라는 충성스러운 왕국이니 그 나라에 대한 불법 행위는 즉시 전쟁으로 벌을 받을 것이라고 전했다. 사절단은 왕의 환영을 받았으나, 연개소문이 이미 군대를 이끌고 출정한 후였고, 그의 앞에 신라의 성 두 곳이 무너졌다. 왕이 그를 불러오라고 사람을 보냈다. 그가 돌아와 자기 변호를 하기를, 신라는 수 왕조 때에 고구려가 서쪽 국경에서 곤란을 겪고 있는 틈을 타서 동쪽 편의 땅

500리[139]를 잘라 갔으며, 지금 고구려는 옛 영토의 회복을 원할 뿐이라고 말했다. 사절은, 그 땅은 오랫동안 점령된 채 있었으니 그 일은 그냥 간과해야 하며, 지금은 고구려 땅인 요동 지역 전부는 한때 중국 땅이었지만 중국이 거기에 대해 아무 말도 하고 있지 않다는 사실을 상기시켰다. 연개소문은 이 추론의 설득력을 인정하지 않았다. 그는 요동이 중국 땅으로 다시 회복되지 않은 이유가 노력이 부족하기 때문이 아니며, 또한 당나라 황제가 반환을 위해 노력하지 않는 것도 의지의 부족 때문이 아니라는 사실을 잘 알고 있었다. 만약 그때 당이 고구려가 신라를 굴복시켜 토해 내게 했던 것처럼 할 수 있었다면, 수백 년 전에 중국 땅이었다는 것을 근거로 당장 권리를 주장했을 것이다. 그는 당이 그럴 의지는 있었지만 요동을 차지할 힘은 없다는 점을 모르지 않았다. 그러나 연개소문에게는 고구려의 국경을 회복하고 적진을 후퇴시키고 다가오는 전면전이 전개되기 전에 자신의 후방을 약화시키려는 의지뿐 아니라 힘도 있었다.

연개소문이 황제의 칙령에 순종하기를 계속 거부하자 황제는 격

---

139 이 땅은 신라의 북동쪽이었던 것으로 보이며, 동쪽에는 백제가 있었다. 그리고 신라는 오랫동안 오늘날 조선의 북쪽을 국경으로 했다. 따라서 신라의 북쪽은 고구려의 동쪽이며, 신라의 중심은 백제의 동쪽이다.

분했다. 황제는 평소와 같이 대신들과 의논했으나 한 사람은 이런 관점을, 다른 사람은 저런 관점을 주장했다. 그러나 그들은 황제가 양 황제와 마찬가지로 전쟁에 마음이 쏠려 있다는 것을 알고 있었다. 그는 또한 직접 참전할 작정이었으나 모두 반대했다. 그 이유는 중국에 안정을 회복시킨 마당에 황제가 정당하게 얻은 휴식을 버리고 다시 전쟁터로 나간다는 것은 터무니없는 일이라고 했다. 황제는 자신의 주장의 정당성을 대신들이 인정하지 않는다고 나무랐다.

바로 그 무렵에 연개소문은 많은 양의 비단을 공물로 보냈다. 한 대신이 이 사람은 군주를 살해했고, 아홉 오랑캐족들[140]이 그를 인정하지 않고 있으며, 그는 곧 전쟁에 말려들 것이라고 말했다. 그렇다면 어떻게 그의 공물을 받을 것인가? 황제는 공물을 돌려보내는 데 동의했다. 그리고 사신에게는 고구려가 왕의 살해범을 살려 두었을 뿐 아니라, 그렇게 독단적으로 자신들을 통치하도록 용인하는 데 경악하지 않을 수 없다고 말했다. 늙은 수나라 대신 하나가 고구려의 성을 점령하는 어려움에 대해 언급하자, 황제는 시대가 변했고 왕위는 이제 수나라의 차지가 아니라고 대답했다.

황제는 형부상서 장량張亮에게 군사 4만을 거느리게 하고, 500척

---

140 36쪽 각주 참고.

의 배를 내주에서 평양으로 향하도록 했다. 보병과 기병 6만 명과 최근에 충성을 맹세한 난주와 하주의 오랑캐들이 유주로 행군했으며, 안라산에서 '사방에서' 몰려온 의용병들이 이들과 합세했다. 황제는 이들 가운데 일부를 받아들이고 나머지는 돌려보냈다. 이때쯤 포고문이 발표되었는데 주로 이런 내용이었다.

이 전쟁은 백성들을 치기 위한 것이 아니라 임금을 살해한 자를 징벌하기 위한 것이다. 군사들은 행군 도중이나 숙소에서 백성들에게 해를 끼치거나 노역하도록 강요하지 않을 것이다. 양 황제는 백성들에게 포악했으나 고구려 왕은 그의 백성들을 사랑했다. 군사들의 마음이 양 황제를 따르지 않았기 때문에 승리는 불가능했다. 그러나 지금은 다섯 가지 이유 때문에 승리를 확신할 수 있다.
1. 큰 것으로 작은 것을 친다.
2. 복종이 반역을 친다.
3. 잘 훈련된 군사들과 질서 있는 백성들이 오합지졸과 싸운다.
4. 편히 쉰 군대가 지친 군대와 싸운다.
5. 사기 높은 군대가 지휘관을 증오하는 군대와 싸운다.

어떤 저자의 주석에 현명하게 언급된 바에 따르면, 황제는 고구려를 황폐하게 만드는 일이 쉽다고 생각했으나 그는 뚫고 들어가지도 못했다.

훌륭한 본보기를 보이고자 황제는 개인적인 지출을 최소한으로 줄였다. 황제는 출발할 때 직접 안장에 방수포를 깔고, 손에 활을 들고, 어깨에 화살통을 메었다. 그는 행군하면서 담백한 고기와 밥을 먹고, 모든 진미를 거절했다. 앞에 있는 아픈 병사에게 병에 대해 친절하고 상세히 물었으며, 만약 심하게 아픈 병사를 발견하면 가장 가까운 고을의 원員에게 맡겼고, 죽은 사람은 제대로 장사를 지내주었다. 그는 645년 4월에 정주에 도착했으며, 이미 두 달 전에 사자를 신라, 백제, 서거란西契丹으로 보내어 그들을 자신의 깃발 아래로 불러들였다.

당시에 수도 장안에 이대량이라는 비범한 인물이 있었다. 그는 처음부터 고구려 원정을 강하게 비난했다. 그가 죽었을 때 남은 유산은 쌀 다섯 펙[141]과 무명 서른 폭이었다. 그는 비범했던 만큼 덕이 있어 자신의 봉급으로 가난한 친척들을 도왔다.

이세적은 본대를 거느리고 황제가 수도에서 출발하기 한 달 전인 645년 3월에 낙양에서 1,600리 떨어진 유주에 도착했다. 그해 5월

---

141 펙peck: 곡식의 계량 단위(옮긴이).

에 이세적은 유성을 출발하여 회원[142]을 지나고 통도를 지났다. 그리고 통정에서 요하강을 건너 고구려가 미처 예상하지 못한 노정을 택하여 현도에 이르렀다. 이렇게 요동성의 측면을 우회하여 굳이 북쪽에서부터 나라의 중심부로 밀고 들어왔다. 고구려의 통신을 두 절시키고 요동성을 고립시키려는 계획이었던 것이 분명했다. 장검은 이미 요하강으로 진격했으나 감히 강을 건너지 못하고 있었다. 그는 이제 동쪽으로 요하강을 건너 건안성으로 와서 오랑캐 군사를 거느리고 자신을 저지하는 고구려 군대를 무찔렀다.

요동 도총관이었던 강하왕 도종은 일찍이 적의 땅을 탐험하도록 말 100필을 가져가도록 해 달라고 청한 바 있었다. 황제는 승낙하며 필요한 시간을 물었다.

"가는 데 열흘, 염탐하는 데 열흘, 돌아오는 데 열흘, 이렇게 30일 후에 돌아오겠습니다."

이것이 그의 답이었다. 그는 출발했고, 샛길을 통해 요동성 바로 남쪽으로 갔으며, 거기서 그의 퇴각로가 끊겼다. 그러나 그는 고구

---

142 유성은 영주의 관할 안에 있었으며, 그 북쪽이 분명한 회원도 마찬가지였다. 통정은 수 황제가 그곳에 갔을 때 통도에서 강에 뗏목 다리를 띄웠을 때 정착된 곳이다. 현도는 우리가 알고 있는 대로(제1장) 한 왕조가 옥저와 균형을 이루기 위해 세운 곳이다. 그러나 후에 '오랑캐'에게 점령되었기 때문에 그 행정권이 고려현으로 옮겨졌으며, (소)요하강이 이곳을 지나쳐 흘렀다. 통정은 우장 서쪽인 산자호가 분명했으며, 외요하外遼河와 내요하內遼河가 만나는 곳이라 강을 건너기가 가장 쉬웠다. 회원은 그곳의 서쪽과 대량강의 동쪽 어딘가에 있었던 것이 분명하다.

려인들 사이를 지나 정해진 시간 내에 돌아왔다. 황제는 매우 기뻐하면서 안도의 한숨을 쉬며 말했다.

"이런 용기가 어디서 나왔는가?"

황제는 그에게 50근(60파운드 이상) 무게의 금과 공단 1,000필을 상으로 내렸다. 요양까지 가는 데 걸린 시간으로 미루어 볼 때 그는 안라산의 집결지에서 출발한 것이 분명했다. 강하왕 도종은 부사령관인 조삼량의 휘하에 있던 수천의 군사들과 함께 극성으로 갔다. 기병 수십 명이 성문으로 진격했으나 이들도 포위된 자들을 밖으로 나오게 만들지는 못했다. 이세적의 성공적인 요수遼水 도강은 고구려가 예측하지 못한 것이었다. 이들은 불안감에 휩싸였다. 그리하여 요동의 성들은 모두 성문을 닫았고, 출입을 금지했다.

이세적은 6만의 병사들을 이끌고 개모성으로 진격하여 강하왕 도종과 합류했다. 이 성은 다음 날 그들 앞에 무너졌으며, 이곳에는 2만의 백성들과 10만 석의 곡식이 있었다. 그리고 개모성을 개주로 이름을 바꾸었다. 후에 연 왕조는 개주에서 건안, 당주, 향요, 수연 등의 네 성을 지휘하도록 했다. 장량은 내주에서 건너와 요수를 거슬러 올라가 비사성으로 진격했는데, 성은 서쪽에서만 접근할 수 있었다. 그 유적은 오늘날 해성의 남동쪽 모퉁이, 성 안의 작은 언덕 위에 있다. 옛 성은 15만 4,000제곱미터밖에 되지 않았으며 현재의 성은 그 여섯 배에 달한다. 장량의 부장 정명진이 밤에 성벽에 당도했고, 왕대도가 그를 지원했다. 부총관이 제일 먼저 성벽에 올랐고 비사성은 함락되었으며 성 안에는 5,000명의 백성들이 있었다.[143]

군대를 뒤따르던 황제는 요의 늪지대에 이르러 지나갈 수가 없게 되었는데, 그 폭이 200리였다. 대량과 요하강 사이의 저지대 땅이 분명한 이곳은 아주 낮아서 늪지가 되기 일쑤였고, 지금도 길을 지나가기 힘들 때가 많다. 우기가 시작될 무렵에 그 많은 군대가 지나간 다음이니 황제의 호위대가 사람이든 짐승이든 지나갈 수 없다고 생각한 것도 무리가 아니다. 이들은 지면을 높여 길을 만들어서 요하강으로 갈 수 있었다. 그는 강을 건넌 다음에 다리를 철거했다. 이것은 군사들에게 그들이 해야 할 일은 단 한 가지 밖에 없으니 바로 승리하는 것이라고 말하려는 의도에서였다. 황제가 천산의 연장선의 서쪽 끝인 마수산(말 머리 산)에 도착했을 때 이미 이세적은

---

143 이 성의 오래된 성벽만이 우리가 요동에서 발견한 한국인의 유일한 주둔 흔적이다. 흔히 수백 개의 '고구려' 성이 있는 것으로 알려져 있는데, 우리는 그 대부분이 명 왕조 말기나 지금의 청 왕조 초기에 세워진 것이라고 추정한다. 즉, 지난 3세기 안에 축조된 성들의 폐허이다. 해성 안에 있는 작은 언덕에서 발견되는 딱딱하게 굳은 응고물 덩어리들은 전혀 다르다. 내가 아는 바로는 이것들은 한국의 유물들이 맞다. 이 응고물에는 크고 딱딱한 타일 조각들이 깨진 채 박혀 있다. 타일과 마찬가지로 딱딱하고 길며 폭이 넓고 얇은 벽돌과 유약을 바른 거친 토기도 있다. 이 타일과 벽돌의 한쪽 면에는 이상한 점들이 찍혀 있는데, 마치 거친 범포 천이나 매트 위에 놓였던 것처럼 보인다. 불행하게도 거기서 옛 주화를 찾지는 못했다. 내가 한국의 성이라는 유적지에서 찾은 주화는 송 왕조 때와 10~11세기 것들이며, 당나라 것으로는 단 한 점이 있었다.

요동성 밑에 있었고, 4만 명의 고구려인들이 그가 도착하기 바로 전에 성 밖으로 행군하여 나왔다는 것을 알게 되었다. 강하왕 도종은 4,000의 기병으로 이들을 후미에서 괴롭혔다. 얼마 안 되는 군사들과 함께 참호를 파고 들어가 방비하라는 권고를 받은 도종은, 자신이 온 것은 황제를 위해 길을 열기 위해서라고 대답했다. 이세적은 그의 말에 동의하며 계속 싸우는 것이 최선이라고 말했다. 장군 예는 선봉대를 이끌고 고구려 군대를 공격했으나 패배하여 군사들은 도주했다. 도종은 흩어진 군사들을 수습했고, 고구려 군대의 진영이 혼란스러운 것을 보고 서둘러 기병 수십을 선발해서 질주하여 고구려의 진영으로 돌격했다. 그때 이세적이 군사를 이끌고 왔으며 고구려는 수천 명의 군사들을 잃고 패주했다. 황제는 이 이야기를 전해 듣고 강하왕 도종과 수훈을 세운 장수들에게는 상을 내렸으나, 장군예는 참수하도록 했다. 그러고 나서 황제는 수백 명의 기병들을 이끌고 요동성 밑으로 갔다. 거기서 군사들이 열심히 둑을 쌓는 것을 보고 제일 무거운 돌을 들어 말에 싣고 성벽 밑으로 가서 점점 높아지는 둑 위로 던졌다. 이런 행동은 동양에서든 서양에서든 허식에 불과하지만, 그래도 그가 너무나 현명한 인물이었기 때문에 보는 사람의 90퍼센트가 감탄했다.

이세적은 밤낮없이 12일 동안 쉬지 않았으며, 수비대는 그보다 더 어려운 형편이었다. 그러나 성은 완강하게 버티었다. 황제가 직접 수많은 병사들을 성벽으로 이끌어, 수백 열로 정렬시켰다. 병사들의 함성은 '하늘을 찢고 땅을 요동시켰으나' 그들은 수양왕의 군사들과 같은 최후를 맞을 운명이었다. 그러나 황제는 일부 군사들에게 장대에 횃불을 높이 달아매어 서남루에 불을 지르게 했으며 당시에는 남풍이 세게 불고 있었다. 남루는 활활 타올랐고, 연기가 너무나 짙어 수비대는 바로 가까이에서 일어나는 일도 알지 못했다. 이 연기의 보호 아래 당나라 군사들은 성벽을 올라갔다. 치열한 방어에도 불구하고 성은 함락되었으며, 군사들 외에도 4만 명의 고구려인들이 생포되었다. 성 안에서 1만 명이 살해되었으며, 그와 동일한 수의 군사들이 포로가 되었다.

다음은 백암성[144]이 공격을 받았다. 고구려는 요동성의 예기치 못한 함락으로 마비되었을 것이나, 백암성이 포위되었다는 사실이 알려지자마자 오골성[145]에서 1만 명의 군사들이 포위를 풀기 위해 출발했다. 그러나 800명의 정예 기병을 거느린 설필하력契苾何力이 이

---

144 지금은 연주라고 부르며, 요양에서 50리 북동쪽에 있다. 태자하太子河의 북쪽 기슭에 돌로 지은 성벽의 폐허가 있다.
145 오골강은 이렇게 묘사되어 있다. "통주(산동)를 떠나 오호섬으로 건너간다. 그러고 나서 청이포, 형인포, 수인강, 도도원을 지나 500리를 가면 오골강에 도달한다." 그러나 모두 고대의 지명들이기 때문에 그 발자취를 찾을 수가 없다. 오골성은 백암성에서 동쪽으로 그리 멀지 않은 곳이었을 것이다. 따라서 오골강은 양강이었을 가능성도 없지 않다.

제6장 신라

군대를 저지했다. 하력은 진격하는 고구려인들 한가운데로 질주했으나, 곧 뾰족한 삼지창에 등이 찔려 상처를 입었다. 황제의 전차가 그 속으로 뛰어들어 그를 데리고 갔다. 그는 상처를 싸매고 나서는 군사들과 함께 격노하여, 고구려군들 사이로 미친 듯이 무턱대고 돌진했다. 이 맹렬한 공격으로 고구려군의 대열이 흔들렸다. 고구려군은 결국 패주했으며, 수십 리를 후퇴하다가 1,000명 이상이 살해되었다. 하력은 어두워지자 퇴각을 명령했다.

이세적은 백암성의 서남쪽에 주둔하고, 황제는 서북쪽에서 주력부대의 공격을 지휘했다. 장수 이사마가 쇠뇌의 화살에 맞자 황제는 친히 피를 빨아 주어 모든 장병들의 찬사를 받았다. 백암성 성주 손대음은 비밀리에 항복하기를 청하며 성 안에 반대하는 자가 있다고 했다. 황제는 대답으로 깃발을 주면서 진심이라면 깃발을 성 위에서 펼치라고 명했다. 손대음은 이렇게 했고, 깃발을 본 백성들은 당나라 군사가 이미 성을 차지했다고 생각하여 모두 항복할 의사를 밝혔다. 이세적은 황제가 항복을 받기 전에 병사들 수십 명을 대동하고 가서 황제에게 간했다. 병사들이 화살과 돌이 쏟아지는 가운데서도 죽음을 무릅쓰고 진격한 이유는 성의 전리품 때문이라고 했다. 지금 백암성이 거의 함락되어 가는데 항복을 받으면 군사들의 마땅한 상급을 빼앗는 것이라고 말했다. 황제는 말에서 내려 장군의 말이 옳다고 했다. 그러나 군사를 풀어 마음대로 하게 하는 것은 허락할 수 없는 일이라고 말했다. 장군의 부하로서 공로가 있는 자는 마땅히 상을 받아야 하며, 황실의 창고에서 이 상을 베풀고 성을 구하고자 한다고 말했다. 이세적은 원래 도적의 두목이었으며, 그 군대에는 그런 자들이 많았다. 중국에서 평범한 군인과 도적의 차이는 전자는 법을 위해 약탈하고 후자는 자신을 위해 약탈한다는 것이다. 최근 군의 환경은 크게 개선되었기 때문에 다른 어떤 수공업보다 수입이 좋다. 그러나 오늘날까지도 이른바 군사들의 대부분은 부족한 훈련에 적은 급료를 받는 비정규 군인이며, 그들도 살아야 한다.

황제가 짧은 연설을 끝내자 이세적은 떠났고, 황제는 곧 강가에 장막을 치고 1만 명의 남녀에게 항복을 받았다. 그들 가운데 80세가 넘는 모든 노인에게는 비단을 하사했고, 다른 성의 군사로서 백암성에 왔던 자들에게는 군기와 양식을 주어 고향으로 돌아가도록 허락했다. 포로들 가운데는 요동성 장사長史의 미망인이 신임받는 하인의 안내로 백암성으로 피신해 와 있었다. 그 미망인의 남편은 너무나 충실한 신하였기 때문에 황제는 미망인에게 비단 다섯 필을 주고, 상여를 만들어 남편의 시신을 평양으로 옮기게 했다.

무조건 항복한 자들을 향한 이런 너그러움이 어떤 영향을 끼쳤는지는 다음과 같은 사실에서 추론할 수 있다. 막리지가 개모성을 수비하라고 보냈으나 이세적에게 생포된 700명은 황제를 섬기겠다고 자원했다. 황제는 이들을 군사로 받아들이기를 거절했는데, 막리지가 이 사실을 알게 되면 그들의 가족을 모두 죽일 것이기 때문이었다.

고구려는 3세기 이후로 그때까지 다섯 개의 기旗 혹은 도로 나누어져 있었으며, 첫 번째는 내부內部 혹은 황부로서 옛 계루부이며, 두 번째는 북부北部 혹은 후부後部로서 옛 절노부, 세 번째는 동부東部 혹은 좌부左部로서 옛 순노부, 네 번째는 남부南部 혹은 전부前部로서 옛 관노부, 다섯 번째는 서부西部 혹은 우부右部로서 옛 서노부를 가리킨다. 당나라의 도독 혹은 태수와 동등한 위치에 있는 욕살褥薩이 각 부를 맡아 다스렸다.

백암성과 함께 요동 벌판이 함락되었다는 소식이 고구려에 알려지자 북부 욕살 고연수와 남부 욕살 고혜진은 고구려 군사와 말갈군 15만을 이끌고 서쪽으로 진격하여, 개주 북부의 안시성을 구하러 왔다. 그들은 성이 이미 포위되어 있는 것을 발견했고, 중국 군대가 바로 전날 성 앞에 진을 쳤다는 것을 알게 되었다.

이제 7월이 되었고 요동은 덥고 비가 오는 계절이었기 때문에 황제는 고연수의 계책을 반드시 알고자 했다. 황제는, 고연수가 쓸 수 있는 최상의 전략은 안시성의 성벽과 연결되는 보루를 쌓고, 산허리에 의지하여 쉬며, 군사들은 성 안의 풍성한 곡식을 먹고 수비에만 전념하며, 말갈군을 풀어 중국의 소와 말을 마음대로 약탈하는 것이라고 말했다. 이런 전략을 쓰면 중국 군대는 불가피하게 오래 머물게 될 것이나, 그리되면 이들의 식량은 떨어질 것이고, 고향으로 돌아갈 길은 이미 늪지가 되어 상태는 더욱 악화될 것이었다. 연수의 두 번째 계책은 성 안의 군사를 데리고 밤을 타서 도주하는 것이며, 최악의 계책은 중국 군대의 전략을 모르는 채 공격하는 것이다.

"이제 숙고하여 보라."

황제는 이렇게 말을 맺었다.

"나는 그들이 최악의 계책을 선택할 것이라고 생각하며, 그렇게 된다면 성은 우리의 것이 된다."

한편 연개소문의 목을 얻는 것은 황제가 생각했던 것만큼 용이하지 않았다.

고구려 군대의 한 나이 많은 관리는 고연수에게, 진왕(현 황제의 공식적인 칭호)은 '내륙'을 이미 한 가족으로 단결시켰고 주위의 오랑캐들도 자신의 지혜 혹은 무력 앞에 굴복시킴으로써 우리들(고구려인)이 성공적으로 대적할 수 없는 능력의 소유자임을 증명했다고 말했다. 그러면서 그 관리는 황제가 최고 지휘관들에게 제안했던 계책을 권했다. 즉, 군사를 정비하되 절대로 싸우지 않고, 중국 군대를 지켜보기만 하는 것이다. 이와 같이 하여 큰 충돌을 막고 기습병을 보내어 끊임없이 중국 군대의 군량 수송로를 차단하는 것이다. 이렇게 해서 중국 군대의 목적인 퇴각을 막는다면 이때만이 그들을 공격할 수 있는 기회이며, 그들은 열악한 상태의 길로 후퇴하지 않을 수 없게 된다. 이것은 수나라 군대를 비참하게 소멸시킨 을지문덕의 전략과 동일한 것이다.

그러나 고연수는 자기 자신을 굳게 믿었으며, 다른 이들의 조언은 믿지 않았다. 따라서 그는 당장 진격을 명령하여 군사들을 안시성 밖 40리까지 정렬시켰다. 황제는 연수가 주저하며 진군해 오지 않을 것을 염려하여, 돌궐의 기병 1,000명을 이끌고 그를 유인하게 했다. 돌궐족이 몇 번의 접전 후에 도주하자, 고구려인들은 그들을 추격하며 이렇게 외쳤다.

"보라! 우리가 이들을 얼마나 쉽게 물리쳤는가!"

그리고 고연수는 군대 전체를 안시성 동남쪽 8리 지점의 산으로 이동시킴으로써 자신이 어떤 사람인지 보여 주었다.

이제 황제는 희망을 가지고 어떻게 할 것인지 숙고하고자 여러 장수들을 불러 모았다. 그들은 황제가 '성년의 모자'[146]를 쓰기 전부

---

146 19세가 되기 전.

터 전투를 지휘했고, 황제의 계책과 공격은 성공적이었으며, 자신들은 지금 황제의 결정을 듣고 황제의 계획을 실천에 옮기려고 한다고 대답했다. 황제는 흡족한 웃음을 웃고는, 장손무기(長孫無忌)에게 명하여 수백 명의 병사들을 이끌고 고지에 올라 군사들을 매복시킬 수 있는 적당한 곳을 물색하고, 40리에 달한다는 고구려군과 말갈군 진영의 길이를 확인하게 했다.

성미가 급한 강하왕 도종이 나서서 말하기를, 고구려가 이렇게 큰 군대를 이곳에 집결시켰으니 평양은 거의 비어 있을 것이 분명하다고 했다. 기병 5,000명을 준다면 신속하게 평양을 함락시킬 것을 약속하며, 그렇게 되면 싸움 한 번 하지 않고 대군을 항복시킬 수 있다고 말했다. 황제는 당시에는 이를 듣지 않았으나, 후에는 이것이 최상의 계책이었으며 성공적이었을 것이라고 말했다.

황제는 이 자문 위원들의 회의 후에 고연수에게 사신을 보내어 이렇게 말했다. 자신은 임금을 죽인 사람을 벌하고자 이렇게 멀리서 왔으며, 도중에 성을 빼앗기는 했으나 이것은 그들이 식량을 제공하기를 거부했기 때문이며, 그들(고구려인들)이 항복한다면 이미 빼앗은 성들을 돌려주겠다고 했다. 고연수는 이 명백한 거짓말을 믿고 더는 수비 태세를 갖추지 않았다.

밤이 되자 황제는 이세적에게 1만 5,000명을 주어 서쪽 고개에 진을 치게 하고, 장손무기에게 정예군 1만 1,000명을 거느리고 산의 북쪽에서부터 좁은 계곡에서 나와서 적의 후미를 치게 했다. 이세적은 직접 보병과 기병 4,000을 데리고 북과 뿔피리를 숨기고 깃발과 표지를 낮게 눕히고 북쪽의 높은 봉우리 위로 올라가, 모든 군대에 명령하여 북과 뿔피리 소리가 들리면 일제히 군사를 나아가게 했다. 그리고 한 관리에게 명하여 항복받을 장막을 설치하게 했다. 그는 이처럼 승리를 확신했다. 이 군대가 3만에 불과했다면 황제의 군대는 이미 심각한 손실을 겪은 것이거나, 역사가가 황제를 미화하기 위해 군대의 수를 틀리게 기록한 것이다. 후자가 사실이라고 생각한다.

다음 날 고연수는 그곳에 도착해 처음 맞이하는 아침에 이세적의 군사만이 자신과 맞서 정렬해 있는 것을 보았다. 그러나 황제는 무기의 부대에서 먼지가 일어나는 것을 보고는, 북을 치고 나팔을 불며 깃발을 들게 했다. 동시에 모든 군사들이 북을 치고 함성을 지르며 진격했다. 고연수와 그의 장수들은 공포에 질렸다. 그는 사방에서 진격해 오는 부대들과 맞서기 위해 자신의 군대를 정비하고자 했으나, 진영은 이미 혼란에 빠져 있었다. 이 혼란은 갑작스러운 공격 때문이기도 했지만, 전날 저녁과 밤을 태평스럽게 보낸 그의 탓도 있었다. 당나라의 역사 소설에 주인공으로 등장하는 용문 사람

설인귀(薛仁貴)가 흰옷을 입고 고함을 지르며 전쟁터로 깊숙이 들어왔다. 당나라의 대군이 이때를 이용하여 공격해 왔다. 그의 팔이 휘두르는 폭은 굉장히 넓어 그가 가는 곳마다 모두들 쓰러졌고, 본대가 그를 뒤따랐다. 고구려는 큰 혼란에 빠져 2만 명이 죽임을 당했다. 설인귀는 그 자리에서 유격 장군으로 임명되었다. 그는 산서성 용문 출신으로서 위나라의 유명한 용사 안도의 6대손이었다. 그리고 처음 당도했던 요동반도에서부터 이미 유명세를 떨쳤다.

고연수는 남은 군사를 거느리고 산에 의지하여 수비를 강화했다. 무기에게는 고연수의 귀로를 차단하라는 명령이 떨어졌고, 다른 부대들도 함께 공격하도록 했다. 그러나 다음 날 고연수가 벌벌 떨며 자기 군사 3만 6,800명을 이끌고 항복을 청하러 와 공격은 취소되었다. 그는 무릎을 꿇고 황제에게 다가가 땅에 엎드렸다. 황제는 그에게 동쪽 오랑캐들은 원래 어린아이와 좀도둑에 불과했으나 최근에 큰 도적들이 되었다며, 또다시 천자에게 대항하여 감히 반역을 할 것인지 물었다. 고연수는 황제의 첫 번째 말에 담긴 거리낌 없는 논평에 아무런 대답을 하지 않는 것이 좋겠다고 생각했다.

황제는 욕살 이하의 모든 문관과 무관들을 포함하여 3,500명을 선발해 중국 땅으로 포로로 보내고, 나머지는 모두 석방하여 평양으로 돌아가게 했다. 모든 사람들이 양손을 턱에 대고 머리가 땅에 닿도록 절을 했으며, 이들이 지르는 기쁨과 감사의 환성은 20리 밖에까지 들렸다. 항복한 말갈인 3,300명은 모두 죽임을 당했다. 그리고 황제는 말 5만 필과 명광明光 갑옷 1만 벌을 포함해 수많은 전리품을 얻어 갔다. 황제가 갔던 산의 명칭을 후에 주필산駐蹕山, 즉 황제가 머물렀던 곳이라고 개명했다. 이 패배는 고구려를 극심한 공포 상태로 몰아갔다. 황제는 고연수를 홍려경에, 고혜진을 사농경에 임명했다. 후황성后黃城과 은성銀城은 텅 비었고, 시골 사람들은 도망쳤으며, 안시성에서 수백 리 안에는 연기가 나는 집이 없었다.

황제는 가장 빠른 기수를 보내어 요양을 책임지고 있는 왕세자에게 의기양양하게 말했다.

"이제 나를 장수로서는 어떻게 생각하는가?"

그 전투 이후 안시성을 포위한 지 45일이 되었을 때 연개소문의 첩자가 붙잡혀 묶인 채 황제 앞으로 끌려왔다. 황제는 차꼬를 풀어주라고 이르고는 그에게 왜 그렇게 말랐는지 물었다. 그는 음식을 먹은 지 며칠이 되었다고 말했다. 황제는 시중드는 사람들에게 음식을 준비하여 그에게 주라고 하고는, 연개소문에게 만약 중국군의 정황을 알고 싶다면 와서 공개적으로 묻고 보라고 했다. 첩자에게 나막신 한 켤레를 주고 황제는 그를 보냈다.

이 일이 있은 후 또 한 달이 지났으나 성은 항복할 기미를 보이지 않았다. 황제는 아직 연주에 있을 때 이세적이 했던 조언을 떠올렸다. 안시성은 잘 방비된 성이며, 그 성주[147]가 용맹스러워 고구려 전체가 인정했던 연개소문과도 대등하게 맞섰다고 했다. 또 건안성은 병력이 약하고 군량미도 적기 때문에 만약 불시에 그 성을 공략하면 함락시킬 수 있고, 그렇게 되면 안시성은 오래 버티지 못할 것이라고 했다. 그러나 이에 반대하는 사람은 이렇게 말했다. 건안성은 남쪽에 있고 안시성은 북쪽에 있는데, 군량은 그 사이인 요동에 있다. 따라서 안시성은 그들의 뒤에 있게 되니 수송로가 차단된다면 어떻게 할 것인가?

황제는 그 계획을 언급하며 이렇게 말했다.

"이세적 공을 지도자로 삼으라고! 하! 연주에서 있었던 이세적의 약탈에 대한 기억이 아니었다면, 안시성은 황제의 깃발을 보고 오래 전에 성문을 열었을 것이다. 안시성은 지금 가족들이 포로가 되고, 재산이 약탈되는 것을 막으려고 방어하고 있는 것일 뿐이다."

황제는 고연수와 그의 부사령관인 고혜진을 여전히 지휘관으로 삼고 있었다. 그들이 황제의 앞으로 나와 이렇게 말했다.

---

[147] 패 근세에 이르기까지 모든 성에는 세습 귀족이 있었다.

"종들이 감히 권고를 드리고자 하나이다. 안시성의 남자들은 아내와 가족들을 보존하고자 한 것입니다. 그러나 오골성의 욕살은 늙어서 수비가 견실할 수 없습니다. 그곳을 급습한다면, 아침과 저녁이면 오골성을 함락시키기에 충분합니다. 도중에 있는 여타의 작은 성들은 그 함락 소식을 듣기만 해도 모두 성을 비울 것이며, 군대가 북을 울리며 평양으로 전진하면 평양은 곧 쓰러질 것입니다."

이 권고를 따르기 바랐던 일부 대신들이, 장량의 군사가 비사성에 있으니 그에게 명을 내려 오골성[148]을 함락시키고 계속해서 평양으로 가도록 하라고 말했다. 그러나 황제는 무기의 조언을 가장 좋게 여겨, 안시성을 끝까지 포위하여 함락시키고 건안성으로 진격한다면 모든 성들이 함락되리라고 여겼다.

어느 날 황제는 성안에서 예사롭지 않은 요란한 소리를 듣고 이세적에게 말했다.

"우리는 이 성을 포위한 지 오래되었고 성 안에서 밥 짓는 연기가 나날이 줄어들고 있지 않았는가. 포위된 자들은 분명히 야습을 준비하고 있다. 군사들을 정비하여 이에 대비하라."

그날 밤 수백 명의 고구려인들이 밧줄을 타고 성벽을 내려왔다.

---

148 수연 근방 어딘가가 분명하다(257쪽 각주 참고).

그러나 그들은 성 밑에서 군사들을 소집해 놓고 있던 황제에게 발각되었다. 수십 명의 고구려인들이 살해되었고, 나머지는 다시 성 안으로 쫓겨 갔다.

강하왕 도종이 이 성의 동남쪽에 성벽보다 더 높게 토산을 쌓으려고 했다. 성의 운명을 결정지을 이 토산이 올라가는 것을 막으려고, 수비대는 하루에도 6~7회씩 교전했다. 그러나 헛된 일이었다. 밤낮을 쉬지 않고 토산을 쌓아 성을 내려다볼 수 있는 언덕이 만들어졌고 성은 이제 당唐의 손 안에 있었다. 이 토산을 쌓는 데 연인원 50만 명이 동원되어 60일이 걸렸으니, 8,500명이 매일 일을 한 셈이었다. 그리고 그 위에 망루를 세웠다. 복애가 그곳에 주둔했고, 중국 군대의 진영은 다음 날 이 완고한 성이 무너지리라고 확신하고 승리의 예감에 휩싸였다. 그런데 갑자기 수백 명의 고구려군이 성에서 돌진해 나와 새 언덕 밑에 있는 해자를 차지하고 기어 올라갔다. 그리고 맹렬히 공격하여 복애를 물리치고 그를 망루에서 내던져 버렸다. 이제 토성은 그들의 것이었고 숨을 편히 쉴 수 있었다. 진노한 황제는 복애의 목을 베게 했고, 토산을 공격하라는 명령을 내렸다. 그러나 사흘 동안 싸움이 계속되었어도 고구려는 여전히 언덕을 차지하고 있었다. 그들은 어렵게 빼앗은 것을 지키겠다는 용감한 결단을 내렸던 것이다. 도종은 황제에게 나아가 부하의 패배에 대한 죄를 자백하고 벌을 청했다. 황제는 이렇게 말했다.

"너의 죄는 크나, 나는 한무제가 왕회王恢를 죽인 것이 진목공이 맹명을 등용한 것만 못하다고 여긴다. 또한 요동과 개모성을 점령한 너의 공로를 잊지 않았다. 너는 용서받았다. 그러나 수비대는 나오지 않을 것이므로 여기 계속 있을 필요가 없다."

이렇게 해서 안시성을 위협했던 위기 덕분에 안시성은 지켜졌다. 그 계절에 요동 지방은 아주 가물어서 말이 먹을 물과 풀과 여물이 부족했고, 이제 서리가 내리기 시작하자 황제는 포위를 풀기로 결정했다. 황제가 떠날 준비를 하자, 성주는 성에 올라가 황제에게 절을 하며 작별했다. 황제는 그가 성을 굳게 지킨 점을 가상히 여겨 겹실로 짠 비단 100필을 주었다. 그는 이것을 받을 만했다.

이세적과 도종은 4만 명을 이끌고 후군으로 섰다. 그들이 고연수의 패배 이후 86일이 지나 요수를 건넌 후에 요서로 왔으나, 또 진흙 때문에 지나갈 수가 없었다. 1만 명의 군사들을 앞에 보내어 짚으로 진흙 위에 다리를 만들도록 했으며, 군대의 수레를 다리 기둥으로 삼았다. 황제는 열심히 일하여 본을 보였다. 요동성을 지난 지 11일째 되는 날에 그들은 포구에 이르러 발착수渤錯水를 건넜으며, 이곳들은 모두 요서[149]에 있었다. 여기서 그들에게 세찬 바람과 눈보라가 몰아쳤고, 동사자가 많이 생겼다. 고연수의 자만심 덕분에 그들은 이제 뒤에서 공격받는 일은 없었으며, 고구려인들은 감히 황제를 전쟁터에서 만나려고 하지 않았다.

황제는 미완으로 끝나게 된 이 원정을 개탄했으며, 현도, 횡산, 개모, 마미, 요동, 백암, 비사, 협곡, 은산, 후황 등의 10개 성을 자신의 손으로 함락시키고, 요동, 고구려, 연의 주민 7만 명을 포로로 중국으로 데려왔음에도 불구하고 가치 있는 업적으로 여기지 않았다. 이것은 연개소문에게 굴욕감을 안겨주려는 그의 주목적을 완수하지 못했기 때문이었다. 신성, 건안성, 주필산에서 있었던 세 번의 대전투에서 고구려는 4만 명의 군사들과 2,000명의 지휘관을 잃었다. 요동에서 죽은 중국인 병사들의 유골은 중국 땅으로 가져와서 유성의 남동쪽, 성 바로 바깥에 묻고 제사를 지냈으며, 황제는 그들을 애도했다.

"우리 아들들의 죽음을 천자가 이렇게 슬퍼하는 이유가 무엇인가?"

황제는 설인귀에게 다음에는 젊은 장수들이 있어야 한다고 말했다. 그리고 그가 기쁜 이유는 요동의 재정복 때문이 아니라 진정한

---

149 아마도 요하강과 형주 사이의 저지대일 것으로 생각되는데, 그렇다면 발착수는 대양하大洋河이다.

고귀함이 무엇인지 알게 되었기 때문이라고 했다.

유주에서 1만 4,000명의 고구려인들을 군사들에게 상으로 나누어 주기 위해 데려갔으며, 이들은 아버지와 아들이, 남편과 아내가 헤어져야 했다. 군대가 아직 고향으로 행군하고 있을 때 황제는 이 군인들에게 특정한 액수의 돈을 주고 이 포로들을 사면하여 이들을 중국 백성으로 삼았다. 이들이 환호하는 소리가 사흘이 되도록 그치지 않았다. 당시 황제는 아직 유주로 가는 도중이었다. 그가 그곳에 도착하자 사면을 받은 고구려인들이 와서 절을 했으며, 그의 앞에서 소리치고 노래하고 기쁨에 겨워 춤을 추었다. 만약 전쟁이 공명정대한 것이기만 했다면, 당나라의 두 번째 황제인 그가 기독교 국가의 많은 정복자들에 필적할 뿐만 아니라 그들과 대조를 이룰 수도 있었을 것이다.

646년 가을에 연개소문은 조공을 보냈다. 그러나 그의 '말은 그럴듯했지만 거짓이었고', 그의 정탐꾼들은 중국 땅을 벗어난 적이 없었으며, 신라와의 반목을 절대로 그만두지 않았다. 따라서 황제는 그의 조공을 거절했고, 다시 고구려 원정을 논했다. 그러나 한동안 심각한 병 때문에 이 생각을 접어 두었다. 건강을 되찾고 새해가 되자 황제의 생각은 다시 그 주제로 돌아갔고, 신하들은 최대한 강경하게 노골적으로 반대했다. 그들은 이미 얻은 몇 년간의 안정된 정부가 압록강 이북을 황제의 발 앞에 가져다 놓을 것이라고 말했다. 그러나 다음 달(4월)에 황제는 1만 명 이상의 군대를 청구도靑丘道(바다 동쪽 300리에 있는 왕국으로 알려진 곳!) 해군대총관 우진달牛進達의 지휘 아래 바다를 건너가게 했다. 태자 첨사 이세적을 요동도 행군대총관으로 삼아 3,000명을 거느리게 하여, 모두 신성에서 진격하게 하고, 열심히 수전水戰 훈련을 하도록 했다. 물론 이들은 군주의 개인적인 허락 아래 고구려 땅에서 훈련하는 것이 최상이라고 생각했다. 우진달은 100여 차례나 싸웠으며 모두 승리를 거두었다. 적리성에서는 고구려 군사 1만여 명을 만났으나 완전히 패배시키고 2,000명을 살해했다.

본격적인 공격을 준비하기 위해 강남(양자강 남쪽) 12주 혹은 청廳의 배를 건조하는 대목大木들을 징발하여 큰 배 수백 척을 만들도록 했다. 배는 각각 길이가 100척尺이며, 넓이도 그 절반에 달했다. 그러나 그 몇 달 후 해적질에 가까운 적대 행위가 계속되는 가운데 고구려 왕의 사신을 맞아들였다. 5월에 고구려 기병 5,000명과 보병이 역산에서 패배했고, 그날 밤 고구려 군사 1만여 명이 배를 공격했으나 격퇴되었다. 이런 균형을 잃은 투쟁을 지속하는 고구려의 집요함에 황제는 진노했다. 그리고 그는 30만 대군을 출동시켜 이 성가신 이웃을 멸망시킬 계획을 세우기 시작했다. 유일한 장애물은 고구려를 간섭하지 말고 내버려 두라는 신임받는 대신들의 간곡한 반대였다. 그 이유는 한두 명의 죄인들을 벌하자고 수많은 결백한 사람들의 생명을 희생시킬 수는 없기 때문이었다. 그해(648) 말엽에 장군 설만철薛萬徹이 고구려에서 돌아왔다. 그가 패배하고 돌아왔다는 망신스러운 사실은 설만철이 향성으로 이송되었다는 것으로 미루어 짐작할 수밖에 없는데, 얼버무려도 되는 패배들에 대해서는 중국 역사에서 그 모습을 볼 수 없다. 그는 그 전해에 3만의 군사들을 이끌고 내주에서 바다를 건너 항해했으나 그가 얼마나 많은 병사들을 데리고 돌아왔는지는 모를 일이다.

당시 신라도 어려운 형편이었다. 불과 몇 달 전에 새 왕이 황제의 임용을 받았고, 13개의 성을 백제에 빼앗겼다는 보고를 해야 했다. 같은 해(648)에 돌궐은 서쪽과 북서쪽에서 적대감을 드러냈고, 고구려는 동쪽에서 도전을 했으며, 거란의 장군 굴가는 당에 항복하고 송막의 도독이 되었다. 송막은 유성 북쪽에 그를 위해 만든 현縣으로서 원래 거란의 본거지였다.

한편 배를 건조하는 일은 쉴 새 없이 진행되었고, 대목들은 괴로운 노예 생활을 불평했다. 그리고 황제는 황제대로, 이전에도 고구려와 전쟁하는 것을 끈질기게 반대하는 대신들에 대해 불평한 적이 있으며, 이전에도 이미 여러 번 이런 일을 겪은 바 있었다. 그리고 당 왕조의 진정한 창시자이자 가장 유능한 황제였던 그는 고구려를 정복하지 못했고, 연개소문은 여전히 권력을 쥐고 있었다. 649년 여름에 황제의 아홉 번째 아들이 통치하기 시작했다. 그는 아버지와 아주 가까워서 밤낮으로 그의 병상을 떠나지 않으며, 며칠 동안 음식을 입에 대지 않았고, 염려로 머리카락이 하얗게 세었다. 그러나 그는 아버지의 정책들을 당장 뒤집어, 요동의 군대를 해체시키고 '흙으로 짓고 나무로 만드는 일'에 드는 지출을 모두 금했다. 2년 후에 백제는 사절을 보내어 공물을 바쳤다. 그들에게 황제는 고구려와 신라와 싸우기를 그만두지 않는다면 그가 쳐들어갈 것이라고 말했다. 그리고 그 다음 해에 동쪽의 세 왕국들은 조공을 바쳤다.

554년[150]에 고구려는 장수 안고에게 자국의 군대와 말갈군과 함께 요동의 북쪽과 북서쪽의 거란을 공격하라고 했다. 거란은 당시 제국의 흔들림 없는 지지자였다. 거란의 송막 도독은 신성에서 고구려를 대파하였다. 이것은 고구려가 요동반도를 되찾았다는 것을 뜻한다. 따라서 연합군은 동쪽으로 진격하여 백제에서 군사들을 추가로 영입하고 신라의 북쪽 변경을 침공하여 33개의 성을 점령했다. 신라의 새 왕 춘추春秋는 급히 구원을 요청했다. 그 답으로 황제는 영주 도독

---

150 654년(옮긴이).

을 동쪽으로 보냈다. 영주 도독은 요하강을 건너고, 고구려는 귀단수[151]를 건너가 그와 맞섰다. 맹렬한 전투 끝에 연합군은 퇴각할 수밖에 없었고, 도독이 앞으로 진격하여 성 외곽에 불을 지르고 돌아갔다.

658년 여름, 황제는 영주 도독과 중랑장 설인귀에게 군사들을 거느리고 고구려를 침공하라고 했다. 그들은 적봉진을 함락하고, 400명을 살해하고 100명을 포로로 삼았다. 두방루는 고구려군 3만 명의 선두에서 그들을 맞았다. 그러나 거란의 왕 정명진이 과거에 도움 받은 것을 갚고자 기다리고 있었다. 그는 개원성에서 고구려를 대파하고 2,500명을 살해했다.

660년, 고구려와 백제의 침략에 대해 신라가 탄원을 했다. 그러자 이에 대한 대답으로 소정방과 유백영이 10만의 군사들을 이끌고 만을 건너 항해하여, 그때까지 평온하게 지냈던 백제로 쳐들어갔다. 소정방은 산동성 성산에서 배를 탔다. 백제 군사들은 웅진강 혹은 금강 입구에서 그들을 맞았다. 그러나 백제군은 쉽게 패배했고, 수천 명이 죽었다. 살아남은 자들이 도망가자 소정방은 수도인 웅진성, 즉 오늘날의 공주로 바로 진격했다. 20리 밖까지 갔을 때 백제가

---

151 중국의 저자들은 신성의 남서쪽으로 보지만, 이곳에는 작은 강들이 있을 뿐이다.

다시 군사를 모아 방어하였으나, 또 패배하여 1만 명이 죽임을 당했다. 생존자들은 성 안으로 달아났다. 백제의 왕 의자가 태자 융과 함께 왕국의 북쪽으로 도망치니, 성 안에 남아 있던 둘째 아들이 왕의 자리에 올랐다. 융의 아들도 성 안에 있었다. 그는 숙부의 야심을 보고, 만약 당나라가 패한다면 아버지와 할아버지의 생명이 위태로워질 것을 두려워하여 측근들과 함께 성을 나왔다. 그리고 이 새 왕은 사람들이 그를 따르는 것을 막을 수가 없었다. 소정방은 병사들을 보내어 성벽에 깃발을 꽂게 했고, 이제 실제적인 방어가 불가능하다고 생각한 왕은 성문을 열었다.

백제는 5부府로 나누어져 있었는데, 이것은 다시 37군, 200성, 76만 호로 나누어져 있었다. 그리고 부 위에는 웅진, 마한, 동명, 금연, 덕안의 5도독부가 있었다. 이곳의 관료들은 중국 정부 밑에서 도독과 자사가 되었다. 수도는 고마성이라고 불렀다. 수도 바깥에 다섯 방이 있었다. 첫 번째는 중방인 고사성, 두 번째는 동방인 득안성으로 오늘날의 은진이며, 세 번째는 남방인 구지하성, 네 번째는 서방인 도선성, 다섯 번째는 북방인 웅진성이다.

백제 왕 일행은 수도에서 황제를 알현했으며, 황제는 왕을 제외한 모든 자들을 고국으로 돌아가게 했다. 그는 관련된 지휘관들을 모두 진급시켰다. 유인궤는 평범한 병사이자 지휘관이었다가 어느 날 산동성 청주의 원員이 되었다. 그는 파손된 배를 구해 수리해서는 마치 죄를 짓고 참회라도 하듯이 비탄에 빠진 자원병으로 백제로 가는 군대를 따라갔다. 아마도 이것은 그가 임용 과정에서 빠졌기 때문일 것이다.

그 이듬해 정월 황제는 하남과 회남 등의 군사들에게 고구려를 공격할 준비를 하라고 명했다. 그러나 그들은 백제로 진로를 변경해야 했다. 백제에 대한 애국심이 강한 불교 승려[152] 도침이 군사들을 모아 장군 복신福信과 함께 주류성을 점거했던 것이다. 도침은 사절을 보내서 백제 선왕先王의 아들을 불러와 왕으로 임명했다. 그리고 빠른 속도로 나라를 재정복하고, 수도인 사비성(부여)에 남아 백제를 통치하던 유인원을 포위했다. 웅진 도독으로 임명된 왕문도가 임지를 향해 바다를 건너다가 죽었다. 그리고 자원병 유인궤는 기쁘게도 백제 국경 지역인 대방의 주자사로 임명되어 왕문도의 군사들을 통솔하고 신라와 연합하여 유인원을 구하는 일을 맡았다. 그러나 신라군은 직접 싸우기보다는 누군가 대신 싸워 주기를 바랐기 때문에 보급품이 부족하다는 이유로 퇴각했다. 황제는 그들에게 다시 출동하라는 명령을 내렸다. 그들은 다시 진격했으나, 복신의 손에

---

152 한국에서 불교와 그 승려들이 큰 존경을 받는 이유는 아마도 이런 실례들 때문일 것이다. 그러나 전쟁터는 불교적인 생명 개념과 모순된다(제11장 참고).

참패를 당했다. 이렇게 되자 그들은 도망쳤고, 다시는 모습을 드러내려고 하지 않았다.

백제인들은 웅진강에 두 개의 성벽을 세웠다. 그러나 그들은 크게 패하였고, 죽거나 물에 빠져 죽은 병사들이 1만 명에 달했다. 도침은 포위를 풀고 임존성任存城으로 후퇴했는데, 이곳은 백제 서쪽의 동일한 이름의 산 옆에 위치하고 있다. 이렇게 해서 유인궤는 유인원과 합세할 수 있었다. 복신은 도침을 죽이고 군대를 장악하려고 했다.

중국에서는 오랑캐군을 포함한 35군이 소집되어 고구려로 진격하라는 명령이 떨어졌다. 황제는 직접 군사들을 거느리고 진격하겠다고 했다. 그는 용감하고 냉혹한 황후의 끊임없는 간청과 충고를 받았다. 황후는 그 유명한 무후武后로서 중국 역사상 가장 비범하고 용맹스러운 여성이다. 그러나 이 군대가 도착하기 전에 이미 소정방은 패강浿江에서 고구려 군대를 여러 번 무찌르고 평양을 포위했다. 연개소문은 아들 남생을 압록강으로 보내어 당나라 군대가 건너오지 못하게 했다. 그러나 11월에 강이 얼어붙자 설필하력이 군사들을 이끌고 강을 건너 고구려 군사를 쫓았으며, 이들은 항복했고 3만 명이 목숨을 잃었다. 남생은 혼자 달아났다. 그러나 평양을 함락시키지는 못했고 폭설이 내리자 소정방은 포위를 풀어야 했다. 그리고

측천무후

설필하력은 그곳에 도착하기 전에 철수하라는 명령을 받고 돌아갔다. 한편 신라의 김춘추가 죽고 그의 아들이 낙랑군왕, 즉 신라의 왕이 되었다.

662년 봄에 옥저도총관 방효태가 사수 언덕에서 고구려에 전멸을 당했으며, 그도 자신의 아들 13명과 함께 전사했다. 여름에 유인원과 유인궤는 웅진 동쪽에서 백제를 패주시킴으로써 이 패배를 복수했다. 그들은 진현성을 빼앗아, 불안하고 옹색한 거점을 유지하고 있던 웅진성에서 그곳으로 진영을 옮겼다. 유인궤는 고향으로 돌아가겠다고 요구하는 군사들에게 이렇게 말했다.

"지금 개인적인 이익을 추구하자는 것이 아니며, 오직 폐하의 소망을 실현시키고자 하는 것이다. 그것은 다름이 아니라 고구려의 패망이다. 그리고 백제는 고구려의 심장이니, 고향으로 돌아가기 전에 백제를 발 앞에 꿇려야 한다. 일단 백제가 망한다면 고구려는 더 서 있을 수 없다. 그리고 황제가 약해진 군대를 위해 원군을 보내 줄 것이다."

따라서 군사들이 다시 배를 타고 돌아가고 싶어했던 주된 이유는 군사력의 약화였다고 생각된다. 그는 또한 이렇게 권면했다.

"그들이 평양의 군대처럼 후퇴한다면 고구려는 그 어느 때보다 강해질 것이다. 그들의 출발은 동맹국 신라를 공격하라는 신호가 될 것이다. 그러나 그들이 백제의 중심부에 남아 있으면 재해를 막을 수 있으니 이것만으로도 백제를 점거할 충분한 이유가 된다. 복신은 승려를 살해하고 고압적인 태도를 보여 백성들 사이에 불안감이 조장되었다. 왕과 대신들도 모두 개인적인 이익을 추구하는 이런 상황에서 그들이 떠난다면 어리석은 일이다."

유인궤의 연설을 듣고 그들은 남아 있는 것이 바람직하다는 판단을 내렸다.

그 당시에 풍왕豊王과 복신은 유인원에게 빈정대는 전갈을 보내어 언제 고향으로 돌아갈 것인지, 그때 그를 호위해 주겠다고 말했다. 그러나 유인원과 그의 동료들은 자신들이 오랜 동안 움직임이 없었기 때문에 공격을 할 수 없는 형편이라고 백제가 믿고 있다고 확신했다. 그리하여 공격을 감행하여 지라성, 윤성, 대산, 사정을 빼앗아 각각 수비대를 설치했다.

물론 진현성은 방어를 잘 하고 있어서 접근하기가 힘들었고, 복신은 성을 굳건히 지켰다. 이 승리 후에 유인궤는 신라에 사절을 보내어 당장 군사와 식량을 보내라고 했다. 이 연합군은 진현성으로 진격하여 밤에 성벽에 짚을 쌓았다. 다음 날 아침 일찍 그들은 성으로 들어가 성을 차지하여 신라와 직접 통신이 가능하게 되었다. 이것은 진현성이 백제의 동쪽에 있었고, 그들이 남쪽을 서에서 동으로 휩쓸고 지나갔음을 가리킨다. 유인원은 이것을 계기로 내주에서 하릴없이 머물러 있던 7,000명의 군사들을 보내 달라고 청했다.

　백제의 정권을 잡은 자들은 무능했다. 왕과 당시 최고 사령관이었던 복신은 서로를 의심했는데 이것은 당연한 일이었다. 그 이유는 복신이 왕을 세운 도침을 살해할 수 있었다면, 왕을 살해하는 일도 망설일 이유가 없었기 때문이다. 복신 스스로도 마음이 떳떳하지 않았음이 분명하다. 자신이 죽인 사람이 왕의 가장 친한 친구였기 때문에, 기회를 얻는다면 왕이 그 살인에 대한 복수를 할 가능성이 많았기 때문이다. 사태는 극단으로 치달아, 복신은 병을 가장하여 동굴에 칩거하며 이 사실을 왕에게 알리도록 했다. 그리고 왕이 안부를 물으러 오면 죽일 수 있게 군사들을 매복했다. 왕은 복신의 의도를 알고, 신임하는 종들을 먼저 보내어 굴 속으로 들어가 복신을 죽였다. 복신에게서 놓여난 왕은 고구려와 일본에 사절을 보내어 당나라 군사들을 물리칠 수 있도록 도움을 청했으며, 당나라 군대도 곧 증원되었다.

　다음 해에 일본은 풍왕의 요청에 대한 응답으로 상당한 군사를 보냈다. 당은 손인사孫仁師를 보내 주류성 포위를 풀었으며, 이들은 유인원의 지휘 아래 육로를 택했다. 한편 유인궤는 군량선을 거느리고 웅진강에서 백강 어귀까지 가서 육군과 합류했다. 웅진강은 현재 수도의 서쪽인 과거 백제의 땅에 있으며, 백강은 동쪽의 한강이 분명하다. 두 강은 이렇게 백제의 국경을 이룬다. 왜군이 중심이 된 연합군은 백강 어귀에 집결했으나 네 번의 잇따른 전투 끝에 패배했다. 당나라 군대는 왜군의 배 400척을 불살라 그 연기가 하늘에 닿았으며, 바다는 붉게 물들었다. 마침내 풍은 도망치고 고구려 왕의 두 아들은 군사들과 함께 항복했다. 이렇게 하여 백제는 완전히 진압되었다. 임존성 한 곳을 제외하고는 즉시 정복자 앞에 무릎을 꿇었다. 임존성은 승려 도침이 은둔했던 곳이며, 그가 무장으로서의 빛나는 경력을 시작한 곳이다. 도침은 승려였지만 수많은 생명들이 그에게 희생되었으며, 그의 첫 번째 군대도 상당 부분이 승려들로 이루어져 있었다. 이 성은 이제 지수신遲受信의 휘하에 있었다.

소정방이 백제를 정복했을 때 백제의 장수들 모두가 그에게 항복했다. 소정방은 왕과 그의 아들들을 결박했고, 군사들은 동포들을 약탈하도록 풀어 주었다. 그러나 뛰어난 인물들 여럿이 죽임을 당했다. 항복한 자들 가운데 흑치상지黑齒常之는 키가 2미터가 넘었고 날쌔고 용감하며 지략이 있었다. 그는 백제의 달솔이었으며, 이는 당나라 자사와 같다. 그러나 장수들이 죽임을 당하는 것을 본 상지는 목숨을 잃을 것을 두려워하여 자신을 따르는 몇몇과 가까운 식솔들과 함께 도망쳤다. 그는 고향으로 돌아가 흩어졌던 사람들을 불러 모아 임존산으로 들어가 저항했다. 열 달이 채 지나지 않아 3만 명이 모였고, 그를 진압하고자 공격하는 소정방의 군대를 격퇴하였다. 그리고 그는 공세를 취하여 200여 곳의 성을 회복했다. 소정방은 이 성들을 되찾을 수 없었으며 자신의 관할 구역으로 돌아갔다. 흑치상지의 예를 사타상여沙吒相如가 다른 성에서 모방했으며, 이 두 사람은 복신을 지지할 준비가 되어 있었다. 그러나 두 장수 모두 백강에서 유인원의 승리 이후 항복했고, 유인궤는 그들을 보내어 임존성을 함락하게 했다. 그러나 그들은 성에 도달하자 포위된 자들에게 곡물과 무기를 보냈다. 유인원은 이 소식을 듣고 격노하여 그들을 인간이 아닌 금수의 심중을 지닌 반역자들로 고발했다. 그러나 유인궤는 그들의 항복을 수락했고, 그들이 배반할 아무런 이유가 없다고 말했다. 그들의 그런 행동은 성을 차지하려는 계략의 일부인 것이 분명하며 그들은 공정한 재판을 받아야 한다고 했다. 그리고 그들은 실제로 성을 함락시켰으며, 지수신은 가족과 함께 고구려로 도망쳤다.

장수 유인원이 수도로 돌아가자 황제는 그가 전하는 소식에 크게 기뻐했으며, 그의 능력과 운을 크게 치하했다. 그러나 유인원은 모든 명예를 유인궤에게 돌리며 모든 성공적인 작전은 그의 계책이었다고 말했다. 따라서 황제는 유인궤의 벼슬을 6품계나 올렸으며,

그를 대신으로 삼기 위해 대방주 자사의 직위를 취소했다. 그리고 그를 위해 장안에 좋은 집을 지어 주고, 그의 아내와 아이들에게 많은 호화로운 선물을 주었으며, 친필 서명이 든 편지를 써서 제국의 옥쇄를 찍어 주고, 그를 백제의 통치자로 임명하여, 나라 안 모든 군대의 총수로 삼았다. 한 환관이 말하기를 유인궤가 흰옷(상복)을 입고 전쟁에 나간 것은 그가 큰 죄를 범했기 때문이 분명하지만, 그가 자신의 충성을 끝까지 증명했기 때문에 이 모든 명예를 받을 만하다고 했다. 그리고 그는 이렇게 덧붙였다. 유인원은 그 자신이 훌륭한 대신이자 유능한 인물이기 때문에 자신을 위한 모든 명예를 즉석에서 거부했다는 것이다.

전쟁 후 백제의 형편은 비참했다. 모든 성은 파괴되었고, 집은 불탔다. 유인궤는 수많은 유골과 시체들을 예의를 갖추어 매장하도록 명했다. 그리고 백성들에게 집을 짓고 땅을 경작하도록 했다. 그리고 얼마 안 있어 백제는 그 어느 때보다 번성했으며 백성들은 기뻐했다. 한편 유인궤는 군사들의 눈앞에 고구려를 끊임없이 어른거리게 했다. 이어 이들은 동쪽에서부터 공격했고, 요동의 중국인들은 압록강에서부터 공격했다.

당시 당나라 군사들은 유리가 발명된 곳(아라비아에서?)을 향한 원정을 성공적으로 이끌었고, 페르시아의 동쪽과 안시 지역 그리고 남쪽 국경 너머의 소로문燒虜門 등에도 원정했다. 이 당나라 군대의 다양한 군사들은 4만 명에 달했다. 그러나 황제의 내정은 그리 순조롭지 못했다. 패권을 차지하려고 오랫동안 비밀리에 음모를 꾸미고 있던 무후의 계획이 드러나 그 공모자들이 법의 심판을 받았다. 무후는 극도로 분개했고, 대신들의 권유로 극단적인 방편을 택했던 황제의 허약한 고백도 무후를 진정시키지 못했다. 결국 그 대신들은 벌을 받았고, 무후가 총애했던 음모자들은 모두 풀려났다.

664년에 고구려의 정사는 연개소문의 죽음으로 복잡해졌다. 고구려의 관직은 세습되었기 때문에 그의 맏아들 남생이 연개소문의 뒤를 이어 막리지가 되었다. 그러나 그는 최고 권력을 원했고, 두 아우 남산과 남건의 목숨을 노리고 계책을 세웠다. 아우들은 남생의 계획에 대해서 들었지만 그것을 믿지 않았다. 또한 남생도, 형이 자신들의 자리를 빼앗을 것을 두려워한 두 아우가 형이 수도로 들어오는 것을 막으려고 한다는 말을 들었다. 남생은 이 말을 믿고 자신의 심복을 평양으로 보내어 앞길을 준비하고 강력한 파당을 구성하도록 했다. 심복들은 곧 발각되었고 두 아우는 이제 처음에 들었던 보고를 믿게 되었다. 심복들을 붙잡아 옥에 가둔 두 아우는 왕명으로 남생을 평양으로 소환하였으나, 형은 감히 수도로 돌아오지 못했다. 그리하여 막리지의 직위는 남건이 차지했으며, 곧 군사들을 거느리고 남생을 향해 진격했다. 그러나 남생은 국내성으로 도피하고 당나라로 사람을 보내어 도움을 청했다. 당은 이런 그의 간청에 기꺼이 답했으며, 설필하력을 동쪽으로 보내 남생을 그의 군대에 받아들여 안내인으로 삼게 했다. 다른 군대들도 준비가 되는 대로 뒤따랐다.

고구려는 가을에 패배했다. 그리고 남생은 요동 도독 겸 평양도안무대사平壤道安撫大使와 현도군공으로 책봉되었다. 다음 해에 당나라 군대는 모두 이적李勣의 지휘를 받게 되었고, 하북의 곡물과 조세를 모두 요동으로 보냈다. 여러 장수들이 함께 논하기를, 신성은 고구려의 서쪽 끝에 위치하고 있기 때문에 이곳을 그냥 지나쳐 후방에 남겨 둔다면 위험할 것이라고 했다. 그들은 공격하기로 결정했다. 이적이 신성으로 군대를 인도했고, 신성 사람 사부구가 성문을 열었다. 16개의 성이 이 예를 따랐다. 이것은 고구려가 645년에 잃었던 요동 평야의 남동쪽 지역은 최소한 회복했다는 것을 보여 준다.

신성에는 곧바로 당나라 수비대가 배치되었고, 남건은 서쪽으로 진격했으나 곧 설인귀에게 패배하여 금산[153]까지 쫓겨 갔다. 여기서 그들은 또 한 번 저항을 시도했으나, 설인귀의 측면 공격으로 다시

---

153 이 '황금산'은 요동반도의 금주에서 남서쪽으로 몇 킬로미터 떨어진 곳이다(지도 2 참고).

혼란에 빠져서 격파당했다. 남소, 목저, 창암 등의 성들이 함락되었다. 그러나 당나라 군대는 압록강 가에서 식량이 떨어져 공포에 떨고 있었다. 이것은 그들이 패배하지는 않았다고 해도 강력한 저지를 받았다는 것을 말해 준다. 고구려에 파견되어 얻은 한 가지 이익은 자신감을 되찾았다는 점이다.

668년 봄에 설인귀는 금산에서 고구려 군사들을 격파했으며, 3,000명을 거느리고 부여성을 치려 했다. 그러나 여러 장수들이 군사가 적다는 이유로 진격하기를 거부했다. 그러나 설인귀는 병력은 반드시 많아야 하는 것은 아니라고 말하며 스스로 선봉이 되어 고구려와 싸워 이겼고, 수많은 군사들을 사로잡았다. 그리고 또한 부여성을 점령했으며, 천중川中의 40여 성들에는 장수들을 보내어 항복하라고 요구했다. 설인귀는 이러한 상황을 보고하기 위해 사자를 요양으로 보냈다. 황제에게 사자는, 연개소문이 죽은 이후 고구려는 극심하게 분열된 형편이기 때문에 지금 고구려를 쳐야 하며, 또한 백성들은 연이은 흉작으로 불안한 가운데 있다고 말했다. 또 사자는 황제의 물음에 설인귀는 분명 최고의 전략가라고 대답했다. 당시 혜성이 '오거성五車星'[154]에 나타났다. 동북방에 나타난 혜성은 고구려

---

154 필성畢星의 북쪽이자 황소자리의 동쪽에 있는 다섯 황제의 전차와 왕가의 다섯 군사들.

가 장차 멸망할 징조였다. 그러나 황제는 혜성의 징조에도 불구하고, 반역하는 장수들은 벌하겠지만 고구려의 백성들은 구하겠다고 말했다.

여름에 남건은 부여를 되찾기 위해 5만 명의 군사들을 보냈다. 그러나 그들은 설하수에서 살해되거나 생포되었으며 나머지는 뿔뿔이 흩어지고 말았다. 이적은 계속해서 그들을 쫓아가 대행성으로 진격했으며, 흩어져 있던 당나라 군대들을 하나로 모아 압록강의 방책으로 진군했다. 그들은 200리를 추격하여 욕이성을 함락시켰다. 고구려는 성들을 포기했고, 나중에 텅 빈 채 발견되었다. 설필하력이 군대를 이끌고 평양성 밖에 도착했고, 곧 성은 포위되었다. 왕은 전쟁을 그만둘 때가 되었다고 생각하여, 천남산과 98명의 수령들에게 백기를 들려 내보내 항복했다. 이적은 예를 갖추어 그들을 맞았다.

그러나 남건은 여전히 대항하며 성문을 닫고 자주 군사를 내보내 싸웠으나 그때마다 패했다. 남건은 불교 승려 신성을 신뢰하여 대리인으로 삼았으나, 신성은 결국 이적에게 비밀리에 사자를 보내어 내응하겠다는 뜻을 전했다. 이적은 여기 동의했다. 당나라 군사들은 성으로 들어가 불을 질렀고, 성은 4개월 동안 불탔다. 남건은 칼을 들어 자신을 찔렀으나 죽지 않고 사로잡혔다. 마침내 고구려는 당나라의 손에 들어갔다.

  왕은 황제의 명령에 따라 수도로 이송되어 선황제의 묘 앞에서 귀가 잘리는 형벌을 받았다. 선황제는 고구려를 상대로 너무나 끈질기고도 헛되게 싸웠다. 그는 후에 보장왕의 죄를 용서하고 사평태상백을 삼았다. 남산은 사재 소경에, 승려 신성은 은청 광록대부에, 남생은 우위 대장군에 임명되었다. 남건은 검주에 유배되었다. 이적을 비롯한 여러 사람들에게는 정도에 따라 상을 내렸다. 고구려는 5부, 176성, 69만 호로 나누어져 있었으나, 9도독부, 42주로 재편했다. 평양을 수도로 삼았고, 설인귀가 군사 2만 명을 거느리고 이 지역을 통치하도록 했다. 9도독부는 신성新城, 요성遼城, 가물哥勿, 위락衛樂, 사리舍利, 거소居素, 월희越喜, 거조去朝, 건안建安으로서 이들은 주로 요동에 있다. 42주 혹은 청廳은 요동에 있었다.

  고구려인들에게 전해 내려오는 말에 따르면, 그들은 900년을 내려오다가 80세의 노인에게 멸망할 것이라고 했다. 그리고 이 두 가지 예언은 실현되었다. 고구려가 독립적으로 존재하기 시작한 이후 900년이 흘렀고, 이적은 80세가 넘었다.

  670년에 고구려 귀족 검모잠이 나라를 다시 일으키고자 보장왕의 손자를 왕으로 세웠다. 대장군 고간은 그를 없애라는 명을 받았으나, 어린 왕 안순은 이미 검모잠을 죽이고 신라로 도주한 후였다.

그러나 독립을 위한 노력이 이것으로 끝난 것은 아니었다. 고간이 평양의 서쪽 안시성에서 고구려 군사를 격파했다. 그리고 그 반년 후에는 백제의 동쪽인 백빙산에서 싸움이 있었는데, 심각한 위협을 두려워한 신라가 고구려를 구하고자 군대를 보냈다. 그러나 그것도 아무런 도움이 되지 못하고 패배하고 말았다.

 674년, 황실의 세력을 거의 다 쥐고 있던 무후는 이제 모든 지배권을 장악했다. 황제는 한동안 건강이 좋지 않아 그의 아들이 섭정을 했다. 무후의 통치는 '힘 있고 가혹했으며' 무후의 뜻은 반대하는 대신들의 시체를 넘어 실행되었다. 무후는 아주 특이한 칭호들을 취했다. 중국의 칭호들은 겸손한 경우가 거의 없으나, 천국, 신 등보다 낮은 것은 그 어떤 칭호도 무후를 충분히 만족시키지 못했다. 무후는 유인궤를 보내어 신라를 치게 했다. 그 이유는 신라가 고구려에서 수많은 피난민들을 받아들였는데, 이제 이들이 강을 건너 백제의 동쪽을 차지하고 땅을 경작했기 때문이었다. 신라의 왕은 폐위되었다고 공표하였다. 그리고 당시 중국의 수도에 있던 그의 형제를 왕으로 선포하고 그를 귀국하게 했다. 유인궤는 더 실제적이었다. 그는 칠중성에서 신라군을 무찌르고, 말갈에는 바닷길로 신라의 남쪽으로 가서 치라는 명령 혹은 승인을 했다. 유인궤는 말갈의 노략질과 살육 소식을 듣고 군대를 불러들였다.

이근행은 신라의 매초성에 주둔하여 이 왕국을 괴롭혔다. 곧 전쟁은 끝났다. 그 세 번의 연속적인 전투에서 신라 군대는 참패했다. 신라는 '죄를 뉘우치고 용서를 구했으며' 황제는 신라를 용서하고 왕의 관작을 회복시켜 주었다. 사실 신라는 중국과의 관계에서 어떤 이익도 보지 못한 것 같은데, 항상 이웃들에게 패했기 때문이다. 신라는 정부를 요동[155]으로 옮겼다.

'황제'는 옛 고구려 왕인 보장왕을 돌려보내고 옛 이름을 되살려 '조선' 왕으로 봉했다. 모든 한국인 포로들을 모아 그에게 맡겼고, 수도는 또다시 요동에서 보장왕의 목적지인 신성으로 옮겨졌다. 백제는 짓밟히고 초토화되었다. 이러한 황폐함은 백제가 자유를 위해 또 한 번의 노력을 기울였다는 것을 입증하는 것이며, 그들은 패배했다.

요동에 도착한 보장왕은, 실제로 그랬는지는 모르겠지만, 말갈의 원조를 믿고 반란을 꿈꾸었다는 의심을 받았다. 그리하여 소환되어 유형지에서 '죽었다'. 이 말은 흔히 비밀리에 죽임을 당했다는 말의 완곡한 표현이다. 보장왕의 가까운 추종자들은 하남의 여러 성으로

---

155 수도의 이름은 안동, 즉 '동쪽을 평안히 하는' 곳이며 오늘날의 철령 근방으로 생각된다. 만주의 '거대한 성', 즉 앙방성일 가능성도 있으며, 이곳은 철령에서 남동쪽으로 80리인 곳으로 고대 성의 폐허가 있다. 그러나 이 성은 안동보다 후대의 것이라고 한다.

추방되었고, 돌아왔던 망명자들은 말갈과 돌궐 땅으로 도망갔다. 융은 과거 자신의 왕국으로 돌아가기를 두려워했고, 고씨와 부여의 가계는 끊어졌다. 무후는 신라도 같은 식으로 몰살시키고 싶었다. 그러나 나이 많은 대신이 임종의 자리에서 일어나 서쪽에서 큰 위험이 위협하고 있다고 간언했다. 그의 권고가 받아들여졌다. 따라서 군대는 동쪽 대신 서쪽으로 파견되었다. 그러나 이런 노력은 그 늙은 대신을 죽게 만들었다. 따라서 신라는 자기 관습을 따르고 왕을 세울 수 있었으나, 1년 안에 두 명의 왕이 죽었다.

고구려 땅은 너무나 철저하게 파괴되었고, 고구려는 두 세대 동안 역사에서 잊힌 채로 어두운 태내에 버려졌다. 그러나 비록 침묵하고 있었다고 하더라도 고구려는 자라고 있었다. 수많은 망명객들과 그들의 자녀들이 그 아름다운 계곡과 푸른 언덕으로 돌아갔다. 그동안 중국 본토와 그 주변에서는 많은 일이 일어났다. 당시에 실시되었던 빈번한 인구 조사에 따르면, 중국 본토에는 800만 가구 또는 5,000만 명, 혹은 중국인들이 흔히 표현하는 대로 '입'이 있었다. 중국의 북쪽과 북서쪽, 북동쪽에서는 적대국의 검은 구름이 공중을 떠다니다가 이따금 달려들었다. 때로는 성을, 때로는 곡물 창고를, 또는 하피[156]처럼 들의 과실을 황폐하게 만들었다. 막대한 수의 돌궐족은 중국 국경의 북서쪽과 북쪽에서 당 왕조 내내 중국 약탈을 멈추지 않았다. 그들 다음으로 숫자와 약탈 성향이 강한 자들은 돌궐의 동쪽 이웃인 거란이었다. 그들의 동쪽이자 중국 땅의 북동쪽에는 말갈이 있었으며, 이제는 강력한 왕국이 된 발해가 있었다. 발해는 수많은 고구려인들의 유입으로 강력해졌다. 일찍이 중국의 요동 통치에 반대하는 계획을 세우고 있던 바로 이 왕국과 싸우도록, 신라는 군대를 정렬하라는 명을 받았다. 중국 왕실은 733년에 이러한 목적으로 사신을 보냈다.

733년에 신라의 군대는 두만강 어귀를 건너서, 그 북쪽 국경에서부터 발해의 남쪽 땅으로 갔다. 그러나 신라군은 무참하게 패배했고, 절반 이상이 발해의 들판에 낙오했다. 그러나 그때 이후로 827년에 이르기까지, 아니 실제로는 905년 당 왕조 말년에 이르기까지, 신라가 중국 역사의 주목을 끈 예는 왕위 계승 때뿐이었다. 그러나 그 이웃들의 허약함으로 미루어 볼 때 신라가 한국의 국가들 가운데 가장 강력했다는 것을 추론할 수 있으며, 신라는 그 위대함의 정상까지 올라갔다.

당나라 황제가 평가하는 연개소문의 품성은 나라를 위해 진력하

---

156 그리스 신화에 나오는 여자의 얼굴과 새의 몸을 가진 탐욕스러운 괴물(옮긴이).

는 사람이었지, 고립된 삶을 사는 사람은 아니었다. 그들의 끈질긴 저항과, 연개소문과, 자신의 땅을 방어하고자 하는 여러 해에 걸친 격렬한 전쟁은, 황제가 묘사했던 것처럼, 고구려인들이 연개소문을 싫어했던 것이 아니었음을 증명한다. 당나라군의 주둔을 틈타 달아나려는 사람은 하나도 없었으며, 연개소문은 중국 성공의 물길을 바꿔 놓은 장본인으로서 그는 당의 가장 큰 원수였다. 역사 소설 『설당연전說唐演傳』을 믿을 만한 것이라고 본다면, 그러한 사실을 증명해 보여 준다. 연개소문의 특징인 큰 덩치와 못생긴 얼굴, 무례한 태도, 엄청난 힘, 마법의 칼 그리고 그의 죽음 후의 완전하고도 가공할 고구려의 몰락은, 그의 능력뿐 아니라 그가 정사를 이끌도록 허락한 백성들의 기꺼운 마음을 증명한다. 왜냐하면 만약 백성들 모두 혹은 그 일부라도 연개소문을 증오했다면, 한 무리가 달려들어 그를 살해하고 보복을 피해 중국으로 도망가기는 쉬운 일이었으니 그렇게 했을 것이기 때문이다.

이렇게 해서 지금은 하나의 국가가 된 영토를 나누어 차지하고 있던 세 왕국이 하나씩 쓰러졌다. 이것은 당나라 황제가 처음 고구려 정복을 꿈꾸며 그 준비를 하기 시작한 지 33년 후의 일이다. 단순히 정복을 위한 모든 전쟁들이 그렇듯이, 그 상급은 들인 비용을 되돌려 주지 못했다. 비록 역사는 이 야심적인 움직임에 희생된 중국인들의 수에 대해 침묵을 지키고 있지만, 고구려인들의 수에 비해 결코 적지는 않았을 것이다. 아마도 어느 한 순간에 중국 전체에 걸쳐 개인들이 겪어야 했던 비참함과 그 강도를 수나라 원정에 따른 고통과 비교할 수는 없겠지만, 전체적으로는 훨씬 컸을 것이다. 그리고 수많은 남자, 여자, 아이들이 목숨을 잃고 비참한 생활을 했고, 비옥한 밭은 버려졌으며, 행복한 가정들이 파괴되고, 평화로운 공동체들이 사라지고, 번성하던 도시들이 완전히 파괴되었으니, 이로써 크게 얻은 것이 무엇이란 말인가? 그것은 단지, 더도 덜도 아닌 모든 허영심 많고 피상적이며 이기적인, 이른바 정복자들이라고 불리는 자들이 모든 시대와 국가에서 획득한 것이다. 그것은 다른 백성들의 자유를 파괴하는 '영광'이며, 정복자가 자신은 당하고 싶지 않은 것을 다른 사람에게 가해서 얻는 '명성'이다. 이런 사악한 침략 전쟁은, 늘 제대로만 사용된다면 인류에 큰 이익을 가져다줄 능력을 지닌 자들이 일으켰다. 이 전쟁은 생각이 없고 잔인하며 야만적인 황소나 혹은 허영심 많고 우쭐대는 닭 같은 본성을 지닌 자들의 눈에 '영광스러운' 것이다. 이런 전쟁은, 처음에는 개인들이 그리고 그 다음에는 성을 짓는 남작들이, 다른 사람이나 다른 사회 혹은 다른 국가에 속한 것을 빼앗는 것은 도둑질이며 그 범죄자가 개인이든 국가든 하느님이 인간에게 준 근본적인 법을 위반하는 것이라는 사실을 배울 때에만 중지될 것이다. '최대 다수의 최대 행복'이라는 원리는 모든 정부의 공통된 목적이며, 백성들이 무기를 들고 압제자들에 대항하여 일어설 것을 요구하거나 혹은 백성들의 행복을 위해 그 통치자들을 향한 외국의 간섭이 필요할 때는 이런 간섭이 정당화될 수도 있다. 왜냐하면 어떤 백성들에게는 승리가 저주로, 또한 패배가 축복으로 증명되는 경우가 있었고 지금도 있기 때문이다. 이들에게는 국가의 독립이 파멸을 초래하는 독재주의의 역병 혹은 내란의 참상을 의미하며, 외세의 정복이 국내의 평화와 진정한 자유를 의미할 수도 있기 때문이다. 그러나 어떤 국가 백성들의 영토를 합병하거나 자유를 빼앗거나 그들을 모욕하는 것이 목적이라면, 그 전쟁은 변명의 여지가 없다. 중국은 헛되이 자만했고, 더 잘 알고 있어야 했을 많은 다른 국가들처럼 계속해서 자랑하기를, 자신이 한국을 완전히 정복하여 사람들로 가득했던 골짜기들을 호랑이와 이리들의 집으로 만들었으며 수많은 백성들의 목숨을 빼앗았다고 했다.

공격적인 전쟁이 당시에는 아무리 성공적이었다고 하더라도 장기적으로 이득이 되는 일은 거의 없다. 나폴레옹 때에 절정에 달했다가 쇠퇴한 프랑스 제1 공화국의 널리 알려진 공격적인 특성을 굳이 언급할 필요는 없을 것이다. 알렉산더 대왕도 우리에게 같은 교훈을 준다. 스페인은 네덜란드에게 패배했으며, 로마는 그 비대하고 이질적인 특성 때문에 산산조각이 났다. 지금까지 존재했던 모든 거대한 제국들은 지나친 공격성 때문에 멸망했다. 그리고 지금도 동일한 방식으로 생겨나는 제국들 또한 결국에는 망할 것이다. 중국 역사도 같은 결과를 낳은 교훈들로 가득하다. 그러나 요동과 고구려에 국한한다면, 수 왕조가 당시에는 요양이라고 불렸던 요동의 작은 성에다 머리를 받고 깨지는 것을 보았다. 그리고 당 왕조는 여러 황제가 고구려와 싸우면서 다양한 성공을 거두었고 고구려는 결국 항복 소멸되었으나, 자기 무덤을 파는 것이 되고 말았다. 당나라가 수십만의 병사들을 요하강과 일본해 사이의 모든 벌판과 골짜기에 보내어 그 뼈가 탈색되도록 버려두는 대신에 그 에너지를 국내의 악습을 분쇄하는 데로 돌렸다면, 그래서 엄격하고 완전하며 공평한 법을 집행하고 또 내각에 현명한 대신들을 두고 법정에 정직한 재판관을 두었다면, 오늘날 중국의 용좌를 차지하고 있는 자는 당의 후손이었을 것이다. 정책의 변화가 중국의 왕조를 전복시킨 적은 결코 없었으며, 계몽되었든 계몽되지 않았든 어떤 새로운 사상이 소개되었을 때도 왕좌에 새로운 인물을 앉히지는 못했다.

한반도를 상대로 전쟁을 한 것은, 현대의 모든 전쟁이 그렇듯이 프랑스가 이른바 '영광'이라고 부르는 것 때문이었다. 한반도는 중국에 어떤 심각한 해도 끼치지 못했을 것이다. 당시 이들은 세 개의 적대적인 왕국들로 나누어져 있었다. 북쪽의 발해가 고구려와 우호적이었던 이유는 약했기 때문이다. 그러나 원조를 받으면 언제든지 적대적으로 바뀔 각오가 되어 있었으며, 중국은 항상 그럴 능력과 그럴 의사가 있었다. 고구려의 서쪽은 요하강이 그 경계를 이루고 있었으며, 이들이 요서를 모두 지배했어도 중국 본토를 다치게 하지는 않았을 것이다. 이들의 땅은 백성들을 부양하기에 충분했기 때문이다. 남서쪽은 산해관 혹은 유관이었는데, 만주는 고구려가 가장 강했을 때보다 항상 더 강했고, 가장 약했던 시기의 명 왕조와 싸웠다. 당시 명 왕조는 당 왕조가 스스로 자신의 머리를 삼켜버리게 되었을 때보다도 더 약했음에도 만주는 이곳을 뚫지 못했다. 이것을 알고 있던 건륭 황제가 산해관에 관해서 말하기를, 산해관이 서 있는 한 자신의 조상들은 중국 땅을 한 치도 차지할 수 없었으며, 산해관은 반역에 의해서만 열릴 수 있다고 했다. 따라서 만주는 중국 안으로 들어가기 위해 몽골 남쪽을 정복하고, 산서성 대동을 통해 들어갔다. 그러나 그렇게 한 후에도 그들은 습격과 약탈을 했을 뿐이며, 한 치의 땅도 보유하지 못했다. 이 통로 말고는 한국인들은 용감한 거란족의 시체를 넘어 통과해야 한다. 그리고 거란족을 멸한 후에도, 그보다 훨씬 더 무시무시한 적인 돌궐족을 상대한 후에야 중국에 제대로 손을 댈 수 있는 것이다. 용감했지만 현명하지 못했던 당나라 황제가 고구려 원정을 시작했을 때, 이 나라는 그의 백성들에게 해를 끼칠 수 있는 형편이 아니었다. 그에게는 개전의 이유가 없었으며, 이것을 찾는 일은 쉽지 않았다. 만약 고구려가 후에 그랬던 것처럼 동쪽의 백제, 신라, 발해를 먼저 삼켜 버리고, 서쪽의 거란을 여러 번 패배시켰더라면 싸울 만한 이유가 되었을 것이다. 그렇다면 중국이 이 떠오르는 세력에 주목하여, 고구려의 정복자로서가 아닌 거란의 방어자로서 전쟁에 나설 충분한 이유가 된다. 그러나 고구려를 제압하고 억제하는 데 필요와 재물만을 희생했다면 충분했을 것이며, 나라를 사막으로 만들고 성들을 늑대의 소굴들로 만들지는 않아도 되었을 것이다. 거란이 중국과 좋은 관계를 맺도록 했을 방어적인 정책 대신에, 당은 군사들을 진격시켜 고구려를 멸망시키려고 수년에 걸쳐 엄청난 비용을 들였다. 이 왕조는 성공을 거두었다. 그래서 얻은 것이 무엇인가?

　당의 황제가 자국 백성들과 고구려 백성들을 먼 고구려 땅에서 불필요하게 살해하고 있을 때, 안남족, 미아오족, 만족은 당의 남쪽 국경을 약탈했고, 티베트인들은 서쪽을 강탈했으며, 거란은 북쪽에서 마음껏 즐겼다. 그러나 그 무엇보다도 가공할 일은 돌궐족이 북서쪽을, 즉 북쪽과 서쪽 국경 모두를 황폐화시켰다는 사실이다. 고구려는 완전히 폐허가 되었고, 빈 껍질만이 명목상 중국에 합병되었다. 그 결과 북쪽의 발해는 더욱 강력한 왕국이 되어 재빨리 요동을 동일한 이름의 만(灣)에 이르기까지 황폐화시켰다. 또한 거란의 동쪽에 가해지던 모든 압력을 제거하여, 그 증대하는 힘을 집중적으로 끊임없이 중국 북쪽에 분출시킴으로써 마침내 요 왕조가 나타나 중국 본토의 북부 절반을 점령하게 했다. 이처럼 당나라 황제는 자신이 늑대들에게 보낸 고구려 병사들의 수를 가지고 스스로 찬양하면서 동시에 그만한 수의 자국 백성을 피투성이의 무덤으로 보냈고, 한 세기 동안 나라 전체에 어떤 '영광'으로도 결코 보상할 수 없는 고통과 불행을 만연하게 했다. 잔혹하리만큼 공격적인 단순한 짐승의 용기를 이렇게 헛되이 자랑하는 것을 보고, 분별력이 있는 사람이라면 '영광'이라는 이름을 자국 백성들의 자유를 지키고 생명을 보존하기 위한 전쟁이 아닌 모든 전쟁에서 얻은 승리들에 적용하는 어리석은 인류에 몸서리를 치지 않을 수 없을 것이다.

『설당연전』 혹은 그 왕조의 역사 소설이 요동과 한국의 정복을 어떻게 다루고 있는지 잠시 살펴보는 것도 흥미로운 일이다. 각 장은 서양의 현대 소설처럼 시적인 연으로 되어 있다. 이야기의 영웅은 설인귀인데, 그는 평민이지만 그보다 지위가 높은 아름다운 처녀와 혼인을 하도록 강요받았다. 그 이유는 처녀의 후견인이 설인귀의 얼굴에서 그가 높은 지위에 오르리라는 것을 보았기 때문이었다. 서양의 사랑 이야기들과는 달리, 설인귀는 내키지 않아 했고 구혼자는 오히려 처녀였다. 처녀는 개인적으로 아주 기꺼이 승낙하겠다는 의사를 후견인에게 밝혔고, 이렇게 해서 그의 수줍음에도 불구하고 그들은 혼인을 했다. 또한 그 부인의 소망에 따라 설인귀는 후에 또 다른 아름다운 처녀와 혼인했다. 그 처녀는 부자의 딸인데, 도적 떼가 자신들의 대장에게 바치려는 것을 설인귀가 용감하게 구해 냈던 것이다. 그러나 그는 어떤 여자와도 오래 살지 못했다. 이 건장한 체격의 가난한 남자는 혼자 방랑하며 많은 위업을 세웠고, 한번은 용문으로 가는 길에 어떤 양반을 뒤쫓는 거대한 호랑이의 목숨을 빼앗기도 했다. 그런데 당시 당나라는 그곳에서 요동 원정을 위해 군사를 모집하고 있었다. 이 사건으로 그는 군대에 알려졌다. 이렇게 그는 군인이 되었지만, 어떤 기이하고 별난 이유 때문에 거듭 진영에서 쫓겨난다. 그러나 마침내 그는 선봉대에 합류하도록 허락받는다. 그는 산동성 통주에서 바다를 건너기 전에 많은 이상한 모험을 하며, 이곳에서 1,500척의 배가 요동의 갑을 향해 출발한다.

설인귀의 선봉대에는 여덟 명의 화수, 즉 '불머리' 전우들이 함께했다. 그들이 '천산'에 도착했을 때 그는 세 개의 화살을 쏘아 고구려군 수비대 최고의 병사들 셋을 맞혀 죽였다. 이것은 그의 통행을 보장했고 군대는 그를 따라가기만 하면 되었다. 무슨 이유 때문인지 그는 상복, 즉 흰옷을 입었다. 이 진술은 역사적이다. 천산에서의 그날부터 고구려인들은 흰옷을 입은 그를 볼 때마다 공포에 떨었다. 그의 휘하의 장수가 고구려 군대에서 가장 강한 용사로 알려진 연개소문이 성주인 봉황산성으로 진격했다. 연개소문은 천산이 함락되었다는 소식을 듣고 병사들에게 수비를 강화하라는 명령을 내렸다. 그의 명령을 받은 장수가 관저를 막 나서는데 '하늘을 찢는 대포 소리'가 들려왔다(당시에, 또 그 후 오랫동안 대포가 없었다는 말은 불필요할 것이다). 설인귀는 기병들과 함께 이미 성벽 밑에 당도해 있었다. 그들의 빠른 진격에 놀란 성주는 성벽으로 가서 설인귀와 협상했다. 마침내 흥정이 이루어져, 설인귀가 화살로 성주가 손에 들고 있는 채찍 끈의 끝을 맞히면 성을 내주기로 했다. 그러나 맞히지 못하면 설인귀는 중국 연안으로 물러가기로 했다. 그는 채찍을 내밀었다. 그러나 채찍의 끝이 바람에 흔들리자 설인귀는 이렇게 흔들리는 것을 맞히기란 불가능하다고 반대했다. 이 기발한 고구려인은 뒤로 돌아서서 채찍을 등 뒤로 들고 있겠다고 말했다. 그가 막 채찍을 어깨 위에 올려 고정시키고 뒤로 돌자마자 설인귀는 화살을 날려 채찍 끈의 끝을 맞혔다. 성주는 공포에 질려 이렇게 말했다.

"이 사람을 상대로 여기서 전쟁을 치르는 것은 불가능하다. 숲속으로 후퇴하는 것이 낫겠다."

그리고 그들은 그렇게 했는데, 이것은 설인귀가 협정이 그대로 실행되었음을 확인한 후였다. 수비대는 연개소문의 동생이 성주인 한마성으로 물러났다. 봉황산성을 빼앗겼다는 소식에 그는 경악하여 형을 나무랐으며, 그때 사신이 와서 바깥에 그 무서운 흰옷 입은 사람이 당도했다고 전했다. 설인귀는 20일 동안 거기서 싸웠는데, 낮에는 절대로 싸우지 않고 항상 밤 시간에만 공격했다. 이렇게 해서 그는 수비대에 잠잘 시간을 허락하지 않았으며, 그들은 낮에는 감히 잘 생각을 못했고, 밤에는 계속되는 위급한 상황 때문에 깨어 있어야 했다. 그리고 군사들이 더욱 경계를 늦추지 못한 것은 자기 초소에서 잠든 사람은 참수형에 처하라는 엄한 명령이 떨어졌기 때문이었다. 그러나 스무 번째 밤에는 설인귀가 그들의 의심을 진정시키려고 공격을 자제했다. 수비대는 중국 군대가 지쳐서 절대적으로 필요한 휴식을 취하러 갔다고 생각하여 한 사람씩 잠이 들었다. 그리하여 마침내 어둑어둑한 아침에 설인귀가 동료들과 함께 성벽 위로 사다리를 타고 올라갔을 때는 수비대의 모든 군사들이 마치 이미 죽은 것처럼 깊이 잠들어 있었다. 성 양쪽과 성문에는 3,000명의 병사들이 배치되어 있었으나, 설인귀의 큰 칼과 무서운 외침이 그 일부를 깨울 때까지 한 사람도 일어나지 못했으며, 깬 사람들도 여기저기로 도망하기에 바빴다. 중국 병사들은 빠르게 기어 올라가 반 이상을 살해했다. 많은 자들이 성벽 너머로 떨어졌고, 해자에 빠져 죽었다. 이것은 잘 쓰인 소설의 줄거리 일부다.

황제는 중국의 불사조인 봉황이 둥지에서 사는 모습을 보려고 요양에서 봉황산으로 왔다. 그리고 우리에게 이런 장면으로 소개한다.

봉황의 둥지

한 해 내내 적록색 꽃이 피고,
갈색 사슴에 찍힌 점은 순백이어라.
새들은 설백이고, 그 노래는 아름다워라.
소나무를 옷 입은 언덕과, 삼나무로 덮인 그늘이 있어라.
용의 음성이 깊은 웅덩이를 어지럽힌다.
저 높은 곳의 대초원에는 호랑이가 도약한다.
천상에서 만들어진 바위는 너무나 기이하고, 보석들은 진기하구나.
이런 숲의 광경은 어디서도 찾아볼 수 없으리.

한 가지 덧붙이자면, 중국 시인들은 자연에 대한 열정적인 사랑을 스코트와 워즈워드가 태어나기 수천 년 전에 표현했다고 할 수 있다. 중국의 철학자들은 새뮤얼 존슨이 '거대한 돌출'[157]에 대한 고약한 언급을 하기 수세기 전에 웅대함과 아름다움을 사랑했다.

산에 도착한 황제는 너무나도 광대하게 넓고 빽빽한 숲으로 덮여 있는 것을 보고, 병사들을 여러 무리로 나누어 정해진 방향으로 가서 그 불가사의한 둥지를 찾게 했다. 이제는 이런 숲들이 이 훌륭한 산들의 헐벗은 산허리를 장식하지 않는다는 것이 아쉽다. 제구연과 그의 동료는 동쪽 편으로 가서 산등성이에 도달했는데, 거기서 놀랍게도 유명한 학자인 호마공을 만날 수 있었다. 호마공의 물음에 그들은 왜 그곳에 왔는지 알려 주었다. 호마공은 이렇게 말했다.

"봉황이 오동나무 밑에 집을 짓는 걸 모르는 자가 어디 있단 말인가. 그리고 그 나무들이 바로 그대들의 눈앞에 있는데 어디로 가서 찾는단 말인가?"

그러자 구연이 물었다.

"여기에 있다는 말입니까?"

호가 대답했다.

"가서 보아라."

그리하여 그들은 가서 찾아 돌아다니다가 마지막으로 오동나무를 만났고, 그 밑에 작은 돌들이 있는 것을 발견했다. 그 돌 위에는

---

157 헤브리디스 제도를 여행하던 새뮤얼 존슨은 언덕을 보고 '거대한 돌출'이라고 표현했다 (옮긴이).

큰 석판이 있었는데, 이것은 새까만 황금 같아서 흑옥색으로 반짝였으며 반사하는 거울처럼 빛을 발했다. 그리고 그 표면에 수많은 사람들의 모습을 비추어 볼 수 있었다. 그것은 사람의 키만큼 컸고, 넓이는 5제곱미터였다. 그 밑에는 얼룩덜룩한 색의 돌들이 있었는데, 길이는 1자에 미치지 못했고, 그 모양은 양쪽으로 차츰 가늘어지고 가운데는 두꺼운 올리브 열매 같았다. 뒤로 물러나 그 윤이 나는 석판 아래를 자세히 본 그들은 텅 빈 공간을 발견하고는 봉황의 둥지를 발견했다고 확신했다. 황제에게 돌아가 이를 보고하려고 생각한 구연은 끝이 차차 가늘어지는 그 돌을 증거로 가져가려고 엎드렸다. 그 돌은 무거웠다. 그는 양손으로 들으려 했으나 움직일 수가 없었다. 놀란 그는 온 힘을 쏟으며 말했다.

"내가 천 근이 넘는 무게를 들 수 있는데, 이 작은 것이 무엇이기에 들 수 없단 말인가?"

그들은 돌을 가져가지 못했다. 그리고 호 선생에게 와서 돌의 무게를 전했다. 그는 그들을 바보라고 부르며, 인간의 힘으로 그것을 움직일 수 있었다면 봉황산의 그 귀한 보석들이 이미 오래전에 없어졌을 것이라고 말했다.

황제는 기꺼이 그곳으로 가서 물었다.

"호 선생, 그 석판(판)은 무엇이오?"

"이건 판이 아닙니다."

그가 대답했다.

"이건 봉황의 돌이라고 부릅니다."

황제가 불평하기를, 둥지는 봤다고 해도 봉황은 보지 못했으며, 그 알도 보지 못했다고 했다.

"이것들이 그 알이오."

호 선생은 석판 밑에 있는 얼룩얼룩한 돌을 가리키며 말했다.

"지금 봉황이 둥지 안에 있소?"

황제가 물었다.

"고귀하신 천자여."

호 선생이 말했다.

"당신께서 봉황을 보신다면 더 나빠질 것이 없지만, 당신의 종인 우리들이 봉황을 본다면 하늘에서 큰 재난과 심판을 받을 수밖에 없지 않겠습니까? 하지만 우리는 봉황을 보지 못할 것입니다."

"봉황을 보는 것이 불가능하다는 것은 믿을 수가 없소."

구연이 솔직하게 말했다.

"게다가 우리는 봉황을 몹시 보고 싶단 말이오."

그는 이렇게 말하며 긴 장대를 그 구멍 속으로 찔러 넣고 무모하게 쑤셔 댔다. 그때 안에서 새들이 퍼덕거리는 소리가 들렸다. 처음에는 한 무리의 모기가 나왔고, 다음에는 수십 마리의 참새가 나와 모두 동쪽으로 날아갔다. 그것들 다음에는 공작 네 마리와 또 만주 두루미 한 쌍이 뒤따랐다. 그리고 15분이 채 지나기 전에 봉황이 나타났다. 그 몸은 다섯 가지 색으로 되어 있고 온몸에 화려한 점이 찍혀 있었다. 꼬리는 세 개의 깃털이 있었는데, 길이가 2자였다. 봉황은 윤이 나는 석판에 내려앉아 황제를 쳐다보며 절을 세 번 했다. 호 선생은 이것은 황제를 알현하는 것이라고 말했고, 황제는 아주 기뻐했다. 그가 기쁨을 표하자마자 봉황은 날개를 펼치고 여러 수행원들을 따라 동쪽으로 날아갔다. 그러고 나서 황제는 꼬리가 셋인 그 새는 수컷이 틀림없으며, 암컷도 안에 있을 것이라고 말했다.

"암컷이 있다면 우리가 곧 보게 될 것입니다."

구연이 말했다. 그리고 다시 장대를 넣어 전보다 더 심하게 쑤셔 댔다. 대가 쪼개지는 듯한 큰 소리가 뒤따랐고, 구연은 장대를 뺐다. 인간의 머리와 새의 몸을 한 놀라운 것이 튀어나와 윤이 나는 석판 위에 앉아 황제를 향하여 세 번 비명을 질렀다. 호 선생을 제외하고는 이 새가 무엇인지 아무도 몰랐다. 그는 시체처럼 창백한 얼굴로 봉황이 간 후에도 더 많은 것을 알아내려고 구연이 성가시게 굴었던 것을 저주했다. 그리고 호 선생이 황제에게 말했다.

"황제 폐하, 하늘의 심판이 이미 명백해졌습니다. 이 흉조의 새가 예언한 재앙은 작은 것이 아닙니다. 그 이름은 재난의 새입니다. 나라에 큰 재앙이 내릴 때에만 이 새가 나타납니다."

황제는 식은땀을 흘리며 그 재앙이 어떤 것인지 물었다. 호 선생은 이런 대답을 했다. 한 왕조 때에 왕망이라는 사람에게는 유명한 나는 검이 있었다. 역사적으로 이 새의 출현이 보고된 것은 새가 그 칼을 입으로 낚아채어 갔을 때였다. 바로 그 후 왕망은 반역을 했고, 그를 위해 쓰여 있는 사악한 길을 가기 시작했다. 그런데 그 새가 지금 황제의 활을 하나 가지고 동쪽으로 갔다는 것이다. 호 선생은 재난이 임박했으니 당장 후퇴하라고 재촉했다.

연개소문은 설인귀의 용맹을 이미 알고 있었기 때문에 사람을 보내 부여에 도움을 청했다. 황제가 봉황산에 있던 바로 그날 50만 대군이 한마성에 접근하고 있었다. 연개소문의 백마가 뭔가에 놀란 듯한 울음소리를 내기에 하늘을 쳐다보니 봉황의 뒤를 따르는 수많은 새들이 보였다. 연개소문은 크게 노했다. 그는 봉황이 둥지에 편안히 있다고 생각했고, 봉황을 괴롭히지 말라는 엄한 명령을 내렸기 때문이다. 그가 진노한 것은 봉황이 사라져 고구려 병사들이 중국을 절대로 차지하지 못할 것이기 때문이었다. 자신의 병사들이 산을 차지하고 있었는데 봉황이 어떻게 훼방을 받았는지 알 수가 없었다. 그런데 그가 이 일을 생각하고 있을 때, 갑자기 머리 위에서 울부짖는 소리가 들려왔다. 위를 올려다본 그는 재난의 새가 화살을 하나 떨어뜨리고 날아가는 것을 보았다. 화살을 집어 든 그는 황제를 가리키는 네 글자인 천天, 황皇, 대大, 제帝가 새겨져 있는 것을 보았다. 이렇게 해서 그는 황제가 산에 있다는 것을 알았다. 그에 따라 개소문은 군대를 재빨리 움직여 산을 에워쌌다. 황제는 궁지에 빠졌다. 황제의 유능한 장군들이 연개소문에게 하나씩 살해되었다. 부관이었던 의심 많은 구연은 일대일의 결투에 나섰으나 죽임을 당했다. 동일한 계급의 친구들 26명이 그의 죽음을 복수하지 않을 수 없다고 생각하여 앞으로 나아갔다. 일부는 앞에서, 일부는 뒤에서, 일부는 양 옆에서 공격했으며, 상처를 입은 자들이 많았다. 그러나 연개소문은 그들의 한가운데서 상처도 입지 않고 버티고 있었다. 그러나 그들을 감당하기 힘들다는 판단을 한 연개소문은 8센티미터짜리 나는 칼을 꺼냈다. 호 선생은 이것을 보고 외쳤다.

"후퇴하라, 후퇴하라! 생명을 삼키는 칼이다!"

그들은 호 선생의 지혜에 대한 절대적인 확신이 있었기 때문에 언덕 위로 후퇴하기 시작했으나, 그들의 임시 주둔지로 돌아간 사람은 하나도 없었다. 황제의 진영에서는 모두들 대경실색했으며, 여러 장수들과 많은 병사들이 이미 전사했다. 마침내 설인귀가 마지막 희망으로 남았는데, 연개소문이 황제의 안전을 보장받으려면 고구려의 왕을 황제의 주인으로 인정해야 한다고 이미 밝혔기 때문이었다. 따라서 황제의 사위에게 한마성으로 가서 군대를 모아 포위를 풀도록 했다. 그는 말을 타고 일곱 겹의 원수들을 뚫고 들어가며 싸워야 했다. 그는 몸체에 일곱 개의 화살을 맞았고, 다리에 두 개, 어깨에 두 개를 맞았으나 고통스럽게 생각하지 않았다. 그러나 한 개는 등에 박혔고 손이 닿지 않아 뽑을 수가 없었다. 그는 간신히 성으로 돌아가 소식을 전하고 쓰러져 죽었다.

  10만 명의 군사들이 황제를 구하고자 당장 출발했고, 설인귀의 조언에 따라 병사들이 들어가 있는 네 개의 천막마다 여섯 개의 빈 천막을 세워 더 많아 보이도록 했다.

  소설은 영웅들이 입은 갑옷을 묘사한 후에, 세 장에 걸쳐 사병인 설인귀와 총사령관 연개소문 사이의 충돌을 다루고 있다. 그들은 140번 교전했으나, 그 장수의 훌륭한 칼이 설인귀의 무시무시한 몽둥이를 부러뜨릴 수 없었으며, 몽둥이도 칼을 조각낼 수 없었다. 연개소문은 이런 동등한 상태에서 싸움을 끝낼 수가 없다고 생각하여 마침내 8센티미터짜리 칼을 꺼냈다. 이 칼이 날아가서 설인귀의 머리를 내려치려고 하자, 설인귀는 칼이 날아오며 쉿쉿 하고 소리 내는 것을 듣고 아홉 명의 검은 천상 처녀들의 선물인 활을 쏘아 칼을 산산조각 냈다. 칼 임자는 그것을 회수하여 다시 바로 잡아 같은 방향으로 던졌으며, 이번에는 그의 마법의 상자에서 여덟 개의 버들잎도 함께 던졌다. 그러나 그 소리도 또 들렸고, 아홉 처녀의 선물인 여덟 개의 화살이 그 아홉을 무찔렀다. 마법은 말도 안 되는 것이었기 때문에 그들은 다시 평상시의 무기를 집어 들었다. 그러나 둘 다 이기지 못했고, 밤이 되자 그들은 물러갔다. 두 사람 사이에 많은 대화가 오갔다. 사병은 아주 무례하게 말을 했으나, 그 훌륭한 지도자는 아주 겸손하여 이 흰옷 입은 병사를 자신의 편으로 끌어오려고 애를 썼다. 그러나 다음 날 평생 마술을 연마한 매유영이라는 30세의 여성이 연개소문이 받은 일격에 대해 복수했다. 매유영이 공중으로 마술 깃발을 던지자 그 속에서 수많은 지네들이 기어 나와 설인귀와 그의 여덟 동료들을 물었으며, 이들은 마치 죽은 사람들처럼 진영으로 옮겨졌다. 설인귀는 고통으로 온 산을 미친 듯이 헤매고 다녔으며 마침내 한 지점에 이르러 죽을 지경이 되었다. 그러나 이李라는 은자가 나타나 약초를 달인 즙을 주었고 그것을 마시자 당장 나았다. 은자는 설인귀에게 동료들이 마실 즙도 주었고, 두 개의 깃발을 주어 매유영의 깃발에 대항하도록 했다. 다음 날 매유영의 지네들은 이 깃발에서 나온 황금새들에게 잡아먹혔다. 그리고 설인귀는 매유영의 목에 창을 관통시켜 죽였다. 진노한 연개소문은 설인귀에게 달려가 그날 두 사람 중 하나가 반드시 죽어야 한다고 말했다.

그들은 다시 여러 차례 접전을 벌였으나 어느 쪽도 우세하지 못했다. 그러나 싸우는 자들 위의 구름 속에 머물고 있는 자의 기교를 연개소문은 감당할 수 없었으며, 그는 상처를 입고, 분노와 불명예 속에서 물러났다. 그는 그 직후 포위를 풀고 고구려의 수도로 퇴각했다. 연개소문의 얼굴은 흉측하게 묘사되어 있다.

황제가 봉황성을 결코 보지 못했다는 것은 굳이 말할 필요도 없을 것이며, 연개소문 자신도 군대를 이끌고 그를 쫓아가지 않았다. 이 이야기는 안시성에서 연수를 공격한 이야기에 근거했으며, 설인귀는 용맹무쌍하게 싸워 큰 상을 받았다. 그러나 우리의 소설은 그가 상을 받도록 허락하지 않는다. 그의 흰옷이 승급의 길에서 그를 배제시킬 만한 어떤 비밀을 그 속에 숨기고 있으며, 이것은 철가면보다 더 흥미롭다. 그러나 그는 조선인들에게는 오늘날까지도 두려움의 대상이며, 그들의 나라를 점령한 유일한 사람으로 여기고 있다. 그가 없었다면 그들의 독립을 지킬 수 있었을 것이다.

중국의 '불사조'인 봉황에 대한 자세한 기록이 있다. 봉황의 머리와 목은 강렬하고 선명한 심홍색이며, 머리의 모양은 수탉과 비슷하다. 이 소설에는 호머에 등장하는 신들보다 더 많은 마법이 있다.

제 7 장
거란

"요수의 북쪽 강둑에서 백마를 탄 남자가 회색 황소를 탄 여자를 만났고, 이들 두 사람은 부부가 되었다. 그들은 여덟 아들을 두었는데, 단리개, 을실활, 실활, 납미, 빈몰, 납회계, 집해, 해올로 각각 차례로 거란의 왕이 된다."

이곳은 황하 남쪽, 유림 땅, 현재의 임유(臨楡)인 유관(楡關)에서 1,100리다. 고대의 황하는 현대의 시라무렌 강이다. 그 기원이 어떻든지, 물살이 빠르고 바위투성이인 그 강의 남쪽 유역에서 거란인들이 가축을 먹이고 있을 때, 제국을 꿈꾸던 모용가가 그들을 서쪽으로 몰아내어 고비 사막 바로 가장자리까지 쫓아냈다. 거란인들은 망명지에서 급속하게 회복했으며, 모용 왕국이 사라지자 당시 힘의 절정에 달해 있던 고구려가 그들을 약탈 원정에 적합한 대상으로 생각하게 되었다. 족장 목간木杆 막하불莫何弗은 1만 명이 넘는 사람들을 거느리고 천막 등 운반할 수 있는 재산을 갖고 남쪽으로 도망하여 위에게 도움을 요청했다. 당시 북위는 분열된 중국에서 가장 북쪽에 있는 왕국이었으며, 산동성과 하북성의 가장 중요한 부분을 차지하고 있었다.

거란은 원래 유연의 지배 아래에 있었는데, 이것은 분할되었던 흉노를 재통일한 최고 가한이 취한 명칭이었다. 떠오르는 돌궐[158]의 족장 토문은 유연 가한 아나양을 공격하여 전복시켰고 아나양은 자살했다. 532년에 아나양의 아들 등주登注와 다른 지도자들이 병사들과 함께 보호를 요청하고자 중국 북부에 들어선 신생 왕국인 제나라로 도피했는데, 제는 산동성에서 북위가 차지했던 세력을 취했다. 이렇게 해서 왕조가 왕조를 재빨리 계승했다. 등주의 둘째 아들 태대는 모국에 남아 있던 자들에게 가한으로 추대되었다. 그러나 태대는 왕위에 오른 지 1년도 되기 전에 살해되었으며, 얼마 전에 고제庫提라는 자와 함께 제의 호위를 받으며 모국으로 돌아온 그의 아버지

---

158 돌궐 혹은 투르크족으로서 이들은 우문과 흉노와 여전히 같은 종족이며 지도자들만 다르다.

가 다시 왕위에 올랐다. 또 다른 족장인 아프티가 등주를 살해했고 고제가 선출되었다. 이렇게 해서 한때 가공할 세력을 떨쳤던 유연은 내부 부패로 점점 쇠퇴했고, 거란은 독립적으로 제의 영토로 과감히 들어가기 시작했다. 당시 제나라는 중국에서 일어나는 모든 새로운 왕조들이 표출하고 있던 힘을 그대로 유지하며 활기 있게 발휘하고 있었다. 거란은 죽어 가는 유연에게 많은 것을 상속받았으며, 따라서 어떤 충격도 감당할 힘이 있다고 믿었다.

제나라 왕은 위나라의 예를 본받아 북쪽 국경에 특별히 주의를 기울였다. 북쪽에서는 유랑하는 유목민들의 침입을 힘겹게 방어해야 했으나, 나라의 다른 지역은 쉽게 방어할 수 있었다. 그러나 북쪽이 무너진다면 누구도 나라를 구할 수가 없었다. 따라서 제가 첫 번째로 한 일은 노룡관[159]에서 준도관까지 강력한 수비대를 배치하는 일이었다. 유주 자사 담이 노룡관을 맡았다. 제의 군주는 의주, 정주, 유주, 안주[160]의 병사들을 평주에 집결시켜 뻔뻔스러운 거란의 약탈자들을 징벌하기로 결단하고, 노룡을 지나 서쪽으로 진격했다. 그는 5,000의 선별된 기병을 동쪽으로 난 길을 통해 백랑성과 창려

---

[159] "노룡은 요서의 비여현에 있다." "평주 노룡현에서 북서쪽으로 200리다." "유주 창평현에서 북쪽으로 15리에 준도경이 있다. 여기서 북서쪽 35리에 있는 낙원관은 옛 준도관이다."(『당서唐書』). 이곳이 '가간' 혹은 '시봉구'인가? 노룡은 여전히 같은 이름이다.

[160] 오늘날 하북성의 주요 성들이다.

를 지나 중산[161]으로 보냈다. 또한 4,000의 경기병대를 동쪽으로 더 깊숙이 보내어 거란의 퇴각을 차단하도록 했다. 이들은 양삭강[162]으로 갔다.

이 제나라 군주는 쉬 피로를 느끼지 않았기 때문에, 밤낮으로 쉬지 않고 1,000리[163] (평주에서?)나 떨어져 있는 옥산령玉山嶺으로 계속 진격했다. 그의 병사들은 고기만 먹고 물만 마셨기 때문에 힘은 장사였고 기세가 등등했다. 그들은 거란에 닿자마자 공격하여 완전히 점령하여, 10만 명을 포로로 잡고 수백만 마리의 가축을 빼앗았다. 또 다른 군대가 중산에 있는 거란 부족들을 패주시켰고, 제나라 왕은 영주로 돌아갔다. 이것으로 미루어 볼 때, 우리는 거란이 중국의 북동쪽 국경과 북쪽 국경 대부분, 또 요서의 서쪽 국경과 경계를 이루고 있었다는 사실을 알 수 있다. 그러나 이 승리에도 불구하고 북쪽에서 침입이 너무나 잦아, 제의 군주는 진晉의 예를 좇아 180만 명을 동원하여 유주의 해구[164]에서 항주[165]까지 900리에 이르는 장성을 쌓게 했다. 거란의 서쪽에는 내몽골의 돌궐족이 있었는데, 그들

---

161 중산은 형주 근방이다(지도 2 참고).
162 대양하? 어떤 글에 따르면 거란 실위족은 소주에서 통치했으며, 이곳은 '양삭현과 영주'이다.
163 이것은 당시 당나라 말기에 안녹산이 그들을 공격했을 때 거란은 금주 혹은 영주 서쪽의 다량강에 위치했다는 말이다(아래 참고).
164 이곳은 남구南口가 분명하며, "준도현의 남서쪽에서 시작해 상곡(장주, 현화) 조양현의 남동쪽으로 흘러가 해구를 통과한다." 만리장성 축성에 관해서는 36쪽 주석 참고.
165 항주는 산서성 대동부에 있다.

의 세력이 급속히 커 가는 바람에 거란이 가려지게 되었다. 돌궐은 중국 땅을 끊임없이 공격했다. 당시 중국은 수 왕조에 의해 마치 모세의 지팡이가 다른 모든 지팡이들을 삼켜 버린 것과 같이 분열을 치유했다.

중국을 괴롭게 만들었던 더 큰 사건들로 보자면, 거란은 605년이 되어서야 중국 역사에 기록될 만한 골치 아픈 일을 저지른다. 당시 그들은 요서 지방 영주 근방의 땅을 약탈한다. 수나라 장수 위운기는 2만의 기병을 거느린 돌궐 장수와 함께 거란을 공격하라는 명령을 받았다. 위운기는 군대를 24개의 진영으로 나누어 각각 1리를 사이에 두고 행진하게 했다. 그들은 북소리가 들리면 행진을 했고 뿔나팔 소리가 들리면 멈췄다. 그리고 과거에 거란과 호의적인 관계를 맺고 있었던 돌궐에 명하여, 자신들이 고구려[166]를 공격하고자 유성으로 가는 길이라는 정보를 흘리도록 했다. 그리하여 위운기는 거란 국경 안으로 들어섰다. 따라서 그들이 거란 진영 50리 밖에 이를 때까지 그들의 진짜 의도는 알려지지 않았다. 그들은 돌진하여 4만 명의 남녀를 붙잡아 남자들은 살해하고, 여자들은 가축들과 함께 중국과 돌궐 진영이 골고루 나누어 가졌다. 황제는 크게 기뻐하

---

166 유성은 영주 혹은 형주 바로 북쪽에 있었기 때문에, 고구려가 통치하던 지역의 서쪽 끝이 어디였는지 보여 주는 셈이다(지도 2 참고).

여 위운기를 승진시켰다. 거란은 너무나 심각한 타격을 입었기 때문에, 한동안 약탈을 하러 습격하는 일이 중단되었다.

608년에 수 황제는 20만 명을 보내어 유구[167]에서 동쪽으로 만리장성을 쌓도록 했다. 수나라는 세력의 정점에 도달했을 때 침략자들을 쉽게 방어할 수 있는 융성한 제국을 소유하는 것에 만족하지 않았으며 황제는 자신에게 심각한 위협이 되지 못했던 고구려를 정복하려는 계획을 세우기 시작했다. 고구려를 완벽하게 정복한다고 해도 얻는 것은 별로 없었을 것이다. 수 황제가 본보기가 되어 그 왕조는 망했으며, 나라는 수백만의 목숨을 잃었을 뿐 아니라, 다음 왕조[168]에서 수백만이 더 죽어 나가는 전쟁을 치르게 되었다. 우리는 북위 시대 이후로 거란의 급속하고 현저한 성장을 보았다.

648년에 이르러 거란이 중국 궁정의 주권을 인정하게 된다. 이전에는 중국이 약했기 때문에 중국 땅을 끊임없이 약탈하는 것이 더 이익이라고 생각했다. 당 황제는 나라의 동쪽을 송막도독부로 칭하고 그 아래 아홉 개의 청을 두었다. 그 책임자는 도독 혹은 태수였다. 송막도독부는 유성의 북쪽으로 그리 멀지 않은 곳이었다. 거란의 서쪽을 도독부로 만들고 다섯 개의 청을 두었다. 오늘날 내몽골

---

167 '유림 서쪽의 협곡'. 이 장성은 산해관까지 이어진다.
168 제5장, 제6장 참고.

이라고 부르는 곳의 동쪽 절반을 다스리는 모든 관료들은 유주 자사의 책임 아래에 있었다. 654년 겨울에 송막도독부의 도독은 자신의 땅을 약탈하러 오는 고구려와 말갈 연합군을 요동의 신성에서 무찔렀다.

당 왕조가 고구려를 멸망시킨 후, 거란은 독립적인 행보를 하고자 하는 욕구를 드러냈으며 이것은 중국의 북쪽에 위협이 되었다. 714년에 당 황제는 영주 자사에게 진격 명령을 내리지 않을 수 없게 되었다. 그러나 자사가 영주의 자기 위치로 돌아가기 전에 거란이 덮쳤고, 보초가 잠을 자는 바람에 패배한 자사는 서쪽의 유양으로 쫓겨 갔다. 이곳은 북경에서 150리 북쪽에 있는 오늘날 평구의 옛 이름이다. 영주와 유성 모두 거란의 손에 떨어졌고, '피를 뽑은' 그들은 더 좋은 것들이 앞에 있는 것을 보았다.

인도에서 티베트를 통해 중국에 소개되었던 불교는 그 영향력이 나타나기까지 수세기가 걸렸는데, 당시에 놀랄 만한 힘을 발휘하기 시작했다. 지위의 고하를 막론하고 염불로 가득한 헌신적인 사원의 일원이 되려는 열정이 보편화되었다. 장군들은 군대를 버리고, 장관들은 자신들의 지위를 버리고, 왕실의 일원들은 궁전을 버리고, 상인들은 사업과 가족을 버리고, 무기의 부딪침과 국사의 걱정거리들과 인생의 혼잡함을 떠나 사원들을 세우고 그곳에 머물기를 원했다.

이런 현상은 너무나 널리 퍼져 수많은 상소가 황제에게 전달되었고, 황제는 뭔가 행동에 옮기지 않을 수 없었다. 따라서 황제는 1만 2,000명의 서원한 승려들에게 자기 본분으로 돌아가라는 명령을 내렸고, 사원을 더 짓지 못하게 했다. 유럽의 군주들은 수도사들이 광기에 빠졌을 때 아무도 이렇게 행동하지 않았다.

황제가 보고받은 바에 따르면, 동쪽 끝의 말갈[169]은 당나라의 품에 몹시 의지하였다. 그들은 돌궐의 가한 묵철의 불같은 방문에 그 어느 때보다도 위험하게 노출되어 있었고, 지금 영주가 함락된 상황에서 도움을 청할 곳이 없었으며, 궁정을 방문하는 것도 불가능해진 상태였다. 과거에 거란 원정을 헛되이 반대했던 대신들도 이번에는 침묵을 지켰다. 그리고 황제는 멀리 떨어진 영주를 회복하기 위해 노력하고 또 요동과 말갈과 교류할 결심을 했다. 물론 영주에서 도망쳐 온 관리들은 자신들의 지위를 회복할 수 있는 이 새로운 원정을 기꺼이 환영했다.

거란에게 영주를 빼앗기로 한 6만 명의 군사들이 후(侯)의 지휘 아래 6월에 단주[170]로 진격했다. 영주의 부자사는 이런 무더위 속에서 병사들이 많은 식량을 가지고 먼 거리를 행군하는 것에 반대했다.

---

169 이 명칭은 당시 고대 숙신이 취한 것이다(지도 2 참고).
170 오늘날 하북성의 개주.

그러나 후가 반박하기를, 이렇게 좋은 풀이 많으니 양과 소는 새끼들과 함께 가는 도중에 살이 찔 것이며 행군하기에는 적절한 시기라고 했다. 그리고 곡식으로 말하자면 거란에 충분하게 있으니 그들이 내놓을 것이라 했다. 따라서 그들은 진격했고 하북성 난강에 도착했다. 그들은 난강의 북동쪽 산으로 가서 적의 남쪽 국경으로 조심스럽게 접근했다. 그때 거란은 재빨리 움직여 진영의 측면과 후부에 군대를 보내어 세 번째 부대가 언덕 위에서 내려올 때 공격했다. 당나라 병사들은 완전히 패배하여 병력의 80퍼센트를 잃었다. 지휘관은 뒤에 있는 적을 뚫고 군사들 몇 명과 함께 도망쳤다. 사람들은 도망치는 그를 야유하며 '노파'라고 불렀다. 지휘관은 모든 잘못을 휘하의 장수들에게 돌렸다. 장수 한 사람은 앞에서 벌어진 재난과 지휘관이 공격을 해보기도 전에 도망쳤다는 소식을 듣고는, 자신도 공격 한 번 해보지 못하고 군사들을 후퇴시켜야 했다. 그와 함께 여섯 명의 다른 장수들과 호胡[171] 장수 한 사람이 유주에서 죽임을 당했다. 그 자신은 황제의 용서를 받았으나, 직위는 박탈당했다. 책임자들 가운데 단 한 사람 결백을 인정받은 사람은 연기하자고 주장

---

[171] 호胡라는 명칭은 광대한 지역의 많은 야만족들을 포함한다. 이 말과 야만인을 가리키는 다른 중국어를 구분하는 것은 어렵다. 이 구분은 어원보다는 지역에 근거한 것이다. 거란은 호족이었다. 해奚 혹은 고막해庫莫奚도 그랬고, 중국 북서쪽의 부족들도 마찬가지다 (안녹산 참고).

했던 그 부자사였다. 후는 곧 토혼족을 무찔러 자신의 인격을 회복했다. 오늘날 티베트의 거주자들을 토혼족이라 부른다.

이제 거란은 논쟁의 여지가 없이 그들의 새로운 영토에서 그 위치를 확고히 했다. 그 영토에는 요서의 가장 좋은 땅이 속해 있었으며, 당은 그들을 넘어뜨리기 위한 세 번째 시도를 할 형편이 되지 못했다. 이 왕조는 이미 그 절정을 지나 있었다. 이렇게 해서 교류가 다시 시작되었고, 거란의 송막군왕 이실활이 과거 자신의 영토와 새로 정복한 곳의 봉건왕으로 임명받기 위해 당나라 황제의 궁정에 나타났다. 그는 군왕과 도독에 임명되어, 과거에 자신의 휘하에 있던 여덟[172] 부족들을 통치하게 되었으며, 지금은 같은 수의 청廳으로 나누어져 있다. 그들의 여덟 장수들을 자사로 임명했다. (서)거란의 이대보 봉건왕으로 임명되어 군왕과 도독이 되었다. 그러나 이실활은 왕이 된 지 1년도 되기 전에 동생 이사고가 대를 잇게 되었으며, 그와 혼인했던 두 번째 당 황제의 어린 증손녀는 과부가 되었다.

돌궐은 여러 해 동안 중국의 북부와 북서부를 약탈했으며, 거란도 이 국경을 공유했다. 중국 북부 지역의 자사였던 왕준은 북의 발실밀拔悉密과 동쪽의 거란과 연합하여 돌궐을 궤멸시키겠다고 약속

---

[172] 이 여덟 부족은 이 장을 시작할 때 언급했던 '여덟 아들'을 상징한다. 그러나 여덟 아들에 대한 전설은 왕국을 여덟 부족 혹은 부로 나눈 것에서 유래한 것으로 보인다.

했다. 그리고 돌궐족의 황제 혹은 가한 비가毗伽를 가릉강에 빠뜨려 죽이겠다고 위협했다. 비가는 이 연합의 말을 듣고 두려워했으나, 나이 많은 고문 한 사람이 두려워할 필요가 없다고 했다. 발실밀[173]은 거란에서 북쪽으로 훨씬 멀리 떨어진 곳에 있고, 중국의 장수 '장'은 자사와 사이가 좋지 않기 때문에 빠른 진격을 방해할 것이며, 발실밀은 무장이 가볍고 약탈에 굶주려 있기 때문에 동맹군이 도착하기 훨씬 전에 전쟁터에 도달하여 쉽게 패배할 것이며, 당은 감히 진격하지 못할 것이라고 말했다. 그리고 그가 예견한 것처럼 발실밀이 남쪽으로 행군하자 전쟁터에는 거란도 당도 없었다. 그리고 이렇게 돌궐의 병사들을 혼자 맞게 되자 공포에 질려 후퇴했다. 발실밀의 병사들은 고향에서 1,000리나 떨어진 곳에 있었다. 비가는 당장 그들을 공격하고 싶었지만 고문의 말을 들었다. 고문은 그들을 후방에서 괴롭히라고 충고했으며, 그들이 고향에서 이틀 걸리는 거리에 도달하게 되면 공격하라고 했다. 그 이유는 오랜 행진으로 지친 그

---

173 따라서 발실밀은 원래 몽골이나 그 바로 동쪽인 홍안령을 가리킨다. 그 둘 중 하나를 결정하는 일은 어렵다. 만약 그들이 정말로 몽골 땅인 카르카에서 왔다면 고비 사막을 건너야 하지만 이런 언급은 없다. 또 그들이 고비 사막 동쪽에 살았다면 여정 중에 거란과 연락을 취하지 않은 이유는 무엇인가? 그들의 귀향길은 피곤했다. 그들의 피곤함이 그 거대한 사막 때문이었을 가능성도 있다. 따라서 발실밀은 고비 사막의 북쪽으로서 홍안령에서 멀지 않은 곳으로 추측되는데, 거란의 통치 아래에 있지 않았던 모든 내몽골 지방은 '돌궐족'이 차지하고 있었기 때문이다. 그리고 그 땅은 가공할 칭기즈칸의 출생지가 되었다.

들이 집에 빨리 가고자 하는 마음에, 모든 사람의 목숨이 성공에 달렸을 때처럼 필사적으로 싸우려 하지 않을 것이기 때문이었다. 그들이 연정의 200리 안에 도착했을 때, 위나라에 조언을 했던 장수 톤욕곡은 우회로를 선택하여 강행군을 했다. 그는 발실밀의 군사들이 닿기 전에 연정에 도착하여 그들을 무찔렀다. 돌궐의 본대는 후퇴하는 적의 후미를 덮쳐 지친 군대를 완전히 패주시켜 거의 전멸시켰으며, 생존자들은 자신들의 성을 향해 도망쳤으나 성은 이미 적들의 손에 넘어가 있었다.

당시 거란은 국내에 해결해야 할 일들이 있었다. 왕 이사고는 장수 가돌우가 용맹스러움으로 백성들의 사랑을 받자 질투가 나기도 하고 두려움도 생겨 그를 없애기로 했다. 가돌우는 때맞춰 경고를 받고, 무리를 모아 왕을 향해 진격하여 승리하였다. 왕은 영주로 도피했고, 멀리 떨어진 곳의 영주 도독이 500명의 중국 군사들을 보냈다. 이 군대는 급습을 받아 전멸했으며, 지휘관은 가돌우에게 사로잡혔다. 그리고 영주는 극심한 공포에 사로잡혔다. 도독은 자기 군대를 이끌고 유관[174]으로 후퇴했다.

가돌우는 사고의 사촌 동생 울우를 왕위에 앉히고 동시에 당의

---

174 유관은 산해관의 방어용 관문이다. 그 바로 서쪽은 임유성으로서 당의 유구를 떠올리게 한다.

궁정에 사신을 보내어 사죄하였다. 황제는 마치 서양의 교황들처럼 자비롭게 용서해 주었는데, 그렇게 할 수밖에 없었다. 울우는 송막 도독에 책봉되었고, 이대보의 동생 노소는 요락饒樂 도독으로 삼았다. 때는 719년이었는데, 6년 후에는 이 동쪽의 왕 옹립자와 그의 왕이 또다시 칼을 빼들고 있었다. 왕은 공주[175]를 당나라로 다시 데려간 뒤에 자신의 왕국으로 감히 돌아오지 못했다. 그는 요양왕에 봉해져 나라를 돌보고자 그곳으로 갔다. 그러나 가돌우는 왕실의 일원인 소고邵固를 왕위에 앉혔다. 다음 달(726년 2월)에 황제는 소고를 강화군왕에 봉하고, 자신의 손녀인 공주와 혼인시켰다. 또 다른 공주를 서거란의 노소에게 주었다.

  가돌우는 사고 때에 공물을 가지고 당나라로 갔는데, 여러 대신들이 그를 보고 앞으로 거란과 문제가 있을 것을 예견했다. 가돌우가 받은 대접도 만족스럽지 못했다. 따라서 720년에 그가 세운 두 번째 왕이 같은 일을 시키자 그는 가기를 거절했다. 그리고 왕이 계속 고집을 부리자 가돌우는 왕을 죽이고 돌궐로 도피했다. 그는 마지막까지 백성들에게 애정을 지니고 있었다. 돌궐 혹은 투르크는 서거란의 이웃이었기 때문에 노소는 공포에 사로잡혔고, 두 공주들과 함께

---

175 선왕의 미망인이 분명하다.

당나라 궁정으로 도피했다. 가돌우는 돌궐에서 그리 오래 조용히 있지는 않았으며, 거란의 약탈자 무리와 당나라로 내려가 금로산에서 당나라 군대와 싸워 이겼다. 따라서 유주 자사는 어떤 희생을 치르더라도 그를 잡기 위해 진격하라는 명령을 받았고, 국왕 살해자를 없애기 위해 황하의 동쪽과 북쪽에서 큰 군대를 모집하여 보냈다. 그러나 첫 번째 군대는 수가 부족했고, 다른 군대는 2년이 지나서야 진격했다. 선봉이 나타나자마자 거란은 한 당나라 장수의 말대로 '두려움 때문이 아니라 선봉이 따라오도록 유혹하려고' 후퇴했다. 이 장수는 신중할 것을 권고했으나 지휘관은 자신이 더 잘 안다고 생각하여 무시하고 진격했다. 그는 마침내 백산에서 거란과 마주했는데, 이곳은 오늘날 요동의 개원에서 가까운 곳이다. 그의 본대는 무참하게 패배했다. 그러나 그는 따로 두었던 부대와 함께 맹렬하게 거란의 오른편을 공격하여 역전의 발판을 마련했다. 곧 그는 거란에 완벽한 승리를 거두었고, 가돌우는 군사들 몇 명을 데리고 도피했다. 그리고 거란의 천막 5,000이 정복자에게 항복했다. 당의 군대는 고향으로 돌아갔다.

  거란이 다시 군사들을 불러 모으자 이들을 치기 위해 유주의 도총관[176]이 진격했다. 그러나 그의 군대는 뿔뿔이 흩어졌고, 6,000명이 넘는 군사들이 목숨을 잃었다. 이 전투의 결과로 거란은 유관까지 진격했다. 그때부터 가돌우는 국경의 공포이자 재앙으로 알려졌으며, 그를 잡으러 파견된 모든 군대를 물리쳤다. 마침내 유주 자사 겸 어사중승 장수규張守珪에게 공격 명령이 떨어졌고, 가돌우는 여러 차례의 전투 끝에 장수규에게 몰려 거짓으로 항복했다. 장수규는 부하 왕회王悔를 보내어 그의 충성을 맹세받도록 했으나, 사신은 그가 항복할 의사가 없다는 것을 알게 되었다. 가돌우는 자신을 죄수로 인정하는 대신에 군사들을 서북쪽인 돌궐을 향해 이동시켰다. 그리고 돌궐에 도움을 청하여 왕회를 죽이고자 했다. 그러나 왕회는 그 음모를 알았다.

 가돌우는 거란의 관리 이과절과 병마의 일을 나누어 관장했는데, 이들은 뜻이 서로 맞지 않았다. 왕회는 이과절을 회유하여 밤중에 병사를 부려 왕과 왕을 옹립한 가돌우 및 그의 파당을 죽이고, 나머지 군사들과 함께 당에 귀속하도록 했다. 장수규는 자신의 군사들을 모두 거느리고 주명으로 진격하여 왕회를 만나서 환영했다. 왕과 가돌우의 머리는 천진의 남쪽 성벽에 매달렸다. 돌궐의 가한 비가는

---

176 국경 지대의 군郡 혹은 현縣의 책임을 맡은 관리는 국경 건너편에서 오는 모든 적대 행위를 최선을 다해 물리쳐야 한다는 것을 보았을 것이다. 그는 불가항력의 어려움에 부딪쳤을 때만 중국 국내에 도움을 청할 수 있다.

당시 대신 한 사람에게 독살되었으나, 그는 죽기 전에 그 대신과 그의 도당들을 살해했다.

이과절은 그 훌륭한 업적을 인정받아 군왕과 송막 도독에 봉해졌다. 중국 정치에서는 숨겨진 칼도 햇빛에 드러난 칼과 마찬가지로 명예롭게 여겨진다. 그는 피로 얻은 왕관을 오래 유지하지 못했으며, 같은 해에 아들들과 함께 살해되었다. 그리고 오직 한 아들만이 요동의 당나라 수도인 안동으로 피신할 수 있었다. 그를 살해한 주모자 이례泥禮는 당나라 궁정에 사신과 진정서를 보내어 이과절의 죽어 마땅한 만행들을 알렸다. 이례는 그 답으로 송막주 도독의 직위를 받고 죄를 용서받았으나, 그의 행동은 목숨이 위협받을 수도 있는 악행의 예라는 책망을 들었다. 이례는 자신이 얻은 것을 방어할 능력이 있었던 것이 분명하며, 그는 약탈하려고 침략한 돌궐의 군대를 물리쳤다.

가돌우의 행동과 그의 오랜 성공 그리고 그의 운명의 마지막을 통해 우리는 몽골의 조상들에게 팽배했던 무법성에 대해서 배울 수 있다. 또한 한때는 강력했으나 속국들의 무모한 변화에 이의를 제기하거나 바로잡지 못하고 무너진 당 왕조의 철저한 무력함에 대해서도 배울 수 있다.

전쟁의 도덕성과 치열함을 다음 사건을 통해 짐작할 수 있다. 당나라 관리였던 사솔간史率干은 뭔가 잘못을 저질러 상관의 책망을 받았다. 두려움 때문이었는지 혹은 자존심 때문이었는지 그는 거란으로 도피했고, 거기서 죽을 위기에 처하자 기발한 생각이 떠올랐다. 사솔간은 자신을 평화 협정을 하러 온 당의 고위 관리라고 말했다. 그를 잡고 있던 사람들은 그를 죽이면 받게 될 황제의 보복이 두려워서 그를 살려주었다. 자신의 계교를 숨기려고 이 도망자는 왕을 알현할 때도 머리를 숙이지 않았으며, 왕은 화가 났지만 그를 당의 궁정에서 온 대신으로 깍듯이 대접했다. 그가 떠날 때가 되자 왕은 100명의 군사들을 시켜 그를 호위했다. 그러나 사솔간은 고마워하기는커녕 이것은 당나라 궁정에 경의를 표하기에는 너무나 부족하다고 말했다. 그리고 호위병들은 훌륭하지만 이들이 궁정에 나타난다면 황제는 거란의 능력을 크게 평가하지 않을 것이라고 말했다. 그 말에 왕은 300명의 군사들을 뽑아 사솔간을 따르게 했다.

당나라 성인 평로가 가까워지자 사솔간은 전령을 통해 편지를 보내어 거란이 300명의 정예군을 보냈는데, 명목상으로는 우호적이지만 실제로는 평로를 기습 공격하는 것이 목적이라고 전했다. 따라서 평로는 그들을 맞을 준비를 해야 한다는 것이었다. 평로는 이 정보를 토대로 호위대를 환영하는 것처럼 군대를 집결시켰다. 병사들은 호위대에 접근하여 마지막 한 사람까지 살육했으며, 다만 대장은 포로로 삼아 유주로 보냈다. 평로 자사 장수규는 사솔간의 행위를 훌륭한 공로로 생각했으며 그를 황제에게 추천했다. 황제도 배신자인 이 거짓말쟁이의 공로를 치하하고, 그에게 '사명思明'이라는 이름을 주고 큰 상을 내렸다.

우리는 여기서 처형될 뻔하다가 살아나 온 중국을 그 중심까지 흔들어 놓은 한 인물의 놀라운 이력을 그냥 지나칠 수가 없다. 안녹산安祿山은 영주 출신이다. 아버지가 죽자 그의 어머니는 아들과 함께 자신의 고향인 안정安亭의 돌궐족에게 돌아갔다. 그러나 얼마 후에 이곳이 약탈당하자 아들과 함께 다시 당나라로 피신한다. 이 소년과 '사명' 솔간은 같은 날에 태어난 절친한 친구였다.

안녹산은 유능한 자였으며, 그는 제일 처음 거란을 대적하기 위해 장수규가 보낸 군대를 지휘하는 장수로 등장한다. 그는 패배했고 참수형을 선고받는다. 그는 형이 집행되기 전에 뒤로 돌아 이렇게 말했다.

"장군님은 거란의 멸망을 원하지 않으십니까? 그렇다면 왜 안녹산을 죽이려 하십니까?"

장군은 휘하의 젊은 장수를 불쌍히 여겨 집행을 유예시키고 그를 다시 심사하기 위해 수도로 보냈다. 늙은 대신 장구령張九齡은 원래의 선고를 무효화하거나 감하는 것을 강하게 반대하며, 옛 역사가 이런 관용은 위험하다는 것을 보여 준다고 했다. 황제는 안녹산이 재능 있는 젊은이라는 것을 알고 그를 동정하여 형 집행을 유예했다. 그러나 장구령은 계속 반대하며, 그의 생김새에는 그를 살려 주었을 때 훗날에 위험을 초래할 징조가 나타나 있다고 주장했다. 황제는 의심하는 노인을 조용히 꾸짖고 안녹산을 사면했다. 안녹산은 유주로 돌아왔으며, 어느 날 기병 몇을 거느리고 가서 수십 명의 거란인을 붙잡아 진영으로 돌아왔다. 장수규는 그를 친아들처럼 사랑했다.

그 기세 좋은 용기를 인정받아 안녹산은 평로군의 병마사가 되었으며, 모든 사람들이 그의 행실에 대해 훌륭한 보고를 했다. 이렇게 하여 그는 영주 도독의 자리까지 올라 발해와 흑수黑水 말갈 그리고 두 거란족, 이 네 부府를 책임지게 되었다. 중국 땅을 침략하곤 했던 이들은 큰 골칫거리였다. 그리고 이들의 세력이 매년 증가함에 따라 그 괴로움은 더해 갔다. 안녹산이 이들의 공격을 성공적으로 막았기 때문에 황제는 그를 절도사에 임명했다. 742년에 그의 수하에는 3만 7,500명의 군사들이 있었으며, 주로 영주와 평주[177]에 주둔하면서 북쪽의 실위室韋와 동쪽의 말갈을 경계했다. 뿐만 아니라 유주에 3만 명이, 하북성의 기, 위, 단, 이, 항, 정, 모,[178] 장 등의 주에

---

177 하북성 북동쪽의 임유(중국 황실 기록).
178 보정부保定府.

주둔했다. 이 12만 8,900명의 군사들은 거란과 돌궐을 방비하기 위한 것이었다. 당시에는 당나라의 국경에 진을 치고 있거나 또 현역에 있다고 할 수 있는 군사 49만 명과 기병 8만 명이 있었다. 30년 전에는 전쟁 비용이 200만 냥[179]이었으나, 그해에는 1,025만 냥 외에도 400만 펙의 곡물을 필요로 했다.

다음 해에 안녹산은 황제에게 새해 인사를 하러 갔고, 황제는 그를 크게 환영했다. 그는 황제에게 보고하면서, 영주에 무서운 메뚜기 떼가 출현하여 향을 피우고 하늘을 향해 이렇게 기도했다고 말했다.

"내가 정사를 바르게 처리하지 않거나 군주에게 충성하지 않는다면 메뚜기 떼가 모든 것을 먹어 버리게 하고, 내가 충성스럽고 정직하다면 하늘과 땅의 모든 영들이 메뚜기 떼를 없애 달라고 기도했습니다."

그런데 갑자기 거대한 새 떼가 북쪽에서 나타나 메뚜기 떼를 완전히 먹어 버렸다는 것이다. 안녹산은 이것을 기록으로 남겨 달라고

---

[179] 중국식 단위로 '냥' 혹은 '온스'는 영국식으로 두 $1\frac{1}{3}$ 온스와 동일하며, 은 1냥은 반올림하여 영국 화폐 6실링shilling과 동일하지만 당시에는 최소한 그 두 배 이상의 가치가 있었다. 왜냐하면 그때는 지금보다 금이 쌌기 때문이다. 그리고 은이 너무나 귀했기 때문에 여기서 이 무게는 금이 아니라 은의 무게인 것으로 생각된다. 당시에 은은 아주 드물게 사용되었다. 구리 주화와 금괴는 있었지만 은으로 된 화폐는 없었다. 따라서 오늘날 유일한 화폐로 쓰이는 은은 '금' 몇 온스 혹은 때에 따라 '백금'이라고도 불렀다.

황제에게 청했고, 황제는 이에 동의했을 뿐 아니라 그를 승진시켰다.

안녹산은 유명세를 얻기 위해 745년에 거란의 서쪽 땅을 황폐화시켰다. 그리고 그들은 왕비인 당의 공주를 살해하는 것으로 보복을 하여 반역의 신호로 삼았다. 안녹산은 그들을 정벌하여 북평[180]까지 쫓아갔다. 4년 후 적대적인 전투가 멈추자 그는 거란의 중요한 인물들을 초대하여 잔치를 베풀었으며, 많은 양의 술을 대접했다. 당시 중국인들도 술에 중독된 사람이 많았고, 거란인들도 오늘날 기회가 있을 때마다 취하곤 하는 몽골 사람들보다 절제하지는 않았을 것이다. 그들은 이 연회에서 취할 때까지 마셨고, 안녹산은 그들을 살해하여 지휘관의 목을 황제에게 보냈다. 그 얼마 후에 안녹산은 휴가를 받아 수도를 방문하게 되었는데, 그때 8,000명의 거란 포로들을 데려갔다. 그는 큰 상을 받았고, 다른 선물들과 함께 황금 칼을 받았다. 또한 '고충', 즉 '제국에서 가장 충실한 자'라는 명칭을 받았다.

그로부터 2년 후에 안녹산은 6만 명의 군대를 거느리고 유주, 평주, 하동[181]을 거쳐 거란으로 진격했으며, 2,000명의 서거란 기병으로 구성된 선봉대가 안내했다. 평로를 지나 1,000리를 가서 도호

---

180 북경의 북쪽 준화. 당시에도 그렇고 그 후 오래도록 북경 바로 북쪽의 땅은 만리장성에도 불구하고 유목민들이 장악했다.
181 강의 동쪽은 산서성의 북동쪽이며, 이곳의 병사들은 그의 군대를 증원시켰다.

천[182]까지 왔을 때는 비가 쏟아지고 있었다. 그리고 밤낮으로 300리를 더 가서 거란의 야장[183]과 충돌했으며, 거란은 대혼란에 빠졌다. 그러나 끊임없이 퍼붓는 억수 같은 비로 군사들의 활과 투석기는 쓸모가 없어졌고, 안녹산 휘하의 장수 하사덕은 군사들을 쉬게 해 달라고 간청했다. 그들은 힘이 없고 지쳐 있었다. 그리고 하사덕은, 거란은 당나라 군대의 규모만 보고도 공포에 사로잡혀 사흘 안에 항복할 것이라고 말했다. 안녹산은 진노하여 하사덕의 목을 베려 했다. 그러나 하사덕은 자신들이 싸워야 한다면 상관 앞에서 싸워서, 자신이 죽음을 두려워하지 않는다는 것을 증명하겠다고 했다. 이렇게 해서 그는 싸웠고, 곧 쓰러졌다. 그는 덩치가 컸고 안녹산과 마찬가지로 풍채가 당당했으며 외모도 비슷했다. 거란 사람들은 하사덕이 쓰러지는 것을 보고는 자신들이 안녹산을 살해했다고 생각하고 더욱 힘을 내어 용기를 가지고 싸웠다.

바로 그 위기의 순간에 안녹산은 자신이 저질렀던 수많은 비열한 배신 행위들에 대한 보복을 당했는데, 서거란 병사들이 모두 탈주하여 고향 사람들 편에서 싸웠던 것이다. 당나라 군대는 전멸했다. 안

---

182 심양은 북경에서 1,500리 이상 떨어져 있다. 따라서 도호천은 몽골에서부터 흐르는 대양하로서, 요하강은 너무 북쪽이다. 그리고 대양하는 거란 땅을 가로질러 흐른 것이 분명하다. 나도 형주에 도호가 있었다는 것을 확인했다.
183 야장은 그 사용법으로 미루어 사령관 혹은 장군을 가리키는 것 같다(가돌우의 죽음 참고).

녹산의 안장이 활에 관통되었다. 그는 자기를 알아보지 못하도록 관모를 벗었으며 신발도 잃어버리고 20명의 군사들과 함께 사주師州로 도망쳤다. 그는 이 패배를 가해哥解의 탓으로 돌렸는데, 이 사람은 당나라로 탈영했던 돌궐 사람이었다. 그리고 하동 분대의 지휘관도 함께 책임을 지게 했다. 안녹산은 이들 두 사람을 참수형에 처했다. 평로 분대의 지휘관은 동일한 운명을 맞을 것을 두려워하여 산속으로 피신하여 20일을 지냈으며, 그 사이에 700명의 탈주병들이 그의 주위에 모여들었다.

안녹산의 옛 친구 '사명'은 평로의 관리였으며, 3,000명의 군사들을 선발하여 안녹산을 막기 위해 보냈다. 안녹산은 평로에 도착했을 때 자기의 군사가 하나도 없다며 슬피 울었다. 그러나 그 관리가 방문하자, 안녹산은 자리에서 일어나 사명의 손을 잡고 이렇게 말했다.

"이제 그대를 찾았으니 내가 슬퍼할 이유가 무엇이겠는가?"

그러나 사명은 쉽게 속지 않았다. 사명은 나가면서 이렇게 말했다.

"내가 녹산과 함께 전쟁터에 있었다면 내 머리도 가해의 머리처럼 되었을 것이다."

사주는 승리를 거둔 거란에게 포위되었으며, 사명은 진격하여 포위를 풀게 하라는 명령을 받았다.

안녹산은 불명예를 씻고자 거란으로 진격하려는 목적으로 26만 명의 군대를 집결시켰으며, 돌궐의 족장인 아부수에게 수만의 기병들과 함께 자신에게 합세할 것을 명해 달라고 황제에게 청했다. 아부수는 황실에 우호적이었으며, 황제는 그를 왕으로 삼았다. 그는 뛰어난 능력을 가졌으며, 그런 이유 때문에 과거에 안녹산은 그를 신하로 삼고 싶어했다. 그러나 동일한 이유로 아부수는 종속적인 위치에 있으려고 하지 않았다. 과거에 안녹산의 부하가 되기를 거절했던 아부수는 그 때문에 안녹산이 자기를 몹시 싫어한다는 것을 알고 있었다. 그래서 일단 안녹산의 영향 아래에 들어가게 되면 무슨 속임수가 기다리고 있을지도 모른다는 생각을 했다. 따라서 아부수는 어느 대신을 통해서 자신을 궁정에 남아 있게 해 달라고 황제에게 간청했다. 대신들 가운데 안녹산에게 우호적인 사람은 아무도 없었다. 그러나 자신의 청을 들어주지 않을 것을 걱정한 아부수는 자신을 따르는 자들과 함께 고비 사막으로 피신했다. 따라서 안녹산은 군사들을 진영에 남아 있게 할 수밖에 없었으며, 거란을 향해 진격할 수 없었다. 그 이유는 한편으로는 장수들이 부족했기 때문이고, 다른 한편으로는 아부수가 무방비 상태인 북쪽을 공격할지도 모른다는 두려움 때문이었다. 그리고 아부수가 산서성의 대동 근방 지역을 약탈함으로써 그 두 번째 추측이 맞아떨어졌다. 당시 당나라 군대에는 돌궐 장수들을 비롯한 다른 무관들이 노쇠한 로마의 녹을 받고 있던 고트족 무관들보다 더 많았던 것으로 여겨진다. 당시 가서한哥舒翰과 안사순安思順, 이 두 장수는 안녹산과 사이가 좋지 않았다. 황제는 이들을 화해시키려고 애를 썼고, 이들은 불화를 해결하기 위해 한자리에 모였다. 가장 큰 권력자인 안녹산이 가장 절실하게 도움이 필요했기 때문에, 먼저 나서서 가서한에게 말했다.

"나의 아버지는 오랑캐였고, 나의 어머니는 돌궐족이었다. 나의 할아버지도 돌궐족이었고 또 나의 할머니도 호족이었다. 그런데 우리가 친구가 되지 못할 이유가 무엇이겠는가?"

가서한은 옛말에 이런 언급이 있다고 했다.

"'여우는 아무리 멀리 있어도 항상 자기 굴을 쳐다보며 죽는다.' 그대가 나와 친척 관계라고 주장한다면, 내가 그대의 친구라는 것을 어떻게 거절하겠는가."

안녹산은 이 말을, 자신이 오랑캐라는 것을 가서한이 조롱하는 것이라고 해석했다. 안녹산은 격앙되어 그중 모멸적인 어조로 가서한에게 욕을 하기 시작했다. 가서한이 비슷한 어조로 답하려고 하자, 보고 있던 사람이 침묵을 지키라는 뜻으로 눈을 찡긋했고, 그는 술 취한 척을 했다. 그들은 제 갈 길로 갔지만 서로에 대한 적개심은 그 어느 때보다 깊어졌다. 후에 가서한은 티베트로 파견되었으며 그곳에서 그는 큰 성공을 거두었다. 안녹산은 계속해서 거란을 정벌하여, 마침내 범양[184] 절도사에 임명되었다. 이 성은 759년에 연경이라고 이름을 바꾸었으며, 오늘날의 북경이 오래도록 자주 이 이름으로 불리었다.

장수 왕충사王忠嗣는 그 용맹스러움으로 당나라 무사들의 서열에서 수위에 오르게 되었고, 매일 올라가는 그의 유명세는 상관인 이임보李林甫의 질투심을 불러일으켰다. 이임보는 자신의 명성이 가려질 것을 두려워하여 안녹산을 가까이 하여 왕충사를 끌어내리고자 했다. 안녹산은 왕충사에게 웅무성雄武城이 역도들의 공격을 받았으니 적들을 쫓아낼 수 있도록 군사들을 빌려 달라고 청했다. 그의 목적은 이들과 자신의 군사들을 합치려는 것이었다. 왕충사는 답을 하기 전에 황제에게 인사를 하러 들어갔다. 그런 다음에 안녹산과 의논을 하려고 갔으나 그는 사라지고 없었다. 그는 다시 황제에게 들어가 안녹산이 모반을 준비하고 있는 것이 분명하다고 아뢰었다. 이 대담한 발언을 하는 자리에 이임보가 황제와 함께 있었고, 그는 친구의 명예를 손상시키는 이 말에 크게 노했다.

왕충사는 강(황하) 이북을 책임지는 장군이었으며, 몇 명의 훌륭한 부하 장수들과, 그들 가운데 최소한 한 명의 거란인을 거느리고

---

184 어떤 저자는 범양을 오늘날의 조주로 밝히고 있다. 그러나 보정의 정흥이라고 하는 중국 황실 기록이 더 정확한 것 같다.

티베트를 견제했다. 한번은 침략한 티베트 군대를 앞뒤로 동시에 공격하여 전멸시켰다. 티베트는 수도만이 강력한 도시였다. 이 당나라 장수는 수도로 진격하지 않았는데, 이런 강력한 도시를 함락하는 것은 그 가치보다 더한 군사들의 희생이 필요했기 때문이다. 왕충사의 신중함은 책임 회피라는 혐의를 받는 근거가 되었으며, 황제는 그에게 그 도시를 공격하라는 명령을 내렸다. 그는 황제를 개인적으로 만나 그곳을 공격하지 않은 이유는 그 도시를 함락해도 실제적인 이득이 없으며, 수많은 생명을 잃을 뿐이기 때문이라고 말했다. 다른 장수가 그 임무를 맡게 되었고, 왕충사는 이 공격에서 많은 사람들이 쓸데없이 목숨을 잃을 것이므로 부지휘관으로도 참여하기를 거절했다. 권력 있는 대신들 한두 사람이 왕충사를 지지했지만, 그의 정적들이 승리를 거두어 그는 벽지의 부지휘관의 자리를 채우게 되었다. 한국 출신의 또 다른 장수도 비슷한 대우를 받았다.

이런 사례들이 8세기에 용병들과 황제의 이러한 관계를 보여 줄 수 있을 것이다. 사실 이와 동일한 상태가 그로부터 1세기 전에도 존재했다. 왜냐하면 당 왕조 초기부터 중국의 일반 병사들은 태생, 계급, 인종, 교육의 구별 없이 '사령봉을 배낭 속에' 넣고 다녔기 때문이다.

안녹산은 오래전부터 성공과 찬사에 취해 있었다. 안녹산의 행동은 여러 해 동안 대신들의 마음속에 그의 의도에 대한 불안감과 의심을 불러일으켰다. 일찍이 747년에 그를 변함없는 호의로 대했던 황제와 함께 있는 자리에 황태자가 들어오자 모든 대신들은 마땅한 경의를 표했으나, 안녹산은 황태자를 보지 못했다. 그 소홀함을 지적당한 안녹산은 스스로를 올바른 예절도 모르는 무지한 사람이라며 변명했다. 그러나 황제가 그 자신도 황태자였을 때 황제에게 마땅한 인사를 받았다고 하자, 안녹산은 당장 절을 했다. 황제는 총애하는 장수의 온순함을 보고 아주 기뻐했다. 안녹산은 항상 대신들보다 윗자리에 앉았다. 이것은 굉장히 의미심장한 사실인데, 중국에서는 문관이 무관보다 절대적으로 우대받기 때문이다. 안녹산의 행동에서 또 하나 특기할 만한 사실은 황실의 내실과 그의 관계이다. 하렘에 있는 첩들 몇이 어떤 식으로든 안녹산과 연관되어 있었고, 안녹산은 그들을 통해 '금단의' 내실에 자유로이 출입할 수 있었다. 그리고 그들 가운데 한 사람과 모자의 관계를 맺었는데, 이런 관계는 교황이나 추기경의 '조카'와 마찬가지로 눈에 보이는 것과는 다른 뜻이 있다. 그는 황제 앞에서도 항상 황제보다 이 '어머니'에게 먼저 경의를 표했으며, 그 이유를 이렇게 말했다.

"우리 오랑캐 남자들은 먼저 어머니에게 인사를 하고 그다음에 아버지에게 인사를 합니다."

안녹산은 경의를 표하기가 그렇게 힘들었던 바로 그 황제의 후계자가 새로운 황제가 되어 통치하기 시작하자, 충성심을 내던져 버리고 스스로 처음에는 왕이 되었다가 후에 황제가 되었다. 그러나 그의 영화는 오래가지 못했고, 그의 최후는 비참했다. 안녹산은 왕위를 빼앗으려는 아들에게 살해당한다. 우리는 안녹산이 전에 차지하고 있던 높은 자리를 사명이 차지하고 있는 것을 볼 수 있다. 새로운 당 황제는 자신의 이름을 또 바꾸었다. 이번에는 '하늘과 대등한 자'로 높아졌다. 761년에 이 이름을 받은 자는 안녹산의 아들을 향해 진격하여 진압하고 살해했다. 그리고 나서는 그 이름에 걸맞게 안녹산과 그의 가족에게서 빼앗은 칭호를 자기가 취했다. 사명이 남쪽으로 진격하자 황제는 낙양을 버리고 서쪽으로 도피했으며, 낙양은 사명의 수도가 되었다. 그러나 그는 반역의 열매를 오래 즐기지 못했으며, 그해가 가기 전에 살해되었다. 또한 그가 후계자로 지명한 자신의 아들도 낙양에서 황후였던 어머니와 함께 죽임을 당했다. 이 두 사람의 기이한 생애는 이러했고, 고구려와의 영광스러운 전쟁의 한탄스러운 결과도 이러했다.

바로 그때 (서)거란이 막강한 군대를 이끌고 과거의 패배를 복수하고자 밀고 내려와 닥치는 대로 쓸어 버렸다. 그들 앞에서 평로의 신임 절도사는 2만 명의 군사들과 함께 도망칠 수밖에 없었다.

당 왕조는 안녹산이 입힌 타격을 결코 회복하지 못했다. 북동부의 거란은 수킬로미터에 걸친 영토를 합병시켰다. 서쪽의 티베트는 내륙으로 끊임없는 약탈을 일삼았다. 그리고 북서부의 돌궐은 예전만큼 강력하지는 않았지만 큰 타격을 입히기에 충분했다. 그리고 831년에는 수도에까지 들어온 그들을 막을 수가 없었으며, 그들이 거리에서 사람들을 죽였어도 황제는 그 일에 대해 묻지도 못했다. 그러나 아무도 왕좌를 차지하고 있을 수 없었기 때문에 그들 모두는 당 왕조를 툴칸의 송아지[185]로 삼는 것이 더 이익이 되고 용이하다고 생각했다.

당조의 역사에는, 만족스러운 것은 아니지만 흥미로운 간단한 인구 조사를 여러 번 시행했던 기록이 있다.

가구		인구
723년	7,861,236	45,431,265
739년	8,412,871	48,143,690
742년	8,525,763	49,909,800
755년	9,069,154	52,880,488
781년	3,085,076	(18,000,000)

---

185 툴칸Tulchan이란 게일어Gaelic로 '암소가 우유를 내게 하려고 사용하는 속을 채운 송아지 가죽'을 의미한다(옮긴이).

연도	군사(명)	국방비(냥)	주州와 부府	현縣	마을(호)
731	—	2,000,000	—	—	—
742	490,000	10,200,000	—	1,528	—
755	—	—	321	1,538	16,829
781	768,000	—	—	—	16,839

 11세기 전에 중국은 인구가 5,000만 명을 넘지 않았던 것이 분명하다. 그나마 그 가운데 유입된 유목민들이거나 그들의 혼혈 후손들이 많은 부분을 차지했다. 가구는 요즘과 마찬가지로 인두세의 단위로 보아도 될 것이다. 이것은 엄밀하게 말하자면 '대문'으로서, 중국식 대문 안에는 여러 가족이 있는 경우가 흔하다. 가장 쪽의 증조부가 100명 혹은 그 이상인 자손들을 모두 가족으로 거느리고 있을 수도 있기 때문이다. 10 '가족'이 1리에 속했는데, 그보다 많을 수도 적을 수도 있었다. 그러나 징병을 비롯해서 세금 징수를 목적으로 하는 경우에 각 리는 항상 10가구였다. 이 10가구는 또한 지금 정T이라고 부르는 것이다. 그 각각은 병사를 한 명씩 내놓아야 하며, 리는 꼭 필요한 경우에 병사 한 명을 내보낼 수 있는 단위로 이해되었다. 위에서 언급한 각 대문의 평균 가족 수는 여섯이다.[186]

---

186 『삼국지』 참고.

이것은 오늘날 중국의 초만원 상태를 알고, 이들의 가족 생활을 아는 사람이라면 그리 큰 수가 아니라고 생각할 것이다.

안녹산이 정치 무대의 배우로 등장하는 시점까지 세금을 내는 가족들의 수가 꾸준히 증가하는 것을 볼 수 있을 것이다. 그리고 그의 반란과 함께 끔찍한 파탄이 일어나 781년에 당 왕조를 인정하는 가구 수, 즉 당나라 세금 징수원들 앞에 열린 문은 26년 전의 3분의 1이었다. 781년에는 개인, 도시 등의 수가 기록되지 않았으나 가구 수가 지표가 된다.

742년의 국방비는 30년 전의 다섯 배였으나, 781년 몰락한 제국을 파멸되었을 때의 절반을 겨우 넘을 뿐이다.

609년 수나라의 세력이 정점에 도달했을 때 가구 수는 890만, 현의 수는 1,255, 군(주와 부)의 수는 190이었다. 그러나 이것은 중국 본토 너머까지 포함한 것임을 알 수 있으며, 그 영토의 면적은 '동에서 서로 9,300리, 북에서 남으로 1만 4,815리'로서 후자는 운남雲南에서 고비 사막까지 뻗어 있다.

요 왕조의 역사에 따르면, 거란 사람들은 그리스도보다 약 3,000년 전에 살았던 연 황제의 직계 자손이라고 한다. 물론 유명한 종족이나 유명한 사람이, 다윈의 이론이 그 반대를 주장함에도 불구하고 천한 곳에서 나오는 일은 없다. 그러나 그들은 이미 오래전에 농사 짓는 기술을 모두 잊어버린 것으로 보이는데, 그들이 취한 그 훌륭한 조상이 신격화된 이유는 바로 이것 때문이었다. 여러 세대가 거쳐 지나간 후에 노이소라는 훌륭한 재능을 갖춘 자가 나타났는데, 그는 개인적인 힘을 강화하려는 야망이 전혀 없었으며 보기 드물게 조화를 이룬 사람이었다. 그가 말을 하는 것만으로 야만인들이 문명화되었고, 무법자들이 훌륭한 시민들이 되었다. 우리는 이러한 사실에서 그가 처음으로 법을 제정했다는 것을 알 수 있다. 그는 '수' 혹은 확고한 조상으로 불렸으며, 그의 아들 살랄달은 '이' 혹은 인자한 조상으로 불렸다. 또 그의 아들은 백성들에게 밭을 갈고 씨를 뿌리고, 가축들을 길들이고 먹이도록 가르쳤다. 그의 통치 아래서 부가 축적되기 시작했음을 쉽게 추론할 수 있다. 왜냐하면 인내심을 요하는 농사가 콘스탄티노플 정복보다 훨씬 더 생산적이기 때문이다. 집과 정착된 주거지, 마을과 성이 이 '원原' 혹은 '원래의 조상'의 정책을 필연적으로 뒤따랐다. 그의 아들 이덕실 혹은 '선한 조상'은 거란의 두발카인[187]이었으며, 백성들에게 철을 가지고 금속을 주조하는 법을 가르쳐 현악기와 북 같은 악기를 만들게 했다. 그는 이런

---

[187] 『구약성서』 「창세기」에 나오는 인물로서 동이나 철로 물건을 만드는 사람들의 조상(옮긴이).

것에서 큰 기쁨을 얻었다. 그는 '이'의 조상인 아보기의 아버지로서, 그 유명한 안녹산과 동시대 인물이었다.

  요 왕조의 위대한 조상 또는 창시자였던 아보기의 어머니는 해를 품에 안는 꿈을 꾸고 아보기를 낳았다. 아보기가 태어났을 때 방 안에는 신비로운 빛이 빛났고, 공기 중에서 이상한 향기가 났다. 아보기는 석 달 만에 걸을 수 있었다. 그의 눈빛은 너무나 강렬하여 아무도 그와 시선을 맞출 수가 없었다. 아보기는 동쪽에서 싸웠고 서쪽을 정복했으며, 그의 이름은 수만 리에 걸쳐 공포의 대상이었다. 그는 907년에 황제의 지위에 올랐고, 고대 한나라 안평 땅의 상경上京을 수도로 세웠다. 아보기는 20년 동안 왕위를 유지했으며 55살에 죽었다.

  인류 역사상 뛰어난 정복자들 가운데 한 사람인 그의 일생은 이렇다. 중국 설화의 특징에서 동시대인들보다 더한 학살과 약탈, 파괴의 능력을 지닌 사람은 하늘에서 특별히 내린 자이기 때문에 새로 태어날 아이의 탁월함의 조짐이 되는 기이한 현상들을 하늘이 보여 준다고 한다! 그러나 이러한 조심은 예언이 이루어진 다음에야 기록된다. 즉, 피를 강같이 흘려 '영광'을 얻을 그가 아직 성숙되지 않은 청년기에는 결코 이것을 기록하는 법이 없다. 그리고 위대함에 대한 이러한 중국의 관념은 유럽의 관념과 일치한다.

당나라 광계(885~888) 때에 흔덕근 가한 흠덕欽德은 실위와 해奚의 땅을 황폐화시켰다. 그리고 나서 흠덕은 모든 부족들을 아보기에게 인도했고 그를 왕으로 선출했다. 그때 여덟 부족들은 하나로 통일되었다. 해는 원래 고막해라고 불렸다. 해족奚族으로 살고 있었을 때 이들은 예의범절이 형편없었으나 훌륭한 궁수들이었고 위나라의 북쪽 국경을 자주 유린했다. 그들은 고대의 거란족과 함께 동호족이라고 불렸는데, 양자 모두 모용을 통해 화해하고 송松과 막漠 사이의 지역으로 피신했다. 막은 고비 사막이고, 송은 시라무렌 강 유역에 있는 그들이 처음으로 상속받은 땅이기 때문에 그 위치를 쉽게 확정할 수 있다. 해족은 약탈을 일삼는 고구려 군대의 압도적인 힘에 밀려 위나라 국경으로 쫓겨났다.

926년에 모용의 영토였던 동부 몽골에서 탄탄한 왕국으로 통합된 거란은 제국의 기초를 놓을 준비를 하기 시작했다. 그들은 동쪽을 향하여 발해의 부여성으로 진격했으며, 회하淮河 서쪽에 있는 모든 발해의 땅을 점차로 합병하기 시작했다.

당시에는 거란 세력의 진정한 창시자라고 할 수 있는 아보기가 통치하고 있었다. 그는 큰아들 돌욕을 동단東丹의 태수로 임명했는데, 이 이름은 정복당한 발해에 붙인 것이다. 둘째 아들 덕광은 원래 거란의 수도였던 상경성의 장군이 되었다. 아보기는 부여성에서 살왔다. 이 성으로 중국의 새 황제가(344쪽) 선왕의 죽음을 알리고자 보낸 사신 '권'이 왔다. 왕 아보기는 예법에 따라 정식으로 곡을 했다. 아보기는 중국의 혼란스러운 상황을 전해 듣고는 당장 군대를 보내 황제를 돕지 못하는 것에 슬픔을 표하며, 동쪽의 발해가 아직 완전히 항복하지 않았기 때문에 그들과 싸우는 것이 시급하다고 했다. 권은 새 후계자가 왕위에 오르지 못하게 될지도 모른다며 한탄했다. 그러나 피를 조금 흘린 표범처럼 왕은 대화가 이어질수록 점점 불손해졌다. 그의 마음속에 쇠약해진 제국 깊숙이 발톱을 묻고 싶은 욕구가 자라고 있던 것이 분명했다. 그는 마침내 권을 열흘 동안 가두었다가 마지막 날에 어전으로 데려왔다. 그리고 종이와 먹을 앞에 놓고는, 처음에는 마음속에만 품었던 생각을 명령으로 바꾸어 유주를 양도한다고 쓰게 했다. 권은 심약했을지는 모르지만 반역자는 아니었다. 미소도 찡그림도, 이익의 약속이나 생명의 위협도, 고국을 배반하지 않으려는 그의 일념을 꺾을 수가 없었다. 따라서 그는 다시 갇혔고, 그로부터 며칠 후에 아보기는 부여성에서 죽었다.

아보기의 아내이자 돌욕의 어머니 순율은 능력이 뛰어나지만 매우 잔인한 남성적인 여성이었으며 피 흘리기를 즐겼다. 자신의 남편이 죽어 갈 때 순율은 고위 대신들을 부인들과 함께 그의 침상 곁으로 불러 놓고 부인들에게 말했다.

"오늘 나는 과부가 될 것이다. 너희에게 남편이 있는 것은 옳지 않다."

그리고 나서 순율은 100명의 고위 관리들에게 죽음을 명령하며 이렇게 말했다.

"그들을 옛 주인을 따라가서 섬기게 하라."

당시 집 안에는 능력 있고 힘 있는 무관이 있었는데, 그는 아보기가 총애하던 인물로서 다른 사람들과 함께 무예산('무덤')으로 가도록 종용받았다. 순율의 언급으로 미루어 보면, 그는 이러한 영광을 완강히 거부했던 것이 분명하다.

"그대의 주인은 그대를 총애했는데 왜 함께 가려고 하지 않는가?"

그가 대답했다.

"돌아가신 나의 주인은 어느 누구보다 당신을 사랑했는데 왜 함께 가지 않으십니까?"

순율이 대답하기를, 함께 가고 싶은 마음이 간절하지만 어린 아들이 있고, 제국의 번영과 관련된 중요한 일들 때문에 그렇게 할 수가 없다고 했다. 그리고는 수행원들에게 오른팔을 뻗어 보이며, 팔을 어깨 밑으로 잘라 내어 남편과 함께 묻으라고 했다. 수행원들은 무릎을 꿇고 엎드려 그렇게 하지 말 것을 간청했다. 결국 순율은 팔꿈치 관절까지만 자르는 데 동의했고, 애정의 징표로 그 팔을 남편과 함께 묻기 위해 보냈다. 그러나 그 무관은 풀려나 생명을 구했으며, 목숨을 잃은 사람은 없었다.

아보기의 시신은 상경에서 300리 떨어진 무예산에 묻혔다. 우리는 몽골 땅과 경계를 이루는 광녕의 장려한 의무려산에 요나라 황실 사람들이 묻혔다는 것을 안다. 그러니 그곳 근방에서 시조의 무덤을 찾는 것은 당연하다. 요동 역사에 따르면, 시조에게 제사를 지낼 때는 항상 상경의 남동쪽인 광녕을 향했다고 한다. 상경은 서루(서쪽 탑)라고도 불렸는데, 그것은 아보기가 성의 한가운데에 거대한 탑을 세웠기 때문이었다. 아보기는 동루라고 부르는 또 다른 탑을 1,000리 동쪽인 발해 땅에 세웠다. 북쪽 탑은 300리 북쪽에 있었고, 남쪽 탑은 남쪽으로 그만한 거리에 있는 무예산에 있었다.

돌욕은 아보기의 큰아들이었고, 덕광은 둘째였다. 아버지는 돌욕을 후계자로 지명했으나, 어머니는 둘째를 더 좋아했다. 덕광은 효자로서 어머니가 기분이 언짢아 식사를 하지 않으면 자신도 결코 식사를 하지 않았다. 아버지는 큰아들을 '인황人皇'으로 임명하고 당시 발해를 일컬었던 동단을 통치하도록 보냈다. 그러나 어머니는 큰아들과 그의 군대를 그곳에서 동생이 장군으로 있는 곳으로 보냈

제7장 거란 353

다. 어머니는 큰아들이 도착하자마자 자신의 천막을 준비하라고 보내 놓고는 장수들을 불러 모았다. 그러고는 두 아들을 다 몹시 사랑하기 때문에 누구를 왕으로 선택해야 할지 모르겠다고 했다. 어머니의 욕망을 알고 있던 장수들은 이에 상응하는 대답을 했다.

"장군이 더 좋은 왕이 될 것입니다."

어머니는 대신들이 만장일치로 동의하고 찬성한 것을 가볍게 여길 수가 없다며 둘째 아들을 왕으로 선포했다. 돌욕은 생명의 위협을 느끼고 밤에 수백 명의 기병들을 거느리고 당나라 왕실로 가고자 중국으로 향했다. 그러나 곧 따라온 자들에게 붙잡혀 추방되지는 않고 동단으로 보내졌다. 새 왕은 어머니에게 '천황' 왕이라는 칭호를 받았는데, 이것은 큰아들이 선왕에게 수여받은 겸손한 칭호와 상반되는 것이었다. 그러나 태후가 실제적인 통치자였다. 태후는 권을 풀어 주었고, 아수모를 그와 함께 황실에 보내어 왕의 붕어를 알리도록 했다.

노룡의 도독 유인공이 동생을 살해하여 당 황제를 진노하게 만들었다. 그는 벌을 피하려고 거란으로 달아났고, 영주에서 많은 중국인 병사들을 거느리게 되었다. 유인공은 은밀한 암시를 받았는데, 선왕의 죽음으로 새 황제가 왕좌에 올랐으니 당장 궁정으로 들어가 아뢴다면 과거를 쉽게 지워 버릴 수도 있으나, 황제가 왕좌에 오르고 시간이 좀 지난 다음에는 더욱 어려워질 것이라는 말이었다. 그는 그 암시를 받아들였다. 그리고 그의 휘하에 있던 중국인들도 고향으로 돌아가기를 간절히 원했기 때문에, 주인에게 반대하여 일어나 거란인 지휘관들과 그 부하들을 살해하고, 10만 명의 포로들과 천막과 수레 8,000개를 영주에서부터 몰고 갔다. 그들은 이것을 평화와 화해의 선물로 제공했다.

그러나 거란은 복수를 했으며, 928년에 평주를 공격하여 그곳의 자사 장세종과 함께 평주를 탈취했다. 그는 거란 장수의 신임을 받았다. 목숨을 보존했던 장세종의 병사들은 1년 반이 지나자 향수병에 걸려 그의 앞에서 슬피 울며 고향으로 돌아갈 방도를 찾아 달라고 애원했다. 장세종은 거란 장수를 기만하여 죽일 수 있을 것이며, 뒤따르는 혼란 속에서 쉽게 싸워 빠져나갈 수 있을 것이라고 말했다. 그리하여 장세종은 잔치를 베풀었다. 그리고 거란 장수가 취하자 그를 죽여 생석회를 미리 쏟아부어 놓았던 우물 속에 시체를 던졌다. 그러고는 성의 북쪽 병영으로 군사들을 이끌었는데, 이런 공격에 대한 준비가 전혀 되어 있지 않았던 군사들은 쉽게 혼란에 빠져 도망쳤다. 따라서 장세종은 병사들을 비롯해 2만 명을 이끌고 중국 땅으로 갔고, 황제는 그들을 크게 칭찬하며 상을 내렸다.

그러나 거란은 주요 거점들을 하나도 잃지 않았다. 그들은 정주를 빼앗았고, 운주[188]를 약탈했다. 그리고 그들은 중국 북쪽에 확고한 기반을 다지고 있었기 때문에, 황제의 왕관을 차지하기 위해 다투는 경쟁자들 사이에 아주 효과적으로 개입할 수 있었다. 그러나 거란은 정주를 차지하려는 한쪽의 권리 주장자 '무'를 다른 쪽 권리 주장자 '주'를 상대로 도우면서 두 번의 심각한 패배를 겪었다. 한 번은 정주로 진격하여 성 안으로 들어갔다가 밤중에 나와 주 장군이 급하게 쌓은 성인 신로를 재빨리 탈환했다. 주 장군은 철수하여 거란을 공격할 준비를 했으며, 병사들에게 이렇게 말했다.

"이제 군주의 은혜를 갚을 날이 왔다."

주 장군은 활과 화살을 버리고 칼을 들고 적들에게 돌진하여 그들의 가공할 활을 쓸모없게 만들라고 명령했다. 그는 직접 말을 타고 앞장을 섰으며, 거란인들은 괴멸하여 군사들의 반이 벌판에 버려졌다. 이들은 몇 달 후에 유사한 패배를 겪었는데, 몇 사람 남은 생존자들은 흰 막대기를 든 마을 사람들에게 쫓겨 북쪽으로 도망쳤으며 한 사람도 고향으로 돌아가지 못했다.

포로로 잡힌 거란인 생존자들은 승리한 장군의 손에 '황제'에게 압송되었고 처형될 형편에 처했다. 그러나 그들 가운데는 최상류층

---

188 오늘날 태원의 기현.

거란인들이 많이 있었기 때문에, 황제는 현명하게도 그들을 볼모로 붙잡아 두었다. 이는 첫 번째로 거란인들에게 이들을 되돌려 받을 수 있으리라는 희망을 갖게 했고, 두 번째로는 거란인들이 중국에 해를 입히면 이들에게 복수를 할지도 모른다는 두려움을 갖게 했다. 이로써 중국은 3년 동안 거란을 효과적으로 견제할 수 있었으며, 그동안 거란은 그들을 해방시키려고 여러 번 중국의 궁정으로 사절들을 보냈다. 그리고 그들이 붙잡힌 지 3년째가 되자 본격적으로 지속적인 노력을 하기 시작했다. 황제는 대신들과 이 문제를 논의하며 그 사람들을 포로로 잡은 이후로 얻은 평화를 언급했다. 그리고 그들의 해방으로 이전의 상황이 다시 재현될 것에 두려움을 표했다. 기주 자사는 그들을 억류하고 있어야 할 더욱 강력한 이유를 밝혔다. 그들은 이제 제국의 허약함을 알아 버렸기 때문에 돌아가면 군대를 소집하여 이 땅을 휩쓸 것이 분명하며, 그때는 아무리 후회해도 이미 늦을 거라는 것이다. 황제는 중요하지 않은 포로들 몇 명을 사절들과 함께 가도록 허락했다. 그러나 거란은 원하는 것을 얻지 못하자, 운주와 진무를 지속적으로 약탈했다. 그들의 습격은 너무나 빈번했고 갑작스러웠기 때문에, 유주의 백성들은 땔감과 꼴을 얻으러 성에서 동쪽으로 10리도 나가지 못했다. 그들은 곡식을 나르는 수송대를 습격하기도 했는데, 성문 바로 앞에서도 자주 약탈하였다.

중국은 유주와의 연락망을 열어 놓기 위해 연고[189]에 요새화된 성을 쌓았다. 노성에도 또 다른 요새를 건설했고, 유주에서 북동쪽으로 100리에 있는 삼화에도 요새를 건설했다. 국경 지대 백성들은 삼화성에 의지했으며 이것은 충분한 근거가 있는 일이었다. 그곳의 지휘관은 거란의 침략을 여러 번 막은 경험이 있었다. 대동도 따뜻한 환영을 받았으며, 그곳의 지휘관은 공격을 재개할 준비를 철저히 했다. 이것을 본 거란족은 고향으로 물러가는 것이 최선이라고 생각했다. 그러나 황제가 높이 평가했던 고비 사막 출신의 장수가 위주[190]의 성문을 거란에 열었다. 이것은 그가 북쪽으로 진격하는 대군의 총사령관인 석경당石敬瑭과 개인적인 반목이 있었기 때문이다. 경당은 그 후 단명했던 후진後晉 왕조의 시조가 되었다.

우리는 거란의 여명을 시작으로 그들이 오늘날의 하북성 북부와 내몽골 전체, 발해의 손에서 빼앗은 요동, 회하 서쪽의 길림 혹은 영고탑 지방의 주인이 될 때까지 주의 깊게 살폈다. 그런데 회화 동쪽에는 서쪽과는 달리 문명화된 여진이 있었다. 거란이 '요' 혹은 '철' 왕조라는 명칭으로 제국을 세우고 세력을 장악한 것, 그들이 전복시킨 후진의 황제에게 자행한 가혹함, 제국을 이루려는 대망을

---

189 오늘날 양양현.
190 오늘날 하북성의 임주.

품고 경쟁하는 자들 가운데서 일어났던 협상과 실리, 그리고 그들에게 저항하며 황하 북쪽에 강력한 왕국을 세운 송나라와 치렀던 끊임없는 전쟁들에 대해서까지 자세히 언급할 필요는 없을 것이다. 이 왕국은 북쪽으로 송화강과 회하까지 뻗어 있었다.

우리가 목격했던 바와 같이 아보기는 시라무렌 강 이남에 상경성을 세웠다. 그의 둘째 아들이자 후계자는 927년부터 통치하기 시작했다. 그는 상경을 수도로 삼은 것으로 보이는데, 3년 후에 그가 현재 요양이 서 있는 곳에 수도를 세웠을 때 그는 그곳을 동쪽의 성, 즉 동평군이라고 불렀다. 이 성은 나중에 남경 혹은 남쪽의 수도라고 불리게 되었는데, 당시 그는 그 북쪽인 부여에서 살고 있었던 것이 분명하다. 그러나 그 이름은 다시 그리고 마지막으로 동경 혹은 동쪽의 수도라고 바뀌었으며, 당시에는 상경성이 다시 주된 거주지가 되었다. 이 동경 또는 요양의 성벽은 높이는 9미터에 둘레는 30리였다. 궁전들은 성의 북동쪽에 있었고, 이 요새 안의 요새를 에워싼 성벽도 높이가 9미터였다. 이 궁전의 경내에는 높은 탑들이 있어서 거기서 성의 구석구석을 볼 수 있었으며, 누구든 현 왕을 살해하고 비어 있는 왕좌에 폭도들의 대장이 앉았을 때 아주 쓸모 있는 것으로 증명되었다. 덕광은 이 성을 '하늘의 복'이라고 불렀고, 몽골 동부의 풀에 덮인 언덕에서 천막에 거주하는 자들과 가축을 먹이는 자들에게는 확실히 천국처럼 보였다. 이곳은 요양 주위와 그 훨씬 너머 눈이 닿지 않는 곳까지 흔들리는 초록빛 작물이 뒤덮인 기름진 평야였다.

후진의 황제는 덕광을 후(후작)에 임명했으며, 그는 처음 왕조 이름으로 '요' 혹은 '철'을 취했다. 아보기에서부터 다섯 번째 통치자가 중경 혹은 중앙의 수도를 한漢의 안평 땅에 세웠다. 이곳은 광녕의 서쪽으로서 오늘날의 몽골 국경 바로 안쪽이며, 따라서 '중앙'이라는 이름이 붙었다. 이 성은 다음에 오는 금나라 때에 북경 혹은 '북쪽 수도'로 바뀌었으며, 이 이름은 오늘날 중국의 수도에 붙여진 이름이다.

거란족은 인간의 피를 마시는 것을 좋아했다고 한다. 남편은 아내의 등에 가느다란 상처를 내어 피를 마셨다! 만약 사실이었다면 남성의 우월성을 과시하는 진기한 방법이라고 하겠다! 중국 이야기에 여성의 인권을 옹호하는 재능 있는 여성들에 관한 언급이 없는 것은 이상한 일이다. 최소한 관계의 상호성은 요구했어야 한다. 그래도 거란인들은 접대하기를 좋아하고 독한 술을 마시기 좋아했다. 그들은 화가였고, 중국 땅에 들어갔을 때 수천 권에 달하는 문헌들을 가져갔고 그 가운데에는 중국에 알려지지 않은 의술에 관한 서적도 있었다.

10세기 초기에 고양 땅의 '호조'가 '수산'과 함께 거란 땅을 방문하고 자기가 본 것을 상세히 기록했다. 이 여행자의 흥미로운 이야기의 일부를 아래에 기록한다.

유주(북경)에서 10일 거리에 '하늘을 오르는' 고갯길[191]이 있다. 그 동쪽과 서쪽은 산맥이다. 고갯길에는 구름이 너무나 짙어 어둠이 내려앉은 것 같았으며, 가까운 거리에 있는 것도 전혀 보이지 않았다. 보이는 것이라고는 노란 구름과 흰 풀이 끝없이 이어지는 것뿐이었다. 이 고갯길을 거란으로 가는 사람들은 '망향'의 고갯길이라고 불렀으며, 그 이유는 남쪽을 바라보면 여행자는 고향에 결코 돌아갈 수 없을 것 같았기 때문이다. 따라가는 사람들은 슬피 울며 북쪽으로 내려갔다. 20일을 더 여행한 후에 그는 상경[192](북쪽의 수도), 즉 상경성에 도달하는데 주위에는 마을들이 있었다. 성 안에서 그는 한림학사를 만났고, 그 외에도 초시와 학사들, 불교와 도교 승려들과 여자 승려들, 수세공인, 배우, 마법사 등을 만났다. 이들은 모두

---

191 1690년에 군대는 몽골인들을 향해 장가구(칼간)를 통과하여 북쪽으로 진격했다. 하루 행군 거리인 50리 너머에 요로마오가 있었고, 다음 날에는 60리를 행군하여 시발라태, 셋째 날은 50리를 걸어 30리 높이인 다바한령에 닿는데, 이 길은 상당한 거리에도 불구하고 폭은 150센티미터 내외였다. 높이는 산 밑에서 꼭대기까지 걸리는 시간으로 계산한다. 이곳은 아마도 '하늘을 오르는' 고갯길일 것이다. 존경스러운 '후' 씨는 하루에 50리 이상 가지 못했을 것이다.
192 『요동사』에 따르면 이 수도가 광릉의 북서쪽이라고 한다. 그렇다면 접근하기가 어려웠을 것이다. 왜냐하면 통상 하루 60리를 걷는다면 여행자는 북경에서 심양까지 20일이 걸리기 때문이다.

중국인들로서 대부분 평주, 풍주, 유주, 기주 등, 하북성과 산서성에서 왔다. 이들은 집과 물건을 물물교환했으며 화폐는 없었다. 상경에서 수백 리 동쪽에 있는 평천에서 그는 처음으로 수박 맛을 보았다. 전하는 말에 따르면, 거란은 그 씨를 북서쪽의 위지 땅을 약탈했을 때 얻었다고 한다. 더 동쪽에 있는 향단에서 여행자는 버드나무를 처음으로 보았으며, 그곳의 야생화와 물가의 풍경은 참으로 아름다웠다. '시지'라는 식물은 아주 아름다웠으며, 그 뿌리 10개로 말한 필을 먹이기에 충분했다. 앞으로 더 나아가자 높은 산맥으로 들어섰고, 스무 날을 더 가면 집들과 묘비들이 나타나 거란의 황실 묘역임을 알려 준다. 여기서 동쪽으로 바다에서 그리 멀지 않은 곳인 천진의 물은 소금기가 있고 붉은색이어서 마시기 전에 한참 항아리에 넣어 두어야 한다. 여진족의 땅은 여기서 더 동쪽이며, 이들은 훌륭한 궁수였다. 사슴의 소리를 너무나 완벽하게 흉내 내어 사슴이 가까이 오도록 유혹한 다음에 궁수가 활을 쏘아 잡아 고기를 익히지 않고 먹었다. 그보다 더 북쪽으로 있는 황소발 돌궐족은 사람의 몸과 황소의 발을 갖고 있었다. 이 황소발의 북서쪽으로는 월지족이 있었고, 그곳 주민들의 머리는 위로 꼿꼿하게 서 있었다. 그들도 훌륭한 궁수였으며, 눈에 띄는 사람마다 활을 쏘아 죽여 익히지 않고 먹었다. 이들이 이웃 왕국들의 공포의 대상이 된 것은 당연한 일이었다!

 그보다 더 북쪽에 있는 개의 왕국의 남자는 사람의 몸과 개의 머리를 갖고 있었으나 여자들은 평범한 사람이었고 중국어를 했다! 남성들은 모두 개를 닮아 털이 많았으며, 여성들은 보통 여자들이었다. 남성과 여성은 개인적인 선택에 따라 짝을 골랐다. 여자들은 멀리까지 온 중국인들을 불쌍히 여겨 그들이 처한 위험을 알려 주고, 젓가락 10개를 주며 도망을 갈 때 몇백 미터마다 젓가락을 하나씩 떨어뜨리라고 했다. 개의 머리를 한 남편은 집으로 오거나 혹은 오기 전에 인간 남자가 그곳에 있었다는 것을 확인하고는 그를 뒤쫓기 시작했다. 그는 뒤쫓다가 자기 젓가락을 발견하고는 집어 들고 집으로 뛰어갔다. 그리고 다시 뒤쫓기 시작했으나 젓가락 하나를 또 발견했고, 이렇게 해서 그 중국인은 위기를 모면했다!

 이들은 아시아의 북동쪽에서 유래한 것으로 보이는 일본의 원주민인 털투성이 아이누족을 가리키는 것이 분명하다. 왜냐하면 2세기 전에 '연해주' 북쪽과 사할린 섬에 아이누들이 있었기 때문이며, 그들은 아마 지금도 있을 것이다. 일본에 정착한 아이누족은 본토에서 사할린 섬으로 건너가, 이곳에서 다시 에조(홋카이도의 옛 이름)로 건너갔을 것이다. 한편 몽골 인종의 일본인은 한국에서 바다를 건너갔거나, 중국 남쪽의 유일한 거주자들이었던 묘족 혹은 미아오족이

갔다고 해도 불가능한 일은 아니다. 미아오족 언어와 일본어를 비교해 본다면 이 물음에 도움이 될 것이다. 설연타 왕국은 이들 부족의 북쪽에 있었는데 더욱 야만적이었다. 이들은 아버지나 어머니가 임종할 때에도 슬픈 티를 내지 않아야 품위를 지키는 것이라고 생각했다. 시체를 나무 꼭대기에 올려놓고 3년을 두었다가 뼈를 거두어들여 화장한다. 아들이 헌주를 하고 세상을 떠난 부모에게 기도를 올린다.

"여름에는 남쪽을 살피고, 겨울에는 북쪽을 살펴, 멧돼지와 사슴을 더 보내 주소서."

영혼은 철새가 분명하다!

고비 사막 한가운데의 바람은 몹시 차가웠다. 사람들은 집이 없었고 수레나 말 위에서 살았다. 여름과 가을의 사막은 겨울에 추운 것만큼이나 더웠다. 사람들은 물과 풀이 많아 생계가 가능한 곳에서 살았다. '차부'라고 부르는 때가 되면 이들이 모이는 특정한 장소가 있다. 봄의 차부는 열수[193]에 있었으며, 버드나무와 느릅나무가 온 땅을 덮은 곳이었다. 두 번째 달 10일(2~3월)에 그들의 왕은 철 따라 이동하는 백조[194]가 그곳에 도착하기 바로 전에 그곳으로 가서 얼음

---

193 열수洌水는 북쪽으로 흐르는 송화강의 옛 이름이다 (『요동사』).
194 만주에서 여러 떼의 백조를 보긴 했으나 오리, 기러기, 만주 두루미보다는 드물다. 여기

위에 천막을 친다. 남자들을 사방에 파수꾼으로 세워 백조가 도착하는지 살피게 했다. 그리고 백조 떼가 눈에 띄면 이 행운의 관찰자는 깃발을 펼쳐 왕에게 알리고, 왕은 의복을 차려입고 모자를 쓰고 남자들을 데리고 나가 머리 위로 날아가는 백조들을 화살로 쏜다.

봄이 시작되면 여자들은 '봄'이라는 글자와 다른 비슷한 글자들을 오린다. 그들은 또한 용과 개구리를 그린 깃발을 만든다. 첫 번째 달 6일에 그들은 집의 한가운데 있는 방에서 밀가루로 만든 빵을 먹는다. 다섯 번째 달 5일에는 황미(끈적끈적한 작은 기장쌀)로 만든 디저트와 우유를 준비한다. 사람들은 오색 끈에 지폐를 달아 어깨에 걸치고, 이것을 조화와 행복의 끈이라고 불렀다. 또 다른 빛깔의 끈으로 사람의 형태를 만들어 머리 위에 얹는다. 이것을 영원의 노끈이라고 한다.

아홉 번째 달(11월) 9일에 왕은 모든 관리들과 사냥을 나가 높은 곳에 천막을 친다. 사냥을 위한 만반의 준비가 되면 해바라기를 우려낸 술을 신하들에게 나누어 준다. 이 술을 문 앞에 조금 부어 모든 악한 영혼들이 접근하지 못하게 한다. 동지가 되면 흰 양, 흰 말, 흰 기러기를 잡아 술에 타서 마신다. 그리고 나서 왕은 멀리 나라의

서 말하는 백조가 기러기였다면 더욱 사실적이었을 것이다.

북쪽 극단에 있는 아주 높은 산인 흑산(검은 산)을 향해 먼 곳에서 참배하는데, 이 산은 너무나 신성하여 제물을 바쳐야만 접근할 수 있었다. 그 이유는 그곳에 왕의 조상들과, 죽어 간 모든 거란족의 영혼들이 모여 있기 때문이다.

제 8 장
여진족

요하강 동쪽의 요양에서부터 북쪽으로 송화강까지 그리고 이 강 줄기를 따라 사할린까지 이르는 기름진 평야와 아름다운 골짜기, 장백산 혹은 '길고 흰 산'에서부터 뻗어 있는 수많은 산맥들이 이 야만적인 퉁구스족의 고향이었다. 이들의 작은 가지가 오늘날 중국을 다스리는 왕조를 냈으며, 이 왕조는 현재 세상에서 가장 인구가 많은 제국을 다스리고 있다. 그 넓은 지역은 몽골인과 같은 막강한 권력들이 여러 시대를 장악했고, 그보다 더 오랜 사이사이의 시간들을 분열된 상태로 보냈다. 이렇게 분열되어 있었던 비역사적인 조용한 시기에, 부족들은 숙신, 주신 혹은 여진 등의 통칭적인 이름으로 알려지게 되었다. 어떤 강인한 성격의 인물이 나타나 천막 몇 개 혹은 마을들을 다스리는 족장이 되었으며, 그와 마찬가지로 훌륭한 아들과 손자가 그 뒤를 이었다. 이들은 날카로운 칼과 합리적인 법으로 초기 단계인 국가의 경계를 확장할 수 있었다. 이 무렵에 왕조의 이름을 취했고 이것은 곧 부족 전체를 일컫는 이름이 되었다. 몽골족과 퉁구스족의 이러한 명칭 변화가 많은 오류를 가져왔다. 예를 들어 '훈족' '돌궐족' '몽골족'의 차이는 중국의 한, 당, 송의 차이에 불과하기 때문이다. 이것은 동일한 사람들에 대한 왕조 이름으로, 영국인을 그때마다 다스리는 왕가의 이름을 따라 요크, 레스터, 튜더, 하노버라고 부른 것과 마찬가지인 왕조 명칭들이다. 만주라고 알려진 광범위한 지역을 다스린 퉁구스족도 마찬가지다. 중국 역사상 이 사람들에게 붙여졌던 첫 번째 이름은 주신이었다. 3,000년 전에 중국인들은 백하(白河)와 흑룡강 사이의 비옥한 평원과 숲으로 덮인 광범위한 땅을 차지하고 있던 모든 유목민 야만족들을 이 이름 아래 복속시켰다.

  1,000년이 지난 후에는 그들은 숙신으로 언급되었고, 서력 기원 바로 이전의 한 왕조는 정복당한 고조선 너머에 있는 지역에 부여와 읍루가 있다는 것을 알았다. 읍루는 장려한 장백산의 북쪽 그림자 밑에 회하강과 송화강의 수원에 그 중심이 있었다. 3세기에는 훌륭

한 조직을 갖추었던 옥저가 읍루 왕조를 대체했다. 옥저는 일곱 지방으로 나누어져 있었다. 이들은 속말粟末, 백돌, 안거골, 불열, 호실, 흑수, 백산이다. 이러한 구분은 옥저를 전복시킨 말갈국(지도 2)에 의해서도 유지되었다. 그러나 말갈은 1세기를 넘기지 못했다. 말갈은 중국에 당 왕조가 들어선 격동적인 시기에 분열되었다. 그리고 이 왕조 때에는 두 개의 독립적인 말갈 왕국이 있었는데, 검은 강 혹은 흑수말갈[195]이 흑룡강에서부터 남쪽으로 뻗어 있었고, 읍루의 옛 영토를 중심으로 속말말갈이 있었다. 고구려에 접해 있던 속말말갈은 자주 동맹국이라고 언급되었으나, 자주 적이 되기도 했다.

속말말갈은 오래전부터 대수, 즉 '대가족' 혹은 '씨족'으로 알려져 왔으나, 그 세력이 커지면서 발해라는 왕조의 명칭을 갖게 되었다. 당나라의 고구려 정복과 약탈은 수많은 한국인들을 북쪽의 발해로 내몰았다. 그리고 당의 세력이 가하던 압력이 제거되자 발해는 북쪽에서, 그리고 한국은 남쪽에서 급속하게 성장했다. 발해의 수도는 남쪽에 있었으며, 오늘날의 저릉현에서 그리 멀지 않은 곳에 옛 읍루에 있었다.

719년에 발해의 왕 대조영이 죽고 아들 무예가 뒤를 이었다. 그가

---

195 흑룡강의 만주식 명칭은 지금도 동일하다. 사할리얀Saghalin은 '검다'는 의미이고, 울라 Oola는 '강'이라는 의미다. 중국어의 '흑룡'은 '검은 용'을 뜻한다.

즉위한 지 8년 후에 흑수말갈은 중국의 황실에 사절을 보냈고, 그 땅은 흑수주라는 이름으로 중국의 보호 아래 들어가게 되었다. 과거에 사절을 보낼 때면 흑수말갈은 항상 무예의 땅을 지나갔고, 이것을 숨기려고 하지도 않았다. 그러나 그해에 그들은 무예에게 알리지 않고 그의 땅의 일부를 지나갔으나, 서쪽의 돌궐족에게는 지나가도록 허락해 달라는 요청을 했다. 무예에게는 마치 자신을 상대로 음모가 꾸며지고 있으며, 중국은 남쪽에서 흑수말갈은 북쪽에서 공격하려는 것처럼 보였다. 앞으로 있을 그들의 공격을 막기 위해 무예는 북쪽의 이웃들을 누를 준비를 했다. 흑수말갈은 자신의 충성심을 증명하고 중국의 원조를 확실히 하기 위해 중국 왕실에 인질을 남겼다. 흑수말갈은 중국에 기대기를 더욱 원했는데, 그 이유는 고구려가 멸망하자 많은 사람들이 발해로 도피하여 발해가 더욱 강력해졌고, 그에 비례하여 자신들의 북쪽 친척들의 평화가 어지러워졌기 때문이다. 따라서 무예가 자신을 알현하러 온 황제의 사절을 내친 것은 단순한 허영심 때문이 아니었다. 그 사신은 당나라가 30만 군대를 보내어 파괴의 마당비로 고구려를 휩쓸어 버렸다는 것과, 발해의 세력은 고구려의 5분의 1로서 황실의 진노를 단 하루도 견디지 못할 것임을 무예에게 상기시켜 주려고 왔던 것이다.

무예는 흑수말갈 우두머리의 숙부인 문예가 국경에서 중국 황제에게 극히 우호적인 서한을 받았다는 보고를 듣고 더욱 분노했다. 그는 종형인 대일하에게 명하여 군사들을 이끌고 문예를 쫓아가 죽이라고 했다. 그러나 문예는 무예의 사촌이 쫓아오는 것만큼 빨리 도망칠 수 있었으며, 마침내 중국 왕실에 투항하여 좌효위장군에 임명되었다. 그러나 무예는 쉽게 포기하지 않았고, 곧바로 중국 왕실에 사신을 보내어 황제의 손에 당장 죽어 마땅한 문예의 죄상을 알렸다. 황제는 문예를 비밀리에 안서로 보냈다. 그리고 붙잡아 두었던 무예의 사신들에게는 특별히 전령을 보내어, 문예를 영남으로 보냈으나 가는 길에 죽었다고 했다. 무슨 일이 있었는지 알아차린 무예는 다시 사신들을 보내어 자신은 진실을 알고 있다며 문예는 죄악을 범했기 때문에 죽어 마땅하다고 강하게 주장했다. 그는 거짓말을 한 황제를 비난했으며 지금이라도 정의를 실현할 것을 요구했다. 우리가 인용하고 있는 박학하고 권위 있는 역사 작가 사마광은 황제의 속임수에 크게 항의하고 있으나, 오늘날 중국의 정책을 아는 사람들은 당나라 황제의 책략이 중국의 근세사에 반복적으로 나타나는 것임을 알 수 있다.

 그러나 733년에 황제는 문예에게 군대를 거느리고 발해로 진격하도록 했다. 그러자 발해의 왕 무예는 이 소식을 듣고 흑수의 마도산으로 진격하여 그곳의 성을 궤멸시켰다. 황제는 신라에 명하여 발해[196]를 침략하게 했으나, 신라의 진격은 시기적으로 너무 빨랐고 무예는 전력을 집중하여 그들을 절반 이상을 소멸시켰다. 한편 문예는 천진에서 시간을 보내고 있었는데, 아마도 병사들이 진격하려고 하지 않았기 때문이었을 것이다. 그가 자결을 하라는 황제의 명령에 복종하지 않자, 황제는 하남의 도적 떼를 그에게 보내어 그를 죽이게 했다. 중국의 저자들이 이렇게 언급한 것은 그리 이상한 일도 아니다. '용감한' 중국인들은 적어도 당나라 초기 때부터 산속 도적의 소굴로 가야 할지 황제의 병영으로 가야 할지 망설였던 것이다. 사실 오늘날에도 둘 사이의 차이가 그리 크지 않다. 중국인 장수들도 많은 병사들이 도적들이며, 그 일이 과거처럼 안전하다고 생각된다면 다시 돌아갈 것이라고 믿고 있다. 이들 둘 사이의 가장 큰 차이는 병사가 급료를 제대로 받지 못할 때는 황제의 이름과 군복의 힘을 빌려 약탈을 하며, 도적은 자신의 이름과 불과 칼의 힘을 빌려 약탈을 한다는 점이다. 잘 훈련받은 외국 군대의 높은 급료가 더 나은 기상과 체계를 갖게 할 것이다.

무예는 738[197]년에 죽고 아들이 그 뒤를 이었다. 그러나 발해는

---

196 발해의 위치는 이렇게 묘사되어 있다. "이 왕국의 남동쪽 경계는 일본과 맞닿은 바다이다. 남쪽으로는 신라로 이어지는 바다가 있었고, 공물을 바칠 때는 압록강을 따라갔다." 부여는 이곳과 거란 사이에 있었다. 따라서 지금의 러시아인 연해주 대부분 이 왕국에 속해 있었다. 실제로 당시 발해는 말갈과 연이어 있었다.
197 발해 무왕武王 무예는 737년에 죽었다(옮긴이).

그 후 2세기 동안 중국의 이야기에 등장할 만한 움직임을 보이지 않았다. 하지만 발해가 가만히 있었던 것은 아니다. '생존을 위한 투쟁'에서는 질서와 군사 통치가 필요했다. 발해는 북쪽의 이웃을 합병했고, 이 결합은 강력하고 빈틈없이 강한 왕국을 만들었으며, 당나라 황제 개원은 봉건 군주의 지위를 수여해야 했다. 세력을 흑룡강의 남쪽 기슭으로까지 확대한 발해는, 한때 가공할 세력을 가졌던 옛 주인 고구려 땅의 큰 부분을 쉽게 차지할 수 있다는 것을 알았다. 930년의 여행 일기에 따르면, 산동성 통주에서 항해하여 이러저러한 섬들을 지나, 지금은 '통치자의 칼'이라고 알려진 지점의 동쪽으로 압록강을 100리 거슬러 올라가면 오늘날의 애주에 닿는다. 거기서 내려 30리 북동쪽으로 여행하면 박작구에 도착하는데, 이 항구는 당시 발해의 국경 지역이었다. 그 남쪽 500리에 옛 고구려의 수도 환도성이 있었다.

발해는 요동 전체와 요서로 퍼져 나가기는 쉬운 일이라는 것을 알았다. 그러나 발해는 오늘날 길림 근방의 목초지를 거란에 빼앗겼다. 당시에는 5개의 수도와 15개의 현과 62개의 청이 있었다. 모든 골짜기에 사람들이 살았고, 요동만과 흑룡강 사이의 모든 평야가 경작되었다. 사실 당시 만주는 그 후 어떤 때보다 인구가 많았으나, 이제 얼마 후면 도달하게 될 수보다는 적었다. 당시에는 학문이 번성하고 문학이 꽃을 피웠다. 거란은 하북성에서 영토를 확보하기를 간절히 원했으나, 그의 후방에 있는 강력한 발해 때문에 아보기는 자기 땅이 약탈당하고 빼앗길 것이 두려워 중국 본토 깊숙이 들어갈 수가 없었다. 따라서 발해를 몰아내기 위해 그는 요동으로 군대를 보냈고, 수치심에 빠져 돌아온 이들은 중국 땅에서 그것을 씻었다. 그러나 거란은 해마다 발해를 향해 원정에 원정을 거듭했으며, 그들은 마침내 요 왕조의 이름으로 요동 전체를 통치하게 되었고, 흥안령에서 회하강 사이의 기름진 평야와 산맥들을 복속시켰다. 발해라는 이름은 없어졌고, 이 왕국은 각각 족장들이 다스리는 여러 개의 '야만' 혹은 독립적인 부족들로 분열되었다.

옛 말갈은 이제 여진으로 대체되었고, 이 포괄적인 명칭은 과거 발해국의 흩어진 주민들을 포함했다. 거란 혹은 요 왕조가 회하 동쪽 지역은 결코 정복하지 못했기 때문에, 그쪽은 생여진生女眞 혹은 야만적인 여진이라고 불리게 되었다. 그리고 그 강의 서쪽은 요나라에 복속되었다는 이유로 숙여진熟女眞 혹은 문명화된 여진이라고 불렀으며, 이것은 뒤 알드Du Halde가 언급한 것처럼 그들이 실제로 더 개화되었기 때문은 아니었다. 그러나 요는 점차로 이 외딴 지역에 대한 지배력을 잃었으며, 또한 발해와 읍루의 옛 땅인 영고탑의 동쪽, 장백산 발치에 거주했던 '야만적인' 여진의 일부는 다시 그 형태를 갖추기 시작했다. 발해의 상경은 이 근방 어디였다. 10세기 말에 이 지역의 여진은 그 중요성을 더하여 송나라 황제에게 조공을 보내기까지 했다.

거란이 오늘날 하북성(당시에는 요서)의 용평을 중경으로 삼은 후에 이들은 고려와 격전을 벌였다. 고려는 발해의 붕괴 이후 무례한 거란의 상대가 되어 왔다. 그리고 송 왕조가 구해 줄 희망은 보이지 않고 혼자 서 있을 수도 없자, 요 왕조의 주권을 인정할 수밖에 없었다. 그리하여 고려는 중경으로 사절을 보냈고, 거란은 그들의 도착을 아주 기뻐했다. 그러나 거란은 왕이 직접 와서 충성을 맹세하라고 했다. 거기서 어떤 대접을 받을지 알 수가 없었던 왕은 질병을 가장했다. 거절을 당한 거란은 압록강 서쪽에 있는 모든 고려 땅과, 홍화, 통주, 용주, 철주, 곽주, 구주 등의 주州를 요구했다.

예전에 고려의 형편을 잘 알고 있던 일부 여진족들이 요나라 궁정에 와서, 여진의 국경을 따라 진격하면 고려의 보물과 그 기름진 땅의 일부를 손에 넣을 수 있으리라는 계획을 내놓은 적이 있었다. 고려가 그렇게 많은 영토를 양도하기를 거절했을 때 요나라가 고려를 침략하기로 결정한 데에는, 아마도 이것이 어떤 영향을 끼쳤을 것이다. 폭풍우가 임박했다는 것을 감지한 고려는 여진과 때맞춰 친구가 되었고, 여진은 남쪽으로 지원군을 보냈다. 연합군은 매복을 했고, 요의 병사들은 여기에 말려들어 심각한 패배를 당한다. 이것이 여진족의 활동의 시작이었다.

이러한 기습이 있기 전인 985년에 송 왕조는, 중국을 자주 침범했던 요를 겨냥한 움직임에 함께할 것을 선동하고자 고려에 사신을 보냈다. 그리고 고려는 동의했다. 송나라는 전에 여진에 사절을 보내, 물론 빈손은 아니었으며, 요를 합동으로 공격하자는 제안을 했었다. 요가 패하면, 유주와 하북성 남쪽 지역은 송나라 것이 되고, 그 너머로는 모두 여진의 것이 된다. 또한 위에서 언급했던 송나라로 보낸 '조공'도 마찬가지다. 그리고 이것은 중요한 사건들로 가득한 남경과 장백산 사이의 관계의 시작이었다. 여진은 이런 열매를 약속하는 협정을 망설일 이유가 없었다. 발해의 수도였던 부여성은, 당시 요나라 동단국의 수도 동단부였다. 그리고 황하에서 송화강까지 통치했던 강력하고 광대했던 거란에 비하면 여진은 보잘것없는 부족이었다.

11세기 여진은 중국 본토와는 거의 상관이 없었다. 중국의 역사는 '야만' 부족들 사이의 자잘한 전쟁에 신경을 쓰기에는 너무 고결했으며, 단지 편을 들거나 적대적이 될 때만 예외였다. 그 사이에 요는 끊임없이 송나라를 잠식하여, 하북성 남주에서 그들을 몰아냈다. 송 왕조가 평온함을 맛보았던 때는 사실 요나라에 조공을 바칠 때뿐이었다. 그러나 황하 북쪽으로 가는 큰 액수의 돈과 많은 양의 비단은 '선물'이었고, 남쪽으로 가는 몇 점의 모피는 '조공'이었다! 그러나 요는 한 번 이상 송나라와 그 전임자들에게 '왕띠', 즉 황제라는 칭호를 받았다. 중국의 학자들에 따르면, 이 호칭은 세상에서 단 한 사람, 중국의 황제에게만 수여될 수 있는 것이며, 그는 직무상 이 지구의 군주였다.

12세기 초에 두 가지 중요한 사건이 있었는데, 그 자체는 미미했지만 강의 원류처럼 중대하고 심각한 결과를 낳았다. 그 하나는 유주 출신의 요나라 사람 하나가 남쪽 송나라 궁정으로 도망친 것이다. 그는 요나라를 전복시킬 수 있는 계략을 가지고 갔다. 이 계략은 여진과 밀접한 동맹 관계를 맺는 것인데, 여진의 증가하는 세력은 서쪽의 호시리족을 합병시킨 것으로 증명되었다. 족장 아속은 은신처를 찾아 요나라로 피신할 수밖에 없었다. 이 동맹은 산동성의 통주와 내주에서 장백산으로 중국 사신들을 보내 완료할 수 있었다. 이 제안은 심각하게 고려되었고, 환영을 받았으며, 이것을 실현하기 위해 노력을 기울였다. 그런데 송나라에 호의적이었던 고려는 이런 조치를 취하지 말라고 역설하며, 오히려 여진에 반대하여 요나라를 지지하라고 말했다. 그 이유는 요가 개라면 여진은 호랑이였기 때문이다. 그리고 중국은 요가 완충 장치 역할을 하는 것을 다행스럽게 생각해야 한다는 것이었다. 그러나 복수를 위해 사람에게 자기 위에 타라고 간청하는 말처럼, 송나라 황제는 자신의 가족과 백성들에게 수치를 안겨준 북쪽 야만족에게 복수하기를 간절히 원했다. 그리고 아직 자신에게 아무런 해를 입히지 않은 더 먼 곳에 있는 야만족을 더 호의적인 눈으로 보지 않을 아무런 이유가 없었다.

두 번째 사건은 요나라 왕이 송화강[198]으로 낚시를 하러 유람 여행을 갔을 때의 일이다. '야만' 여진의 족장들이 자신들보다 강한 이웃에게 경의를 표하기 위해 그곳에 모여들었다. 왕은 흥에 겨워 족장들의 아들들과 아우들에게 일어나 춤을 추라고 명했다. 그런데 장백산 족장의 후계자는 세 번이나 명령을 받았으나 조용히 거절했다. 왕의 대신들은 젊은이의 불굴의 기백을 보고 미래의 국경 분쟁을 막기 위해 그를 붙잡아야 한다고 조용히 촉구했다. 왕은 마음 좋은 술고래였기 때문에 그가 다음 날 그 조언을 들을지는 아무도 알 수 없었다. 그는 당장 아무런 조치를 취하지 않은 반면, 이름이 아골타였던 그 젊은이는 조치를 취했다. 모욕을 당한 왕의 원한이 두려워

---

[198] 그의 거주지는 개원에서 1,500리 북쪽 '혼동강 유역의 천주'라고 알려져 있으며, 이 강의 이름은 송화강의 동쪽 지류를 뜻한다. 오늘날의 '출하점出河店'인 금의 효주는 지금도 대규모 수산업의 중심지로서, 만주 전역과 하북성의 대부분 그리고 특히 황실의 식탁에 다양한 종류의 민물 생선을 공급하고 있으며, 송어, 철갑상어, 잉어가 주종을 이루고 있다. 천주는 거리상 출하점에서 그리 멀지 않은 남쪽에 있었으며 강의 서쪽으로서, 도망치던 아골타는 이 강을 건너야 했다.

밤을 틈타 부하들과 함께 송화강을 건너 동쪽으로 간 것이다.

혈기왕성했던 젊은 아골타는 한 세기 전에 조상들이 소유했던 큰 왕국의 상실에 대해 자주 생각했던 것이 분명하다. 그리고 술을 좋아했던 요나라 왕이 나라의 수비를 소홀히 하자 아골타는 조용히 그러나 꾸준히 군대를 준비했고, 아직 미성년자였을 때 군사 훈련에 많은 변화를 가져왔다. 그러나 이런 변화들의 범위를 살펴보려면, 이 새로운 권력의 원천으로 돌아가야 한다.

독립적이지만 미개한 여진족에는 여러 부족들이 있었고, 그중 하나가 '완안 지방의 파저강' 기슭에 자리하고 있었다. 함보函普는 그곳에서 처음으로 주목받은 족장이었다. 네 번째 족장이었던 그의 손자 수가綏可는 이 새로운 가문에서 처음으로 경작 기술에 대한 관심을 조금이라도 가졌던 인물이다. 그는 궁전과 도시를 건설했으며, 회하강 유역에 정해진 주거지가 있었다. 따라서 우리는 발해의 고대 문명, 경작 기술, 도시, 궁전, 문학 등이 제국의 상실과 함께 소멸되었다는 것을 알 수 있다. 그리고 그 패배와 무서운 대학살이 여진을 원시적인 유목민 상태로 되돌려 놓았으며, 이들의 수가 다시 많아져 식량이 충분하지 못하게 되자 비로소 이런 생활을 벗어나기 시작했다. 한국을 제외한 모든 몽골족과 퉁구스족 왕조들이 이런 세 가지 단계를 거쳤다. 제일 처음에 그들은 유목민으로 시작하여, 땅을 경작하고, 집을 짓고, 성벽과 해자로 둘러싸인 성들을 세우고, 정도에 따라 다르지만 글을 알 필요도 생겼다. 일찍이 꿈꾸지 못했던 위대한 미래가 시작된 것이었다. 그리고 나서는 전쟁과 승리와 정복이 빠르게 이어졌고, 학문 또한 대대적으로 장려되었다가, 그 뒤에 전쟁과 패배가 이어졌다. 그들이 원시적인 삶을 통해 얻은 불굴의 정신으로 손에 넣었던 재산을 정복자들은 사치의 폐단 때문에 더 이상 지킬 수 없게 되었다. 패배한 그들은 무리를 지어 원시적인 황야로 내몰렸다. 그들은 수가 줄었으므로 사냥감으로 우글대는 산에서 풍부한 먹을거리를 찾을 수 있었으며, 그동안 이곳은 중국의 평야와 성 같은 더 풍요로운 희생물들 덕분에 오래도록 방치된 상태였다. 그리고 공격에 대한 두려움 때문에 그들은 천막에서 살았는데, 그것은 재빠르게 이동할 수 있기 때문이었다. 이런 때는 아무리 훌륭한 성벽보다도 도망이 가장 안전한 방어이다. 그리고 문자가 없던 과거의 유목민 상태로 빠르게 돌아갔다. 이처럼 형태가 없고 결속력이 없는 상태는, 다시 인구가 크게 늘어나면서 땅을 경작할 수밖에 없는 상태가 될 때까지 이어졌다. 그리고 집, 부락, 도시, 관리 제도, 문학 등이 다시 나타났다.

   완안의 5대 족장 석노石魯는 법률을 제정하고 사람들을 가르치기 위해 관례를 정비했다. 이때부터 그가 소유한 땅이 통합되어 통일된 왕국의 모습을 취하게 된다. 그가 백성들에게 자애로웠기 때문에요 왕조는 그에게 절도사[199]의 작위를 수여했다. 작위는 그의 아들 우구나이, 그리고 또 그의 아들 완안핵리발에게 계승되었다. 마지막은 형제에게 계승되어, 핵리발의 장남인 오아속이 아홉 번째 족장이 되었다. 그리고 그의 통치 기간 중에 위에서 언급했던 낚시 사건이 있었다.

1113년 요나라에게 절도사의 직위를 수여받았던 오아속이 죽고, 아골타가 도발검렬都勃極烈[200]의 지위를 취했다. 요는 아시보를 사신으로 보내어 왜 아골타가 선임자의 죽음을 보고하지 않았는지 물었다. 아골타는 이렇게 대답했다.

"애도는 했지만, 문상을 받지 않는 것이 죄가 되는 것인가?"

이것은 요나라에서의 독립을 암시하는 것이었다.

그는 바로 다음 해에 공격적인 움직임을 보이며, 저강주를 함락시켰다. 요의 왕은 이 무례한 행위에 대한 소식을 듣자마자 소사선에게 강력한 군대를 거느리고 가서 이 무례한 젊은이를 진압하라고 했다. 소사선은 출하점[201]에 진을 쳤다. 아골타는 병사들을 이끌고

---

199 중장中將. 당시에 막 일어난 이러한 변화는, 고려의 사신에게는 매우 놀라운 것으로 받아들여졌는데, 그가 처음 방문했을 때는 여진족은 오합지졸에 불과했다. 그리고 그가 두 번째로 방문했을 때는 고려가 어떤 값을 치르고라도 우호 관계를 유지해야 할, 완벽하게 통제되는 강력한 왕국이었다.
200 '족장 중의 족장'.

그와 맞서고자 서둘러 갔으나 혼동강에 닿기 전에 밤이 되었다. 자정 무렵에 아골타는 병사들을 깨우며 신들이 나타나 횃불을 들고 진격하라 했다고 소리쳤다. 그들은 새벽에 혼동에 도달했으며, 때마침 요의 진영에 접근할 때 일어난 강한 바람을 틈타 즉각 맹렬한 공격을 감행했다. 요는 이 격렬한 공격을 감당하지 못하고 패하여 흩어졌다. 많은 병사들이 죽임을 당했고 더 많은 수가 포로가 되었다. 이 패배는 너무나 끔찍하여 요나라 병사들 사이에 여진이 1만이면 싸워서는 안 된다는 말이 생겨났다. 따라서 아골타는 그만한 수의 군사들을 거느리고 있었던 것으로 추측된다.

  1115년 2월, 강력한 국가를 세울 수 있을 정도로 세력이 커지자 동생들과 부하 장수들은 아골타에게 황제의 지위에 오르라고 촉구했다. 그리고 그는 마지못한 듯이 여기 응했다. 요나라가 '철'을 그 칭호로 취했듯이 그는 '금'을 왕조의 이름으로 취했다. 이것은 '철은 강하지만 녹이 슬고 금은 항상 빛나기' 때문이다. 이렇게 해서 그의 왕조는 금이라고 불리게 되었으며, 이것은 중국어로 황금을 뜻한다. 그러나 금은 그들의 원래 언어로 '안주'[202]다. 오걸매吳乞買는 암반발극

---

201 오늘날의 '출하점' 근처.
202 이것은 중국의 기록을 따른 것이다. 만주어로 금은 '애신'이며, 호랑이는 '타샤'라고 한다. 발극렬은 만주어로 '바투루'와 동일하다. 그러나 만주인들은 이 말을 '족장'처럼 세습되는 직위로 사용하지 않았으며, 우리의 '기사'처럼 명예로운 칭호로 여긴다. 이것은 '용감하다'는 의미이며 뛰어나게 용감한 사람에게만 수여했다. 금나라가 만주와 동일한 언어

열班勃極烈이 되었고, 상개와 영가는 도발극렬都勃極烈이 되었다. 야수 중의 우두머리인 호랑이가 그들의 말로 '암반'이었다. 도는 '수장首長'이라는 의미였다. 영가는 아골타의 동생이었고, 상개는 사촌이었다. 같은 해 가을에 주황색 혜성이 나타나 유혈과 정치적 변화의 전조가 되었다. 그리고 10월에 금은 요의 황룡부로 진격하여 점령했다. 이곳은 송화강의 서쪽 유역의 큰 성이었고, 길림의 북쪽 어디였다. 그들은 크림색 말을 탄 사람의 안내를 받았는데, 그가 앞서 갔으며 나머지는 그가 어디로 인도하든 따라갔다. 그들이 깊은 강에 도착했을 때 강을 건널 나룻배가 없었다. 그러나 크림색 말은 배까지 물에 잠긴 채 앞장섰으며, 군대도 그의 뒤를 따라 걸어서 건넜다. 황룡부를 점령한 후에 다시 강을 건너려고 했으나 물이 너무 깊었다! 따라서 금은 서쪽 유역에 사원을 지어 강의 신에게 바치며 그의 기적적인 간섭을 기원했다.

황룡성의 패망 이후 금은 대담하게 남쪽으로 진격했다. 아골타는 그때서야 넉 달 전에 요나라에서 온 사신이 돌아갈 수 있도록 허락했다. 그는 사신에게 북경의 주인에게 가서 숨어 있는 족장 '아수'를

를 사용했다는 전제 아래 이 단어들을 '금'과 '호랑이'라고 단정하기는 어렵다고 생각한다. 다만 중국 역사가 요 혹은 몽골의 말을 금의 것으로 제시했다고 추측한다면 모를 일이다.

내준다면 금은 고향으로 돌아갈 것이라고 전하라고 했다. 사신은 아골타와 마찬가지로 이 약속의 가치가 무엇인지, 그리고 금은 군대가 패배한 후에야 '돌아갈' 수 있다는 것을 분명히 알았다.

요는 금의 공격이 발하는 진노를 견딜 수 없었다. 그러나 1118년 초기에 기쁨에 넘친 송의 황제는 금나라에 산동성 통주를 통해 사신을 보내어, 아골타의 승리와 그가 요의 성 50곳을 차지한 것을 진심으로 축하했다. 이 메시지는 이전에 있었던 제안들과 마찬가지로, 이제는 아골타도 기꺼이 원하게 된 동맹을 맺는 것이 그 목적이었다. 요나라에서는 악재가 겹쳤는데, 당시에도 그랬고 후에도 자주 있는 일이었으며 이 글을 쓰고 있는 지금도 그렇지만, 중국 북부에 극심한 흉년이 들어 인육만을 유일한 식량으로 먹게 되었다. 사실 산동성 서쪽, 산서성, 섬서성, 하남성에서는 심한 기근에 따른 식인 풍습이 수천 년에 걸쳐 불규칙한 기간을 두고 반복되었으며, 이것은 흔히 생각하듯이 무슨 기이한 조짐이 아니었다. 그러나 당국에서는 항상 이것을 금하는 강력한 조치를 취했다.

1120년에 송과 금은 사신들이 여러 번 왕래를 한 후에 조약을 맺었고, 이 조약으로 '연의 영토'는 원래 중국 땅이었기 때문에 거기까지의 모든 땅과 연[203]은 중국에 속하게 되었고, 요의 중경[204]과 그

동쪽의 모든 땅은 금에 속하게 되었다. 조약의 결과 금은 고북구를 통해, 송은 백구를 통해 요를 양쪽에서 협공했다. 이 협정은 고려 왕의 간절한 조언에 반하여 맺어진 것이었는데, 그 내용은 송의 황제에게 자신의 나라와 금나라 사이에 요가 남아 있도록 해 달라는 것이었다. 그 협정에서 송의 황제와 아골타는 모두 '황제'[205]로 불린다.

다음 해 12월에 요의 중경은 금의 수중에 들어왔으며, 중요한 이탈자들, 즉 배신자들도 그 속에 있었다. 요의 왕은 수도인 운중[206]으로 달아났으며, 1만 5,000의 병사들을 데려갔다. 그는 통치권을 장악할 준비를 하고 있던 친아들을 살해해야 했다. 그리고 그가 서쪽으로 가자마자 숙부가 북경에서 황제의 이름을 취했다는 것을 알았다. 금은 이 왕 연희延禧를 쫓아 진격했고 그는 가선으로 피신했으며

---

203 오늘날의 북경.
204 중경 혹은 '중심의 수도'의 위치는 용평부의 관할 지역이었으나 오늘날의 이 도시 근방은 아니었을 것이다. 『요동사』에 있는 대로, 내몽골 남동부 모퉁이의 의주 서쪽일 가능성이 더 많다. 따라서 이 조약은 금을 요동과 요서의 주인으로 만들었을 것이다.
205 한 사람 이상의 저명한 중국 학자가 권위주의적이고도 교조적으로 단 한 사람의 황제밖에 있을 수 없다고 주장했다. 그러나 '황'과 '제'라는 두 단어를 가지고 무슨 논쟁을 벌일 수 있다고 해도 역사적으로 이것은 칭호에 불과하며, 독립적인 두 세력이 각자에게 수여한 적도 여러 번 있었다. 따라서 본문을 포함한 여러 곳에서 볼 수 있는 바와 같이 송과 금은 서로에게 이 칭호를 수여했고, 명과 만주도 마찬가지였으며, 당시 만주는 18주에서 단 한 뼘의 땅도 차지하지 못하고 있었다. 어원은 '하늘의 아들'과 같은 뜻이다. 그러나 실제로는 중국의 황제인 유일한 '하늘의 아들'이 모든 경쟁자들 가운데 확실히 우세할 때만이 그렇다고 할 수 있다.
206 태원 남서쪽으로 140리에 있는 기현.

대동은 포위되었다. 공격은 맹렬했으며 방어도 필사적이었다. 한 번은 이쪽이 유리하게 되었다가 한 번은 저쪽이 유리하게 되었으나, 양쪽 모두 큰 피해를 입었다. 끈질긴 방어를 하던 자들은 마침내 북경에 새 왕이 생겼다는 말을 듣고는, 자신들이 싸우는 근거를 동족들이 저버렸다고 생각하여 상심하여 성문을 열고는 금에 합류했다.

북경의 새 왕은 할 수 있는 것은 모두 했다. 그는 백구를 통해서 오는 송에 군대를 보내어 그들을 무찔렀다. 그리고 동시에 송의 황제에게 사신을 보내 자신들이 위태로운 지경에 처했을 때를 이용하여 공격한 배은망덕함을 비난했다. 또한 그의 무분별한 정책을 비난했다. 그러나 이것이 아무리 사실이라고 해도, 적의 참패와 절망적인 형편을 기쁘게 바라보는 중국 황제에게는 거의 의미가 없는 것으로서, 그 적이 그와 그의 일가를 너무나 오랫동안 속박했기 때문이다. "복수는 달콤한 것이다."

북경의 왕은 1122년 6월에 죽었고, 왕후가 정권을 쥐게 되었으며, 금나라에 문을 열어 주려는 의도를 구태여 숨기려고 하지 않았다. 따라서 왕후는 죽은 남편을 왕으로 만들어 주었던 수도의 장수를 죽였다. 이 성을 치기 위해 중국은 대군을 준비했으나, 아골타는 자신이 그곳에 도착하기 전에 이 군대가 성을 차지할 것이 두려워

갑옷을 입은 병사(11세기)

송나라 궁정에 사신을 보내 무슨 수를 써서든지 군대의 출발을 지연시키라고 했다. 그의 계획은 당시 정황들의 도움을 받았다. 왜냐하면 바로 그때 송나라 장수들이 요나라 군대에 또 패배했으나, 하북성의 조주와 의주의 수령들이 중국인들에게 성문을 열었기 때문이다.

12월에 금나라 왕실은 송의 황제에게 사신을 보내어 마치 앞에서 했던 협약이 없었던 것처럼 요의 영토를 어떻게 나누어야 할지 의논해 왔다. 그러나 송은 그 협약을 여전히 신뢰했고 그것을 고수하려고 했으며, 대답으로 사신들을 보내 협약에 따라 송의 몫이 될 16개 주에 포함된 난주,[207] 평주, 영주를 요구했다. 그러나 아골타는 협약을 준수하려고 하지 않았고, 이 성들은 금의 칼로 빼앗았기 때문에 금의 소유로 남아 있어야 한다고 말했다. 대동도 같은 이유로 거절되었으며, 북경도 마찬가지였다. 북경은 얼마 지나지 않아 금의 공격으로 함락되었으며, 왕후는 달아났다. 이것은 왕후가 성문을 여는 것을 방해받았거나 혹은 계획을 실행하기를 주저했다는 것을 증명한다. 이렇게 해서 요의 수도 다섯 곳은 금의 수중에 들어갔고, 그들의 영토였던 땅의 90퍼센트도 마찬가지 형편이 되었다. 금은 평주를 남경 혹은 남쪽 수도로 불렀다.

---

207 난호의 어귀에 있으며, 조약에 따르면 용평부와 형주도 포함했다. 따라서 우리는 중경이 평주인 용평에 없었음을 알 수 있다. 중경은 조약에 따라 금에 속했다(385쪽).

송나라 황제의 눈은 그때서야 조금 뜨였고, 단지 주인이 바뀌었을 뿐이라는 것을 알았다. 결국 그는 요에게 했던 것처럼 매년 비단 40만 필을 바치기로 했으며, 논란의 대상이 되었던 연경 등에 대해 100만 민繆[208]을 바쳤다. 아골타는 기뻐하며 서약서를 쓰기로 동의하며 연경을 비롯한 여섯 주를 송에 넘겨주기로 하고, 북서쪽 모든 지역과 북쪽의 모든 산과 강은 자신이 갖기로 했다. 그가 곡물이 부족했기 때문에 송나라 사절 조양사趙良嗣는 당장 곡식 20만 석[209]을 보내기로 했다. 연경,[210] 조주, 단주,[211] 순주, 형주, 기주를 그 모든 땅과 함께 송에 넘겼다. 따라서 송의 군대는 남쪽으로 이동했다. 그리고 금은 공물을 바쳤다! 이 '공물'의 가치의 10배에 달하는 것을 금에 '선물'로 보내는 이런 상황 속에 중국의 거만함이 있다!

여섯 성을 송나라에 넘겨주기로 한 협정을 맺은 지 두 달 후에 금나라 평주의 성주 장각이 성과 함께 송나라에 투항했다. 원래 요나라 장수였던 그는 금으로 투항했으나 금은 그에게 부지휘관의 자리만 주었다. 그러자 그는 또 편을 바꾸었던 것이다. 과거 요의 대신이었던 금의 연경 성주 '조'는 부유한 사람들과 훌륭한 가문들을 성

---

208 1냥 혹은 6파운드와 동일한 주화를 묶은 끈.
209 중국식 단위로 10펙이 한 단으로서, 각각 기장 18킬로그램 혹은 쌀 14킬로그램.
210 북경.
211 모두 북경 근처인 밀운현과 순이현.

에서 쫓아냈는데, 이들은 동쪽으로 가야 했다. 그들은 고통 속에서 이동하여 평주에 도달하였으며 여기서 장각의 환영을 받았다. 그들은 장각에게 '조'는 성을 오래 지키지 못할 것이며, 적은 수의 군대만으로 요 왕조를 다시 불러올 수 있을 것이라고 말했다. 또한 요[212]의 군대가 신속하게 도착할 것이며, 당시 그 군대는 마모의 남쪽에 있다고 알려 주었다. 만약 그 군대가 장각의 환영을 받는다면 투항한 '조'의 죄는 적절한 벌을 받을 것이다. 평주를 송에 넘겨주어 호의를 얻자는 것이 이 도피자들의 조언이었다.

그러나 조양사는 생각나는 모든 논쟁들을 동원하여 이 조치에 반대하는 데 모든 노력을 기울였다. 그의 주장은 옳았다. 그는 이런 일은 금과의 사이에 도달한 상호간의 이해를 바로 무너뜨릴 것이며, 금은 협정을 완수하자마자 신의를 배반하는 것에 크게 분개할 것이라고 말했다. 이 협정은 아직 부분적으로밖에 이행되지 않았으며, 나중에 후회해도 소용이 없을 것이었다. 중국 역사의 저술가는 중국에 이런 비참한 재난의 수문을 연 탐욕스러움을 강력하게 비난했다.

---

212 당시 요 왕조는 감숙의 서쪽으로 하夏라는 지역에 위치하고 있었다. 『성전聖戰 Holy War』에 따르면, 만주의 북서쪽인 홍안령이 요의 본거지로 묘사되어 있으며, 그 지역의 악온극족이 그들의 후예다. 우리는 이미 요가 시라무렌 강 남쪽에서 거란으로 태어난 것을 목격했다. 그들은 제국을 잃은 후에 일부는 하夏 지역으로 피신했고, 다른 사람들은 과거의 고향을 가로질러 떠나 시라무렌의 북쪽으로 가서 홍안의 장대한 산맥의 그림자 밑으로 피신했을지도 모른다.

그러나 황제에게는 그 지위를 감당할 능력이 없었다. 그리고 중국의 부와 자원을 가지고도 북쪽 이웃들을 성공적으로 억제하지 못했던 사람이 이처럼 신의의 배반에 수반되는 명백하고도 심각한 문제들을 인식하지 못했다는 것은 그리 놀랄 일이 아니다. 게다가 당시는 섬기던 주인들을 사방으로 흩어지게 만든 정복자들의 나라가 불필요하게 감정을 상하지 않도록 특별히 조심해야 할 때였다. 황제는 용평의 열쇠를 기꺼이 잡고자 했다.

장각은 당장 계획을 실행에 옮겼다. 그는 500명의 군사들과 장수를 보내어 자신의 상관인 '유'를 체포했으며, 보대保大 3년에 유에 대한 죽어 마땅한 10가지 죄상을 세상에 발표했다. 유는 이 때문에 죽임을 당했다. 장각은 용평의 열쇠를 가진 사신을 송나라에 보냈다. 연경의 도망자들은 '영원한 승리'의 군대의 호위를 받으며 서쪽으로 갔다. 이 군대는 요나라가 만들었으며 요동 사람들로 이루어졌으나, 이들은 근래에 송나라로 투항한 자들이었다. 중국 땅에서 요의 마지막 왕이 1125년 산서성에서 금에 붙잡혔고, 명예만인 왕에 임명되었다. 요의 중심부는 그 이전에 서쪽의 하夏 지역으로 옮겨 갔고, 그곳에서 서요를 세웠다. 그들의 수도는 팔랄사곤八剌沙袞이라고 불렀다. 그들은 220년 동안 끊어지지 않고 동족이 통치하였으며, 오늘날의 북경을 최초로 수도로 한 왕국이었다.

아골타의 병과 죽음이 신속한 복수를 막았으나, 금은 당장 그렇게 하기에 충분한 능력이 있었고 또 그것을 원했다. 아우 오걸매 '호랑이 왕'이 대를 이었다. 그가 죽고 두 달 후인 1123년 11월에 금의 장수 도모를 3,000명의 기병과 함께 보내어 장각을 치게 했다. 장각은 더 큰 군대로 맞섰고, 도모는 후퇴할 수밖에 없었다. 이것을 보고한 장각은 승진했고, 송의 황제는 기쁨에 겨워 큰 상금을 내렸다. 그러나 다음 달에는 더 강력한 군대가 장각을 향해 진격했다. 그는 자신이 새로 얻은 명예의 가치를 증명하고자 지난번과 마찬가지로 싸우러 나갔으나, 기습 공격을 받아 참패하여 연산으로 달아났다. 평주의 도통이 성을 차지했다가 금에 넘겨주려고 했다. 그러나 그는 최후까지 포위를 견디기로 결심했던 주민들에게 죽임을 당했다. 그리고 금이 다시 그 성을 차지한 것은 다음 해 7월이었다.

장각이 패배하자 금은 당장 황제에게 사신들을 보내어, 반역자를 받아들이고 비호하여 신의를 저버린 비우호적인 태도를 비난했다. 그들은 또한 장각의 머리를 요구했다. 송의 궁정은 장각의 머리를 베어 사신에게 주어 금으로 보냄으로써 비열한 허약함과 공허한 무가치함을 보여 주었다. 이 사건은 즉시 당연한 열매를 맺었다. '영원한 승리' 군대의 병사들이 지휘관인 곽약사 앞으로 나아가 울면서 말했다.

"금이 장각의 머리를 요구하니 그들에게 주었습니다. 그들이 곽약사의 머리를 요구하면 그것도 내줄 것입니까?"

송나라 대신이 당시에 그 지휘관과 함께 있었고, 그는 일의 심각성에 위협을 느꼈다. 그러나 그는 반란의 조짐이 보이는 군대에 대처할 방도를 찾지 못했으며, 결국 병사들은 하나씩 제 갈 길을 가고 말았다. 그러나 금의 군대는 상당히 늘어나 있었고, 이제 금과 그들의 분노의 대상 사이에는 아무것도 없었다. 이 분노는 너무나 무자비하게 타올랐고, 송은 그들의 경멸을 받아 마땅했다. 조양사가 약속한 곡식을 받으러 갔던 사신이 빈손으로 돌아오자 그들의 불만은 맹렬한 분노로 타올랐다. 그리고 산동성에서 10만 명이, 그리고 그 3분의 1의 수가 하남에서 반란을 일으키는 바람에 송의 어려움은 더욱 가중되었다.

마지막 몸부림을 치던 요나라에 여러 번 패했던 중국의 장수 동관은 어리석은 송나라 궁정에 의해 왕으로 추대되었다. 그리고 태원으로 가서, 당시 금이 소유하고 있던 송나라 땅의 남쪽 일부를 돌려주려고 온 금나라의 사절을 만나라는 임무를 받았다. 그리고 송은 수많은 교훈에도 불구하고 그 제안을 신뢰했다. 경험은 지혜로운 자를 가르친다. 그러나 금의 사신은 송나라 사신과 얼굴을 마주하고 만나자마자, 반역자를 비호하고 신의를 배반한 것에 대해 심하게 질책했다. 이 새 왕은 위신이 깎이는 것을 의식하며 이 일을 감당해야 하는 자신을 수치스럽게 생각하여 어찌할 바를 몰랐다. 한편 금은 강[213]을 두 나라의 국경으로 삼아야 한다고 했다. 따라서 금은 속기 잘하는 송나라 궁정에 하북성 남쪽의 성 몇 곳을 되돌려 주는 대신 강력한 왕국을 만들기에 충분한 세 개의 주를 요구했다. 동관은 돌아가 정부의 의견을 들어야 한다는 대답을 할 수밖에 없었다. 태원의 태수는 그에게 남아 있어 달라고 간청했다. 지금 금이 신의를 저버린 마당에 총사령관이 남쪽으로 돌아간다면 군사들의 마음이 동요할 것이라고 했다. 그리고 만일 그가 남아 있어 준다면, 금에서 자신들을 방어하는 것을 정부가 지지한다는 확신을 줄 수 있으리라는 것이었다. 그러나 이 관료주의적인 사절은 크게 화를 내며, 자신은 영토를 수령하려고 왔지 성을 방어하려고 온 것이 아니라고 말했다! 태수는 강의 동쪽(산서성)이 무너지면 북쪽(하북성과 산동성)도 버틸 수 없을 것이라며 설득했으나 헛수고였다. 그는 모든 것이 허사로 돌아가자 한숨을 쉬며 이렇게 말했다.

"승산 없는 싸움이다."

---

213 황하는 항상 하河, 즉 '강'이라고 불리곤 했다. 그러고 나서 이 강은 오래된 지도가 보여 주듯이 산동성 남쪽의 바다로 흘러들어 간다.

한편 금은 산서성 북쪽의 삭주와 대주를 차지하고, 얼마 지나지 않아 태원을 포위했다. 그러나 그곳의 태수는 용감하게 방어했다. 또 다른 금의 군대가 남쪽의 수도에서 단주와 계주를 지나 방해를 받지 않고 진격했다. 그들이 근처에 오자 곽약사는 연산부를 내주며 항복했고, 그 관할 아래에 있는 모든 성들은 성문을 열었다.

다음 해에 송은 강의 남쪽 기슭을 방어하고자 군대를 북쪽으로 보냈는데, 북쪽 기슭을 맹렬히 공격하던 금은 후방에 몇몇 성을 함락시키지 않은 채 남겨 두었다. 이것은 곽약사가 이 성들의 방어력이 보잘것없음을 알았기 때문이다. 금이 강의 북쪽에 도달하여 강둑에 그들의 깃발이 나부끼자마자 남쪽에서 방어하던 자들은 모두 달아나고 연 사람 하나가 남았을 뿐이었다! 금은 배를 찾기 힘들었기 때문에 강을 건너는 데 닷새가 걸렸다. 강을 건넌 그들은 웃으면서 남쪽의 궁정에는 남자가 하나도 없는 모양이라고 말했다. 왜냐하면 강둑에 1,000~2,000명의 군사들만 있었어도 그들이 건너지 못하게 효과적으로 막을 수 있었기 때문이다. 이와 같이 군사들이 많고, 무기가 좋고, 돈이 많은 크고 부유한 제국도 지도할 사람이 없어서 와해되는 것이다. 참으로 강조해 마땅한 것은, 우리가 중국 역사에서 목격한 것은 영토의 넓이와 군사들의 수, 무한정한 부$_{\hbox{富}}$도 이런 자원을 지도할 지혜가 없으면 나라를 구할 수 없다는 사실이다. 그리고 지혜로운 혹은 교활한 자가 힘은 세지만 바보 같은 거인을 죽이는 것은 그냥 웃어넘길 옛날이야기가 아니다. 모든 국가들의 역사가 같은 이야기를 반복하고 있다. 프랑스가 용기 혹은 열정이 부족하여 마음으로 바라던 대로 베를린에서 프로이센의 머리털을 자르지 못한 것은 아니었다. 그리고 파리에 들어온 프로이센의 군사력과 부가 프랑스와 비교하여 어떠했는가? 그리고 무적함대의 원정으로 당시에 가장 강력하고 부유하며 가장 넓은 영토를 가졌던 제국 스페인이 멸망하리라는 것을 누가 믿었겠는가? 나폴레옹 보나파르트의 허세도 어리석을 뿐이다. 그렇다면 그보다 못한 사람의 허세는 무엇이라고 해야 하겠는가?

 금이 구주를 함락시키고 수도[214]로 진격했다. 그들은 원하는 것은 조약이라고 말하며 처음에는 성을 공격하지 않았다. 그러나 이 조약에서 그들이 원한 것들은 엄청나서 500만 중국 온스(냥)의 금, 그보다 열 배나 많은 은, 그리고 태원, 해건, 중산(정주)의 성과 영토, 그리고 황실의 왕자를 볼모로 보내라고 했다. 며칠 후에 그들은 성문 두 곳을 공격했다. 성주 이강이 직접 선발한 군사들을 지휘하여 방어를 했는데, 이들은 금의 장수 10명과 군사들 수천을 살해했다.

---
214 개봉.

어떤 자들은 황제에게 당장 맹약을 맺으라고 조언했으나, 이강은 나라 안의 모든 금과 은도 금나라의 요구를 충족시키지 못할 것이라는 옳은 말을 했다. 사실 황제는 20만 온스(냥)의 금과 400만 온스(냥)의 은을 모았을 뿐이었다. 그리고 그 세 주를 금에게 넘겨준다면 이후로 송을 어떻게 제국이라 할 수 있겠느냐고 물었다.

이 장수는 금의 병사들이 근방을 약탈하는 것을 보고 순천의 서문을 통해 성공적인 출격을 했다. 이강은 그들에게 쉴 틈을 주지 않기로 결심하고 매일 1,000명의 충분한 휴식을 취한 군사들과 함께 출격했다. 그는 북쪽에 군대를 집결시켜 두고 자신이 성 밖으로 진격할 때 후미에서 공격해 올 수 있기를 바랐다. 놀라운 일이지만, 금을 기쁘게 하기 위해 이강은 직위 해제되었다. 그러나 훌륭한 대신들 가운데 한 사람이 황제가 그를 다시 복직시킬 때까지 황제를 괴롭히며 그렇게 하지 않으면 제국을 잃어버릴 것이라고 말했다. 마침내 그 3개 주의 성들을 떼어 내어 금에 넘겨주기로 잠정적인 협정을 맺었으며, 당연한 일이겠지만 후미가 노출되어 있던 그들은 기꺼이 포위를 풀기 원했다.

금의 장수 종한은 태원을 포위하고 공격했으나 성공의 그림자가 보이지 않았다. 산서성의 평양에 대한 그의 압력은 더 성공적이었다. 그리고 그는 성에 들어갔을 때 문과 벽이 멀쩡한 것을 보고 성이 어떻게 항복하게 되었는지 이해하지 못하고 이렇게 말했다.

"송에는 진실로 남자가 하나도 없도다."

용안(당시에는 용두부)은 바로 함락되었다.

중산과 해건은 태원과 마찬가지로 끈질기게 버티었으며, 아무도 성문을 열려고 하지 않았다. 마치 산스테파노 조약 후의 터키 지휘관들처럼 행동했다.

송의 장수 장중이 금의 평양 군대를 무찔렀다. 그리고 이 승리에 이어 수양과 의수, 두 성을 함락시켰다. 그는 열정을 가지고 강행했으나 그의 군대는 고생을 하고 있었다. 장중이 사웅령에 도달하자, 그곳에서 종한이 직접 활기 넘치는 강력한 군대를 거느리고 그를 기다리고 있었다. 종한은 식량 부족으로 장중의 군대가 약화되었다는 것을 잘 알고 있었다. 종한은 당장 공격을 명하여 장중의 우익을 후퇴시키고 좌익을 흩어 버렸다. 얼마 지나지 않아 장중에게는 자신을 둘러싼 적은 수의 군사들만 남게 되었다. 장중은 필사적으로 싸웠다. 큰 상처를 네 군데나 입었으나 쓰러져 죽을 때까지 싸웠다.

동관은 때가 이르기 전에 처형되었고, 조양사도 너무 성급하게 평화를 원했던 탓으로 그를 뒤따랐다. 두 강[215]의 태수로 승진한 이

강은 태원으로 가서 그곳의 용감의 군사들에게 힘이 되어 주라는 명령을 받았다. 그러나 그가 회주를 채 지나기도 전에 다른 의견이 우세하게 되어 군대를 해산하라는 명령을 받았다. 병사들은 대부분 흩어졌으나 이강은 평주와 요주를 비롯한 여러 성의 수비대를 강화할 수 있었다. 그는 군대를 유지할 수 있도록 허락해 달라고 호소하며 해산을 지연했다. 그러나 그의 간청은 헛수고로 돌아갔다. 강 북쪽의 성들은 거의 빈 상태였고 백성들은 남쪽으로 도망쳤다. 이강은 본인의 요청으로 소환되었고, 성공하지 못한 것이 그 이유였다. 새로운 태수가 임명되었으나 그는 태원의 멸망을 막을 수가 없었으며, 이 성의 용감한 수비자는 오랫동안 끊임없이 계속된 종한의 맹렬한 공격에 마침내 항복할 수밖에 없었다.

태원이 함락되자마자(1126년 10월) 장수 '미호'는 강 북쪽에 있던 중국 군대를 남쪽으로 몰아내고 이들을 추격하며 서쪽 수도인 낙양[216]을 함락시켰다. 이렇게 되자 어리석고 우유부단한 중국 황실은 공식적인 애도를 선언하며 나라를 구하기 위해 방방곡곡에서 병사들을 불러 모았다. 그리고 세 개의 주를 이 서버러스[217]에게 빵조각

---
215 황하의 '동'과 '북'.
216 오늘날 하남의 개봉 근처.
217 그리스·로마 신화에서 머리가 셋 달리고 꼬리가 뱀인 지옥을 지키는 개(옮긴이).

으로 던져주는 방안에 대한 타당성을 예전과 마찬가지로 무의미한 심의를 했다. 그러나 내주자는 쪽과 동일한 수가 그곳은 왕조의 발상지라며 양도에 완강히 반대했다. 그리고 이보다 분별력 있는 이유는, 금이 남쪽으로 진격하는 것을 하루아침에 멈출 리는 없기 때문에 무익하다는 것이었다. 황제는 그의 '벌거벗은 아이들'인 북쪽의 성들을 잘라 버리지 않기로 결정했다. 그러나 황제는 다시 마음을 바꾸어야 했다. 그 이유는 '미호'가 요구 조건을 관철하려고 수도의 성문에서 계속 압력을 가하고 있었기 때문이다. 황제는 미호가 성문 가까이 오자 겁에 질렸으나, 금이 원하는 것은 협정과 땅 한 덩어리라는 것을 알고 그들의 진영으로 가서 장수들을 왕궁으로 초대하여 함께 잔치를 하고 술을 마셨다!

강 북쪽의 성들에게 금에 성문을 열어 주라는 명령을 두 번이나 내렸으나 주민들을 이것을 거부했다. 주의를 딴 데로 돌리기 위해 황제의 동생인 강왕은 1127년에 북쪽에서 금의 요새 30곳을 차지했으나 2월에 후퇴할 수밖에 없었다. 따라서 그는 여러 사단들에게 한꺼번에 수도로 진격하라는 명령을 내렸다. 그러나 사단 하나가 나머지 사단들과 합세하기를 거절하고 하남성 위원부의 위하淸河 남쪽으로 출발했다. 이 사단의 정찰병들은 곧 적들이 전방에 진을 치고 있다는 보고를 했다. 이 사단은 곧 교전을 시작했으나 패배했다.

그리고 동쪽으로 후퇴하는 동안 적의 진영이 그들을 사방에서 에워싸고 있어서 전진도 후퇴만큼이나 불가능하다는 것을 깨달았다. 지휘하던 장수는 전진과 후퇴가 똑같이 불가능하여 이제 그들은 죽음의 아가리에서 생명을 빼앗아 나와야 한다고 말했다. 병사들은 죽음을 피할 수 없다는 것을 알고는, 자신 앞에 있는 진영을 무시무시한 기세로 공격하여 수천의 적들을 살해하고, 적들의 포위를 뚫고 동쪽으로 수십 리를 나아갔다. 금은 도망가는 적을 위해 퇴각로를 마련해 주어야 한다는 후대의 격언을 몰랐다. 대포가 없었기 때문에 세단의 전투[218]는 불가능했으니 이것은 더욱 절실한 일이었다. 이와 관련하여 나는 할람[219]이 한 실수를 보고 놀랐다. 중세에 대한 철저한 연구로 능력을 발휘한 사람이기에 더욱 주목할 만한 일이었다. 어떤 특정한 전투에서 학살당한 병사들을 언급하면서, 주로 당시의 무기가 뒤떨어지고 과학적이지 않다는 이유로 그 숫자에 의문을 가졌다. 이런 무기들이 있으면 전투는 필연적으로 더 짧은 시간에 결정될 수밖에 없고, 정해진 시간에 더 많은 수가 전사한다는 것이었다. 그러나 초기 전쟁의 육탄전은 오늘날의 전투보다 시간은 훨씬

---

218 프랑스 아르덴느 지방의 세단. 1870년 9월1일 이곳에서 프랑스의 나폴레옹 3세 군대 10만 명이 프러시아의 몰트케 장군이 이끄는 20만 대군에 패전하여 항복했다(옮긴이).
219 헨리 할람Henry Hallam(1777~1859) 영국의 역사가.

제8장 여진족　**401**

많이 걸리지만 전투에 참가한 병사들의 사망자 수도 훨씬 많았을 것이다. 게다가 가장 큰 살육은 전투 중이 아니라 패배하여 적을 향했던 칼을 거두고 도망하며 적의 칼이 몇 미터 뒤에서 따라올 때 벌어졌다. 중국 역사는 이런 전투들로 가득하다.

용감한 송나라 장수 '주'는 금나라 군사들이 밤을 틈타 빼앗긴 진지로 돌아와서 자신의 후미에 큰 피해를 입힐 것을 두려워하여 진지를 완전히 파괴하였다. 금나라 군사들은 밤에 돌아왔으나 막사가 완전히 파괴된 것을 보고 두려워하여 감히 더 나아가지 못했다. 그들은 후퇴했고 '주'는 방해를 받지 않고 진격을 계속했다.

송나라 수도는 아직도 금나라 군사들이 포위하고 있었으나 무능력한 황제는 전투를 허락하지 않았다. 그는 황태자, 황후, 첩 그리고 가족들을 포함한 3,000명과 함께 성 밖에 있는 금의 진영으로 가서 살아야 했다. 이부상서吏部尙書는 자포자기하여 자신을 죽여 주기를 바라며 금에 욕설을 퍼부었다. 그는 죽이겠다는 말을 들을수록 더욱 심한 욕을 했다. 그는 명예로운 죽음을 맞고자 하는 노력이 허사로 돌아가자 직접 혀를 깨물고 죽었다. 금은 충신이 죽은 것을 슬퍼하며 요나라가 패했을 때는 1,000명의 충성스런 자들이 나라를 위해 죽었으나, 송 제국이 망했을 때는 기꺼이 죽으려는 자가 하나밖에 없다고 한탄했다.

이제 금의 군대는 그들의 수중에 있던 황제의 뒤를 이을 적당한 후계자를 찾는 어려운 일을 떠맡게 되었고, 황실의 일원을 지명해야 할지 혹은 다른 이름을 선택해야 할지 난처한 입장에 처했다. 그들이 처음으로 지명한 사람은, 강요한다면 받아들이겠지만 즉위하는 바로 그날 죽을 것이라고 위협했다. 그리고 황제의 가족은 황족이 아닌 사람이 황제로 지명된다면 자신들이 직접 살해할 것이라고 말했다. 장방창이 초楚 황제라는 직함을 받았다. 우고라는 장수가 새 황제를 살해하고자 수백 명의 군사들을 이끌고 갔으나, 자신을 포함해 100명이 넘는 군사들이 죽임을 당했다. 1127년 5월에 금은 북쪽으로 후퇴했으며, 옛 황제와 그의 가족, 새 황제를 포함한 3,000명을 이끌고 운중으로 갔다. 1130년에 그들은 혼동강 유역의 오국성으로 추방되었으며, 이 성은 오늘날의 상경이다.

황제의 동생 왕자 '강'은 군대의 여러 사단을 연합한 후에 아직 산동성 제녕淸寧에 남아 있을 때 수도에서 온 밀서를 받았다. 그 내용은 아직 남쪽의 수도로 진격하지 말고 지금은 거기 그대로 남아 있으면서 사태의 추이를 지켜보라는 것이었다. 그리고 다음 달 폐위된 황제가 포로로 잡혀가고 난 다음에, 모든 백성들이 그가 황제가 되기를 바랐던 이 왕자가 남경에서 왕위에 올랐다. 그리고 거기서 그는 '남송'을 세웠다. '강'은 당장 '주'를 보내어 양양을 요새화하도록 했다. 이강은 처음에는 관직을 거부했으나 곧 감찰어사에 임명되었다. 그는 군대의 규칙을 새로 정했으며, 유능함을 입증하여 곧 대신에 임명되었다. 그러나 새 궁정은 건강한 분위기에도 불구하고 황하 북부 지역을 구할 수 있는 결정적인 일격은 하지 않았으며, 그곳의 모든 성들은 금나라와의 길고 짧은 투쟁 끝에 쓰러졌다.

금에게는 '주'라는 능력 있고 용감한 적수가 있었다. 그는 동쪽 수도(개봉)의 태수에 임명되었다. 한번은 그가 매복을 하여 큰 승리를 거두었다. 종한은 후에 복수를 했지만 너무나 많은 고통을 당했기 때문에 다시는 동쪽으로 진격하여 개봉 서쪽의 성들을 빼앗으려고 하지 않았다. 그러나 '주'는 1128년 8월에 죽었으며, 그는 새 황제에게 스무 번 이상 본래의 수도로 돌아가 백성들의 마음을 안심시켜 줄 것을 종용했으나 헛수고였다.

1130년 1월에 강서의 모든 지역이 금에 함락된 후 새로운 남송의 장수 악비가 등장했다. 금은 악비에게 여러 번 패배했고, 한번은 그들의 진영에 불을 지르고 뒤따른 혼란을 틈타 완전한 승리를 거두었다. 또 다른 장수인 한세충은 8,000명의 군사들을 이끌고 10만(!)의 금나라 군사들을 48일 동안 막고 있다가 결국 완전히 격파했다. 양자강 이남의 원정에서 이런 실패를 경험한 금은 그해 이후로 다시는 강을 건너려는 시도를 하지 않았다. 그리고 황하가 요와 송을 갈라

놓았던 것처럼, 양자강은 금과 남송의 실제적인 경계가 되었다.

이 남쪽 제국은 방방곡곡이 강도들로 들끓었으며, 이 악을 극복하기에는 법과 관리들이 너무나 부족했다. 따라서 황제는 영국에서 강도 사건을 감소시킨 것과 유사한 민간인 치안대를 조직했다. 25가구마다 바오 혹은 '보'와 책임자를 두었다. 16보는 하나의 도우 혹은 '두'로서 '두보'와 '보장', 즉 보의 장이 관장했다. 이들은 자기 구역의 평화를 유지할 책임이 있었고, 이 조치는 당시까지는 성공적이었다.

이제 여진족은 흑룡강에서 양자강에 이르는 광대한 제국[220]의 왕

---

220 지리적인 정보가 어떤 독자들에게는 흥미로우며, 사람들은 누구든 중요한 역사적 사건들의 진원지를 알고 싶어한다. 이러한 흥미를 가능한 한 만족시켜 주고자 다음과 같은 설명을 덧붙인다. 이 내용은 『만주 대제국사 사전』, 『요동사』, 『성전』, 『중국통사』, 『금의 역사』에서 발췌한 것이다. 모든 내용이 금의 본거지가 그들의 전임자들인 발해와 읍루가 있었던 곳과 동일한 지역이라는 데 합의한다. 그곳은 회하와 혼하(渾河) 상류이자 장백산의 북쪽이다. 상경 혹은 '위쪽의 수도'는 회령부에 있었다. 그러나 우리는 이 회령부의 위치에 대해 상반된 의견이 많다는 것을 알 수 있다. 대체적으로 신뢰할 만한 저서라고 할 수 있는 『성전』은 회령부가 출하점의 동쪽 200리 혹은 300리에 있다고 본다. 같은 주석에 따르면 "영고탑은 황룡부에서 약 700리 동쪽이며, 같은 관할 아래의 땅이 한국의 회령부와 맞닿아 있다"고 진술한다. "영고탑에서 서쪽으로 100리 길이 삼령인데 여기 금의 위쪽 수도(상경)가 있었고, 영고탑에서 동쪽으로 3리는 현 왕조의 탄생지인 '자로'마을이라고 기록되어 있다." "요의 황룡부는 혼동강 양쪽을 관할했다." "영고탑의 남서쪽 60리, 회하의 남쪽(동쪽?) 만곡부에 둘레가 30리인 옛 성터가 있으며, 성문이 일곱 개였다. 내성(성채)는 둘레가 5리였고, 동쪽, 남쪽, 서쪽에 문이 세 개였다. 궁전과 왕실 건물 그리고 돌부처 사원의 터가 분명하게 남아 있다. 아마도 여기가 금의 상경 혹은 회령부였을 것이며, 이곳은 장백산의 북쪽, 그리고 혼하강 유역이다. 그러나 회령은 조선에 있으며, 여기가 옛 상경이었는지도 모른다. 단지 황실 궁전 등의 유적만이 영고탑이 유력한 장소라는 증거가 된다. 원주민들은 이 성을 고대성, 즉 '고대의 큰 성'이라고 불렀다."
"회령부는 원래 요 왕조의 회령주였다. 금의 태종은 여기에 수도를 세웠고, 이것을 '부'로 승격시켰다. 후에 이곳은 상경이라고 불렸으며, 관할 구역은 동쪽으로 호이합로까지 630리, 서쪽으로 조주까지 550리, 북쪽으로 부여로까지 700리, 남동쪽으로 함평로까지 1,600리였다."

"조주는 고대의 주호현이었다. 이곳은 혼동강의 동쪽이었고, 금은 '후에 그 이름을 오홍으로 바꿨다.' 흑룡강성이 그 관할 아래에 있었고, 그 아래 있던 구區 소재지는 서홍이었다."

"회녕현은 원래 금의 부구현이었으며, 금의 태수는 요와 전쟁을 시작하기 전에 여기서 하늘에 맹세와 서약을 했으며, 첫 번째 원정에 나서기 위해 출발을 한 곳도 여기였다. 그 변경 내에 장백산의 청령, 마기령, 보정, 연이정 등의 봉우리와 두성산 등이 있었다. 그리고 강으로는 혼하, 혼동강, 내류가 있다."

" '수련 연못'은 영고탑의 남서쪽으로 30리, 금의 상경에서 20리 서쪽에 있다. 구전에 따르면 이곳은 금의 주장현으로서, 수도의 성벽 바로 너머에 있었다."

"금의 상경 남서쪽인 오늘날의 영제주 혹은 길림은 고대 함평로의 경계 내에 있었다."

"상경은 금의 첫 번째 수도였으며, 상경 회령부라고 불렸다. 금이 연(북경)에 수도를 설립했을 때 상경이라는 이름은 버리고 '부'만 남았다. 그러나 그들은 곧 그 명예로운 명칭을 회복시켰다. 그곳은 장백산의 북쪽이자 혼하강 유역이었다. 영고탑 근방에 궁전이 있었던 것으로 보이는 옛 성터 하나가 있는데 원주민들은 '동경', 즉 동쪽의 수도라고 부른다. 원래의 수도가 황폐화된 후에 황제 대정(1161~1189)은 넓은 사원을 갖춘 화려한 궁전들을 지었고, 그 유적지가 영고탑의 '동경'이다."

금의 역사서에 따르면 상경의 북동쪽 1천리 길에 '오국성', 즉 다섯 왕국의 성이 있었다. 명나라의 역사는, 오국성이 산환위에서 육지로 북쪽 1,000리인 곳에 위치했고, 그 이름은 그곳에 다섯 왕국이 있었기 때문이라고 했다. "삼홍 근방에 오국성이 있다." "금의 역사서에 호이합로는 회령부의 북동쪽 500리 너머에 있다고 언급되어 있기 때문에, 회하는 '대강大江' 혹은 '큰 강'에 합류하는 지점임이 분명하다."

우리는 다음과 같은 분명한 사실들을 알고 있다. 조주는 혼동강의 동쪽이었고, 그 관할 아래에 있는 땅의 일부는 흑룡강에 맞닿아 있었다. 금의 상경은 거기서 500리 동쪽이었다. 부여는 상경에서 북쪽으로 700리였으며, 일부 혹은 전체가 혼동의 북쪽이었다. 상경의 1,570리 남동쪽인 함평로는 혼동의 서쪽이었으며, 주석에 따르면 함평로의 남동쪽 경계는 홍경의 북서부와 만난다. 따라서 함평로는 오늘날의 길림 지역일 것이다. 해란로는 상경의 남동쪽 1,800리 한국의 북쪽 국경에 면해 있었으며, 조주는 여기서 500리였다. 호이합로는 상경에서 630리 동쪽이었으며, 함평로에서 1,100리 북동쪽이었고, 영고탑은 호이합로에 속한 지역에 있다. 따라서 우리는 한국의 회령부는 포기하고, 상경은 금의 통치 하에 있던 땅 바깥에 있음을 선언해야 한다. 금의 역사서에는 회령부가 회령, 이춘, 주장 등의 성을 관할했고, 또한 혼하, 혼동, 송화강 및 장백산의 여러 봉우리들이 회령현에 있었다고 분명히 명시되어 있기 때문에, 이곳은 송화강과 회하의 상류가 가장 근접한 지점으로 보아야 하며, 이로써 장백산의 일부가 그 남쪽에 있게 된다. 주장은 영고탑 바로 남서쪽이었다고 한다. 따라서 회령부는 그리 멀지 않았을 것이다. 그러나 이곳이 영고탑에 가깝다고 보는 것에는 많은 의문이 있는데, '해란로에서 북서쪽으로 1,800리'이자 '고려의 북서쪽 500리'이기 때문이다. 그러나 『요동사』에는 두만(토문)강이 흘러들어 가는 바다는 '영고탑의 바로 남쪽이며 1,000리 밖'이고, 영고탑의 남동쪽인 시고타산에서는 1,600리라고 되어 있다. 따라서 우리는 영고탑 옆의 훌륭한 유적지를 포기하지 않을 수 없다.

회하의 동쪽 지방은 '미개했고' 서쪽은 요의 지배를 받았기 때문에 '문명화 된' 형편이

좌 위에 굳건하게 자리를 잡았다. 그들은 이 지역을 100년 이상 통치했으나 이들도 몽골이라는 홍수에 압도되었으며, 몽골은 중국 전체를 포함하는 원 왕조를 세웠는데, 일본에서 러시아에 이르는 단명한 제국이었다.

흔히 금金 왕조가 차이나라는 이름의 유래가 되었다고 믿는다. 그러나 그 이름의 발음으로 미루어 볼 때, 진秦 왕조가 그 유래가 되었을 가능성이 더 많다. 금을 진이라고(그러나 때로는 친chin이라고 다르게 쓰기도 하는데) 부르게 된 것은, 오늘날의 만주 왕조가 그들을 앞섰던 여진의 왕좌에 오른 후부터다. 금을 가리키는 말의 정식 발음은

었다. 그리고 상경은 원래 요나라 회령주였다. 따라서 우리는 이곳을 회하의 서쪽에서 찾아야 한다. 조주는 혼동 동쪽의 출하점에 있고, 상경 서쪽으로 500리 남짓이기 때문에 상경은 그리 멀지 않은 영고탑 부근이 된다. 그리고 이러한 사실은 영고탑에서 100리 서쪽인 삼령이 상경의 유적지라는 전통이 가능성이 있는 이론임을 증명해 준다. 여러 상반된 정보들을 통해 볼 때 나는 상경이 두 곳이었다는 생각이 든다. 한동안 실제적인 수도였고, 앞에서 제시한 측량 기록을 취한 삼령에 있던 첫 번째 상경은 금의 남쪽 정복 원정 때 파괴되었다. 그때 상경이라는 이름은 없어졌고, 그 땅은 회령현의 관할 아래로 들어갔으며, 이 '현'은 아마도 과거에는 '부' 혹은 '군'이었을 것이다. 왜냐하면 중국과 그들을 모방하는 동양의 국가들은 하나의 성에 '부'나 '현'과 같은 다양한 관할권을 부여했기 때문이다. 이 회령부는 동일한 장소는 아니더라도 첫 번째 상경과 여전히 같은 지역으로 보아야 하는데, 그 이유는 원래 상경의 관할 아래에 있던 세 개의 현을 책임지고 있었기 때문이다. 그리고 '부'라는 용어는 그 성 하나만을 가리키는 것이 아니고, 그곳의 행정관(현관)이 관할하는 모든 현들도 포함하며, 본부는 그 '부'의 소재지가 되는 성에 있다. 그다음에 금이 북경에서 확실히 자리 잡고 막대한 부가 쏟아져 들어오자 그들은 고향을 생각하게 되었으며, 인력과 재물을 보내 화려한 궁전들과 대규모 사원들을 짓게 했다. 이곳은 원래 요나라 땅이었으나 지금은 폐허가 된 첫 번째 상경이 아니라 그들의 원래 고향인 '후'와 혼동강 상류의 장백산 북쪽, 그 장대한 봉우리들이 그림자를 드리운 곳이다. 그리고 이 성은 영고탑 근처의 바로 그 광범위한 유적지가 서 있는 바로 그곳이다. 이것만이 요, 금, 명의 『사기』들에 언급된 다양한 진술들을 만족시킬 수 있는 유일한 방법이며, 내가 보기에는 자연스런 설명이기도 하다. 그리고 '동경'이라는 이름도 동일한 방향을 가리킨다.

gin('긴')이며, 북경, 심양 혹은 어디든 만주인들이 많은 곳을 제외하고는 아직도 이렇게 발음한다.

한나라에 앞서 짧게 융성했던 Chin秦은 중국에 처음으로 만리장성을 쌓았다. 3세기 후반부에 통치한 국가는 Jin晉으로서 때로는 'Chin' 혹은 'Tsin'으로 표기하기도 한다. 조선인들은 이 명칭을 항상 자음 j 혹은 ds와 함께, Jin 혹은 Dsin으로 쓴다. 오늘날까지도 그들은 중국의 글을 'Jin晉[221]'이라고 표시한다. 그리고 이 Jin이라는 소리를 서양인들은 지금까지 Chin이라고 써 왔다. 따라서 현재 우리가 '대기음을 발음'하는 '차이나'라는 이름은, Tsin 혹은 Chin 왕조의 대기음을 발음하지 않은 '치' 혹은 '찌'이다. 나는 기원전 3세기의 진Tsin은 오래 존립하지 않았기 때문에 맞지 않다고 생각하며, 또 만리장성 때문에 이 왕조는 너무 큰 원한을 샀기 때문에 한漢 왕조의 경우처럼 중국인들이 이 명칭으로 자신들을 부르는 일은 결코 없었을 것이다. 한 왕조는 오랫동안 존속했던 강력한 왕국으로서 많은 사랑을 받는 왕조이다.

아라비아인들은 중국을 'Sin'이라고 부르고, 시리아인들은 '찌니'라고 부르지만, 「이사야서」의 시님Sinim이 Ts'in, Tsin 혹은 Chin 왕

---

221 진어晉語는 중국 인구의 3% 이상이 사용하는 중국어 방언이다(옮긴이).

조에서 유래되었다고 말하는 것은 어처구니없는 일이다. 왜냐하면 이사야는 진시황이 통치를 시작하기 500년 전에 죽었기 때문이다.

제 9 장
조선

 당 왕조가 고구려와 백제를 회오리바람처럼 덮치고 지나가며, 성을 무너뜨리고 마을을 파괴하고 밭을 피로 물든 황무지로 만들었을 때부터, 이 왕조가 중국을 더 통치하지 못하게 된 905년까지의 기간 동안 조용히, 천천히 그러나 지속적으로 근대 한국의 기반이 놓였다. 당은 고구려를 와해시켰고, 할 수 있는 사람들은 두만강을 건너 장백산으로 가서 발해 땅으로 들어갔다. 거란은 발해가 건국한 광대한 왕국을 멸망시켰으며, 이번에는 수많은 피난민들을 남쪽의 고려 땅으로 쏟아져 들어가게 했을 것이 분명하다. 당시 불모의 고려 땅은 평화로웠다.

이주든 주민들의 자연적인 증가든, 고려의 땅은 여전히 넓었고 사람은 적었으며 회복을 계속했다. 그러다 918년에 불교 승려인 궁예가 성과 나라를 다스리려면 군주의 지배가 필요하다고 생각하여 현재 수도의 북서쪽이자 옛 수도인 평양의 남동쪽인 개주[222]에서 고려 왕의 칭호와 권력을 취했다. 그러나 그는 새로운 영토 안에서 질서를 거의 유지하지 못했던 것으로 보이며, 923년에 휘하의 장수 왕건에게 살해되었다. 이어서 통치를 하게 된 왕건은 개주를 동쪽의 수도로, 그리고 평양을 서쪽의 수도로 삼았다. 그는 옛 고구려 왕실의 후손이었을 뿐 아니라 관대하고 자비로운 성품을 지녔고, 그곳 '백성들은 편안했다.' 이것은 다시 나라에 사람들이 살게 되었다는 것뿐 아니라, 과거에는 무법 상태였다는 사실을 말해 주는 것이기도 하다. 사실 이런 상황은 한때 생동감 넘치는 활력으로 속국들을 결속시켰던 당나라가 쇠퇴하는 과정에서 힘의 영향 아래에 있었던 모든 국가들이 보편적으로 겪었던 일이었다. 그러나 중국에서는 모든 왕조의 역사가 비슷하다. 마치 작은 보트가 물마루 사이의 골 바닥에서 시작하여 서서히 그리고 고통스럽게 큰 파도 꼭대기까지 올라갔다가 그곳에 도달하자마자 다시 내려가기 시작하는 것과 같다.

---

222 현재의 개성(옮긴이).

압록강의 서쪽과 북서쪽의 땅은 한때 고구려의 수중에 있었으나 고구려의 패망 이후로 요동 전체와 요서 대부분과 함께 발해의 권력 아래로 들어갔고, 수많은 고구려인들이 발해로 피신했다. 그러나 고려가 서쪽으로 진격하는 것은 불가능했지만 대동강, 임진강, 한강 그리고 다른 강들[223]을 건넘으로써 보상을 받았다. 그리고 936~937년에 왕건의 지배 아래 백제와 신라를 합병했으며, 그 결과 '동쪽의 오랑캐들'은 왕건의 왕위에 대한 정당성을 인정했다. 이렇게 해서 그는 지금 조선이라고 알려진 반도를 최초로 하나의 탄탄한 왕국으로 통일했다. 그리고 일본의 잦은 약탈과 중국의 지쳐버린 혁명 세력에 노출되었음에도 오늘날까지 온전한 상태로 오랫동안 굳건하게 하나로 결합된 채 남아 있다. 왕건의 나라에는 6부, 9주, 120개 군이 있었다. 이것은 중국의 부府, 청廳, 현縣의 구분을 모방한 것이다. 그의 후손들은 고려를 400년 동안 통치했다. 그는 수도를 송악으로 정했고, 평양을 서경으로 불렀다.

946년에 당시의 송나라 황제는 고려의 쇄신된 삶에 대해 듣고는 사신을 보냈다. 그리고 최근에 발해 땅 대부분을 차지하며 강력해진 거란을 치기 위해 동맹을 제안했다. 사신들을 만난 고려의 왕은 과

---

223 제12장 참고.

거 고구려에 속했던 발해 땅의 일부를 되찾고자 기꺼이 그 일을 하겠다고 했다. 그러나 사신들은 고려의 병사들이 너무나 무능하여 거란은 쳐다보지도 못할 정도라고 단언했다. 얼마 후 거란은 중국 북부에서 막강한 세력을 얻어 옛 위나라와 한나라의 땅을 차지하고, 몽골 동부와 요동, 여진을 장악했다. 그들은 이제 용감한 군대에 자주 모욕을 당하는 고려의 왕에게 경의를 표하는 일은 거의 없었다. 당시 아주 약하고 처신이 형편없었던 중국에게 아무런 도움을 기대할 수 없었던 고려는 거란의 종주권을 인정하는 것이 최선이라고 생각했다. 1012년에 거란은 고려의 사신을 정중히 맞았다. 그리고 고려를 속국으로 삼게 된 것을 흡족하게 생각하며 왕이 직접 와서 복종을 맹세하라고 요구했다. 왕은 의도를 의심하여 북경 혹은 당시의 연경으로 가는 여정을 질병을 이유로 거절했다.

  왕이 직접 충성을 맹세하지 않겠다고 하자 거란은 자신이 과거에 고구려에 하사했던 홍화, 통주, 용주, 철주, 곽주, 구주 등 여섯 개의 성을 비롯한 압록강 서쪽의 땅을 반환하라고 요구했다. 그리고 고려가 이것을 거절하자 거란은 무력으로 그 땅을 빼앗을 준비를 했다.

  우리는 이미 여진의 금 왕조가 중국의 많은 부분을 차지하며 성공적으로 정착한 과정과 원인을 살펴보았다. 여진 혹은 발해 사람들은 중국과 대립하기 전에 불가피하게 고려와 접촉할 수밖에 없었다.

1114년 이전 시기에 이웃한 여진족들이 송화강을 건넜을 때 이 나라는 큰 왕국으로 보였다. 북쪽 유목민들과 비교하여 정착한 농경민인 고려인들을 부유하게 보았을 것이다. 그러나 그때도 지금도 조선은 중국과 비교하여 가난하다. 조선의 부로 꼽히는 소유물 가운데 하나로 12세기 전후로 여러 세대에 걸쳐 널리 알려진 물건이 있다. 이것은 큰 진주인데 그 크기와 광채는 그때까지 중국에 알려진 어떤 나라의 것도 필적할 만한 것이 없었다. 이 진주를 '동양 진주'라고 불렀으며, 오늘날에도 큰 진주를 이 이름으로 부른다. 여진족은 이런 진주의 존재와 그 가치에 대해서도 잘 알고 있었다. 어떤 여진족 사람이 자기 나라보다 훨씬 크고 부유한 거란과 고려 사이의 불화에서 개인적인 이득을 얻으려고 요의 궁정으로 갔다. 그래서 이 값비싼 진주가 고려의 수도인 개주에서 동쪽으로 7일 거리에 있는 요새에 저장되어 있다고 알렸다. 그리고 이 요새는 수도보다도 훨씬 호화로운 성으로 둘러싸여 있으며, 부근에 있는 강은 이런 진주를 찾을 수 있는 유일한 곳이라고 했다. 이 사람은 또한 성주와 요주의 남쪽에 있는 두 요새의 위치를 알려 주며, 이곳에는 무기와 고려의 중요한 비축물들이 저장되어 있다고 했다. 그는 지키는 사람이 없는 여진의 남쪽 국경을 따라 이런 성들이 있는 경이로운 나라로 요의 군대를 안내하겠다는 제안을 하며, 아주 적은 위험 부담으로 그 값비싼 노획물을 확실히 갖게 될 것이라고 약속했다. 그는 그들을 '압록강을 건너 고주를 거쳐 안내할 것이며', 이 길은 최근에 열려 홍경을 통과하기 때문에 거의 똑바로 동쪽으로 고려 땅 북부 불모의 황무지로 들어간다고 했다. 우리는 이 여진 사람의 권유가 결과적으로 자기 자신에게는 어떤 이득이 되었는지는 알 수가 없다. 그러나 요의 동쪽 원정 준비는 시작되었고, 고려의 부에 대한 환상 때문에 가속화된 것이 분명하다. 이 환상은 오늘날의 일부 유럽 국가들에도 작용했다. 그러나 이 폭풍이 그 접근을 알리는 전조 없이 고려를 덮친 것은 아니었으며, 이에 대항하고자 때맞춰 1014년에 여진의 족장에 도움을 청했다. 여진은 기꺼이 남쪽 이웃을 돕기 위해 진격했다. 연합군은, 매복했다가 거짓 후퇴에 속아 이끌려 온 요의 군대를 초토화시켰다.

  그로부터 10년이 지난 후에 고려의 관리 한 사람이 여진의 형편을 살피기 위해 북쪽으로 여행했다가 요의 패배 이후 몇 년에 걸쳐 일어난 놀라운 변화에 깊은 인상을 받았다. 그들은 본래 무례하고 거칠고 무법적이며 통제되지 않는 야만인들이었으나, 이제는 질서를 지키는 국가로서 훌륭한 법이 있고 많은 부를 획득한 상태였다 (376쪽). 그 관리는 왕에게 미래의 재난을 방지하는 유일한 방책으로서, 아직 유아기에 있지만 강력한 그 왕국과 당장 우호적인 관계를 맺어야 한다고 간언했다. 왕은 이 충고를 따랐으며 두 왕국이 서로 가까워지는 데 앞장섰다. 그리고 그는 다른 조치들과 함께 두 민족의 생산품을 서로 교환할 수 있는 물물교환 시장을 만들었다. 그러나 이 같은 우호적인 관계가 항상 지속되지는 않았다. 우리는 아골타에 의해 여진의 영토와 세력이 얼마나 신속하고 광범위하게 확장되었는지 이미 고찰했다. 그의 통치는 고려인 여행자가 변화를 언급한 지 얼마 후에 시작되었다. 어떤 민족이든 전쟁에서 두드러진 성공을 거둔 경우, 그 성공에 따른 국가적인 자만심이 커지는 것을 막는 일은 불가능하다고 생각된다. 여진족은 전례가 없는 군사적인 승리에 지나치게 고무되었던 것이 분명하며, 이런 그들이 고려를 동등하게 생각할 리는 없었다. 1117년에 여진 혹은 금의 군사들 일부가 고려의 국경 지역 보주성으로 다가갔다. 당시 이 두 나라의 관계는 너무나 우호적이었기 때문에 성주는 쾌히 성문을 열었다. 그러나 일단 안으로 들어온 여진족은 성을 장악했고, 고려의 사신들은 금의 궁정에서도 성을 되돌려 받을 수 없었으며, 우호적인 이웃의 고압적인 행동에 대해 불만을 표하거나 이의를 제기할 수도 없었다.

통일된 한반도의 왕 예종은 그 얼마 전에 종주국에 대한 예의를 갖추는 의미에서 송나라 황제에게 의료 지원을 청원했다. 황제는 두명의 의사를 보냈고, 이들은 2년 동안 머물다가 다시 돌아왔다. 예종은 송이 요의 남쪽으로 진격하기 위해 준비를 하고 있고, 여진은 북쪽에서 쏟아져 들어오기로 되었다는 소식을 듣고 송에 조언하기를, 요를 그의 동생으로 여기고 대해 달라고 했다. 왜냐하면 늑대 같은 요는 호랑이 같은 여진에 대한 최고의 보호막이었기 때문이다. 그러나 의사들은 너무 늦게 돌아갔다. 조약은 이미 체결되었고, 송의 군대는 이미 출발한 후였다. 요는 결국 그 둘 사이에서 궤멸되었다. 그리고 송 왕조는 예종이 제안한 정책을 따르지 않은 것을 땅을 치고 후회하였다. 고려도 강력한 금의 주권을 인정해야 했다. 따라서 400년 동안 중국과는 비교적 조용하게 지낸 셈이었다. 이것은 중국이 강력한 서쪽 이웃들을 위협할 수 없었기 때문이다. 그리고 여진은 특별히 정중하게 다루어야 할 이유가 있었다. 아골타가 등장하기 전에 여진을 두 번 공격하여 두 번 다 패한 적이 있었다. 두 번째 공격은 여진이 남쪽 국경에 세운 아홉 개의 성을 정복하기 위한 것이었는데, 바로 맞은편에 비슷한 수의 고려 성들이 있었다.

 중국의 비옥한 땅에서 살을 찌운 여진족의 금나라는 북쪽에서 반복적으로 약탈을 당하는 습격의 대상이 되었다. 칭기즈칸은 고비 사막의 북쪽과 홍안령 서쪽의 떠돌아다니는 기병 부대들을 하나로 모으고, 패배한 여러 부족들을 모아 정복군을 만들었다. 그리고 불모의 고비 사막을 건너 사방에 그 군대의 공포스러움을 퍼뜨리고 자신의 통치 영역을 넓혔다. 그의 아들들은 아버지의 유능한 후계자가 되었다. 그리고 그들이 성취한 다른 수많은 정복들과 함께, 금을 중국 북쪽의 왕좌에서 몰아냈으며, 남쪽에서는 쇠퇴한 송 제국에 종지부를 찍었다. 그는 자기 왕국을 몽골이라고 불렀으며, 중국인들은 멍고蒙古라고 썼다. 그리고 동부 몽골어로 멍구 혹은 몽구는 '은'[224]이라는 의미였다. 그가 이 명칭을 취한 이유는, 중국에 금 혹은 '황금' 왕조가 선행했고 이 왕조는 '요' 혹은 '철' 왕조를 대체했기 때문이었다. 셋 모두 우랄알타이어족이지만 서로 아주 다르다. 몽골인들은 사방으로 퍼졌다. 그리고 황하 유역에서 자리를 잡기 훨씬 전에, 요동과 만주 전체는 그들의 지배를 인정해야 했다. 고려도 싸우지 않고 여느 때처럼 그렇게 했다.

  몽골의 한 갈래로 중국에 정착한 자들이 원元이라는 이름을 취했다. 몽골인들은 세계 정복을 꾀했던 것으로 보인다. 어찌되었든 1299년에 그들은 고려를 속국으로 생각하고 일본을 자신의 지배 아래 굴복시키라고 명령했다. 그러나 원의 황제는 양측 모두를 잘못 판단했다. 고려는 이와 비슷한 이유로 몇 해 전에 원정을 갔으나

---

[224] 하워스Howorth는 저서 『몽골 사람Mongols』에서 이 이름을 '용감한'이라고 번역한다. 그러나 그가 그 번역을 선호하는 근거가 무엇이든 나는 위의 내용을 선호한다.

실패하고 돌아왔다. 이 두 번째 원정은 첫 번째보다 훨씬 더 강력했으며, 고려의 충렬왕은 양자강 남쪽에서 건조된 500척의 배를 거느리게 되었다. 그러나 이런 원정에 필요한 배를 얻는 것이 병사를 얻는 것보다 쉬웠다. 왜냐하면 일본인들은 항상 훌륭한 병사들이었기 때문이다. 이 함대는 원래의 목적을 달성하는 데 실패했기 때문에 3년 후에는 철수시켜야 했다. 그리고 몽골은 해가 뜨는 땅에서의 실패를 만회하기 위해 남쪽의 안남으로 군대를 보내 마주친 모든 안남 군대들을 무찔렀다.

  원 왕조 초기에 고려는 완전히 종속되었던 것으로 보이며, 새로 왕위에 오른 원종은 심각한 혐의를 받고 조사받기 위해 북경으로 불려 갔다. 그는 아버지의 훌륭한 대신들 몇을 살해한 것으로 알려졌다. 5년 후에 한림원의 회원 한 사람이 같은 일로 비밀 지령을 받고 고려로 파견되었다. 그는 젊은 왕의 통치를 책임지고 있던 대신 '오'를 북경으로 보냈다. 원종의 아버지가 모욕적인 대접을 받았고 흉계가 성공했다는 것은 의심으로만 끝날 일은 아닌 것으로 밝혀졌다. 따라서 '오'는 서안으로 유배되었다. 자기 나라의 국경을 넘은 지 8년 만에 원종은 '동부 지역' 병력의 책임자로서 압록강을 동쪽으로 건널 수 있었다. 그곳에는 무장한 군대가 아직 남아 있었으며 아마도 일본을 정복하려는 목적이었던 것 같다. 고려의 왕은 나라에 심한 기근이 들자 동쪽 땅에 부과하던 무거운 세금을 폐지해 달라는 청을 할 충분한 이유가 생겼다. 그의 청은 받아들여져 그는 '동부 격전지와 여행지'로서의 책임에서 벗어날 수 있었다. 무엇보다 그는 일본을 정복하는, 그에게는 불가능한 과제를 벗어 버렸을 것이다. 당시 몽골 정복자들 사이에는 내부적인 불화가 있었고, 중국인 백성들의 불만도 두루 팽배한 상태였다. 일부 몽골인들은 제국에 반대하여 음모를 꾸민 죄로 고려로 추방되기도 했으나, 어떤 자들은 자기 나라를 상대로 무기를 들었다. 마침내 불교 승려 한 사람이 완력으로 일어날 때까지 한중 관계는 유명무실한 상태로 유지되었다. 그는 승모를 벗고 투구를 쓰고, 염불은 광분한 전사의 외침으로, 또 작은 종과 나무 망치가 내는 구슬픈 소리는 칼과 창이 쩽그랑거리는 소리로 바꾸고, 승리에 승리를 거듭하며 진격하여 몽골의 군대를 연이어 몰아내고 성들을 하나씩 함락시켰다. 몽골은 사악한 만큼 약했고, 사악했기 때문에 약했다. 이 중국인 승려의 세력은 빠르게 확장되었고, 명 혹은 '밝음'이라는 제국 이름을 취하고 일가를 이루기 위해 부인을 맞아들였다. 널리 확산되기 시작한 이 '반란'을 일으킨 승려를 중국인들은 구원자로 환영했고, 불만을 품은 몽골 왕자들은 자신들의 왕조를 지지하는 대신 여러 방향으로 반란의 강도를 높였다. 원 왕조 일가는 '최악의 경우'에 자신들을 방어할 수 있고 자신들이 축적한 보화를 지킬 수 있는 조용한 피난처를 찾을 때가 되었다고 생각했다. 이것은 중요한 시기에 북경에서 야손철목아也孫鐵木兒를 고려 왕이라는 칭호를 부여하여 그를 지지할 군대와 함께 보냈다는 사실에 대한 유일한 설명일 것이다. 그가 접근하고 있다는 소식은 그보다 빨리 날아갔다. 그리고 그가 압록강에 닿았을 때는 고려인들이 사방에서 일어나 그에게 너무나 격렬한 반응을 보이는 바람에 그는 고국의 수도로 다시 돌아갈 수밖에 없었다. 결과적으로 제국의 의도를 강화시키는 대신 약화시켰다.

1368년에 이 시도가 실패로 돌아간 지 6년 후에 이 승려 전사는 북경에서 중국 전체 황제[225]의 자리에 올랐다. 다음 해에 고려의 왕 왕전[226]은 새 황제에게 새 수도 남경으로 사신을 통해 축하 서신을 보냈으며, 황제는 기뻐하며 그를 고려의 왕으로 정식 인정했다. 그 후 훌륭한 인물들 몇이 중국의 궁정에서 고려로 추방되었으며, 고려

---

225 연의 요동 태수는 새로운 왕조의 부름을 받고 복종을 맹세했다. 새 황제는 요동을 여러 관할 구역으로 나누었다. 무량하로路는 유양새의 북쪽이었고, 흑룡강 남쪽은 대령 구역 혹은 원元의 노路였으며, 산위는 홍수강의 북쪽으로서 오늘날의 길림성을 포함했다. 서방 구에서 광녕을 지나 현부까지는 토연부라고 불렀다. 그리고 부여로는 황내와에서 심양을 통과하여 철령에서 개원까지 이어졌다. 대저로는 오늘날의 형주와 의주 그리고 동쪽으로 요하강을 건너 백운산에 이르는 요서의 지역이었다. 이곳은 고대 무량하였다. 당시 사람들은 풀과 물을 찾을 수 있는 곳이면 어디서든지 살았다. 따라서 이곳은 내몽골의 남동부로서 이곳 사람들은 중국인 정착민들을 제외하고는 여전히 "풀과 물을 찾을 수 있는 곳에서 산다." 산해관에서 형주 사이의 지역은 17세기에도 대부분 몽골인들이 차지했다.
226 공민왕.

왕은 선의의 표시로 아들들과 동생들을 국자감에 보내 중국어를 공부하게 했다. 이 왕의 아들 우(禑)가 그의 뒤를 이었다. 그에게는 불행하게도 자신보다 더 유능한 대신이 있었는데, 그 대신은 부도덕하기까지 했다. 결국 우는 한쪽으로 밀려났고, 감옥에 갇혔다가 나중에 살해되었다. 그리고 그의 아들 창왕이 왕위에 올랐다. 그 대신은 이자춘이었으며 그에게는 이성계라는 아들이 있었는데, 그가 창왕을 없애고 왕위에 올랐다. 이렇게 해서 한국판 세습 재상[227]의 이야기가 끝이 난다.

이성계는 계속해서 남경으로 사신을 보내어 자신의 위치를 인정받고자 했으며, 마침내 소원이 이루어졌다. 그가 지금까지 조선을 통치하고 있는 왕조를 세웠으며, 이 왕조는 400년 이상 한반도를 지배해 왔다. 그는 수도를 지금의 한강 유역인 한성으로 옮겼다. 서울이라는 이름은 말 그대로 '수도'라는 뜻이다. 그는 또한 당 왕조 때부터 널리 알려졌던 이름인 고려를 조선으로 바꾸었다. 이 명칭은 최소한 부분적으로는 한국에서 가장 오래된 것이다. 한국은 지금 이 이름으로 불린다. 영토는 그가 남긴 바로 그대로이며, 북서쪽은 압록강을, 북쪽은 여진을 그리고 나머지는 바다를 경계로 한다.

---

227 Mayor of the Palace: 중세 유럽의 궁정에서 왕의 배후에서 통치에 막강한 영향력을 끼쳤던 관직(옮긴이).

합병을 하려고 쳐들어온 중국 혹은 조선의 군대를 되풀이해서 물리친 일본은 아마도 대담해져서 복수를 하러 바다를 건너려고 했을 것이다. 부유한 이웃들에 대한 이와 같은 우월함의 확인을 통해 일본은 배를 건조하고 동양의 바이킹 역할을 하게 되었다. 명 왕조가 주권을 차지하자마자 일본은 산동반도 연안을 덮쳐 약탈했다. 이들은 고생한 보람이 있었는지 생각보다 침입이 잦았으며, 1387년에는 이들을 경계하기 위해 중국의 동쪽 해안을 따라 많은 요새들이 세워졌다. 이들의 요동 침입은 그리 성공적이지 못했다. 아마도 당시 요동 연안은 지금처럼 부유하지 않았을 것이며, 따라서 일본인들은 배에서 멀리까지 가고자 했는지도 모른다. 어쨌든 이들은 유대유俞大猷에게 철저히 패배한다. 이러한 응징의 가혹함 때문이었는지, 혹은 그 땅의 가난을 경험했기 때문이었는지 그들은 다시는 요동에 가지 않았다. 그러나 일본인들은 명 왕조 내내 광동에서 지부에 이르기까지 중국 연안 전체에서 악역을 담당했다. 그리고 대만을 해적질의 본거지로 삼았다.

명 왕조 후반기에 요동은 자주 싸움의 현장이 되었다. 요동 북서쪽의 몽골 부족인 토묵은 무순을 빼앗고 봉황성을 공격했다. 이때 만주 왕조의 창시자는 12살 정도의 어린 소년이었으며, 그는 조용한 산 생활을 즐기며 무순 동쪽으로 불과 수십 킬로미터 밖에서 사냥을 즐기곤 했다. 봉황성에서 해춘이 토묵족과 사흘 낮밤을 싸웠고 그는 결국 전쟁터에서 죽었다.

요동총병遼東總兵 이성량의 추천으로, 요양 동쪽의 6'보' 혹은 작은 요새화된 성들 가운데서 고산을 장지하라 현縣으로 옮겼고, 금산을 관전과 장으로, 또 조, 신, 은을 장천과 장릉 부근으로 옮겨 국경과 그 일대의 농업을 보호하도록 했다. 6보가 모두 오늘날의 신빈 동쪽과 남동쪽의 협소한 계곡에 있었으나, 관전의 요새만이 전략적인 이점이 있었던 것으로 보인다. 이 길은 조선으로 들어가는 두 개의 경로 중 하나로서, 거대한 화산암 덩어리들로 덮인 웅장한 계곡 한 가운데로 나 있었으며, 1.8미터의 성벽이 이 돌로 지어졌다. 양쪽의 장려한 산들은 주위의 다른 산들을 작은 언덕처럼 보이게 했다. 30년 후에 이 요새들은 쓸모없이 버려졌다. 개인적인 조사에 따르면 네 곳 만이 완성되었던 것으로 보이며, 관전의 북쪽 성벽은 절반만 완성되었다. 여섯 번째는 하나의 벽돌도 쌓지 못했다. 당시에는 6만 4,000가구가 살았던 이 협곡들은 3세기 동안 '중립지'로 분류되어 왔으며, 사슴, 호랑이, 표범, 멧돼지, 늑대 등의 서식지였고, 이들보다 더욱 파괴적이었던 도적 떼들은 3년 전에야 비로소 소탕되었다. 이곳에서 살던 사람들은 보호를 받을 수 있는 서쪽으로 이주해 갔다. 그리고 250년 후인 몇 년 전에야 '중립지'로 알려졌던 땅이 다시 중국의 쟁기 밑에 놓이게 되었다. 그러나 이곳은 이제 '중립'이 아니고 모두 중국인 농부들이 차지했다.

30년이라는 시간 동안 요동에는 많은 일이 일어났다. 토묵 몽골족은 되풀이해서 시골과 도시에서 약탈을 자행했다. 그리고 이들이 조용해지기 전에 '졸본'성이 만주 왕조의 젊은 창시자에 의해 130명의 군사들과 함께 함락되었다. 이들 가운데 30명이 여러 겹의 솜으로 된 갑옷을 입었다. 토묵의 약탈 행위 때문에 이성량은 강등당했다. 그러나 짙은 구름이 모여들자 그는 10년 후에(1601) 요동총병에 다시 임명되었다. 그는 76살이었지만 그 골치 아픈 직위를 감당할 최적의 인물로 간주되었다.

1592년에 거대한 폭풍이 동쪽에서부터 조선으로 몰아쳤다. 당시 일본에는 로마 가톨릭교로 개종하는 사람들이 다양한 사회 계층에 걸쳐 무수히 많았다. 그리고 예수회 수사들이 가는 곳마다 이들의 말에 귀를 기울이는 사람들이 있는 곳에서는 항상 그랬듯이, 정부는 난처한 입장에 처하게 되었다. 조선 원정의 진정한 이유는 여기 있었던 것으로 추정된다. 이 원정에 참여한 장교들과 병사들의 많은 수가 가톨릭 개종자들이었고, 만약 조선을 정복한다면 그들은 거기 그대로 남을 수 있었으며, 그들이 정복당한다고 해도 거기 그대로 남아 있어야 했다. 따라서 정복자가 되든 패배자가 되든, 일본 정부가 믿었던 혹은 믿었다고 여겨지는 것은, 나중에 프랑스의 루이 14세와 성 바솔로뮤의 찰스 왕이 그랬던 것처럼 대량 살육으로 그 난제를 해결할 수 있으리라는 점이었다.

그 얼마 전에 일본 어느 지방의 지사였던 '노부나가信長'라는 사람이 여행 중에 나무 밑에 누워 있는 어린 노예 소작인을 만났다. 그가 일어나 예의를 갖추지 않자 노부나가는 그 소년을 죽이라는 명령을 내렸다. 그러나 소년이 너무나 기품 있는 태도와 유창한 말로 자신을 변호하자, 노부나가는 그를 죽이는 대신 자기 옆에 두기로 했다. 소년은 능력을 발휘하며 계속 승진했고, 수많은 호의를 베푼 노부나가의 헌신적인 추종자가 되었다. 그러다가 노부나가가 살해되었다. 그리고 이 전직 노예는 그의 죽음을 너무나 완전하게 복수하여 그의 후계자가 되었다. 그는 일본 서부과 남서부 여섯 주로 자신의 영향력을 확대했으며, 마침내 그는 '다이코사마'라는 칭호를 취하고 간파쿠關白가 되었다. 일본 역사에서 그의 이름은 '하시바羽柴'이고, 중국인들은 그를 풍신수길豊臣秀吉[228]이라고 했다. 풍신수길의 이름으로 일본군은 대마도[229]에 모였다가 그 회합 장소에서 조선의 부산으로 항

---

[228] 도요토미 히데요시(옮긴이).
[229] 대마도는 조선에서 가장 가까운 일본 땅이다. 부산은 최근의 조약으로 일본에 개방된 최초의 항구다.

해했으며, 거기서 조선 군대를 패주시켰다. 군대들이 연이어 조선의 팔도에서 모여들었으나 이들은 모두 참패하였다. 조선의 왕은 유약한 난봉꾼이었다. 그는 한성에서 평양으로 그리고 거기서부터 압록강의 의주 혹은 애주까지 피신했으며, 압록강을 건너 중국 땅으로 건너가 명나라에 보호를 요청했다. 그의 둘째 아들은 수도를 지키기 위해 남아 있었으나 실패했다. 일본은 곧 수도와 함께 임진, 분도, 봉덕의 주인이 되었다. 일본군은 곧 증강되었다. 한편 중국 군대는 왕의 부름에 답하여 동쪽으로 파견되었다. 이 군대는 평양 근방까지 갔으나 패배하였다. 최고 지휘관은 북경에서 패배를 보고하며 강력한 일본군을 진압하기 위해 더 큰 군대를 요청했다. 병조판서는 이 탄원을 부드럽게 반대했다. 그는 줄곧 조선으로의 군사적인 움직임을 반대해 왔는데, 제국의 안녕에는 아무런 도움이 되지 않는 피와 재물의 소모라고 했다. 그는 아마도 하시바가 용좌에 관심이 있었는지는 몰랐을 것이다. 따라서 그는 군대 대신에 순위징이라는 절강 사람을 보냈는데, 그는 아마도 일본어를 했을 것으로 생각된다. 왜냐하면 당시 일본과 절강은 대만을 통해 끊임없는 교류가 있었기 때문이다. 그는 중국군 탈주병으로 가장하여 일본 측에 평화의 가능성을 타진해 보아야 했다. 그는 북경으로 돌아가 중국이 평화를 원한다면 이미 일본의 손에 들어간 대동강과 평양 동쪽의 모든 땅을 그들의 소유로 둔다는 조건으로 그렇게 하겠다는 대답을 전했다. 그들은 그 서쪽의 모든 땅에 대한 권리는 포기하기로 했다. 이런 식으로 그들은 옛 신라와 백제를 요구했다. 병조판서는 마침내 전쟁이 불가피하다는 것을 깨달았다. 따라서 그는 막강한 군대를 소집하여 이여송李如松과 그의 장교의 휘하에 두었다. 이들은 훈련을 잘 받았고, 영하寧夏의 폭동 진압에서 용맹을 떨쳤다.

이여송은 봉황산의 장엄한 봉우리들을 넘어 진격하는 것이 몹시 힘들다는 것을 알게 되었다. 그 봉우리들 가운데 하나에는 고대 한국 성곽의 폐허가 남아 있었다. 그러나 이들은 1593년 2월에 평양과 대동강에 도착했다. 이여송은 평양이 남서쪽으로는 대동강으로, 서쪽은 산으로 잘 보호받고 있는 것을 보았다. 일본인들은 화려한 옷을 입고 가장 중요한 위치를 차지했으며 북쪽이 높은 곳이었다. 이여송은 이 높은 곳을 공격했고, 재빨리 도망치는 것처럼 물러나 일본군이 그를 쫓아오도록 유인했다. 밤중이 되자 일본군은 그렇게 했고, 이여송은 그들에게 막대한 피해를 주어 물리쳤다. 이틀 후에 이여송은 전면적으로 단호하게 성 공격을 감행하여 맹렬한 싸움이 벌어졌다. 여기서 그가 타던 말이 죽었지만, 그의 집요한 용기만이 병사들이 도망치는 것을 막을 수 있었다. 이여송은 새 말을 타고 대혼란 속으로 뛰어들었다. 마침내 그들은 성벽을 기어올라 성 안으로 쏟아져 들어갔고 일본인들은 대동강을 지나 밤에 동쪽으로 후퇴했다. 이여송의 추격을 받은 일본군은 뒤돌아서 그를 공격했으며 이여송은 잡히지만 않았을 뿐 부상을 당했다. 양쪽 다 용맹스럽게 싸웠고, 전투는 비긴 셈이 되었다. 그러나 이렇게 당시 수도까지 밀고 가는 것이 불가능하다고 생각했기 때문에 이여송은 개성으로 후퇴했다.

 4월에 이여송은 쌀 등을 비축한 저장고들을 공격하자 일본인들은 후퇴할 수밖에 없었다. 중국은 히데요시를 일본 왕으로 인정하기로 합의했으며, 그 조건으로 일본은 조선에 대한 모든 권리를 철회하고 일본군을 완전히 철수하는 것이었다. 조선 왕은 사절을 보내어 중국에게 왕으로 인정을 받은 히데요시를 축하했는데, 그 사절은 하위 관리였고 수행원도 형편없었으며 선물도 인색했다. 히데요시는 이것이 자신뿐만 아니라 황제에 대한 모독이라고 여겼고, 이런 무례함에 몹시 기분이 상했다. 그는 황제에게는 훌륭한 선물을 보냈으나, 조선 왕의 무례함을 들어 군대 철수를 거부했다. 2만 명의 중국군이 전사했고, 일본군은 식량이 떨어진 후에야 수도에서 후퇴했다. 그러나 그들은 부산을 계속해서 고수했기 때문에 중국은 조선에서 물러날 수가 없었다.

 일본이 점거한 지 4년째 되는 해에 일본이 조선 왕을 인정하는 것으로 일종의 평화를 맞았고, 중국은 조선이 일본에 바쳐야 할 공물에 합의했다. 그러나 그 평화는 명목뿐이었으며, 조선의 이익을 보호하기 위해 중국에서 파견되었던 검열관이 망신을 당하고 물러갔다. 그는 2만 명의 군사들을 잃은 후에 일본인에 대한 공포에 사로잡혔다. 1598년에 그 전해에 동쪽으로 파견된 중국 군대와 치열한 전투를 벌인 끝에야 일본은 평화 협정을 체결하고 마침내 철수했다. 히데요시는 그해에 죽었다. 7년간의 전쟁 중에 조선은 수십만의 목숨과 수백만 냥의 재물을 잃었다. 이 정복과 관련하여 조선인들은 일본이 항상 조공을 바쳤다고 믿기를 고집한다. 우리는 이것을, 일본이 조선 왕에게 선물을 주었고 조선은 중국의 예를 따라 이것을 조공이라고 불렀던 것으로 추측할 수 있다.

위에서 언급한 일본의 조선 점거는 명나라 역사가들이 그린 조선인들의 성격에 대한 충분한 증거가 된다. 그들은 소심하고 약한 사람들이었으며, 훌륭한 학생이자 뛰어난 학자들이었으나, 많은 승려들을 깊이 숭상했으며, 악령을 두려워했고, 사람이나 동물을 죽이는 것을 싫어했다. 동일한 역사가들의 말에 따르면, 조선인들이 외출을 할 때면 바람이 조금만 불어도 모자가 날아가 버렸다고 하는데, 이것은 이들이 3세기 전에도 지금과 같은 챙이 넓고 높은 원뿔 모양의 말총 모자를 썼다는 사실을 말해 준다. 그들의 옷소매는 지금과 마찬가지로 엄청나게 넓었다. 당시의 결혼은 현재의 영국에서와 마찬가지로 젊은 사람들이 자유롭게 만나 서로를 선택하여 이루어졌다. 이것은 중국식으로 바뀌었다(다음 장「관습」참고). 매장은 죽은 지 3년 후에야 이루어졌다. 관리들과 계급이 낮은 군사들, 포졸들은 아주 친절했다. 모든 공무원들은 고대 중국에서와 마찬가지로 땅으로 급료를 받았다. 범죄자를 처벌할 때는 사람을 때려 죽이는 법이 없었다(「관습」참고). 옷은 아마로 만들었으며, 그들은 아직도 거친 아마포를 사용한다. 그들은 집을 짚으로 지었다(「관습」참고).

아래의 조선 정복에 관한 글은 만주의 기록으로서, 주로「성전聖戰」에서 번역한 것이며 조선을 이런 식으로 소개하고 있다.

조선은 북쪽에서 남쪽까지 2,000리다. 이 땅은 8개의 도道로 이루어져 있고, 48개의 구역에 33개 부, 38개 주 그리고 70개 현 등이 있다. 모두 141개의 성이 있다. 이 나라는 북쪽은 요수 그리고 동쪽, 서쪽, 남쪽은 바다로 둘러싸여 있다. 해안 전체를 두르는 험난한 산악지대와 섬들로 본토가 갇혀 있고, 대마도 맞은편의 부산이 유일하게 선박이 항해하여 들어갈 수 있는 곳이며, 이곳은 옛날에 일본인 해적들의 본거지였다.

부산에서 수도까지 가려면 전라와 칭산,[230] 이 두 도를 지나야 하는데, 이들 사이에는 아주 높은 산맥과 가파른 절벽이 있어 쉽게 방어할 수 있었다. 이성량은 만력 황제 시대에 5000명을 거느리고 2년 동안 전라를 지키며 그의 동쪽을 단절시켰다.

수도는 여덟 도의 중심에 있으며, 북쪽은 종산의 보호를 받았고, 남쪽에는 장자산이 있었다.

정주의 오른쪽과 왼쪽에는 진령과 마령이 있고, 한 사람이 겨우 걸어갈 수 있는 꼬불꼬불한 길이 있었다. 여기 남쪽에서 소수의 일본군이 중국군을 마주했으며, 북쪽 끝에서는 소수의 중국군이 일본군에 맞서 길을 막고 있었다. 이곳은 중요한 자연적인 방어지였다.

그들의 (요새화된) 성은 몇 되지 않았고, 왕과 높은 사람들에 대한 올바른 예절을 몰랐으며, 방어술에 대해서도 무지했다. 병사들은 대부분 질 좋은 아마포로 만든 긴 의복을 입었고, 제대로 훈련을 받지 못했다. 관직과 명예는 세습되며, 하인(혹은 농노)들도 대물림되었다.

---

230 전라와 경상.

평민들은 계속 평민으로 남는다. 아무리 능력이 뛰어나다고 해도 고위 관리의 가문 바깥에서 태어난 사람이 관리가 될 수는 없었다.[231]

조선의 동쪽에는 일본이 있고 서쪽에는 요가 있어, 어려움과 위험으로 에워싸여 있고, 양쪽에서 오는 피난민들의 은신처가 되었다.

평양은 서쪽의 압록강과 북쪽의 진강 사이에 있으며, 이 강들은 남쪽의 발해로 흘러들어간다. 따라서 야만적인 일본인들이 조선에서 싸웠을 때, 그들은 남서쪽에서부터 평양으로 가는 모든 원조를 차단하였다.

만약 어떤 나라가 스스로의 힘으로 자신을 돌볼 수 있다면, 그 다음으로 바람직한 것은 동맹국을 얻는 것이다. 따라서 조선인들은 명과 청 왕조 때에 도움을 청하기 위해 중국을 바라보았고, 그들은 원하는 것을 얻을 수 있었으며, 이것은 그들이 중국의 평판과 역량을 활용할 수 있었기 때문이다. 조선의 투구와 갑주는 충실함이었다. 예의범절과 청렴함이 가장 확실한 방어책이었다.

---

231 지금은 항상 그런 것은 아니다 (「조선어」 참고).

당 왕조의 첫 황제가 조선인들을 만주와 요동에서부터 압록강을 건너 동쪽으로 몰아내어, 이 강이 조선 본토의 경계가 되었다. 조선과 만주가 처음으로 접촉한 것은 1619년에 있었던 홍경 전투에서였으며, 2만 명의 조선인들이 관전을 향해 서쪽으로 진격하여, 남쪽에서 홍경을 위협하고 있던 중국 군대에 합세했다. 조선인들은 중국인들과 함께 패배했으며, 그들의 지도자는 5,000명의 병사들과 함께 투항했다.[232]

만주의 태조는 이 투항자들 가운데 10명을 조선의 왕 이혼李琿[233]에게 이런 서신과 함께 보냈다. 옛날부터 중국은 조선에 원군[234]을 보냈으니, 이제 중국이 조선의 도움을 받는 것은 당연하기 때문에, 동맹국에 대한 조선의 충성이 전혀 불쾌하지 않다는 것이었다. 그리고 자신의 선의에 대한 증거로서 투항한 모든 조선인들을 고향으로 돌려보낼 것이라고 했다.

압록강 북쪽 건너편, 홍경의 남쪽이자 조선과 경계를 이루는 동해 혹은 연해주의 한 관구인 '와르카瓦雨喀'로, 태조는 수차례에 걸쳐 원정대를 보내어 얼마 되지 않는 사람들을 잡아갔다. 조선인들은 국경

---

232 『만주의 역사』 참고.
233 광해군光海君.
234 일본에 대항하여 원군을 보냈던 것을 가리키는 것이 분명하다.

을 넘어가 와르카 사람들을 도왔다. 조선인들은 또한 무라족의 족장 보완타이도 부추겼다. 태조가 죽자 조선은 중국이나 몽골과는 달리 위로의 서신도 보내지 않았다. 조선은 중국의 모문룡이 피도(가죽섬)[235]에서 모은 수천 명의 요동 군사들을 이끌고 해안에 상륙하도록 허락했다. 왜냐하면 만주 땅을 습격하기에는 조선이 유리했기 때문이며, 모문룡은 만주인들을 오랫동안 심하게 괴롭혔다.

만주는 원숭환袁崇煥이 태수로 있는 한 중국에서 영원寧遠을 빼앗는 것이 불가능하다는 사실을 깨닫고, 조선인들을 상대로 한 전쟁의 이유로 모문룡을 제시했다. 그리고 조선인 탈영자 두 사람을 안내인으로 삼아, 네 명의 장수들과 함께 큰 군대가 1627년에 조선으로 쳐들어왔다. 이것이 만주족 청나라의 태종 1년, 중국의 천계 7년, 그리고 조선의 인조 3년 때의 일이다. 그들은 2월에 얼음 덮인 압록강을 건너가, 조선 땅 서쪽의 압록강 입구에 위치한 철산 혹은 쇠산에서 모문룡을 공격했다. 모문룡은 패배했고, 다시 피도로 도망쳤다. 이어서 의주를 빼앗겼고 그다음은 정주 그리고 한산성의 차례였다. 수많은 사람들, 병사들과 백성들이 죽임을 당했다. 그리고 막대한 양의 곡물과 비축물이 불탔다.

---

235 요동반도 남동쪽 모퉁이의 항구 피쯔워 해안에 있는 섬. 당시부터 종종, 아니 항상, 수천 명의 도적 떼들의 본거지였으며 최근에야 소탕되었다.

같은 달에 그들은 청천강을 건너 안주를 점령했다. 이곳은 당나라의 첫 번째 황제가 함락시킨 곳이었고 당시의 지명은 안보였다. 그 다음으로는 거대한 평양성이 포위되었다. 관리들과 백성들은 도망쳤고, 군대는 대동강을 건너 중호로 들어갔다. 다음 달에 그들은 광주에 도착했고, 온 나라가 공포에 휩싸였다. 조선은 중국에 급히 도움을 청했다. 그 대답으로 원숭환은 조선을 돕기 위해 큰 배 여러 척과 군사들을 보냈다. 또 우장의 바로 위쪽인 요하강 서쪽의 삼초로 9,000명의 정예군을 보냈다. 만주인들을 이 때문에 공포에 떨었다. 군대가 멀리 나가 있는 마당에 자신들의 약점이 요동에서 드러날 것이 두려웠기 때문이다. 따라서 그들은 가능한 한 모든 사람들을 불러 모아, 요하강을 부단히 경계했다.

한편 조선의 수도는 포위되었고, 왕비와 자녀들은 모든 귀부인들과 함께 개주성의 남쪽 한강 어귀의 강화도로 피신했으며, 배가 없었던 만주인들은 이곳에 접근할 수 없었다.

공격하는 군대는 평산에 주둔했고, 조선 왕은 동생 원창군을 공물과 함께 보내 평화를 제의했다. 이 화해의 선물은 말 100마리, 호랑이 가죽 100장, 표범 가죽 100장 그리고 공단, 견주, 아마포 각 100필, 무명 1만 5,000필이었다. 이에 따라 만주는 조약을 맺기 위해 사신들을 강화도로 보냈다. 조약이 비준되자 흰말과 검은 황소를 제물로 바치고, 조약의 조항들을 기록한 종이를 태워 하늘과 땅에 그것을 알렸다. 이 조약의 가장 중요한 사항은 두 왕국을 '형과 아우'라고 부른다는 것이었다.

이 조약을 처음 원한 것은 조선 왕이었으나, 만주 족장들도 서두르기는 마찬가지였다. 그들은 자신들이 없는 동안 중국인 혹은 몽골인들이 요동으로 진격할 것을 두려워했다. 그러나 아민(阿敏)은 수도가 자리 잡은 곳의 아름다움과 훌륭한 궁전들과 넓은 처소들에 욕심을 냈으며, 조약에 참여하기를 거부했다. 따라서 다른 장수들은 아민의 부대를 평산에 진을 치고 나가 있도록 명하고, 조약을 따로 맺었다. 그리고 나서 이것을 아민에게 알렸다. 그러나 그는 그 조약의 조항들에 만족하지 않고 군대를 진격시켜 나라를 폐허로 만들었다. 그는 나중에 평양에서 원창군과 함께 자기만의 조약을 체결했다.

태종은 아민에게 특사를 보내 다시는 가을의 소산을 파괴하지 말라는 명령과 3,000명의 군사들로 의주를 수비하게 하라는 명령을 내렸다. 이 요새는 조약의 조항들을 확실히 수행하고자 설치한 것이었다. 그리고 나머지 군대는 조선에서 철수했다.

5월에 원창군이 군대를 따라 궁정으로 갔다. 다음 해 가을에 조선의 왕은 의주의 수비대를 불러들일 것을 간청하며 포로들을 모두 송환할 것을 약속했다. 매년 바쳐야 하는 공물이 정해졌고, 현재 압록강을 가리키는[236] 이름인 중강 혹은 '가운데 강' 서쪽에 물건을 교환하는 시장을 열기로 합의했다.

같은 해에 원숭환은 쌍섬에서 모문룡을 처형했다. 당시 모문룡은 만주를 상대로 요동의 남쪽, 동쪽, 북동쪽 연안을 따라 빈번하게 기습을 감행하여 성공하면서 점차 권력을 얻고 있었다. 어떤 학자는 원숭환이 모문룡의 반역을 의심했기 때문이라고도 했다. 또 다른 사람은 원숭환이 자신의 명성을 모문룡이 차차 가리게 될지도 모른다는 개인적인 두려움을 가졌기 때문이라고도 했다. 후자가 옳은 이유일 것이다. 중국의 황제는 모문룡의 죽음에 너무나 큰 충격을 받아 원숭환을 북경으로 불렀다. 그러나 그는 다음 황제에게 또다시 기용되었다. 1629년에 그는 만주[237]의 영리한 책략에 빠져 죽임을 당한다.

결국 모문룡의 죽음은 요동의 남동쪽 연안 섬들과 조선의 남서쪽

---

236 봉황산의 서쪽 산허리의 황토 언덕을 통과하여 넓고 깊은 수로를 뚫었는데, 이것은 서쪽으로 난 작은 협곡을 가로질렀다. 그곳에 자라난 상권을 기반으로 마을이 생겨났다. 봉황성이 조선인들의 왕래로 생겨난 곳이 아니라 이렇게 열린 길로 인해 그들의 왕래가 더욱 빈번해졌다. 원래의 수로는 봉황성 바로 남쪽 5킬로미터에 있었고, 흔히 '옛 국경 관문'이라고 부른다. 지금의 국경 관문은 보통 '고려문'이라고 부르는데, 동쪽에서 서쪽으로 길게 뻗어 있는 구불구불한 길로서, 봉황산의 남쪽 봉우리 그림자 밑에서 한때는 넓었던 동쪽의 수로와 직각을 이룬다. 여기서 중국과 조선의 상인들은 서로 상품들을 1년에 세 번씩, 때로는 네 번씩 교환한다. 조선인들은 양질의 쇠가죽, 종이, 비단, 인삼, 금, 납 등을 영국산 면직물, 중국산 면직물, 설탕 등과 교환한다. 양측에서 각각 한 해에 취급하는 물품은 몇 십만 파운드에 달한다.
237 『만주의 역사』참고.

과 서쪽 연안 섬들의 주인을 빼앗아 갔고, 병사들은 해체되어 산동 지방으로 건너갔다. 만주는 이 섬들을 차지하기 원했고, 조선의 왕에게 필요한 배를 마련하라는 명령을 내렸다. 사신들이 도착한 지 사흘째 되는 날에 손을 모아 쥐고 복종할 준비가 되어 있던 왕은, 중국에 대한 적극적인 적대 행위를 반대하며 중국은 아버지와 같은 존재인데 어떻게 아버지를 공격할 수 있겠느냐고 말했다. 이렇게 함으로써 그는 이전의 조약을 폐지했다.

 1633년에 조선 왕에게 공문서가 접수되었다. 그 내용은 약속된 공물을 바치는 데 태만하고, 탈주자들을 숨겨 주고, 만주의 인삼과 목초지를 잠식하고, 의도적으로 사절들을 불러가고 다시 보내지 않으려고 하며, 압록강의 시장을 폐쇄하겠다고 위협했음을 고발하는 것이었다. 그러나 그해 여름에 조선인의 도움이 필수적이지 않다는 결론에 이르게 되었는데, 이것은 모문룡의 수하에 있던 세 사람이 투항했기 때문이었다. 나중에 유명해지게 된 이들은 모문룡이 죽었을 때 산동으로 건너가 위임을 받고 반란을 일으켰다. 그러나 패배하자 배를 탈취하여 2만 명의 군사들을 이끌고 다시 만을 지나 만주인들과 합세했다. 이들은 공유덕, 상가희,[238] 경중명이었으며, 후에

---

238 더글러스Douglas 교수는 『대영백과사전』에 실린 자신의 논문 「중국」에서 좀 기이한 방식으로 중국 제국을 이 '상가희'와 모반자 '이자성' 사이에서 나누는데, 이들은 둘 다

중국 남부인 만주에서 중요한 위치를 차지하게 되었다.

그들은 도착하자마자 몇 척의 배에 곡식을 실어 이런 편지와 함께 조선에 보냈다.

"그대들의 나라는 중국을 어버이로 우러렀으나, 중국은 그대에게 곡식을 전혀 주지 않았다. 우리는 이번에 큰형의 역할을 하고 싶다. 공유덕과 경중명이 배를 가지고 우리에게 넘어온 마당에 이 관계를 인정하기 원하지 않는다는 것을 알지만, 우리는 이 기회를 잡아 이 배로 그대에게 곡식을 보내는 것이다. 우리는 그 대신 회령[239]에서 도망친 자들과 바부타이의 병사들을 돌려보내주기를 바란다. 이들에 대해서는 우리가 자주 자세한 정보를 보냈으며, 그대는 이들을 황, 해, 평, 안 그리고 그 외의 다른 성 등 세 도의 12개 성을 개축하는 데 동원했다."

조선인들은 또한 '성문'에서 열었던 물물교환을 위한 시장을 그만두고, 공단과 면화를 공물로 바치지 않고, 인삼의 질을 떨어뜨린 것에 대한 책망을 받았다. 상호 합의한 이 물건의 원래 가격은 1온스[240]당 은 16온스였다. 조선인들은 후에 인삼을 공물로 바치기를

만주를 상대로 싸우는 데 동의한다. 그러나 이것은 그 논문에서 발견되는 몇 가지 부정확한 진술들 가운데 하나이다.
239 회령은 동쪽의 고대 성으로서 영고탑 근방이다. 바부타이는 동일한 지역 무라족의 마지막 왕자였다.
240 28.35그램

그만두고, 대신 은 9온스를 바쳤다. 그래서 불평이 나온 것이다. 한 왕조에게 알려진 영고탑의 인삼은 반 캐티[241]를 먹으면 심한 설사를 일으켰다. 조선인들은 또한 와르카에 대한 만주국의 작전을 방해했다는 책망을 받았다. 그들은 여진족으로서 만주인들과 같은 '종족'이었다. 만주인들은 이제 유럽의 침략 전쟁에서 흔히 볼 수 있는 핑계를 댔는데, 바로 인종의 정체성에 관한 것이었다.

1634년 봄에 태종은 중국 황제와 타협하고자 했으며, 조선 왕에게 서신을 전해 달라고 했다. 이전의 서신들은 모두 잘못 배달되었기 때문이다. 왕은 그렇게 하는 대신에 피도의 중국인 지휘관에게 만주인들과 어떤 타협도 하지 말 것을 간절히 원한다고 말했다. 그리고 태종에게 사신을 보내어 도망자들을 내놓지도, 성문에서 시장을 열지도 않을 것이라고 말했다. 이 사신은 또한 말투도 건방졌고, 만주국의 대신들보다 더 높은 자리에 앉아 그들에게 열등감을 느끼게 하려고 했다. 태종은 이러한 행동에 분노하여 선물 받기를 거부하고 그 사신을 붙들어 두었다.

과거에는 조선에서 사신을 보내면 만주에서도 답으로 사신을 보내고 조선의 '공물'에 대한 '선물'을 보냈다. 조선 왕의 어머니와

---

241 중국 및 동남 아시아의 중량 단위로서 1과 1/3 파운드에 해당한다(옮긴이).

아내가 죽었을 때는 조의를 표하기 위해 특사를 보냈다. 조선 왕은 이제 그의 '탄원서'를 '서신'이라고 불렀고, '공물'에는 '선물'이라는 이름을 붙였다. 그는 또한 '명예롭고 겸허한 왕국'이라는 표현을 '이웃 왕국'으로 바꾸고, 두 궁정은 상호간에 선물을 교환하기 원했다.

태종은 여전히 조선을 인정으로 설득하려고 했으며, 모든 장수들이 조약을 맺기 위해 연합하기를 간절히 바랐다. 그들은 동의했고 조약의 조항들을 정하기 위해 노력했으나, 많은 격렬한 논쟁들 끝에 조선의 대신들이 이것을 거부했다. 게다가 조선인들은 사신 영오타이에게 호위병을 붙였는데, 그는 목숨을 잃을 것을 두려워하여 일행을 이끌고 성문을 향하여 말을 달려 문을 박차고 도망쳤다. 조선의 왕은 그의 뒤를 좇아 서신과 함께 전령을 보냈고, 경계하라는 경고를 하기 위해 국경에 있는 지휘관에게 또 다른 전령을 보냈다.

1636년에 협상은 결렬되었고, 조선의 사절이 심양의 궁정에 왔을 때는 그들은 평소대로 경의를 표하지 않고, 마치 신임장만 제출하면 된다는 듯이 그렇게 했다. 따라서 답례로 사절을 보내지도 않았다. 조선이 냉정한 모습을 보이기 바로 전에 만주의 군대는 몽골의 찰합이察哈爾를 침략하여 함락시켰으며, 여기서 어느 늙은 몽골 군사의 수중에 있던 오래전에 잃어버린 원 왕조의 옥새를 찾았다. 내몽골의

49명의 장수들 모두 만주에 복종을 맹세했다. 항상 훌륭한 기수들이었고 지휘만 잘 한다면 최고의 기병대로 구성할 수 있었던 이 몽골인들은 만주에 소속되었다. 이 연합군은 중국 군대를 요서에서 완전히 괴멸시켰다. 따라서 당장 중국이 공격할 위험이 없었기 때문에, 조선을 두 번째로 공격할 준비를 했다.

1637년 1월 몽골군과 만주군에 명령이 떨어졌다. 일부는 국내의 일을 맡고, 일부는 요수와 해안 지방에서 중국의 공격을 경계하도록 했다.

조선 정복을 위해 모인 군대의 수는 10만이 넘었다. 예친왕睿親王이 된 다이곤多爾袞은 호격豪格과 함께 좌익을 거느리고 관전에서 상산로[242]를 지나 진격하라는 명령을 받았다. 우익은 태종이 직접 이끌었는데, 중강을 건너 곽산에 도착하였고, 정주와 안주의 열쇠를 받고, 조선의 수도에서 100리 북쪽인 임진강으로 진격했다. 한편 동일한 부대의 일부는 수도 남쪽의 한강에서부터 그들을 보강했다. 아직 강이 완전히 얼어붙을 계절은 아니었으나, 수레와 말들이 도착하자 갑자기 모든 것이 순식간에 얼어붙었고 모든 군대는 그 위를 무사히

---

242 이 산길은 길고 지질학적으로 단일하며, 광물이 풍부한 사마지 지역에서 동쪽으로 뻗어 있다. 따라서 이 분대는 먼 북서쪽 귀퉁이에서 조선으로 들어오고, 태종은 봉황성을 거쳐 내려가 서쪽으로 들어갔을 것이다.

건널 수 있었다. 이것은 물론 특별한 기적이었다.

우익을 지휘했던 예친왕 다탁^{多鐸}은 1,500명의 군사들을 거느리고, 수천 명에 이르는 조선의 정예군과 만나 그들을 수도의 성문 바로 밖에서 격퇴하였다. 조선 왕은 원수의 병사들을 환영하고 그들을 위해 잔치를 베풀고자 사신들을 내보냈는데, 이것은 물론 그들의 호의를 조금이나마 얻고자 하는 속셈에서였다. 스스로는 왕비와 자녀들을 궁정의 귀부인들과 함께 강화도로 보내고, 남한산성[243]을 보강하기 위해 정예 부대를 이끌고 갔다.

우익은 곧 수도로 입성했고, 예친왕과 평양을 함락시킨 악탁이 이들과 합류했다. 보강된 군대는 남한산성으로 진격하여 성을 포위했다. 이들은 세 번에 걸쳐 구원군을 무찔렀고, 성 안 군사들의 출격을 두 번이나 물리쳤다. 이렇게 되자 조선의 북쪽 이웃인 여진족의 와르카에서 조선으로 들어갔던 300여 가구가 만주로 넘어갔다. 태종은 수도를 약탈하라는 명령을 내리고 자신은 강을 건너가 전라와 충청에서 온 구원군을 격퇴하였다. 조선 왕에게 사신들을 보내 이런 오해를 불러일으킨 대신들에 대해 불평하며 그들을 만주에 포로로 내줄 것을 요구했다.

---

243 한강의 다른 이름은 '한수'인데 그 유역에 한산성이 있다. 수도로 가는 모든 보급품들은 여기를 통과했기 때문에 이곳의 보존은 이 나라의 가장 중요한 일이었다.

3월에 만주인들은 수도에서 20리 떨어진 강의 북쪽 기슭에 진을 쳤다. 장산을 지나 동쪽으로 진격했던 예친왕은 창주를 함락하고 안, 황, 녕과 국경에 인접한 여러 성에서 온 구원군을 무찔렀는데, 이들은 1만 5,000명에 달했다. 그는 이제 수도의 본대와 합세했다. 중무기를 지니고 임진강을 내려온 다탁도 본대와 합세했다.

　조선의 왕은 중국에 도움을 청하고자 사신들을 보냈다. 그러나 중국은 당시 도적 떼가 온 나라에 창궐하고 있었기 때문에 그럴 만한 여유가 없었다. 산동성의 통주와 내주의 지휘관은 조선으로 건너가라는 명령을 받았으나, 바람이 반대 방향으로 불고 있었기 때문에 그는 감히 항해에 나서지 못했다. 따라서 조선인들은 외부의 도움에 대한 희망이 전혀 없었다. 그리고 동쪽과 남쪽에서 수도를 구하기 위해 동원되었던 자국의 군대도 흩어져 버렸고, 서쪽과 북쪽에서는 감히 진군을 하지 못했다. 성 안에서는 식량이 떨어져 갔고, 만주군은 성 주위 사방을 약탈했다. 그들은 가지고 갈 수 없는 것은 불태웠다. 극도의 공포가 팽배했다. 마침내 왕은 정신을 차리고 평화를 청하기 위해 사절을 보냈으나, 알현의 조건으로 이전의 조약을 파기하라고 왕에게 간언한 대신들을 만주에 넘기라는 제안을 받았다. 왕은 이러한 조건을 허락하고 싶지 않았으며, 성 안에 있게 해 달라고 간청했다. 이것은 만주의 주권을 공식적으로 인정하는 굴욕을 피하기 위한 것이었다.

경기도가 전투와 도적질, 방화로 황폐화되고 본토가 만주군에 대한 공포에 사로잡혀 있는 동안, 왕비와 그 자녀들은 고위 대신들의 부인들과 함께 강화도의 피난처에 안전하게 있었다. 예친왕은 작은 배 여러 척을 타고 출발했다. 그는 여러 문의 대포를 가져가 강화도를 수비하던 적의 배 30척을 박살 내고, 작은 배를 타고 섬으로 건너가 요새를 지키던 1,000여 명의 병사들과 싸워 이겼다. 그러고는 성으로 들어가 왕비와 황태자, 왕실의 일가 76명, 중요한 대신들의 부인들 166명을 사로잡았으나 그들을 최대한 존중하고 친절히 대했다. 태종은 조선 왕에게 어떤 일이 있었는지 말했다. 왕은 이제 완전히 항복했고, 가족을 만날 수 있는 방법을 강구했으며, 조약을 파기하도록 조언했던 중요한 대신들을 만주인들에게 보냈다.

태종은 조선이 중국에 대한 충성을 부인할 것과, 왕의 두 아들을 인질로 건네줄 것을 요구했다. 전쟁 때에는 만주를 도와야 하고, 공격을 받았을 때는 그들을 돕기 위해 온 군대를 먹여야 했다. 해마다 명나라 궁정에 했던 것처럼 축하 인사와 선물을 보내야 했다. 허락 없이는 성을 짓거나 요새화할 수 없었다. 그리고 300년 동안 조상 대대로 내려온 관습과 국토의 경계는 변함없이 그대로 간직해야 했고, 이것은 지금까지 변하지 않았다. 왕은 이 조건들을 땅에 대고 절을 하며 들었다. 3월에 수십 명의 기병들이 성에서 행군하여 나갔고, 동쪽 강둑의 삼전도三田渡에서 제단을 쌓고 태종을 위해 황색 장막을 쳤다. 그는 절차를 지시한 후에 수행원과 함께 한강을 건넜고, 음악이 연주되는 가운데 이미 열을 지어 서 있던 병사들 사이로 제단을 걸어 올라갔다.

조선의 왕은 대신들을 이끌고 남한산성에서 출발했고, 제단에서 5리쯤 떨어진 곳까지 와서는 걸어서 나아갔다. 그가 제단에서 1리쯤 떨어진 곳까지 오자 그를 영접하고 마땅히 치러야 할 의식에 대한 설명을 해 주러 사신들이 왔고, 조선의 왕은 모든 아들들과 대신들과 아홉 번 머리를 조아리며 은혜에 감사했다. 그다음에 그는 왼쪽 편에서 서쪽[244]을 바라보고 모든 만주족 왕들 위쪽에 앉았다. 이렇게 은혜를 베푸는 의식이 끝난 후에 모든 대신들과 왕의 가족들은 수도로 들어가는 것이 허락되었다. 태종은 같은 달에 군대를 모두 불러 모아 서쪽으로 향했다. 왕과 그의 아들들과 대신들은 이들을 10리 밖까지 배웅했으며, 떠날 때는 무릎을 꿇었다.

태종은 조선이 최근에 자신의 군대 때문에 받은 고통을 감안하여 다음 2년 동안의 공물을 면해 주었고, 세 번째 해의 가을을 첫 번째

---

244 황제와 모든 신들은 남쪽을 향하도록 한다. 왼편에서 서쪽을 향한 곳이 명예로운 자리이다. 그 다음은 오른편에서 동쪽을 향한다.

납부 기일로 삼았다. 그리고 만약 그 후로도 약속을 지키지 못하면, 감액과 미납에 대해 그때 가서 다시 논하면 될 일이었다. 삼전도의 제단 바로 아래, 태종의 자비로움을 찬양하는 글이 새겨진 비석을 세웠다.

두 달 후에 왕은 두 아들을 인질로 심양에 보냈고, 다음 달에는 공유덕과 다른 투항자들이 조선의 수군을 이끌고 피도로 쳐들어가, 그 섬과 이웃한 섬들에서 수많은 사람들을 사로잡았다. 그리고 이것으로서 만주 징벌은 끝이 났다. 중국인들은 전쟁이 오래 계속되는 동안 이 섬들을 요새화하려는 시도를 다시는 하지 않았다.

조선인들은 1638년에 만주의 명령을 받고 국경의 북쪽으로 두만강 너머 장백산 동쪽의 여진족인 구르카 사람들을 공격하여 포로로 삼았다. 이들은 만주의 통치에 반항하여, 조선 연안의 북동쪽에 있는 웅(熊)섬으로 도망간 바 있었다. 이것은 새로운 주인 밑에서 조선인들이 이룬 첫 번째 공헌이었다. 그러나 그들의 평판은 좋지 않았다. 1641년에 그들은 질책을 받았는데, 만주족이 중국인들과 싸우고 있던 형주로 곡물 1만 섬을 운반하라는 임무를 맡았으나 곡물을 실었던 조선 선박 32척이 사라져 버렸기 때문이다. 같은 양의 곡물을 실은 115척의 배가 형주의 동쪽 대양하와 소양하의 어귀에서 삼산도[245]로 출발했으나, 50척 이상이 바람 때문에 산산조각이 나거나 중국인에게 탈취당했다. 전체 선박들 가운데 52척이 만을 건너 동쪽으로 가서 개주에 도달했으나 좁은 강으로 들어갈 수가 없었다. 조선의 관리들은 곡물을 육지로 운반하게 해 달라고 청했으나, 성난 대답만 들었을 뿐이었다. 그들의 죄를 완벽한 합으로 이끈 것은 세 척의 조선 배가 어떤 평계를 대고 중국의 영해로 들어가 자연스럽게 친구처럼 행동한 것이었다. 그러나 만주족이 들은 바로는 이 배들은 항로를 자진해서 벗어나 중국의 영해를 피하지 않고 찾아갔다는 것이다. 따라서 만주에서는 이 행동을 비난하는 격분한 편지를 써서, 조선인들은 가지고 있는 곡물을 마음대로 처분할 수 있으니 바다로 던지든지 본국으로 가져가든지 원하는 대로 하라고 했다.

조선의 대신 이청예는 공포에 질려 바다의 위험을 무릅쓰고 다시 한 번 곡물을 운반하게 해 달라고 간청했다. 그러나 그는 곡물을 육지로 운반하도록 허락받았다. 무기를 가진 조선 병사 1,000명이 비전투 종군자들 5,000명과 함께 만주군에 남았고 나머지는 고향으로 돌아갔다. 그러나 만주는 그 후 곧 조선의 대신들을 책망하기 위해, 또 기한이 한참 지났는데도 곡물도 군인도 말도 나타나지 않는 이유를 조사하기 위해 사신들을 파견했다. 조선의 대신들은 반역

---

245 형주 남쪽 45리에 있는 섬.

을 저지른 죄로 체포되었다.

  1642년 형주에서의 결정적인 패배 이후 중국은 사절을 보내 평화를 제안했고, 만주는 이것을 받아들일 의향이 있었다. 그러나 중국은 만주가 제안한 조건을 받아들일 수 없었거나 혹은 받아들이려고 하지 않았다. 만주는 그 후 곧 사자를 조선 왕에게 파견하여 중국 배 두 척이 조선 영해에 자유롭게 들어간 것을 항의하며, 이런 일을 앞으로는 엄격하게 금한다고 했다. 조선 왕은 또한 백성들을 죽이는 것을 그만두고, 그 대신 유익하고 현명한 통치로 백성들을 평온하게 하라는 명령을 받았다. 그 초만원인 땅에서 관리들이 저지른다고 알려진 잔학 행위들의 절반이 사실이라면 이 교훈은 오늘날에도 적용될 것이다.

  얼마 전에 왕[246]이 대신들 두 사람을 고발하여 그 혐의의 진상을 조사하기 위해 봉황성으로 사절단이 파견되었는데, 이들이 중국과 비밀리에 내통했다는 것이었다. 그 혐의는 사실로 증명되었다. 고위 대신이었던 최명지와 이청예는 평양에 있는 조상들을 모신 사당에서, 그 지역의 군수인 임상호와 함께 중국에 편지를 보냈다. 그들은 편지와 선물을 전달한 전령들과 함께 위나라의 사절단에 인계되었

---

246 『동화루』에는 이 말을 비롯해 이와 유사한 여러 언급들이 있다. 이는 세습 각료들이 왕을 좌지우지했다는 것을 뜻하며 충분히 근거가 있는 일이다.

다. 그들은 모두 벌을 받았다. 최명지는 투옥되었고, 이청예는 달아났으나 그의 아내가 투옥되었고, 임상호는 좌천되었다.

조선 왕은 우호적인 편지를 써서 은, 쌀, 인삼 등의 선물과 함께 사신 여덟을 만주로 보냈다. 사신들은 이 선물을 산동성의 통주 그리고 영원에서 팔아 버렸다. 왕은 이들을 처형했다. 그해 말에 태종에게 군사를 보냈고, 그는 그들을 만나 환영하고 잔치를 베풀었다. 이렇게 해서 갑자기 나타난 만주 왕국이 고대 조선에 채운 족쇄를 풀려는 몸부림은 끝났다.

1643년에 태종이 죽자 조선은 공물의 3분의 1을 면제받았으며, 또 그 다음 해에 왕위에 대한 권리를 인정받기 위해 북경에 왔던 왕의 아들을 다시 고국으로 돌려보냈을 때 절반이 면제되었다. 그리고 조선에서 사형 선고를 받은 모든 사람들을 사면했다. 강희康熙, 옹정雍正, 건륭乾隆은 자주 공물을 면해 주어 10분의 1만을 요구했으며, 조선을 중국과 같이 대했다. 강희제부터는 조선이 흉년에 시달릴 때마다 곡물을 배편으로 보냈다. 그리고 반란이 일어날 때면 군사들을 보내 도왔으며, 1만 냥의 돈을 보냈다.

"만찬 때면 조선의 대신들은 시를 지으며 시간을 보냈다. 만주의 궁정으로 간 사절들이 즉흥적으로 지은 시는 만주 대신들의 시보다 훌륭했으며, 이것은 만주인이었든 중국인이었든 마찬가지였다. 왜냐하면 조선인들은 전술에는 무지했으나 학식은 최상의 수준이었기 때문이다. 주왕紂王의 동생으로서 이 왕국[247]을 창설한 기자 때부터 이 나라에 각인된 기질이다."

"조선의 산맥은 장백산의 남쪽에서 남쪽과 동쪽으로 각각 직각으로 뻗어 있으며, 2,000리를 내려가 해안인 부산까지 이어지는데, 이곳은 일본의 대마도에서 배로 반나절 거리에 있다."

1638년에 일본은 사신을 보내어 땅의 소산물에 대한 공물[248]을 더 많이 요구했다. 조선의 왕은 만주에 예속된 자신의 입장 변화를 알렸다. 사신은 만주가 두려운 존재이며 소홀히 다루어서는 안 된다는 것을 인정하고, 조선을 괴롭히지 말고 본국으로 돌아가는 것이 최선이라고 생각했다.

조선의 근대 역사는 이 나라를 서방 국가들과 접촉하고 충돌하게 만들었다. 그러나 현재까지는 이들이 소중히 여기는 고립을 잃지 않았다. 「에든버러리뷰Edinburgh Review」 278호에 실린 조선에 대한 우수한 논문에서 저자는 이렇게 말하고 있다.

---

247 『삼국지』와 조선의 구전에 따른 것이다. 이 진술에 어느 정도의 진실이 담겨 있는지 우리는 이미 알고 있고, 조선과 고구려는 영국의 색슨족과 노르만족만큼도 유사한 점이 없으며, 그보다 훨씬 다를 수도 있다.
248 이전에 이미 공물을 바쳤음을 뜻한다.

중국인들과 조선인들을 최대한으로 분리시켜 놓은 가혹할 정도의 엄격함은 중국 것이 아닌 것에 대한 뿌리 깊은 불신과 혐오에서 나온 다는 것이 거의 확실하다. 이것은 이 천상의 제국의 특성과 정책의 중요한 요소가 된다. 그러나 부분적으로는 전통적인 증오 때문이며, 이 증오는 기원전부터 수세기에 걸쳐 치러 온 전쟁에 기인하며, 고조선 왕국은 …… 기원전 2세기에 한 왕조의 중국인 황제들에게 많은 괴로움을 주었다.

이 문단이 매우 유능하고 정보에도 밝았던 이런 저자에게서 나왔다는 사실은 매우 놀라운 일이 아닐 수 없다. '뿌리 깊은 불신과 혐오'라는 진술은 지나치게 모호하다. 중국인들에게 '가혹할 정도의 엄격함'이란 존재하지 않는다. 이 모든 것은 조선 측에 있다. 이 주제에 대한 중국의 법과 관습은 조선의 바람을 존중하여 만든 것이다. 중국인들은 심양의 만주인들과 마찬가지로 항상 밀접한 관계를 원했다. 적대감은 조선 측에 있다. 중국은 압록강을 건너 도피하는 조선인들을 환영했다. 그리고 중국의 관리들은 조선인이 백성들 사이에 있는 것을 눈감아 주며, 이 도망자가 자국 관리의 날카로운 눈에 뜨일 때까지, 혹은 그 조선인이 비교적 무거운 죄를 지어 고향으로 돌려보내야 할 수밖에 없을 때까지 그대로 둔다. 모든 조선인들은 압록강 서쪽에서 환영을 받지만, 그 강을 동쪽으로 건너는 중국인은 처형된다. 약소국은 독립적인 생존을 위해 두려워하지만, 강대국은 두려움도 증오도 없다. '수세기에 걸쳐 치러 온 전쟁'은 어떤 것이었는지 이미 살펴보았고, 또한 조선인들이 그들을 압제하던 자들의 후예들인 '명' 혹은 중국인들의 대의명분에 동조한다는 이유로 만주인들의 손에 얼마나 고통을 받았는지 목격했으나, 그때까지 만주와는 전쟁을 치른 적이 없었다. 이것은 일찍이 전쟁을 치를 때에 가졌던 악감정들이 오래전에 사라졌다는 것을 증명한다. 조선인들의 고립은 스스로 자초한 것이며 중국인들의 소행이 아니다. 그리고 이것은 미래에 대한 두려움이 그 원인이었지 과거의 증오 때문도 아니었다.

한 가지 내용만 더 인용을 하고 흠을 잡는 이 불쾌한 일을 그만두고자 한다.

"북경이 …… 승리를 거둔 만주에 넘어갔을 때, 당시 정권을 잡고 있던 조선 왕은 그의 나라를 침입한 정복자들의 손에 붙잡혀 그들의 행렬과 함께 중국의 수도로 왔으며, 그 유명한 예수회 수사 아담 샬Adam Shall을 만났다."

이 이상한 진술은 로마 가톨릭 교회의 권위에 기초한 것이다. 만주의 손아귀에 있던 '정권을 잡고 있는 조선 왕'은 우리가 보았던 바와 같이 북경에 들어간 적이 없다. 그렇지 않았다면, 「성전聖戰」이라면 모를까, 모든 하찮은 사절들의 임명과 궁정을 방문하여 영접을 받은 모든 왕의 아들들이 기록되어 있는 '연대기'가 이 놀라운 사건에 대해 침묵하고 넘어갈 리 없다. 이 '정권을 잡고 있는 조선 왕'의 아들, 즉 후에 '정권을 잡고 있는 조선 왕'이 될 자가 아마도 왕으로서가 아니라 후계자로서 북경에 있었을 것이다. 우리는 그 의미를 이렇게 추정할 따름이다.

예수회 수사들은 수도회 바깥에서는 순수한 존경을 받는 자들이 거의 없다. 그러나 그들의 종교적인 신조와 그들이 발전시킨 독특한 윤리관에 대한 우리의 판단이 어떤 것이든, 그들이 계획한 바를 실천할 때 보여 주는 열정, 용기, 인내는 아무도 부정할 수 없을 것이다. 그들은 신교도들보다 훨씬 일찍 이교도 선교를 시작했다. 그리고 더욱 체계적이고 왕성한 선교 활동을 했다. 또한 능률적으로 일했고, 더 넓은 저변을 확보했다. 그리고 한 사람 한 사람 비교하면, 그들이 유능한 사람들을 훨씬 많이 이 일에 투입했다는 것을 알 수 있다. 그리고 지성을 왜곡하게 만드는 체계에도 불구하고 그들이 오늘날의 신교도 선교사들과 비교해도 훨씬 뛰어난 평균적인 지적 능력을 지녔다는 내 생각이 아주 틀리지는 않을 것이다.[249] 신교도 선교사들이 가톨릭 선교사들과 자리를 바꾼다면, 동양에서 가톨릭 선교사들이 과거에 거두었던 열매를 볼 수는 없을 것이다. 그리고 이 가톨릭 수사들이 신교도 체계 아래서 일했다면 그 잊히지 않을 업적들이 가톨릭 체계 아래에서보다 훨씬 컸을 것이다. 사실 예수회 수사들이 가장 성공적인 업적을 거두고 있을 때 그들은 어떤 의미에서는 신교도들이었다. 그들은 독립적으로 또 때로는 로마와 반목하며 활동했다. 그러나 가톨릭 체계를 버리지는 않았다. 그리고 그들이 높이 그리고 고결하게 쌓았던 성들은 동양의 모든 나라에서 그들의 머리 위로 쓰러졌다. 중국과 일본에서 그들이 극진한 대접을 받고 전례가 없는 존경을 받았던 것이 사실은 조선에서도 마찬가지였다. 그러나 로마 가톨릭교가 조선에서 뿌리를 튼튼히 내리기 훨씬 전에 중국에서는 가톨릭교로 개종한 자들은 중국 황제가 아닌 로마의 백성이 된다는 것이 알려졌다. 개종자들이 도처에서 어떤 행위를 통해 외국의 권력에 대한 귀속을 증명했는지 혹은 증명할 준비를 할 수 있었는지는 여기서 논할 필요도 없고 또한 적당하지도 않은 일이다. 그러나 그 결과 중국에서는 사제들이 추방당했고, 개종자들

---

249 『태평천국의 난』의 저자는 이와는 반대되는 의견을 표명했으며, 그가 판단을 내릴 만한 기회가 더 많았을 것이다. 그러나 나는 중국 역사에서 초기 예수회 수사들에 대한 내 의견을 바꿀 생각이 없다. 그러나 오늘날의 상황에 대해서는 내가 틀릴 수도 있다.

에게 끔찍한 박해가 뒤따랐다. 따라서 결국에는 마음속으로는 진심을 버리지 않았지만, 공적으로 가톨릭교를 시인하는 사람은 하나도 없게 되었다. 따라서 조선은 정략적인 관점에서 이 개종자들을 인지할 기회가 없었으며, 곧 이 나라 안에서 그들의 수가 많아지게 되었다. 사제들이 머무는 것은 금지되었으며, 이것은 중국에서 사제 혹은 그들의 개종자들의 정치적인 의도가 의심받을 때부터였다.

달레M. Dallet의 저서 『한국의 교회Church in Corea』에 따르면, 처음으로 조선인 개종자들이 나온 것은 위에서 언급했던 일본 원정 때였다. 그들은 세례를 받았고 일본에서 죽었다. 그러나 곧 한두 사람이 북경의 학구적인 예수회 수도사들에 대해 알게 되었다. 그들은 처음에는 과학에 끌렸다. 그러나 이것을 시작으로 일어난 일련의 사건들의 결과로 조선은 상당한 감화를 받았다. 사제들의 진술에 따르면, 도시가 되었든 큰 마을이 되었든 조선의 중부와 동부의 어떤 곳도 사회적 지위의 고하를 막론하고 개종자들의 수가 어느 정도는 다 있었다. 유럽의 사제들은 이 나라에서 계속해서 거주했으며, 때로는 그 수가 꽤 많았으나 항상 숨어 있어야만 했다. 그리고 수도가 가장 훌륭한 은신처였다. 그들이 어떻게 숨어 있을 수 있었는지는 베르뇌M. Berneux의 말로 설명할 수 있다. 조선의 주교였던 그는 살해되었다.

"양반들의 영역은 신성한 곳이다. 그들의 영역을 침범하면 큰 죄가 된다. …… 나는 강을 건너고 여관에 묵을 때도 들킬 염려가 없는 조선의 양반이 되었으면 좋겠다. …… 내가 조선 정부에게 허가증을 받으려면 너무나 오랫동안 기다려야 하기 때문에 나는 나 스스로에게 그것을 발급했다."

나는 이것을 위에 언급했던 논문에서 인용했다. 주교는 자신이 고해를 받고, 견진성사와 영세를 베푼 사람들 외에는 얼굴을 보이지 않도록 최대한의 노력을 기울여야 할 때에, 조선 정부가 자신에게 양반 허가증을 수여할 가능성은 전혀 없다고 생각했다. 목적이 과정을 정당화한다고 생각하는 사람에게는 이것은 아주 훌륭한 행동이다. 그에게는 중국에 있는 형제들에게서 많은 예를 볼 수 있었으며, 그들에게는 이와 같은 구실이 없었다. 그러나 그 결과는 그를 통탄하게 만들었다.

동일한 저자의 말이다.

"철종은 1860년에 흑룡강과 두만강 어귀 사이의 넓은 영토를 러시아에 양도했다. …… 포시에트 항은 큰 무역 도시이자 군사 지역으로서 …… 러시아, 중국, 조선의 국경이 만나는 곳에 있었다."

조선의 왕은 1864년에 죽었다. 그리고 1865년 말에 러시아는 조선의 북동쪽 항구에 정박하여 무역 협정을 요구하였다. 베르뇌는 조선 정부에게 러시아인들을 내쳐 달라는 부탁을 받았다. 그는 거절했지만 성공하는 경우에는 완벽한 종교적인 관용을 약속받았다. 곧 그는 붙잡혀 고문당하고 살해되었다. 그와 함께 모두 두 명의 주교와 일곱 명의 선교사들이 죽임을 당했다.

베르뇌가 택했던 길이 그에게는 최선이었을 것이다. 그러나 비록 성공하지 못한다고 하더라도 그가 조선을 위해 협상하려고 시도하지 않은 것은 놀라운 일이다. 왜냐하면 그런 시도는 자신이 군함을 타고 온 자들과 같은 생각을 하고 있지 않으며 외세의 스파이로서 조선에 있는 것이 아니라는 사실을 보여 줄 수 있었기 때문이다. 조선인들은 긴 수염을 기르고 꼭 붙는 짧은 옷을 입는 사람들은 모두 같은 나라 사람은 아니라고 하더라도 동일한 이익을 추구한다고 생각했다. 이들에게 '외국'은 한 나라였다. 따라서 이렇게 오랜 동안 외국인들과 접촉과 교류가 있은 후에도 서양에는 국가적인 차이와 이해의 대립이 존재한다는 것을 아는 중국인들의 수가 아주 적은 것은 당연한 일이다. 따라서 선교사들도 군함에 소속되어 연락하는 자들로 여겨졌다. 그렇다면 외세의 비밀 요원으로서 조선인들의 땅과 자유를 넘보는 자들이 죽임을 당하고, 수천에 달하는 그들의 개종자들 혹은 '조선-외국인'이 동일한 운명을 맞게 된 것이 그리 놀라운 일은 아닐 것이다. 물론 조선인들은 더 잘 알았어야 했다. 이런 이유로 살인을 저지르는 것에 대해서는 변명의 여지가 없으나 그

원인을 이해한다면 그들의 행동에 납득이 간다.

벨로네M. de Bellonet는 당시 북경의 프랑스 대사였다. 그는 자기 나라 사람들이 살해되자 당연히 분노하여 중국 정부를 '위협'하며, 조선 왕을 살인이 저질러진 그날을 기준으로 폐위시키라고 명령했다. 로즈 제독 휘하의 소함대는 그의 명령을 받고 일곱 명의 군사들과 함께 강화로 향했으며, 당시 만주가 장악하고 있던 그 섬을 빼앗았다. 그러나 1866년 10월 26일에 그는 강을 따라 서울로 가려다가 제지당했다. 그는 물러날 수밖에 없었고 조선인들은 이 승리에 기뻐했다. 벨로네는 거친 말투와 급한 행동으로 유명했다. 그러나 달레를 믿을 만한 출처라고 인정한다면, 프랑스는 조선과의 볼일이 아직 끝나지 않았다.

미국 상선 '제너럴 셔먼호'는 프랑스인 학살 소식을 듣고 미국인 선주와 선장, 항해사 그리고 영국인 화물 감독과 젊은 선교사인 토머스 목사, 그리고 말레이인 선원들 몇 명과 지푸에서 평양강으로 항해했다. 1866년 8월에 배가 평양강(대동강)을 거슬러 올라오는 도중에 조수가 네 번 바뀌었다. 모든 보고들은 이 배가 뭍에 올라왔다는 데 동의하고 있는데, 만조 때 강의 수로로부터 빠져나왔기 때문이다. 유럽인들은 어느 정도 우호적인 대접을 받았으나 수도로부터 소식이 있은 후에는 해안으로 유인되어 죽임을 당했고, 배는 포위되어 불탔다. 1868년에는 젊은 미국인이 또 다른 선박을 타고 한강을 거슬러 올라갔다. 그는 성공적인 도굴범으로 이름을 남기고 싶었다. 그는 어떤 프랑스 사제한테서 왕의 시체만 있으면 어떤 몸값도 받아낼 수 있다는 말을 들었으나, 성공하지 못했다.

1871년 5월에 로저스 제독 휘하의 미국 소함대가 1866년에 로즈 제독이 닻을 내렸던 곳에 정박했다. 그는 강화도의 요새를 함락시켰으나 성으로 들어가지는 않았고, 결국에는 그 프랑스인처럼 물러나야 했다.

대동강은 언덕으로 둘러싸인 큰 도시인 평양의 동문 밖에 있다. 나를 도와주고 있던 조선인 학자가 1876년에 그곳에 갔다가 큰 외국 선박 한 척이 동문 바로 바깥 바다에서 100리 떨어진 곳 강둑에 누워 있는 것을 보았다고 했다. 이 사람의 말로는 '10년 전쯤에' 어떤 배가 홍수 때 밀물에 밀려 거기까지 올라갔다는 것이다. 그러고는 비가 오랫동안 오지 않아 썰물 때 오도 가도 못 하게 되었다는 것이다. 조선인들은 여러 척의 배를 타고 가서, 배에 불을 지르고 그 안에 있던 사람들 중 물에 빠져 죽지 않은 자들은 모두 살해했다. 조선인들은 종종 거래를 하려고 해안을 찾은 중국의 정크 선박에 탄 사람들을 모두 죽이는 일이 있었으나, 조난당한 사람들을 죽였다는 소리는 결코 들어본 적이 없다. 그들은 자신들의 고립을 너무나 사랑하지만, 유리하게 작용했던 이 방벽은 곧 무너지게 될 것이다.

조선인들은 프랑스가 그들을 공격하기 위해 원정대를 보냈다는 말을 듣고 공포에 휩싸였고, 이미 패배한 것으로 생각하고 있었다. 그다음에 이어진 기쁨은 그만큼 컸다. 왜냐하면 그들은 그 배와 나중에 있었던 미국 해군의 후퇴가 강의 썰물로 인해 원정에 동원된 큰 선박이 쓸모없게 되었기 때문이 아니라, 그때까지 드러나지 않았던 자신들의 용맹스러움 때문이라고 여겼기 때문이다. 동양에서 그들은 형편없는 군인이라는 평가를 받았고 스스로도 그렇게 생각하고 있었다. 그러나 미국인들이 물러간 후에는, 사자가 자기가 무서워서 도망친다고 생각했던 당나귀처럼 고개를 뻣뻣이 세웠다. 내가 가까운 조선 관리에게 기차의 위력과 속도를 얘기해 주며 어떻게 산을 오르고 언덕을 통과하는지 말하자, 그는 그것이 군대가 운반하고 다니는 어떤 것이라고 생각하며 화가 난 듯 고개를 뒤로 젖히면서 손가락으로 딱 하는 소리를 내며 말했다.

"당신네 외국인들의 발명품에 우리가 무슨 관심이 있겠소! 우리 아이들도 당신들의 무기를 비웃는단 말이오."

두 번 있었던 해군 원정의 결과는 분명 만족스럽지 못했다. 세 번째 시도는 더욱 힘들 수밖에 없었다. 영국도 이제 두 친구들과 마찬가지로 조선에 관심을 갖게 되었다. 프랑스는 진격에 대해서,

미국은 항해에 대해서 이야기하고, 영국은 방문을 제안한다. 그러나 결코 말은 하는 법이 없이 행동만 하는 또 다른 세력이 있다. 러시아는 어떻게 할 것인가? 우리가 생각하기에, 조선을 손에 넣는 해군 세력은 요동만과 북직예北直隸까지 장악할 수 있을 뿐 아니라, 중국 연안 전체에 걸쳐 막대한 영향을 끼칠 수도 있을 것이다. 그 그림자는 일본에 짙게 드리울 것이며, 만약 그 세력이 러시아가 된다면 우리는 러시아와 미국 사이에 존재하는 우정을 서둘러 종식시켜야 할 것이다. 조선의 가까운 장래는 수수께끼임이 분명하지만, 그게 어떤 것이 되었든 과거와는 완전히 단절된 것이어야 한다. 이미 끝의 시작이 나타났다. 러시아가 조선의 북쪽에서 힘을 모으고 있을 뿐 아니라, 일본은 만주에 대한 '엄청난 공포'에도 불구하고 마침내 '감히' 새로운 체제의 막을 열었다. 조선 백성을 위해서도 조선이 근대적인 사고와 문명에 신속하게 문을 열고, 공정한 정부의 혜택을 나눌 수 있고, 정의와 평화의 종교를 소개하게 되기를 바란다.

   이 피상적인 조선의 역사를 이 나라와 일본이 체결한 조약으로 끝맺기로 한다. 그러나 이 조약을 조선은 충실히 지키지 않았다. 이것은 '일본 제국과 조선 왕국 간의 평화 우호 조약'이라고 불리었다. 여기서 조선은 근대의 조선을 말한다. 첫 번째 조항에서 조선은 일본과 동등한 위치에 있으며, 앞으로의 모든 교류는 이 평등성에 근거하여 이루어진다고 언명하고 있다. 두 번째는 양국 간 외교 사절의 대우에 관한 것이다. 세 번째는 일본은 공식적인 통신에서 일본어를 사용하며 중국어 번역을 덧붙이고, 조선은 중국어를 사용한다는 것이다. 네 번째 항은 부산 및 상호 합의하는 다른 두 항을 일본과의 무역에 개방한다는 것이다. 다섯 번째 조항에서는 해안 지방 다섯 곳 중에서 두 곳을 고를 수 있도록 한다는 것이다. 일본 선박이 조선 해안에 불가피한 경우에 정박할 수 있다는 것이 여섯 번째 조항이다. 일곱 번째는 일본 선박이 사람이 살지 않는 조선 섬의 해안을 측량할 때 방해를 해서는 안 된다는 것이다. 여덟 번째는 일본 영사가 새로 개방한 항구에서 일본 상인들의 이익을 추구하고 그들의 행실을 감독한다는 것이다. 아홉 번째는 상인들의 거래에 관공리가 개입하지 못한다는 것이다. 그리고 남을 속이거나 빚을 진 사람들은 양국 관리 누구든 벌할 수 있다고 명시하고 있으나, 어느 정부도 이런 빚을 책임지지 않는다. 열 번째 항은 어떤 범죄자든 자국의 법에 따라 재판을 받을 권리가 있음을 명시하고 있다. 열한 번째는 무역 법규의 기초를 마련하고 이 법규들을 제정할 위원들을 임명한다는 것이다. 열두 번째이자 마지막은 열한 번째까지의 조항들이 서명한 날부터 구속력을 갖는다는 것을 명기하고 있다. 서명은 신무천황神武天皇 2536년 2월 22일, 그리고 조선 왕조 485년 2월 2일(1876

년 2월 26일)에 이루어졌다.

1876년 10월 14일에 '추가 조약'이 첨부되었고 그 규정은 이렇다.

① 조선에 있는 일본 정부 요원은 일본 선박이 난파된 곳은 어디든 답사할 수 있다.

② 일본 백성은 조선의 어디로든 편지나 다른 전갈들을 보낼 수 있다.

③ 본국인들과 같은 시세로 사람들이나 정부에게 땅을 임대할 수 있다. 그리고 현재 부산 초량진의 일본인 거주 지역에 있는 초소와 방책을 제거하고 새로운 경계선을 정한다.

④ 이 경계선은 모든 항구의 일본인 거주지에서 조선식 단위로 10리의 거리로 하며, 그 안에서는 일본인들이 물건을 사고팔 수 있다. 이와 같은 규정이 동래에도 동일하게 적용되나 그 경계를 넘어간다.

⑤ 일본인들은 조선 백성들을 고용할 수 있고, 그들은 조선을 자유롭게 방문할 수 있다.

⑥ 조선에서 사망하는 일본인들을 위해 적당한 매장지를 제공한다.

⑦ 일본 화폐로 조선 상품을 교환할 수 있다. 또한 조선인들은 이 화폐를 그들 사이에서 자유롭게 사용할 수 있다. 화폐를 위조하면 범인의 국적에 따라 벌이 정해진다.

⑧ 조선인의 수중에 있는 일본 물건은 구매한 것이든 선물로 받은 것이든 완전히 그의 소유다.

⑨ 측량선에서 파견된 보트가 배로 돌아가지 못하면 현지의 수령이 필요한 것을 제공하고 후에 보상받는다.

⑩ 외국의 배가 조선 해안에서 난파될 때에는 선원들은 보호를 받고, 원한다면 일본인 관리자에게 인계되어 자기 나라로 송환한다. 왜냐하면 '일본은 외국과 우호적인 관계를 맺었지만 조선은 그렇지 않기' 때문이다.

⑪ 전술한 10가지 항목들도 원래의 조약과 마찬가지 구속력을 갖지만, 어느 조항이든 한 나라의 이익에 편파적이라고 판단되면 통보일에서 1년이 지나면 재검토할 수 있다.

'무역 규정'에 따라 화물을 부리기 전에 선박의 서류, 적하 목록, 선박의 규모 그리고 그 외의 다른 사항들을 요구할 수 있다. 적하 목록은 일본어로만 기록된다. 물품은 조선 관리의 허가에 따라서만 물품의 설명과 가치를 보고한 후에 내릴 수 있다. 그리고 검열을 한다면 조심하여 피해를 주지 않도록 한다. 수출하는 물품은 조선 정부의 관리소를 거쳐야 한다. 항구를 떠나고자 하는 배는 출항하는 날 정오 전에 조선 정부에 통고해야 한다. 용적 톤수에 따른 요금은 정해져 있으며, 전함들은 면제된다. 아편은 엄격하게 금지되었다. 그리고 마지막 조항은 상호간에 어떤 무역 규정도 언제든지 개정할 수 있도록 했다. 조선 정부가 전쟁의 위협을 받으며 어쩔 수 없이 체결한 이 협정에 수많은 금지 관례들을 두어 거의 무효화시킨 것은 유감스런 일이다. 조선이 일본의 침략을 물리칠 수 있는 가능성은 거의 없었기 때문에, 상처를 그대로 열어 두는 것은 현명하지 못한 처신이었다.

제 10 장
조선 사회의 관습

서방 국가들과 교류 없이 완벽하게 고립되어 조선인이라고 불리는 격리된 민족의 기원은 다른 모든 민족들의 기원과 마찬가지로 알려진 것이 없다. 현재의 높은 문명 수준은 세계의 다른 주도적인 국가들보다 더욱 오랜 옛날로 거슬러 올라가지만, 그 유아기와 걸음마를 하던 시기는 다른 모든 국가와 인종의 유아기 경험들처럼 완벽한 백지장이다. 가장 신뢰할 만한 주장은, 그들이 원래 살던 곳의 남쪽과 남동쪽인 요동으로 들어가 아름다운 압록강을 건너서 더 빼어나지만 사람들로 북적대는 산지의 국가로 이동하기 전, 그들의 마지막 쉼터로서 만주의 북쪽을 지목한다. 그러나 무엇보다 분명한 것은 지금은 하나의 조선이지만, 6~7세기에는 세 왕국이었고, 그 수백 년 전에는 수십 개가 넘는 작은 왕국들, 더 정확히 말하자면 독립적인 부족들이었다는 것이다. 이들은 동일한 근원에서 유래하지도 않았고, 동일한 인종으로 국가를 이룬 것도 아니었으며, 무엇보다 동시에 사람들이 거주하기 시작한 것도 아니었다. 변화무쌍한 전쟁의 운에 따라, 한번은 이방의 땅으로 넘어 들어가 이방인들과 섞였다가 다시 국경의 강을 건너 밀려나기도 하고, 또 수많은 포로들을 수용하기도 했다가 다시 피난처를 찾아 피신하는 사람들이 생기는 일이 너무나 반복적으로 수세기에 걸쳐 계속되었기 때문에, 오늘날의 조선인의 혈통이 순수하기는 불가능하다. 그러나 그 언어는 이들이 더 멀리 떨어진 중국인들보다 이웃의 만주인들과 더 가깝다는 것을 증명해 준다. 조선인의 얼굴은 북쪽 중국인들보다 서양 사람을 더 닮았으며, 이들의 남쪽 동포들의 생김새가 서양인들과 가장 멀다. 그들의 머리카락은 중국인들처럼 까맣다. 그러나 내가 목격한 바에 따르면 노란빛을 띤 갈색 수염의 조선인 10명당 같은 색 머리카락의 중국인 1명 꼴이었다. 피부색, 얼굴 윤곽 그리고 종종 눈의 형태도 중국인들이 서양인을 닮은 것보다 더 닮았다고 할 수 있으나, 눈은 확실히 몽골인들과 같은 타원형이다. 내가 본 흰머리에 수염을 기른 많은 신사들은 모두 서양 옷을 입고 침묵을 지키기만 한다면, 미남이라고는 할 수 없어도 훌륭한 서양인으로 보이기에 충분했다. 그러나 일본을 비롯한 동아시아의 다른 모든 국가들처럼, 조선은 중국의 탁월한 지적 세력에 고개를 숙였다. 그리고 풍습의 일부와 많은 낱말들, 그리고 압록강과 태평양 서쪽 연안 사이에서 사용되는 모든 중요한 서적들을 그들에게 빌렸다. 이제 조선의 역사를 이미 살펴보았으니, 알려진 것이 거의 없는 이 사람들의 중요한 사회적 관습을 설명하기로 하겠다.

주택

서쪽 지방에 위치한 도시들의 조선 가옥들은 주로 돌로 지었다. 그 땅은 '산과 골짜기'로 이루어졌고, 골짜기들은 폭이 충분히 좁기 때문에 수백 개 도시의 가옥들과, 수천 개 마을의 고급 가옥들도 돌로 만들어졌다. 가옥은 중국의 것과 거의 같은 형태로 지어졌다. 바깥 담에는 지붕이 있는 대문과 문지기의 집이 있고, 이것은 울안 혹은 마당으로 이어진다. 두 번째 담에 붙어 있는 좀 더 작은 지붕 덮인 문지기의 집은, 두 번째 혹은 세 번째 울안으로 이어지며, 각 울안에 여러 채의 집이 늘어서 있다. 본채는 남쪽을 향하고, 나머지

방들은 각각 동쪽과 서쪽을 향하고 양쪽 측면으로 서 있다. 100명이 넘는 사람들이 4대에 걸쳐 한 일가를 이루는 경우도 있지만, 두 가족이 같은 울안에 살거나 같은 대문으로 출입하는 법은 없다. 결혼한 아들은 중국에서와 마찬가지로 그럴 만한 여유가 있을 때는 아버지와 같이 산다. 그러나 그런 경우에도 중국인들과는 달리 부인들은 자기 방 혹은 방들이 있으며 그 안에서는 남자는 남편만을 대면할 수 있다. 시아버지조차도 며느리의 방에 들어갈 수 없다. 그러나 시아버지가 병이 났을 때는 그의 방으로 들어가 간호하며 시중을 들 수 있다. 가옥들은 절대로 겹으로 짓는 법이 없다. 홈통에서 홈통까지는 폭이 7~9미터이고, 방은 4~6미터이며, 지붕의 나머지는 양쪽으로 뻗어 나와 집 전체를 에워싸고 있는 2미터 너비의 나무 마루를 햇빛으로부터 가려 준다. 여름에 한창 더울 때 집안 사람들은 여기서 식사도 하고 종종 잠을 자기도 한다. 지붕은 기와로 되어 있다. 내부는 중국 가옥들과 마찬가지로 방으로 나누어져 있으며, 침대, 긴 의자, 소파 대신에 '캉'[250]이 있다.

---

250 중국식 건축에서 돌로 만들어진 일종의 난로다. 그 위에 앉거나 잠을 잘 수 있게 되어 있다. 저자는 침대 양식인 중국의 캉과 한국의 온돌을 동일한 것으로 생각한 듯 함(옮긴이).

침상

중국 가옥에서 볼 수 있는 이 캉은 폭 2미터에, 높이는 60센티미터 혹은 그 이상이며 표면은 구운 벽돌로 되어 있다. 그러나 좀 더 잘사는 집에서는 벽돌 위에 좋은 나무를 깔고, 캉의 가장자리에는 항상 단단하고 좋은 나무를 댄다. 캉의 내부는 벽돌을 칸막이 삼아 열기를 전달하는 많은 관들로 나누어져 있으며, 이 관들은 캉의 한쪽 끝 칸막이 벽 바깥쪽에 위치한 하나의 중앙 구멍에서 출발하여 다른 쪽 끝의 굴뚝에서 모인다. 이 통기관들 위에 6.5센티미터 두께의 구운 벽돌을 한 줄 올리고, 그 위에는 점토질의 흙을 물과 섞은 진흙을 덧칠하여 송기관에 공기가 통하지 않도록 한다. 칸막이 벽 바깥에는 벽돌을 낮게 몇 줄 쌓아 네모난 틀을 만들고, 여기에 커다랗고 둥글며 아가리가 넓은 가마솥을 걸었다. 식솔들을 위한 음식은 모두 여기서 준비했다. 이것은 벽난로로서 밭에서 나는 대부분의 짚은 여기서 솥에 밥을 짓고 캉을 덥히는 데 사용된다. 불꽃과 뜨거운 연기는 솥 밑으로 해서 송기관으로 바로 들어가, 온도계가 영하로 내려갔을 때도 캉의 표면을 아주 적은 돈을 들이고도 견딜 수 없을 만큼 뜨겁게 데운다. 기장 줄기의 바깥 껍질을 쪼갠 것으로 짠 멍석으로 진흙 위를 덮어, 뜨거워진 캉이 가열되었다가 마른 후에도 먼지가 날리지 않도록 한다. 그 매트 위에 모피 깔개나 두꺼운 펠트 혹은 솜을 넣은 무명을 깔아서 의자나 침대 대신 사용한다. 그 딱딱함은 한겨울에 캉의 온기로 보상된다. 우리가 알다시피 캉은 하루 이틀 밤만 지나면 편안해진다.

중국식 캉은 방의 3분의 1 혹은 절반을 차지하고 있으며, 방바닥의 나머지는 벽돌이 깔려 있다. 그러나 조선식 방은 바닥의 전체가 다 캉이다. 방의 문은 사실 창문으로서 마루에서 바로 통하며, 남자와 여자 모두 신발을 벗고 들어간다. 우연이라도 신발이 이 아름답고 깨끗한 매트에 결코 닿는 법이 없으며, 중국인들이 캉에 앉는 것과 마찬가지로 이들은 책상다리로 다리를 포개고 앉는다.

음식

먹을 때는 각자 지름 1미터 정도에 높이도 그 정도인 작고 둥근 탁자 앞에 앉는다. 커다란 은, 놋쇠 혹은 백랍白鑞 주발에 두 번의 식사를 하기에도 충분한 양의 밥을 담는다. 밥은 은 혹은 백랍 숟가락으로 먹는데, 그 크기는 우리가 식사할 때 사용하는 숟가락과 비슷하다. 그리고 중국식 젓가락으로는 은이나 놋쇠로 만든 접시에 담은 얇게 썬 고기와 밥에 곁들인 다른 반찬들을 집는다. 오찬 때는 작고 둥근 탁자를 치우고, 중국에서 가져온 네 사람이 앉을 수 있는 긴 탁자를 대신 사용한다. 식탁에 앉은 손님들 수만큼 요리를 내오며, 주인은 음식을 제일 먼저 받고 맛을 본다. 쌀은 항상 쪄서 준비하며, 절대로 끓이지 않는다. 따라서 아주 '건조'하므로, 커다란 주발에 담긴 뜨거운 물을 탁자 위에 놓아 입맛대로 밥을 적셔서 먹는다.

그들은 몸집이 크고 뿔이 짧은 소의 고기와 돼지고기를 즐겨 먹었으며, 일본과 마찬가지로 조선에는 양이 없었다. 양고기는 귀했다. 해마다 많은 양들이 압록강을 건너 조선의 관문으로 들어왔지만, 이것은 모두 여러 도시에서 공자에게 바치려는 것이었다. 조선의 큰 강에서는 수많은 종류의 물고기들이 많이 잡힌다. 겨울에는 멧돼지와 다양한 종류의 사슴, 꿩, 뇌조, 자고 등이 값싸게 식탁에 오르는 음식이다. 가끔 시장에서는 닭, 오리, 거위 등을 구할 수 있다. 이들이 먹는 채소는 여러 콩, 강낭콩, 순무, 양배추, 무, 시금치, 마늘, 양파 등이다. 감자와 당근은 먹지 않는다. 들판에서는 밀, 보리, 메밀, 중국 북부의 큰 기장 등이 생산되었고, 가장 흔한 쌀 외에도, 주로 더운 남쪽에서 자라는 고급 품종의 대여섯 종류나 되는 쌀, 그리고 인구 밀도가 낮은 추운 북쪽의 유일한 주식인 작은 황금빛 기장이 있다.

의복

의복의 형태는 현재 중국인의 것과 다르다. 만주 왕조의 등극 후에 고대 중국의 의복 양식은 변화하였으나 조선인들은 여전히 같은 복장을 한다. 의복은 앞이 아주 풍성하며 오른팔 아래에서 옷과 동일한 옷감 조각으로 묶게 되어 있다. 풀을 흠뻑 먹여 그 풍성함을 더 강조하였는데, 그 기이한 모습은 상상에 맡기겠다. 그러나 이것은 주로 영국의 최고급 무명으로 만든 흰 무명 옷에만 해당되며, 조선인들은 중국인들과는 달리 중국 시장에 나와 있는 싸구려 영국 무명은 어떤 가격에도 사용하지 않았다. 평민들은, 상인이든 농부든 긴 옷을 입었고, 흰색이라고 하지만 푸른빛을 돌게 하여 상복의 색과 구별했다. 남자의 희고 긴 옷은 양쪽에 대는 길고 푸른 헝겊 조각으로 학자의 지위를 나타냈다. 그리고 전체가 파란색인 의복을 입은 사람은 관리이다. 온갖 색상과 다양한 품질의 비단을 남녀가 사용하는데, 노란색만은 황실의 색상으로 유일하게 금지되었다. 몹시 헐렁한 바짓가랑이는 발목 주위에서 끈으로 꽉 묶었으며 이것도 역시 흰색이다.[251] 여자의 바지는 남자의 것과 달라서 그 '풍성함'이 무릎

---

251 대님을 말하는 듯(옮긴이).

위에서 시작되고 그 밑으로는 서양의 바지처럼 딱 맞고 발목에서 묶지도 않는다.

여자는 남자와 다른 복장을 한다. 그들의 옷은 중국 여인들과 비교해 서양 여인들의 옷과 더 유사하다(그림 참고). 모든 아이들은 처음 2년 동안 무릎까지 오는 재킷 한 가지만 입는다. 첫걸음을 떼면 바지와 어른의 것과 같은 모양의 재킷을 상으로 주지만 긴 겉옷은 입지 않는다. 여자아이의 옷은 다섯 살이 지난 다음에야 남자아이의 것과 달라진다. 여성들은 속에 가슴 바로 밑에까지 오는 작은 재킷을 입는다. 이것은 길이 외에는 코르셋과 비슷한 점이 전혀 없다. 몸에 꼭 맞기는 하지만 폐를 눌러 폐결핵의 원인이 되는 법도 없다. 이 윗옷 높이까지 올라가는 통이 아주 넓은 속바지를 윗옷의 아랫부분 위에 대고 묶는다. 그 위에 두 벌의 바지를 입는데, 제일 바깥에 입는 것은 위에서 설명했다. 결혼한 여성들이 흔히 겉에 입는 의상은 우리가 페티코트라고 부르는 것이라고 할 수 있으며, 길이도 같고 서양의 페티코트와 같은 모양으로 퍼진다. 풀을 아주 많이 먹여 빳빳하게 했기 때문에 마치 크리놀린[252]으로 부풀게 만든 것 같았다. 따라서 우아한 중국 의상과는 전혀 다르다. 평민 여성의 발은 이

---

252 크리놀린(치마를 부풀리기 위해 입었던 페티코트)(옮긴이).

관리와 부안   세무 관리와 부안
조선의 의복

페티코트 밑으로 보이지만, 상류층의 페티코트는 땅에 닿았다. 따라서 집 안에서의 일상적인 모습은 그들의 의상이 서양 여성들의 것과 어느 정도 비슷하다는 주장을 입증해 줄 것이다. 그들은 남편을 제외하고는 어떤 남자에게도 모습을 드러내서는 안 된다. 따라서 자유자재로 바깥 출입을 하는 그들이 길에 다닐 때는 긴 옷을 머리와 얼굴에까지 뒤집어쓰고, 길을 찾아갈 수 있도록 눈앞의 공간을 최소한으로 남기는데, 눈은 항상 땅을 향해야 한다.

출생

　조선인은 요 위에서가 아니라 그 대신 깔아 놓은 부드러운 짚 위에서 처음으로 햇빛을 본다. 갓 태어난 아기는 어머니의 여자 친척 한두 명이 따뜻한 물에 씻기며, 이들만이 함께 있을 수가 있다. 이들은 또 바로 음식을 조금 준비하여 행운을 빌며 문 밖으로 던진다. 산모는 꿀을 탄 뜨거운 물을 마시거나, 아주 쓰고 비싼 곰의 간을 요리한 것을 먹는데, 이것은 심슨Simpson의 클로로포름의 역할을 의도한 것이지만 무감각하게 하려는 것은 아니다. 처음에는 아이에게 쌀뜨물을 먹이고, 사흘째 되는 날에는 산모가 젖을 먹일 수 있다. 산모의 음식은 밥과 미역으로 끓인 국이다. 아기가 태어난 시간은 정성껏 기록하며, 이것은 측시법에 활용한다. 7일 동안 아무도 그 집에 들어가지 않고, 대문은 모두에게 굳게 닫힌다. 때로는 열흘이나 닫히기도 한다. 첫 방문 때는 보통 선물과 함께 축하 인사를 전한다. 아이가 한 살이 되면 돼지를 잡고 밥을 하여 친구들을 초대해서는 큰 잔치를 베푼다. 이 손님들은 모두 어떤 사람은 옷, 어떤 사람은 돈을 선물한다. 나이는 중국인과 마찬가지로 세는데, 아이가 태어났을 때가 한 살이며, 비록 태어난 지 이틀 후라고 해도 달력이 새해가 되면 두 살이 된다. 아이가 말을 시작하면 첫 번째 이름을 갖게 되고 이 이름을 결혼할 때까지 사용한다. 결혼할 때 두 번째 이름을 갖거나 받게 되며, 평생 동안 이것을 사용한다. 세 번째 이름은 친구들 사이에서 사용된다. 조선인들은 이 모든 것을 중국의 관습에 따른다.

중국과 마찬가지로 유아 사망률은 아주 높고, 특히 천연두가 참혹한 피해를 주었다. 많은 사람들이 이 무서운 병에 걸렸고, 더 많은 사람들이 병으로 쓰러졌다. 그러나 예방 접종은 이미 수세기에 걸쳐 알려져 있었고, 또 시행되어 왔다. 그 방법은 아주 기묘했으며 어머니가 아닌 사람도 충격을 받기에 충분했다. 천연두 환자의 고름을 콧구멍으로 밀어 넣어 거기 들러붙게 했는데, 이렇게 하면 어머니의 마음을 아프게 하는 수술용 칼을 사용하지 않아도 되기 때문이다. 부자들은 물약을 준다. 그러나 어떤 방법을 취하든 약을 쓴 후 사흘째가 되면, 콧구멍으로 넣었든 목으로 삼켰든 천연두가 나타난다. 예방 접종을 받은 사람들의 90퍼센트가 살아남으니, 예방 접종의 유무에 따라 생존율이 뒤바뀌는 셈이다. 청결한 집, 깨끗한 물, 오염되지 않은 공기 등은 다른 모든 전염성 열병이나 질병과 마찬가지로 천연두에도 비길 데 없이 훌륭한 예방책이다. 그래서 위생적인 문제에 주목한 것이 영국에서 그 무서운 천연두가 드물게 발생하는 실제 원인이라고 흔히 생각했다. 그러나 여기 제시된 근거들과 함께 중국의 경험은 예방 접종, 특히 백신 접종의 손을 들어 준다. 그 이유는 중국과 조선에서도 위생적인 조치에는 주의를 기울이지 않지만 두 나라에서 모두 예방 접종의 가치에 대해서는 의문의 여지가 없다.

교육

조숙한 남자아이인 경우에는 다섯 살에 학교에 보내고 다른 아이들도 여덟 살에는 학교에 간다. 조선에서는 교육이 중국보다 더 일반화되어 있다. 첫 번째 책은 천자, 즉 '1,000글자의 글'인데, '천, 지, 현, 황' 등으로 시작해 1,000개의 글자가 있는 단어집이다. 이 책은 원래 중국의 것이다. 『삼자경三字經』과 마찬가지로 운을 달았으나 한 줄이 석 자가 아닌 넉 자다. 이것은 아주 창의적인 것으로서 같은 글자가 하나도 없다. 제일 처음에 한자가 나오고, 그 밑에 한글로 뜻이 쓰여 있고, 계속해서 글자의 이름이 한글로 쓰여 있다. '天, 하늘, 천'[253]과 같은 식이다. 이 책을 어린이는 세 번 '읽는데,' 처음에는 위에서 언급한 그대로 읽고, 다음에는 한글로 쓴 뜻을 없애고 한자

---

253 '天'은 한자이며, '하늘'은 '天'의 조선어이고, '천'은 한자의 조선어 음역이다.

와 글자의 한글 표기만 남긴다. 그리고 세 번째는 한자만 두고 읽으며, 이 단계에서 학생은 쓰기를 시작한다. 따라서 이들은 중국의 학생들과 비교해 아주 유리한 입장에 있다고 할 수 있는데, 중국의 학생들은 수백 개의 글자들을 외워 거침없이 반복하고 그 상형문자들을 단번에 알아볼 수 있지만, 학생으로서 최소한 2년간은 뜻을 전혀 모른다. '천자' 책 다음에는 일반적인 중국의 교과서가 뒤따른다.

15세가 되면 수재秀才의 학위를 받을 수 있는데, 조선인들은 이것을 초시初試라고 부른다. 각자 사는 지역의 도시에서 이 직위를 얻는데, 300여 개 조선의 도시에 1,000명의 초시가 있다. 이들은 3년마다 수도로 올라가 더 높은 직위인 진사進士 시험에 응한다. 진사는 최고 200명까지 뽑는데, 남은 800명은 시험에 떨어지는 것뿐 아니라 덤으로 초시 직위까지 잃게 된다. 진사 시험을 보려면 다시 초시가 되어야 한다. 많은 수가 첫 번째 시험에 열 번 이상 응시하지만 진급을 하지 못하고, 결과적으로 관리가 될 희망도 잃는다. 세 번째로 그보다 더 높은 단계인 문과(문예)와 무과(군사)가 있는데, 문관과 무관의 자격이 주어진다. 그러나 편파주의가 팽배했다. 중국과 국경을 마주한 평양 지방은 북부와 남부로 나누어져 있는데, 문과의 가장 높은 등급으로도 북부의 관리가 될 수 없고, 남부도 5등급까지밖에 올라갈 수가 없다. 1~3등급은 거의 다 수도[254] 관료들의 차지였다. 중요한 관직은 세습되었다.

아래 언급한 것은 조선 책에서 번역한 것으로서, 많은 다른 유용한 정보도 여기서 얻었다. 이 내용은 모두 중국 문학에 관한 것이다. 한글로 쓰인 것이 많지만 조선어는 배우기가 너무 쉽기[255] 때문에 문학이라고 부를 만한 가치가 없으며, 그 지식도 교육이라고 부를 만한 값어치가 없다고 생각했다.

먼저 『역경易經』(변화의 책)은 복희伏羲 혹은 포희炮犧(기원전 2832)가 팔괘를 만들어 전해 온 것이다. 문왕文王(기원전 1150)은 육효六爻를 지어 괘를 48개로 만들었다. 그리고 공자가 주석을 달아 이것을 완성했다. 그는 분리된 단어와 문장들을 함께 엮어 책을 만들었다. 문학적인 양식과 괘의 설명은 그가 한 것이다.[256] 따라서 세 종류의 점은 현자한테서 유래되었다고 전해진다.

254

	생원	진사
한성(수도)	110	260
충청도	25	90
경상도	30	100
전라도	25	90
강원도	15	45
황해도	10	35
평안도	13	45
함경도	10	35
합 계	238	700

255 「조선어」 참고.
256 어디까지가 사실인지는 중요하지 않고 알 수도 없다. 중국인들이 공자의 작품들을 모두 식별하고 해석할 수 있을 만한 비평가가 된다면 그들은 숫자로 점을 치는 일은 하지 않을 것이다.

『상서尚書』 혹은 『고문상서古文尚書』는 기원전 140~86년에 노魯나라 (공자의 고향인 산동성의 남서쪽) 공왕恭王이 자기 것에 비길 만한 집이 없게 하려고 공자의 집을 헐다가 허물어진 벽 속에서 『예기禮記』 『논어論語』 『효경孝經』과 함께 찾아냈다고 한다. 이 책들은 모두 고문古文 혹은 전서篆書로 기록되어 있다.[257] 집 안으로 들어간 공왕은 벽에서 들려오는 옛 음악의 엄숙한 가락을 들었다. 공포에 질린 그는 밖으로 나가서 부하들에게 집을 그대로 두라고 명령했다.

『시경』 혹은 '송시 모음집'은 공자가 305편으로 편집했으며, 은나라(기원전 1400) 때부터 노魯나라(기원전 7세기)에 이르기까지 연대순으로 정리했다. 이 책은 원래 간책簡册에 기록되었다. 종이가 아직 발명되지 않았기 때문에 이 책은 누군가 암기하여 진시황의 분노를 피할 수 있었다.

『예기禮記』. 한나라 시대가 그 전성기를 맞았을 때 하간河間과 유향劉向이라는 사람이 '문학의 예禮'에 관하여 17편의 글을 썼다. 그 후 한나라가 쇠퇴기에 접어들었을 때 학문에 조예가 깊었던 후창后倉이 같은 주제로 글을 썼다. 그의 제자였던 대덕戴德과 대성戴聖도 그들의 몫을 했다. 이처럼 『예기』는 많은 사람들의 재능의 소산이다.[258]

---

257 공자의 작품을 모두 불태우라고 명령했던 진의 황제가 모르게 한 일이었다. 이런 언급들은 물론 번역에 의존했다.

초심자가 독서를 할 때는 의심하는 법이 없다. 어느 정도의 성취를 이룬 후에는 의심하기 시작하며, 교육이 완결된 후에는 의심도 멎는다.[259] 의심은 무지의 뒤를 잇고, 확신은 의심을 뒤따른다. 이것이 진정한 배움의 과정이다.

음악의 목적은 신과 인간의 조화를 보여 주기 위한 것이며, 시는 주제에 관한 암송이라는 것이 명백하고도 확실하다. 의식(예절, 에티켓 등)은 인간이 온당치 못하게 행동하는 것을 막기 위한 것이며, 『상서(고문상서)』는 오랜 과거에 대해서 듣고 이해하려는 것이다. 공자가 쓴 『춘추春秋』는 실생활에서 믿음의 가치와 필요성을 확실히 하려는 것이며, 이 책에서 다섯 가지 불변의 덕목(인의예지신仁義禮智信)이 완성된다. 『역경』의 목적은 근원의 발견 및 결말에 대한 지식이다. 이 여섯 가지 책을 철저히 공부하면 학생의 정신에 무한히 유익한 영향을 받게 된다.

문자에는 여섯 가지가 있다. 첫 번째는 회화문자로서 물체를 그림으로 나타낸다. 두 번째는 행위를 나타내는 형상, 세 번째는 생각을

---

258 극히 단편적이고 불규칙하며 정리되지 않은 특성은 그 때문이다. 내 동료이자 친구인 존 매킨타이어John Macintyre 목사가 이것을 수정하고 있는 중이다.
259 책을 읽는 아이는 모든 것을 믿는다. 지식이 더해 가면서 아이는 의심을 갖게 되지만, 지식이 더욱 쌓이면 의심을 버리게 된다. 왜냐하면 마치 본능에 따르는 것처럼 진리와 거짓을 알게 되기 때문이다. 이런 글을 쓸 수 있는 나라를 야만인들과 같은 부류에 넣을 수는 없다.

설명하는 형상, 혹은 뜻을 나타내는 요소들, 네 번째는 의성어, 다섯 번째는 복합어로서 상호간에 설명적인 간단한 요소들, 여섯 번째는 혼합어로 하나는 뜻을 다른 하나는 소리를 나타낸다.

종이, 붓, 먹. 고대에는 대나무를 가늘고 긴 조각으로 잘라 검은 유약을 칠한 후 그 위에 썼다. 최초로 만리장성을 쌓기 시작했던 진秦의 장군 몽념蒙恬은 산토끼의 털로 붓을 만들고, 소나무 숯으로 먹을 만들었다. 『후한서後漢書』에 따르면, 종이는 중국의 채륜蔡倫이라는 대신이 뽕나무[260]의 속껍질로 만들었다고 한다. 여러 종류의 종이, 붓, 먹 그리고 먹을 가는 벼루가 있다. 글을 쓸 때 사용하는 먹은 지금은 대부분 그을음으로 만든다.

교양 교육부는 여섯 분야로 되어 있는데, 첫 번째는 예禮, 두 번째는 음악, 세 번째는 궁술, 네 번째는 전차 몰기, 다섯 번째는 문학, 여섯 번째는 셈이다. 첫 번째는 ① 혼인, ② 장례, ③ 접대, ④ 전쟁, ⑤ 성인식의 예를 포함한다. 두 번째에는 ① 황제(기원전 2697)의 함지, ② 요임금(기원전 2357)의 대장, ③ 순임금(기원전 2255)의 대

---

260 현재 이 산업은 하북성의 영평부 전체에 널리 퍼져 있다. 비옥한 땅의 넓은 지역에 어린 뽕나무를 심어 2년째가 되면 베어 속껍질을 가지고 아주 질기고 값싼 종이를 만들었다. 이것은 영평을 비롯한 하북성 전체에서 창문을 바르는 데 사용하고, 곳곳의 아문衙門과 큰 상점에서도 이 질기기 짝이없는 종이를 글을 쓰는 데 사용한다. 요동 지방에서 흔히 인쇄에 사용하는 잉크는 여전히 소나무를 태운 검댕에 물과 풀을 조금 섞어 만든다. 나무를 지하 터널에서 태워 나중에 검댕을 모은다. 잉크는 아주 싸고 인쇄하기에 매우 적합하다.

소, ④ 우임금(기원전 2205), ⑤ 은나라 탕임금(기원전 1766)의 대호, ⑥ 무왕(기원전 1122)의 무가 있었다. 세 번째에는 ① 흰(버드나무) 화살 쏘기, ② 화살 세 개(활에 있는 화살에 다른 두 개를 묶어) 쏘기, ③ 과녁을 뚫을 수 있는 끝이 뾰족한 활로 쏘기, ④ 한 발 앞으로 하고 쏘기,²⁶¹ ⑤ 궁수 네 명이 사각형 대열로 쏘기가 있다. 네 번째에는 ① 종을 마차에 하나, 또 말에 하나 달기,²⁶² ② 강가에서 전차 몰기, ③ 앞서 가는 사람에게 길을 양보하기,²⁶³ ④ 높은 길에서 몰기, ⑤ 사냥할 때는 사냥감의 왼쪽으로 바싹 몰기 등이 있다. 다섯 번째는 위에서 언급했다. 여섯 번째는 수를 사용하는 모든 계산에 적용된다. 그중에 아홉을 여기 열거하면 평방적, 비율, 나눗셈, 전개, 측정, 변증, 덧셈과 뺄셈, 등식, 삼각법 등이 있으며, 이런 명칭들은 조선과 중국 모두에 알려져 있다. 이 명칭들은 이슬람 교도들이 북경에 소개했을 것으로 보이나, 기원전 27세기에 있었던 황제黃帝의 대신이 발명한 것으로 알려져 있다.

---

261 왕자에게는 한 발을 앞으로 하는 것이 허락되었다.
262 아마도 경고를 하기 위해서일 것이다.
263 아마도 땅과 곡식을 보호하기 위해서일 것이다. 중국에는 시합에 대한 규칙이 없으며, 불법 침해에 대한 유일한 법은 관습을 따르는 것이다.

사회 계급

영국과 마찬가지로 사람들은 세 계급으로 나누어진다. 상류 계급, 중산 계급, 하층 계급이다. 첫 번째 계급은 관리, 두 번째는 농부와 상인, 세 번째는 수세공인과 재단사, 구두 수선공, 연주가, 형리 그리고 그 외 관청의 수행원들이다. 가장 낮은 단계는 소를 도살하는 백정이다. 이 분류는 아마도 조선 불교의 결과일 것이다. 그다음은 돼지 도축업자와 창녀다. 세 번째 계층은 첫 번째 계층과 감히 한자리에 앉을 엄두를 내지 못하며, 두 번째 계층은 하급 관리 앞에서는 저 끝에 아주 꼿꼿한 자세로 앉아 안절부절못하고 있어야 한다. 아들은 아버지 앞에 앉아서는 안 되지만 계속 서 있을 수는 없기 때문에 앉았을 때는 한쪽 다리를 세워 발바닥을 방바닥에 대어 마치 서 있는 것처럼 해야 한다. 아들은 아버지 앞에서는 감히 담배를 피우거나 담뱃대를 내보일 수 없다. 세 계급 사이에는 혼인을 하지 않는다.

혼인

큰 도시인 부府(중국의 'foo')와 수도에서는 부모가 흔히 자식들을 일여덟 살에 약혼시킨다. 첫 번째와 두 번째 계급의 관리들은 반드시 이렇게 한다. 하지만 조선의 다른 지역에서는 그렇지 않다. 중국에서와 마찬가지로 혼인은 수세기 전에 허용되었던 것보다 훨씬 이른 나이에 이루어진다. 남자(!)의 경우 14세가 적령기이고, 신부는 거의 예외 없이 3세에서 8세 정도 더 많다. 이것도 중국의 관습을 따른 것이다. 그러나 그 후의 모든 결혼은 홀아비이건 일부다처주의자이건 순서가 반대로 되어 60세의 남자들이 16세의 처녀들과 결혼을 한다. 아마도 한 가지 이유는 과부 외에는 결혼하지 않은 나이든 여자를 찾을 수 없기 때문일 것이다. 게다가 중국과 조선에서 과부들이 갖는 '권리'는 결혼하지 않고 그대로 있거나, 결혼을 하여 낙인이 찍히거나, 자신보다 신분이 낮은 사람과 결혼하는 것이다.

보통 전도 유망한 젊은이의 아버지가 결혼 준비를 시작하며, 처녀의 아버지는 언제든지 그녀를 위한 남편감을 찾을 수 있다. 아버지와 어머니는, 가능한 일인지는 모르겠지만 중국에서보다도 더 절대적이다. 아버지는 아는 사람들 가운데 나이와 외모, 성격, 신분이 결혼 상대로서 알맞은 딸이 어느 집에 있는지 조사한다. 이것을 확인한 다음에 그는 아내와 의논을 하고, 그 아내는 긴 옷을 입고 얼굴을 가리고는 그 젊은 아가씨의 집으로 향한다. 면접이 이 부인을 만족시키지 못하면 이 과정이 다시 되풀이된다. 좋은 짝을 만나게 되면 양가 부모를 모두 아는 사람이 처녀의 부모를 탐색하는 일을 말한다. 처녀의 부모는 당장 모든 접근을 막거나, 혹은 이번에는 처녀의 아버지가 젊은이의 집을 방문하여 자신의 딸이 전에 방문을 받았던 것과 똑같이 그 젊은이와 비공식적인 면접을 갖는다. 양측이 다 합의하는 경우에는, 청년의 아버지가 공식적인 교섭을 시작하는데, 그는 친구에게 길고 빨간 종이에 편지를 쓴다. 먼저 자기 이름과 주소를 쓰고, 다음은 조심스럽게 친구의 건강 등에 대해서 묻고, 충심으로 그의 행복을 기원한다. 그리고 마지막으로 마치 추신처럼 자신에게 아들이 하나, 둘 혹은 셋이 있으며, 첫째는 결혼을 하지 않았는데 결혼 적령기이며, 자신의 친구에게 수소문한 결과 그에게 과년한 딸이 있다는 것을 알았다는 등의 말을 붙인다. 이 편지는 중매인이 보는 데서 써서 주어 처녀의 아버지에게 갖다 주도록 한다. 그러나 서로 약혼을 하는 것은 아니며, 처녀의 아버지가 똑같이 정식으로 대답하기 전까지는 양쪽 모두 물러설 수 있다. 처녀의 아버지가 딸에 대한 청혼을 받아들이면 젊은이들은 결혼을 한 것이나 다름없다. 예를 들어 첫날밤을 치르기 전에 청년이 죽으면 처녀는 과부가 되어 과부처럼 살며 다시는 결혼을 하지 않고, 결혼을 하게 되면 수치로 여긴다. 이것은 기묘한 풍습이며 아주 불공평하고 부당한 관습으로, 여자가 죽으면 청년은 언제든지 결혼할 수 있다. 이 풍습은 중국에서 들어온 것으로서, 순사殉死와 아주 비슷하다.

측시법測時法으로 길일을 잡아 그날 신랑은 신부에게 여자 옷을 선물로 보내고 '남자의' 옷을 만들 옷감을 보낸다. 옷감에는 신랑이 혼인 날 생전 처음으로 입게 될 폭이 넓고 남성적인 긴 겉옷의 재료도 포함되어 있다. 이런 것들을 보낸 다음에 신랑은 머리카락을 옛날 중국식으로 정수리에 매듭을 지어 묶는다. 그때까지 신랑은 자른 적이 없는 머리를 오늘날의 중국 혹은 만주에서 하는 것과 비슷하게 한 줄로 땋고 있었다. 조선인은 절대로 머리카락을 자르지도 수염을 깎지도 않는다. 그러나 그의 머리 정수리 한가운데에는 6펜스짜리 동전으로 가릴 수 있을 만한 작은 반점이 있으며, 이것은 어려서 처음 병을 앓았을 때 태운 곳이다. 머리카락을 매듭지어 묶으면 그

신랑과 조랑말　　　　　　　　　　　학생

반점이 좀 커진다. 머리카락을 머리 꼭대기에 모으면 머리가 불편할 정도로 더워 짓무르게 된다. 이제 성인이 된 신랑은 친척들과 아버지의 친구들에게 겸허하게 경의를 표하러 다닌다. 신랑이 선물을 보낸 날 밤에 아버지의 친구들은 집에 모여 밤새도록 먹고 마시고 흥겹게 떠든다.

조선은 몹시 가난한 나라이기 때문에 아들의 아내를 구해 줄 여유가 없는 사람들이 많고, 따라서 상당히 나이를 먹을 때까지 미혼으로 지내는 남자들이 많다. 그 때문에 일부다처가 흔한 조선에는 남자들보다 여자들이 더 많다는 생각이 중국에 널리 퍼졌을 것이다. 결혼을 하지 않은 남성은 나이가 어떻든 절대로 '어른'이라고 부르는 법이 없고, '야토'[264]라고 부르는데, 바로 중국인들이 결혼 못한 처녀를 일컫는 말이다. 13세 혹은 14세의 '어른'이 30세의 '야토'를 때리고 욕하고 명령할 완벽한 권리가 있으며, 그래도 야토는 감히 입을 열어 불평을 할 수가 없다.

또 다른 길일을, 아마도 이날부터 세 번째 되는 날에 '장가갈', 즉 결혼할 날을 정한다. 결혼식 전날 밤에 신부는 자신이 직접 만든 남편의 옷을 보내며, 이것으로서 아내의 첫 번째 책임을 완수한다.

---

264 yatow가 정확하게 어떤 말을 의미하는지 몰라서 소리나는 대로 옮겼음(옮긴이).

또한 신랑과 그 일행이 자기 집을 떠나 신부의 집으로 갈 상서로운 시간이 정해진다. 행렬의 제일 앞에는 말을 탄 하인이 실물 크기의 기러기를 빨간 무명천에 싸서 양손으로 든다. 그 뒤를 역시 말을 탄 신랑이 따른다. 그의 하인은 그 뒤에서, 또 다른 모든 하인들도 말을 타고 간다. 제일 마지막에는 신랑의 아버지가 말을 탄 하인들을 거느리고 간다. 말의 수와 싣고 가는 물건의 양은 양쪽 집안의 지갑에 달렸지만 어떤 경우에든 많은 경비가 든다.

신부의 집에 도착하면 기러기를 든 사람이 제일 먼저 말에서 내려 집으로 들어가서는 기러기를 큰 그릇에 담아 놓은 쌀 위에 놓고 물러난다. 그러고 나서는 아버지가 대문 바깥에서 말에서 내리고, 신랑이 마지막으로 내린다. 법도에 따라 모든 사람들은 동쪽을 향하고 서 그 자세로 고위 관리들이 쓰는 모자와 화려하게 수놓은 겉옷과 장화를 벗는데, 이날만은 귀족들과 마찬가지로 평민들도 이렇게 입도록 허락된다. 평상시의 복장으로 갈아입은 이들을 신부의 아버지가 밖으로 나와 집 안으로 안내하는데, 신랑이 제일 앞에 간다. 그들이 편안히 자리에 앉자마자 극도로 혼란스럽고 떠들썩한 소동이 뒤따른다. 신랑은 학자이며 그의 동료 학자들 모두 동행을 하는데, 이들이 갑자기 한꺼번에 신랑에게 달려들어 신랑의 몸부림과 간청에도 불구하고 그를 납치한다. 그들은 신랑을 포로로 잡고 있다가 장인이 신랑을 도로 찾으려고 상당한 뇌물을 주면 신랑을 넘겨준다. 그리고 약탈한 것을 가지고 흥청망청 놀기 위해 떠난다.

이제 융숭한 대접을 받은 신랑의 일행과 각각 약간의 돈을 선물로 받은 하인들은, 신부 조상들의 위패에 문안을 하도록 신랑을 남겨 두고 떠난다. 저녁 때 신랑은 신부의 방으로 안내된다. 방은 꽃으로 장식되어 있고, 방바닥에는 쌀을 담은 두 개의 그릇이 있는데 거기에 노란 촛대를 꽂고 양초에 불을 밝혀 놓았다. 신랑은 거기서 신부의 어머니와 집안의 친척 여인들이 신부를 데리고 올 때까지 홀로 기다린다. 혼례를 치른 이들은 서로 처음으로 만난다. 그들은 곧 둘만 남겨지고 문이 닫힌다. 다음 날 신부는 지금까지 하나로 빗어 땋아 손질했던 머리카락을 절반씩 두 갈래로 나누어, 이마를 향해 정수리 양쪽에 한쪽에 하나씩 땋아 올리는데, 이때부터 계속 이런 머리 모양을 한다. 세 번째 날에 이 젊은 부부는 신랑의 집으로 돌아간다. 그러나 그렇지 않으면 한 해가 지난 후에, 많은 경우에는 2년이 지난 후에 그렇게 한다. 그들이 젊은 남편의 집에 도착하면 두 사람은 조상의 위패에 참배한다.

그들은 혼인할 때 글씨가 쓰인 빨간 종이를 받는데 이혼할 때 이것을 둘로 나누어 각각 반을 갖는다. 혹시 미래에 문제가 생길 경우 남편은 이것을 보여 주어 그가 이혼했다는 사실을 증명하지 않으면 다시 결혼을 할 수가 없다. 조선에서는 혼인한 부부들이 '성격 차이' 혹은 그 외 다른 이유로 많이 갈라서기 때문이며, 이것은 그리 놀랄 일도 아니다. 헤어진 남편은 이 빨간 종이의 반을 가지고 쉽게 다른 아내를 구할 수 있으나 이것이 없이는 불가능하다. 그러나 아내는 결코 다시 혼인을 할 수가 없다.

낮은 계층에 속한 어떤 사람에 따르면, 그 청년은 결혼하기 한 달 전에 장인의 집으로 가서 처녀를 보았다고 한다. 두 사람 모두 혹은 한쪽이 불만이 있는 경우에 그들은 끈질기게 반대를 하여, 당연한 일이지만 부모의 심한 꾸짖음에도(!) 불구하고 혼인을 깰 수 있다. 왜냐하면 상호간의 선택이 이 나라의 오래된 관습이기 때문이다.

남자는 부양할 수 있는 한 많은 아내를 거느리며, 관리들은 여러 명의 아내 외에도 관아에 기생들을 여럿 두도록 허락되었거나 혹은 관습에 따라 그럴 책임이 있다고 할 수 있다. 모든 여성들은 자신의 옷뿐아니라 남편과 아이들의 옷을 직접 만들며, 하인을 둘 형편이 되지 않는 경우에는 요리와 고된 집안일도 해야 한다.

"식구들의 의복을 짓지 않는 여자는 여자가 아니다."

한때 부유했던 어떤 조선 사람이 웃으면서 이렇게 말했다.

가난한 여자들은 얼굴을 가리지 않고 하천에 가서 가족들을 위해 큰 단지에 물을 길어 온다. 이때는 이집트인들처럼 단지를 머리에

인다. 이들은 학교에 가는 일이 없지만 모두 혹은 대부분 한글을 사용할 수 있다. 이것은 우리에게 알려진 철자 가운데서도 아름답고 완벽한 것으로서 단번에 배울 수 있다. 남자들의 얼굴로 미루어 추측하건대, 조선 여성들은 중국 여성들보다 더 아름답다. 물론 우리는 아주 예쁜 중국 여성들의 얼굴도 많이 보았다. 조선인들은 어떤 면에서 보아도 집이든 사람이든 중국인들보다 청결하다. 그러나 북경과 중국의 다른 지역의 조선인들을 보면 아무도 이렇게 생각하지 않을 것이다.

다음은 이미 인용했던 책의 내용으로서 역시 중국의 기록에 따른 것이다. 고대에는 남자와 여자 사이의 구별이나 차별이 없었다. 여자가 남편의 집으로 떠나는 결혼 체계를 세운 사람은 복희였다. 리[265](혹은 란)라는 새의 가죽을 혼인 계약서를 작성하는 데 사용했다. 또한 특정한 일가와 성씨에 따른 구분이 이루어졌다. 결혼 중매인도 이때 생겨났다!

남편과 아내가 갖추어야 할 자질을 다음과 같이 묘사했다. 265~419년의 진晉 시대에 살았던 왕씨 대신에게 여러 아들이 있었다. 또 다른 대신 시건에게는 아름다운 딸이 있었는데 그는 이 딸을

---

265 봉황의 일족으로서 지금 있는 어떤 새보다 아름답다. 옷을 만든 사람도 복희인데, 그 이전에는 남녀 모두 참나무 잎 두 장으로 몸을 가렸다.

왕씨 집안으로 시집보내기를 간절히 원했다. 그는 휘하의 관리를 그 대신에게 보내어 중매를 서도록 했다. 아들들은 그 아름다운 처녀 이야기를 듣고 기뻐했으며, 서로 더 멋지고 값비싼 옷을 입고 중매인 앞에 나서려고 애를 썼다. 중매인이 돌아가서 누구누구가 잘생겼다고 훌륭하게 보고해 주기를 바랐기 때문이다. 그러나 아들들 가운데 하나였던 시수는 이 말을 듣고도 여전히 긴 의자에 기대어 거의 벗은 채로 있었다.[266] 그는 중매인의 이야기를 들으면서도 듣지 않는 듯했으며, 그러는 동안에도 공부하던 책에서 주의를 거두지 않았다. 중매인은 돌아가 모든 아들들의 됨됨이를 칭송했으나, 특히 듣지 않는 듯하면서도 귀를 기울였던 그 아들을 칭송했는데, 이것은 그가 정신적으로 탁월한 인물임을 의미하기 때문이다. 처녀의 아버지는 주저 없이 시수를 딸의 남편으로 맞기로 결정하고, 혼인이 이루어졌다. 시수는 후에 중국 최초의 작가로 유명해졌는데, 오늘날까지도 학자들은 시수의 문체에 비유되는 것을 큰 영광으로 안다. 중국인들은 그의 육필이 일부가 지금까지 현존한다고 말한다.

동한東漢(25~220) 때에 양홍이라는 사람이 맹광이라는 여자와 혼인했다. 여자는 옷을 훌륭하게 차려입고, 머리를 아름답게 손질하고는

---

266 이것은 여름철 중국 남성들의 변함없는 평상복이다.

신부로서 집으로 들어갔다. 홍이 말했다.

"나는 이 사람을 아내로 원하지 않는다."

얼마 후 그녀는 머리에 아무런 장신구도 없이 무명옷을 입고, 주방용구를 들고 일하는 모습으로 나타났다. 홍은 기뻐하며 말했다.

"이 사람이 내 아내다."

무유위에게는 딸이 있었는데, 결혼하려는 자신의 딸에게 조언하기를 특별히 사랑을 표하지 말라고 했다. 딸이 묻기를 사랑하지 않는다면 미워해야 하느냐고 물었다. 어머니가 대답했다.

"너의 개인적인 기호에 따라 사랑하거나 미워하지 않아야 한다."

이것은 바로 자신의 판단력이 옳고 선하다고 증명한 것만을 사랑하고 그와 똑같이 틀렸다고 증명한 것을 미워하면 안 된다는 뜻이다. 즉, 자신의 열정에 따라 사랑하거나 미워하며 흔들리지 말아야 한다.

죽음

어린아이나 결혼하지 않은 젊은 사람이 죽으면 매장과 관련해 들이는 비용이 거의 없다. 그가 죽은 침상의 이불에 죽은 사람을 싸고,

짚으로 한 번 더 싸서 묻었다. 그러나 결혼한 사람이 죽으면 많은 돈을 들여 관에 넣어 예를 갖추어 묻었다.

아버지가 죽으면 아들이 그 흐릿한 눈을 감겨 준다. 따라서 "noon gam gimda upda.", 즉 "그에게는 눈을 감겨 줄 사람이 없다"는 말은 "그에게는 아들이 없다"는 말과 같다. 사람이 죽으면 당장 그의 가족이 되는 남자들과 여자들은 모두 머리를 풀어 길게 늘어뜨리고, 중국인들처럼 또 유대인들이 그랬던 것처럼 "눈물을 흘리며 울부짖는다." 시신은 죽은 곳에 그대로 두며, 중국인들처럼 아무것도 깔지 않은 바닥에는 놓지 않는다. 바로 작은 상이 차려지고 밥 세 그릇, 두부 세 그릇, 쌀로 만든 술 세 사발, 짚신 세 켤레, 광목 1마, 삼베 1마, 종이 석 장, 웃옷 한 벌을 놓는다. 그리고 나서 죽은 사람의 이름을 세 번 부르는데, 여자들은 이름이 없기 때문에 여자인 경우는 '진씨 부인', '이씨 부인' 등으로 적당하게 부른다. 그리고 나서 음식물은 바깥에 버리고 종이, 광목, 삼베, 윗옷, 신발을 문 밖에 두어 죽은 영혼이 사용하도록 한다.

이제 시신을 향기 나는 물[267]로 씻고, 머리를 빗기고, 손톱과 발톱을 자르며, 자른 손톱과 발톱은 각각 작은 주머니[268]에 넣고, 빗에

---

267 향탕수(옮긴이).
268 오낭, 조발낭(옮긴이).

붙어 있던 머리카락도 다른 주머니에 넣는다. 이 21개의 주머니는 시신과 함께 관 속에 넣는다. 시신을 씻기고 난 후에는 깨끗한 평상복을 입히고, 좋은 조선 비단으로 감은 다음에, 고급 삼베 천으로 묶는다. 고인의 충실한 아들들은 오래전에 '워눙'[269] 혹은 수의를 준비해 두었다. 수의는 시중에서 가장 비싼 고급 공단으로 만든 것으로, 아름다운 꽃이 수놓여 있다. 긴 겉옷과 윗옷 그리고 바지를 만들어 간직해 둔다. 수의는 삼베 위에 입힌다. 같은 공단으로 만든 깔개를 관에 넣고 훌륭한 차림의 시신을 그 위에 눕힌다. 관은 시신이 누운 자세에 직각이 되도록 놓고, 관이 보이지 않도록 병풍을 같은 방향으로 세운다. 병풍 안쪽으로는 향을 피운 향로를 놓은 탁자를 배치한다.

   고인이 평소에 식사를 하던 시간에 음식을 준비하여 바치고, 눈물을 흘리며 통곡하는 일이 계속된다. 관이 집 안에 있는 동안 그 집안 사람들은 형편없는 음식을, 그것도 조금만 먹는다.

   네 번째 날에는 다시 머리를 손질하고 상복을 입는다. 상복으로 아주 거친 삼베 모자와 긴 겉옷을 입고, 중국 신발과 비슷한 모양의 아주 거친 짚신을 신는다. 몸에 걸치는 모든 것이 흰색이라고 하지

---

[269] '수의'의 평안도 사투리(옮긴이).

만, 거친 조선 삼베는 누런 빛의 흰색이다. 같은 날 고인의 친구들이 찾아와 엎드려 조의를 표한다. 떡을 큰 덩어리로 만들어 온갖 종류의 과일들과 함께 시신 앞에 놓은 탁자[270]에 올려놓는다. 친구들을 위해 잔치가 벌어지며, 이들 대부분은 태워 버릴 종이나 돈, 고인을 칭송하는 글을 적은 양피지 같은 질긴 한지 등을 선물로 가져온다. 촛불이 타고 곡이 계속되기 때문에 애도자들은 교대로 잠을 잔다.

가난한 사람들은 죽은 지 5일, 7일, 9일째 되는 날 묻는다. 부자들은 시신을 석 달씩 그대로 두기도 한다. 중국인들의 것과 같은 그런 소나무 관은 완전히 밀폐되기 때문에 걱정할 필요가 없고, 또 중국인들과는 달리 몸에 꼭 맞도록 만든다. 며칠 안에 시신을 묻는 경우에는 길일을 따지지 않지만, 사망한 지 몇 달 후에 매장을 하는 경우에는 장례를 위해 길일을 택한다.

많은 종이를 써서 가짜 조선 돈을 잘라 만드는데, 그 크기는 옛 북경 화폐와 같고, 우리의 새 페니화와 비슷하다. 이 돈의 대부분은 태워 버리고, 장례 행렬이 가는 길을 따라 수천 장을 뿌린다.

관은 통나무로 짠 틀 위에 얹어 30명의 남자들을 고용하여 운반한다. 이들은 전문적인 관 운반인들로서, 사람들 가운데 가장 낮은

---

270 영좌(옮긴이).

계층에 속한다. 관의 위와 옆은 정교하게 조각한 판자로 덮고, 다시 18미터 정도의 공단으로 덮는다. 공단의 색은 검은색, 파란색 혹은 빨간색으로서, 품질보다 그 색깔이 중요하다.

관이 닫힐 때는 문학에 조예가 깊은 친구가 고인의 안녕을 바라는 기도를 드린다. 그리고 관이 문을 지날 때, 다시 조각 작품과 공단을 덮을 때, 또 길을 가는 동안 자주, 또 되돌아올 때도 기도를 드린다.

관 앞에는 고용된 사람들이 행렬을 이루며, 한 사람이 죽은 사람의 옷 한두 가지가 든 상자[271]를 들고 가고, 양쪽에 종이로 만든 화폐를 뿌린다. 그리고 다른 사람들은 등과 서판을 치켜들고 간다. 상중인 아들들은 상여를 따라간다. 그리고 친구들과 지인들은 말을 타거나 의자식 가마를 타고 따라간다.

무덤들은 산허리에 있고, 땅을 파고 관을 땅속에 넣는다. 서양의 묘지처럼 얕은 흙무더기가 맨땅과 구분된다. 따라서 무덤은 얕고 큰 흙무더기가 위에 덮인 중국 무덤과는 다르다. 이 무덤들은 돈을 많이 들여 장식한다. 작은 여막을 짓고 죽은 자를 애도한다. 무덤의 정면에는 판석들을 깎아 깔고, 흔히 사람이나 그 외 다른 형상들을 조각한 수직의 돌을 세워 지키도록 한다. 지관地官이 무덤의 장소와

---

271 혼백 상자(옮긴이).

위치를 정하며, 그의 결정에 따라 나침반의 어떤 방향이든 가리킬 수 있다.

행렬의 제일 앞에서 들고 간 상자는 집으로 가지고 돌아와 간직한다. 그 앞에서 3년 동안 제사를 지낸다. 그런 다음에 상자를 바깥에 버리고, 상자가 사라지는 것과 함께 애도의 기간도 끝이 난다. 어머니를 위해서는, 남편보다 먼저 죽은 경우에는 1년을, 나중에 죽은 경우에는 3년의 애도 기간을 갖는다.

후손이 아들을 낳지 못하는 경우에는 아버지를 불길한 장소나 위치에 묻었기 때문이라고 믿었다. 많은 돈을 들여 무덤을 파헤쳐 관을 열고 시신의 색이 검은색이 아닌지 확인하는데, 검은색은 가장 상태가 나쁜 색이었다. 그리고 지관의 말을 좇아 새로운 무덤을 판다. 비용은 전혀 아끼지 않는다. 할 수만 있다면 많게는 1,000파운드까지 들여 좋은 자리에 묏자리를 새로 쓴다.

애도

전술한 것은 최근에 주역을 맡았던 배우한테 듣고 적은 조선인의 애도에 관한 설명이다. 일반 독자들을 위해서는 이것으로도 충분하지만, 조선인의 애도 관례에 관해 중국어로 기록한 조선의 예법에 대한 책을 다음에 완역해 놓았다. 이것은 고대, 그러나 아주 고대는 아닌 중국의 관례에서 빌려 온 것이기 때문에 중국의 것과 비교한다면 흥미로울 것이다. 책의 제목은 '성인의 장례 의식'으로서 모든 성인은 결혼한 사람을 뜻한다.

임종

죽음이 임박했다는 생각이 들면 새 옷 한 벌을 준비하고, 깨끗한 솜과 덧이불을 준비한다. 임종을 맞을 사람을 눕힐 판자를 하인이 제자리에 놓는데,[272] 어떤 경우에도 사람이 캉 위에서 죽어서는 안 된다. 판자 위에 요를 깔고, 이불과 머리에 벨 베개를 남쪽을 향해 놓는다. 집 안팎에서 어떤 소음도 들려서는 안 된다. 깨끗한 솜을 윗입술 위에 놓아 죽은 후에 입을 다물려서 양기, 즉 악취가 나는 호흡이 나가는 것을 막는다. 만약 이것이 나가도록 두면 처음 접촉하는 첫 번째 사람, 나무 혹은 다른 생명체를 죽이게 되며, 몸 속에

---

272 중국인들은 임종하는 사람을 바닥에 눕히지만, 조선에는 '캉'이 있다(위의 글 참고).

그대로 있으면 회복의 희망이 있다. 죽어 가는 남자는 여자의 부축을 받아서는 안 되며, 여자도 남자의 부축을 받아서는 안 된다. 마침내 그의 임종을 발표하기 전에, 숟가락이나 다른 나무 조각을 가지고 이빨을 강제로 벌려 그가 정말로 죽었다는 것을 보여 준다. 동시에 그의 발을 캉 위에 얹는다(30센티미터 높이).[273]

가슴을 치는 통곡이 이어지는데, 이것은 숨이 떠나는 동시에 시작되며, 그 시간은 규칙에 따르지 않고 마음대로 할 수 있다. 그러나 혹시라도 영혼이 다시 돌아오는 것을 막을 수도 있기 때문에 과도하게는 하지 않는다.

이 첫 번째 통곡이 계속되는 동안, 하인은 고인이 입었던 옷을 갖고 집 꼭대기 가장 높은 곳으로 가서, 왼손으로 옷깃을 잡고 오른손으로는 옷단을 잡은 후, 영혼(음)이 날아가는 북쪽을 향해[274] 고인의 이름을 큰 소리로 세 번 부른다.[275] 이것은 영혼이 육신으로 돌아오게 하려는 마지막 시도다. 이런 부르기가 끝나면 내려와서 그 옷을 접어서 죽은 사람의 몸 위에 올려놓는다. 제일 먼저 묻어야 하는, 죽은 사람이 여러 번 입었던 옷을 명정 혹은 이름을 적은 깃발 위에

---

273 저자는 한국에도 침대식 온돌인 캉이 있었다고 생각한 듯 함(옮긴이).
274 조선의 전례가 언제 중국에서 도입되었는지 알려 주는 사실로서, 공자의 시대 전이라고 해도 그 훨씬 이전은 아니다. 왜냐하면 그 시대 이전에는 혼을 '양陽'이라고 생각하여 남쪽에 거한다고 여겼기 때문이다.
275 고복皐復(옮긴이).

놓는다. 시신과 방문객들 사이에 병풍을 치며, 적당한 것을 구할 수 없으면 문으로 해도 무방하다.

즉시 남자를 상주 혹은 애도하는 남자들 중 가장 높은 사람으로 정한다. 살아 있다면 큰아들이, 만일 큰아들이 안 된다면 그의 형제가 아닌 그의 아들이 정식 상주가 된다. 같은 성을 가진 연장자인 남자가 대곡꾼들과 손님들을 돌보는 사람으로 임명된다. 고인의 미망인이 생존하고 있다면, 혹은 그렇지 않은 경우에는 큰아들의 부인이 주부主婦, 즉 애도하는 여성들 중 가장 높은 사람으로 정해지는데, 이것은 남자들과 상주의 관계와 동일하게 여성들에게 해당되는 것이다. 지폐 등 모든 선물은 고인과 같은 성을 가진 남자, 즉 남자쪽 친척을 통해서 해야 한다. 모든 장신구와 화려한 옷은 치운다. 아내들과 첩들은 머리카락을 풀고 맨발로 지낸다. 그러나 누이들, 딸들 혹은 다른 집안으로 시집을 간 여자 친척들은 머리를 풀거나 발을 벗지 않는다.[276]

첫 번째 애도일에는 가족들이 음식을 전혀 먹지 않는다. 고인의 아들들은 사흘 동안 아무것도 먹지 않는다. 1년(기년상) 동안 애도를 해야 하는 손자들과, 9개월(대공) 동안 애도를 해야 하는 그들의 자

---

276 이 구절은 여성의 지위를 보여 준다. 약혼한 처녀도 시어머니에게 소속된다.

식들도 같은 기간 동안 아무것도 먹지 않는다. 5개월(소공) 동안 애도를 해야 하는 사람들과, 3개월(시마) 동안 애도를 해야 하는 사람들은 이틀 동안 아무것도 먹지 않는다. 함께 있는 다른 모든 친척들과 애도하기 위해 방문한 이웃들은 아주 거친 음식만 먹는다. 하지만 좀 먼 친척들 가운데 나이 든 사람들이 있으면 좀 더 나은 음식을 권한다. 상을 알리는 편지[277](부고)를 보내어 친척들과 친구들을 애도를 위해 초대한다. 친구들이 도착하면 이들은 상주를 선두로 함께 곡을 한다. 곡을 한 후에는 고인에게 부조금을 내고, 그가 어떻게 죽었고, 병이 어땠는지 묻는다. 고인의 마지막 질병과 죽음에 대한 질문은 시신을 무덤으로 가져갈 때 다시 하기도 한다.

  방문 밖에, 그러나 집과 마당을 에워싸는 바깥 담 안에 천막을 치고 그 안쪽 제일 바깥에 상을 놓는다. 그리고 그 위에 고기 한 조각과 국, 요리 두 접시, 그리고 상을 닦는 데 쓸 행주를 놓는다. 상 앞에는 병풍을 쳐서 천막 입구에 서 있는 사람에게 보이지 않게 한다. 천막 양쪽으로는 통로를 남겨 두어 집 안으로 들어가 고인이 누운 방으로 들어갈 수 있게 한다. 이 천막 바닥에는 돗자리를 깔고 이것보다 더 곱게 짠 것으로 지붕을 삼는다.

---

277 흰색 혹은 크림색이다. 붉은색은 행복과 기쁨의 색이며, 평상시의 초대나 혼인에 초대할 때 사용한다. 상복은 유대인의 참회복처럼 길고 흰옷이다.

시신에 옷 입히기

　대야 두 개에 향내 나는 물을 담아 준비한다. 1제곱미터 정도의 정사각형 무명천으로 두 개의 수건을 만들어 하나는 머리를 닦고 하나는 몸을 닦는 데 사용한다. 빗, 머리카락을 정수리에 묶을 검은색 공단 끈, '오색'의(다른 색상의) 작은 비단 주머니를 여러 개 준비한다. 고인이 누운 곳에서 남쪽 방향으로, 담 안쪽의 울안 혹은 마당에 0.2제곱미터 넓이로 작은 구덩이를 파서 물 등을 버리도록 한다.

　하인이 향내가 나는 물을 방 안으로 가져온다. 상주를 제외한 모든 사람이 바깥으로 나가 천막의 남쪽에 서서 북쪽을 바라보며 곡을 한다. 물을 가져왔던 하인이 시신이 입고 있던 옷을 벗겨 놓은 것을 가져간다. 머리를 빗기고, 그 빗을 깨끗이 하여 빗에서 나온 머리카락은 작은 비단 주머니 하나에 넣는다. 이제 홑이불을 내리고 시신을 향내 나는 물로 씻는다. 죽은 사람이 여자인 경우에는 여자가 이 일을 수행한다. 무명천으로 몸을 정성껏 닦는다.[278] 손톱과 발톱을 모두 잘라 하나씩 비단 주머니에 넣는다. 이 20개의 주머니와

---

[278] 중국인들이 '씻을' 때는 항상 손수건이나 수건을 뜨거운 물에 적서 닦는 형식을 취한다. 시신을 씻는 것도 '닦는다'는 의미이다.

머리카락을 담은 주머니를 관 속에 넣는다. 수건과 물, 빗은 파 놓은 작은 구덩이에 버린다. 그리고 나서 옷을 입히기 시작한다.

하인이 판자를 하나 더 가져와 병풍 바깥쪽에 놓는데, 병풍 안쪽에 있는 첫 번째 판자에 가까이 둔다. 이 판자 위에도 첫 번째 것과 마찬가지로 돗자리와 베개, 홑이불을 깐다. 시신에 옷을 입히는 데 필요한 모든 의복을 이 판자 위에 놓고 병풍 안쪽으로 옮긴다. 모든 단추는 의복의 오른쪽에[279] 있어야 한다. 그리고 나서 시신을 두 번째 판자 위로 옮기고 옷을 입힌다. 먼저 발을 덮고 머리는 가장 마지막에 덮는다. 긴 양말에는 솜이 들어 있고, 신발은 검은 비단과 종이로 빳빳하게 만들었다. 여성의 것은 평소에 신던 것과 같다. 솜을 넣은 과두는 허리를 감싸는 것으로 제일 속에 입는 수의이다. 그 위에 입는 원삼 혹은 셔츠는 무명이나 비단으로 만든다. 원삼 위에는 긴 겉옷을 입는데, 궁중[280] 의복이거나 그것을 본떠 만든 것이며, 옷깃을 세우기도 한다. 남자와 여자의 의복에는 차이가 없다. 제일 바깥에 입는 것으로 폭이 더 넓은 긴 겉옷에는 솜을 넣으며, 여성의 의복은 가슴 아래 오는 것에만 솜을 넣는다. 큰 허리띠를 준비하는데, 죽은 사람이 고위 관리였다면 붉은 공단 장식 띠로 하고, 관리가

---

279 산 사람들의 관습과 반대된다.
280 498쪽의 설명 참고.

아닌 경우에는 비단이나 다른 재료의 파란색을, 그리고 여자의 경우는 항상 붉은색을 썼다.

시신에 옷을 입힌 후에는 하인이 손을 깨끗이 씻고, 제물을 바칠 상을 가져다 놓고 그 위에 고기 한 조각과 국, 그리고 고인이 이제 마감한 생애에 겪었던 시련을 적은 종이를 놓는다. 이 목록이 비통하면 할수록 더 좋은 것은 슬픔의 깊이를 더해 주기 때문이다. 그런 다음에는 술을 한 잔 따라 시신의 동쪽으로 바싹 가까이 붓는다. 그러고는 제물로 바친 것을 모두 수건으로 덮는다. 이 제물을 밤에 바쳤다면 촛불을 밝혀 고인에게 바친 것이 보이도록 한다. 제물을 다 바치고 나면 촛불을 끄고 파리가 앉지 않도록 수건을 덮는다.

고인의 입은 익힌 황미, 즉 작고 차진 차조와 구멍이 없는 진주 세 개, 그리고 옥 하나로 채운다. 어떤 경우에도 빈 채로 두어서는 안 된다.[281] 고인의 입 속에 이런 것을 넣을 때 상주는 곡을 하며 오른손으로는 노출된 자신의 왼쪽 어깨를 잡고 자신의 의복 왼쪽을 오른쪽으로 세게 잡아당긴다.[282] 상주는 진주가 든 상자를 가져가기

---

[281] 시신이 무엇이든 부족한 것이 없게 한다. 그리고 여론에 따르면, 진주가 크면 시신을 썩지 않게 한다고 한다.
[282] 그가 옷을 실제로 찢는 것이 아니라면, "그들이 옷을 찢으니."라는 구절이 생각난다 (구약성서 여러 곳). 불교와 도교 승려들의 공식적인 복장은 왼팔 아래로 지나간다. 고대 중국의 전례에 정통한 존 매킨타이어 목사는 왼쪽 어깨를 '드러내는' 의식은, 불교 승려의 공식 복장처럼 그저 겉옷이 왼쪽 어깨 밑으로 지나간다는 의미일 뿐이라고 내게 말했다.

전에 손을 씻는다. 그리고 하인이 황미 혹은 차조가 든 그릇을 들고 그를 뒤따른다. 시신의 머리를 받치고 있던 베개를 치우고 상주는 시신의 동쪽 편에서 서쪽을 향한 자세로 입에 차조를 넣는다. 그런 다음에 서쪽 편으로 가서 똑같은 과정을 반복한다. 그리고 세 번째는 시신의 정면에서 한다[283]. 상주는 내내 왼쪽 어깨를 드러낸 채로 있으며, 다 끝나면 원래의 위치로 돌아가고 하인이 모든 것을 제자리에 정리해 놓는다.

처음에 얼굴을 가렸던 것은 이제 치운다. 입에 넣은 것들이 나오지 않게 하기 위해 멱건으로 쓸 2자 정도의 정사각형 광목을 준비한다. 모슬린 천인 명목(얼굴 수건)으로 얼굴을 가리며, 얼굴과 머리는 검은 비단에 약간의 가두리 장식을 한 포건(머리 수건)으로 가린다. 멱목(눈 수건)은 검은 비단으로 된 눈가리개이며, 그 양쪽 끝에는 머리 뒤로 둘러 묶도록 줄이 달려 있다. 그리고 나서는 끈으로 묶는데, 그 끈은 머리 수건 밑을 지나 목 뒤에서 묶게 되어 있다. 귀는 깨끗한 솜으로 막고 눈 수건을 머리 둘레에 묶는다. 신발을 신기고 예복의 단추를 채운다. 그런 다음 오른손등을 손수건(검은 비단)의 한쪽으로 덮고, 다른 쪽은 연결된 줄을 가지고 잡아당겨 손바닥 밑

---

[283] 세 개의 진주는 유사한 방식으로 넣는다. 모든 방향은 완전함을 의미하며, 머리는 남쪽 혹은 북쪽으로 둔다.

을 덮도록 한다. 그리고 나서는 손바닥을 뒤집어 중지 위에 매듭으로 묶는다. 왼손도 같은 방법으로 씌운다. 그리고 마지막으로 홑이불로 모든 것을 보이지 않게 덮는다.

입을 여는 데 사용했던 나무 조각(504쪽)은 처음에 눈을 덮었던 수건과 함께 그 작은 구덩이에 묻는다. 방에는 밤새도록 촛불을 켜 둔다.

3년상을 치르는 사람은 시신과 아주 가까이 캉 위에서 잔다. 손자들은 그 너머에서 잔다. 여자들도 옆방에서 같은 차례로 잔다.

시신 옆에는 멍석자리를 깐 의자를 놓고 고인이 입던 옷 중에서 낡지 않은 것을 놓는다. 탁자 위에 향로, 향 상자, 술잔, 빗, 대야, 장식이 달린 수건 그리고 손잡이가 달린 촛대를 놓는다.

명정에 필요한 물품은 1미터 정도의 흰 비단 혹은 리넨과 태울 종이를 넣은 상자이며, 높은 깃대에 붉은 비단 깃발을 달고 고인의 직위를 기록한다. 이것은 그의 신분에 비례하여 길이가 길어진다. 글을 쓰고 그림을 그리는 데 필요한 흰 가루, 붓, 사슴 뿔로 만든 풀, 그리고 그의 신분에 비례하는 길이의 긴 장대가 필요하다.

의자[284] 위에 자리를 깔고 그 위에 고인의 옷을 놓는다. 옷 위에

---

284 이 의자에는 떠난 혼이 앉는다.

명정을 놓는다. 교의 앞에 향로와 향이 든 상자, 술잔을 놓는다. 하인은 깨끗한 물이 담긴 대야를 수건과 빗과 함께 아침저녁으로 놓는다. 또한 모든 음식물을 이 교의 앞 상 위에 놓는다. 깃대(명정)를 이 교의의 오른편에 세운다. 기는 빨간색이기 때문에 고인의 이름, 지위, 고향을 흰색으로 쓴다. 고인이 된 아내는 남편의 지위를 따른다.

애도를 할 때는 모든 남자들이 고인과의 관계와 나이에 따라 가깝고 먼 적당한 위치에 자리하도록 배치한다. 남자들의 선두에 자리한 상주는 동쪽에서 북쪽을 바라본다. 여성들은 모두 주부를 선두로 서쪽에 같은 모양으로 북쪽을 바라보고 자리한다. 사람들이 앉을 수 있도록 멍석을 준비하며, 신분이 높은 사람이 있다면 높은 자리에 따로 돗자리를 준비한다. 아들들은 각각 곡을 하고 제물을 바칠 때마다 손과 얼굴을 씻을 수 있는 대야를 준비한다.

관

관의 접합 부분을 채워 밀폐하는 데 필요한 송진 280그램과 밀랍 850그램이 있어야 한다. 래커와 유약으로 구매자가 원하는 만큼 관을 까맣게 칠한다. 가난한 사람들은 까맣게 칠하는 데 무엇이든 써도 된다. 관 속에 안감을 댈 3.6미터의 검은 비단 혹은 파란 비단이 필요하다. 가난한 사람들은 그 대신 두꺼운 종이를 사용하기도 한다. 관 안쪽 모서리들은 초록색과 빨간색 비단을 쓰고, 뚜껑의 안쪽은 관 속 전체를 댄 동일한 재료를 쓴다. 목수에게는 시중에 있는 최고급 나무를 사용하라는 명령이 떨어진다.

실제로 입관을 하기 전에 입관 준비 단계로서 예비 과정을 거친다. 이것은 소렴이라고 부르는데, 잠자리를 준비하는 것이라고도 할 수 있을 것이다. 시신을 관으로 옮겨 가기 위해 시신을 눕히는 판자를 침상이라고 부른다. 6미터의 흰색 고급 무명, 이불 두 개, 베개 한 개, 판자 한 개를 준비한다. 원하는 색상의 산의散衣 혹은 겉옷을 시신에 입힌다. 여성인 경우에는 치마이다. 단추 구멍이 없는 상의, 즉 윗도리도 입힌다. 여성의 경우에는 긴 겉옷이다. 관 속의 어깨 부분이나 발 주위 등의 빈 공간이나 틈을 채우기 위해 깨끗한 솜을 충분히 준비한다. 세 개의 장식 띠를 준비하여 시신의 옷을 묶는다. 의복은 조심스럽게 각각 제자리를 잡도록 정돈한다.

소렴은 사망한 이튿날 행한다. 하인이 손을 씻고 시신을 침상에 눕히고는 먼저 베개를 빼고, 대신 고인이 입던 옷으로 보따리를 만들어 어깨 위 머리 양쪽의 공간을 채운다. 몸을 똑바로 누이기 때문에 고인의 다른 옷으로 다리를 채우고, 나머지 옷으로는 얼굴을 덮는 데 사용한다. 원래 오른쪽에 있던 죽은 사람 옷의 단추는 왼쪽에 두고 풀어 놓은 채로 둔다. 허리에 감은 띠와 어깨 위로 두른 띠는 묶지 않고 두는데, 이것은 고인이 다시 살아날 수도 있다는 애도하는 사람들의 염원을 상징한다. 그리고 그 위에 이불을 덮는다. 상주와 주부는 바로 가까이에서 울며 머리카락을 쥐어뜯고 옷을 잡아당기며, 남자는 서쪽을 향하고 여자는 동쪽을 향한다. 그러나 손자들 등은 좀 떨어진 곳에 서 있는다. 상주는 다시 왼쪽 어깨를 내놓는다. 그리고 1년상을 치르며 머리를 풀지 않는 사람들은 겉옷 왼쪽 어깨를 왼쪽 팔 아래로 내린다. 그러나 이들은 시신에서 더 멀리 떨어져 있다.

   상제들은 곡할 때 사용했던 것과 같은 긴 무명 띠, 혹은 삼으로 엮은 밧줄에 무명천을 씌워 허리에 두른다.

   상제들은 이제 머리를 올리고 두건[285]을 쓴다. 머리카락을 묶는 줄은 비단이 아닌 삼줄이어야 하며, 목까지 내려올 정도로 길어야 한다. 상제는 머리를 흰 수건으로 덮어야 하지만 삼줄을 쓰는 경우

---

[285] 두건은 말총으로 만들며 정수리에 구멍이 있어 그 속으로 '머리 다발'이 나오게 되는데, 조선 남자들은 결혼을 하면 항상 이렇게 머리를 올린다.

에는 필요없다. 상을 당한 가족들은 모두 삼 띠를 매야 하며 머리에 쓰는 것은 해어진 무명에 구멍이 난 것이어야 한다. 허리에 두른 띠 외에도 그 띠 가운데서부터 오른쪽 어깨 너머로 다른 띠를 두르고, 또 세 번째는 왼쪽 어깨 너머로 두른다.

시신을 눕혔던 판자는 다시 방 밖으로 내가고 상제들은 자기 위치로 돌아간다. 나이 들고 지위가 높은 사람은 앉고, 더 젊고 지위가 낮은 사람은 서 있는다.

학식(유교적인 지식)이 높은 사람 넷이 나와 『예기』에 있는 대로 제문을 읊는다. 그들은 천막 바깥에 서서 손을 씻은 다음, 관이 있는 곳으로 가서 그 앞에 선다. 제문은 고인이 살았을 때 감당해야 했던 고생에 대한 이야기를 가능한 한 슬프게 읊어 듣는 사람들이 비통한 마음으로 애도하도록 한다. 제문을 읊기 전에 향을 피우고, 태울 종이에 술을 붓는다. 그리고 나서 모든 식솔들과 젊은 사람들이 두 번 절한다. 술잔을 수건으로 닦고 다시 채운다. 상주 밑으로[286] 모든 상제들은 곡하는 소리가 끊어지지 않고 이어지게 한다.

---

286 원문은 '상주 밑의 모든 사람들'로 되어 있어 상주를 포함할 수도 있고 포함하지 않을 수도 있다. 중국에서는 예식이 진행되는 내내 불교와 유교 승려들이 번갈아 경을 읊는다. 그리고 조선은 중국보다 불교를 훨씬 열심히 믿었기 때문에 당연히 모방하고 있다. 정식으로 예를 갖추자면 유교 영창자 혹은 낭송자들만이 자격이 있다.

대렴 혹은 입관 의식

　차조를 태운 재 4~5펙을 준비하여 그 재 위에다 아주 두꺼운 종이 5~6장을 깐다.[287] 안감을 댄 비단 이불, 베개, 무명 6미터, 그리고 다른 이불 두 개를 준비해 하나는 판자 위에서 시신을 덮고, 다른 것은 관 속에서 시신을 덮는 데 사용한다. 이불은 모두 솜을 넣은 것이다. 보통 크기의 기름종이 여섯 장과 그보다 큰 크기로 넉 장, 가는 줄 50개, 굵은 줄 10개, 관 속에 넣을 중목 세 개, 작은 등상 두 개, 관을 덮을 천, 겨울에는 관을 덮을 모전毛氈, 그리고 관을 가릴 병풍 등, 이 모든 것을 입관을 위해 준비해야 한다.

　시신을 누이는 데 쓸 판자, 나무 병풍, 짚을 넣은 깔개, 멍석, 천 병풍, 베개, 비단 이불, 의복(앞의 498쪽 참고), 홑이불, 빗, 대야, 수건이 필요하다.

　대렴 때의 입관은 죽은 지 사흘째 되는 날에 하며, 모든 것은 아침 일찍 차례대로 이루어진다. 하인들이 관을 마루 한가운데로 가져와 완벽하게 수평을 이루도록 놓은 발판 위에 놓고 재를 넣는다. 이때 상주는 울지 않는다. 흰색의 두꺼운 종이를 재 위에 놓는다. 그리고

---

287 조선인들은 종이를 아주 두껍게 만들어 캉 위에 까는 깔개로 사용했다.

종이 위에는 칠성판을 까는데, 이 판에는 북두칠성 모양으로 일곱 개의 구멍이 나 있다. 솜을 넣은 요를 이 판 위에 간 다음 베개를 놓고, 세 개의 중목을 하나는 밑에, 하나는 가운데, 그리고 하나는 위에 놓는다. 그러고 나서 무명 띠로 시신의 옷을 묶고, 다른 띠 두 개는 십자 모양으로 어깨 위로 묶는다.

하인들과 아들들 그리고 남자 동생들(고인의)은 모두 손을 씻고 시신을 관의 중목 위에 놓는다. 먼저 발을 덮은 다음에 머리를 덮고, 왼쪽을 덮고, 마지막으로 오른쪽을 덮는다. 먼저 십자 띠를 묶은 다음에 가운데(혹은 허리) 띠를 묶고, 남자들 여럿이 시신을 관 속에 넣는다. 고인이 살았을 때 빠진 이빨과 머리카락을 작은 주머니에 넣은 손톱과 발톱과 함께 관 한쪽 구석에 넣는다. 관 속의 빈 곳은 고인의 옷으로 꽉 채운다. 관이 채워지면 두 번째 이불을 덮고, 세 번째로 모든 것을 '천금天衾'으로 덮는다. 이 절차가 진행되는 동안 상주와 주부는 곡을 하고 끊임없이 통곡하며, 여자들은 안채로 물러간다. 하인들이 관을 닫고, 촛불을 켜고, 관이 정확하게 남쪽을 향하도록 놓고, 관을 천으로 씌운다.

깃대는 관의 동쪽에 세우고, 시신을 뉘었던 판을 원래 있던 자리에 다시 갖다 놓는다. 또한 영상靈床 혹은 침상을 시신의 동쪽에 둔다. 그 위에 포장, 솜을 넣은 이불, 거적, 병풍, 베개, 세척 도구,

홑이불을 놓는다. 대야와 수건, 빗은 고인이 평소에 늘 사용하던 순서대로 둔다. 소렴 때와 마찬가지로 음식을 차려 바친다. 제문을 읊는 사람들을 비롯해서 의식에 동참하는 여러 사람들이 손을 씻고 관 앞에 음식을 차린 제상을 놓는다. 아까와 마찬가지로 제문을 읊고, 향을 피우고, 젊고 지위가 낮은 사람은 두 번 절을 한다. 제사 때 사용하는 그릇은 평상시에 쓰던 것이며, 다만 술을 따르는 용기는 금이나 은으로 만든 것을 사용하기도 한다. 상주는 참배하는 절을 하지는 않지만 슬피 울고 통곡하며, 다른 사람들은 각자 자기 자리를 잡는다. 이때 상주는 대문 안 하인들의 숙소에서 가장 초라한 곳의 방에서 거하며 슬피 울고 통곡한다.

성복 혹은 복상

가난한 사람들은 그저 머리에 묶은 줄을 흰 것으로 바꾸고 사흘이 지난 후에는 평상복을 입는다. 부자들은 칠칠일(49일) 이후에 이렇게 한다. 상복으로는 7.6미터의 흰 무명천을 사용하며, 같은 천으로 만든 띠로 묶는다. 종이로 안을 댄 흰색 무명천으로 만든 모자 꼭대기에 같은 천으로 된 흰색 매듭이 있다. 허리 위로 입는 옷도 흰 무명천으로 된 단추가 없는 옷이다. 1년상을 치르는 손자들은 더 좋은 옷을 입을 수 있다. 상제들은 나무 지팡이나 기장 줄기를 흰 종이로 싸서 든다. 아들은 대나무 지팡이를, 손자는 오동나무[288] 지팡이를 든다. 길고 굵은 삼 밧줄을 허리에서부터 늘어뜨려 땅에 끌리게 한다. 또한 삼으로 만든 두건 줄도 늘어뜨린다. 밀짚으로 만든 두건은 사각형이다. 여자들도 상중에는 흰옷을 입는다. 집 앞 길에 멍석을 깐다. 하인들을 위해서도 상복을 준비한다.

대렴 다음 날인 임종 후 네 번째 날에 5대에 걸친 자손들이 상복을 격식을 갖추어 차려입고 아침 일찍 방으로 들어온다. 각자 자리를 잡고 슬피 울며 통곡하고, 죽은 사람에게 음식을 제물로 바친다. 아들, 손자 등은 집안을 대표하는 생존하는 일가의 최고 연장자 앞으로 나아가 무릎을 꿇고 슬피 울며 통곡한다. 여자들도 일가의 가장 나이든 여자 앞으로 나아가 똑같이 한다.

아침이 오면 일가의 아들들이 처음으로 음식[289]을 먹는데, 이때 먹는 음식은 가장 거친 것이다. 이른 아침부터 시작되는 곡은 상주를 중심으로 매일 아침 계속되며, 나이 든 사람들은 앉아서, 어린

---

288 Elococoeca Sinensis(새뮤얼 웰스 윌리엄스Samuel Wells Williams). 이 나무의 잎이 떨어지면 겨울이 오는 것을 뜻한다.
289 임종 후 나흘째 되는 날에 처음으로 제대로 된 식사를 한다는 의미이다.

사람들은 서서 한다. 아침 식사는 해 뜨는 시각에 매일 고인에게 올린다. 이때 하인은 물을 담은 대야와 빗을 관 옆에 둔다. 저녁 제사에 사용했던 물건들은 냄새가 나기 때문에 특히 여름에는 치워야 하며, 술과 상하지 않는 음식은 남겨 둔다.

제물

책임을 맡은 사람이 명정을 관 옆에 둔다. 그는 또한 고기, 음식, 과일, 국 그릇을 관 앞에 놓여 있는 상 위에 차리고, 제문을(위에서와 마찬가지로) 읊는다. 그리고 나서 손을 씻고, 향을 피우고, 그 위에 술을 부으며, 상주를 선두로 모든 상제들은 무릎을 꿇고 머리를 땅에 대고 절을 하며 통곡을 한다.

식사 시간에는 약간의 음식을 시신 앞에 차리고, 치워 두었던 명정을 다시 바깥에 건다. 명정을 든 사람은 한 발자국 앞으로 나가 고인에게 음식을 올린다. 제문을 읊고, 손을 씻고, 향을 피우고, 이전과 마찬가지로 술을 따른다. 숟가락을 음식(밥 등)에 꽂고, 손잡이를 서쪽으로 향하게 하고, 젓가락은 고기 옆에 놓는다. 상주를 선두로 상제들은 두 번 절하고 곡한다. 그리고 나서 물건들을 치운다.

상주는 치우는 동안 이제는 먹을 수 없는 아버지 때문에 지팡이에 의지하여 슬프게 통곡한다.

저녁 제사 때는 아침에 사용했던 고기 등을 모두 치운다. 명정을 다시 꺼내 시신 옆에 두고, 과일, 고기, 국 등 여러 음식을 다시 시신 앞에 차린다. 제문을 읊고 손을 씻고, 향을 피우고 술을 따른다. 그리고 상주를 선두로 두 번 절하고 곡한다.

저녁에 곡을 할 때는 명정을 안으로 가져가 침상에 놓는다. 상주를 비롯한 모든 사람들은 자리를 잡고 슬피 울며 통곡한다. 이때 곡하는 시간은 일정하게 정해진 게 아니다.

그 달[290] 첫째날 아침 일찍, 고기, 생선, 떡, 국, 밥을 각각 다른 그릇에 담아 명정을 든 사람이 관 앞에 차린다. 제문을 읊고, 손을 씻고, 향을 피우고, 술을 따르는 등 이전과 같이 한다. 음식 옆에 놓인 숟가락[291]의 손잡이는 서쪽을 향하게 하고, 젓가락의 한쪽 끝은 접시 끝에 걸쳐 놓는다. 두 번의 절과 슬픈 통곡이 반복된다. 사냥감, 생선, 채소 등 시장에 새로운 먹거리가 있으면 큰 쟁반에 얹어 관 앞에 놓는다.

---

290 '달month'과 '달moon'은 중국어로 같은 말이다. 조선인들은 중국인들과 마찬가지로 음력을 따르며, 항상 그 달의 첫날에 초승달이 뜬다. 자연히 처음에는 이런 방식으로 1년을 나누었다.
291 조선의 숟가락은 서양처럼 은, 놋쇠 혹은 백랍으로 만든다. "서쪽으로 향한다"는 말은 손님으로 온 혼백이 남쪽을 향한다는 말이다.

부재중인 친척

　임종 때에 아들이 출타 중인 경우에는 해어진 네모난 무명천 혹은 구멍이 난 무명천을 두건 대신 쓴다. 그는 흰 겉옷을 입고, 허리띠 대신에 밧줄을 묶고, 짚신을 신는다. 아버지 혹은 어머니의 임종 소식을 가져온 심부름꾼에게 하는 답은 슬픈 통곡이며, 죽음의 경위를 듣고 또 한번 통곡을 한다. 그는 상복을 갖춰 입자마자 집을 향해 출발하여 하루에 100리를 걷는다. 그러나 밤에는 여행을 하지 않는데, 누군가 그를 괴롭히거나 죽일 수도 있기 때문이다. 그는 샛길로 다니며 큰 거리와 사람들이 다니는 한길을 피한다. 그는 여정 중에 슬피 울며 통곡하지만 사람들이 가까이 있을 때는 그렇게 하지 않는다. 그는 고향이 있는 도(道)의 경계가 보이면 곡을 하고, 또 그 고을의 경계가 보이면 다시 곡을 한다. 그는 또 동네 혹은 마을이 보일 때와, 그의 집을 처음으로 보았을 때 또 곡을 한다.

　그는 집 안으로 들어서서 관 앞에서 두 번 머리를 조아려 절을 한다. 그런 다음에 상복으로 갈아입는다. 임종 후 얼마가 지났든지 새로 온 사람은 먼저 임종하자마자 입는 상복으로 갈아입는다. 그러고 나서 입관 관례를 좇아 갈아입는다. 그가 집에 머문 지 나흘째가 되면 상복을 완전히 갖춰 입는다(성복). 가족들은 서로 양손을 붙잡고 곡을 한다. 손님들은 가족의 한쪽 손을 붙잡고 곡을 한다.

만약에 아들이 공적인 일 혹은 다른 일로 집으로 돌아오는 것이 불가능한 경우에는, 만약 그가 집에 있었다면 관 앞에서 취했을 자세로 곡을 한다. 그러나 음식을 제물로 바칠 수는 없다. 다만 집에 아들도 손자도 없는 경우에는 음식을 바쳐도 된다. 그는 임종 소식을 들은 지 나흘째 되는 날에 성복한다.

그가 집에 도착하기 전에 매장을 하면 그는 집으로 가기 전에 무덤에 가서 통곡하고 머리를 조아린다. 그가 이미 성복하지 않았다면 무덤에서 한다. 집에 없는 손자들과 다른 친척들은 상중에 취했을 자리에서 슬피 울며 통곡한다. 나이 든 사람들은 자기 방에서, 그리고 어린 사람들은 다른 방에서 한다. 임종 소식을 들은 후 사흘 동안 아침저녁으로 곡을 한다. 상제가 집으로 가든 안 가든 나흘날에는 성복을 한다. 매달 첫 번째 날에 슬피 울며 통곡을 하고, 이것은 몇 달째 계속된다.

무덤

제단이라고 부르는 30센티미터 높이의 돌이 이미 무덤 뒤쪽의 땅²⁹²에, 그러나 정북正北을 향하지는 않도록 세워져 있다. 두께는 상관 없이 약 60센티미터 길이의 자두나무 나무토막 일곱 개를 고른다. 축문을 읊는 사람(학자) 넷이 집행해야 할 순서들을 차례로 읊는다. 사람들을 임명하여 각 순서를 감독하도록 한다. 돗자리 두 개를 준비하여 하나는 제물을 바치는 데 쓰고, 다른 하나는 무릎을 꿇고 절을 하는 데 사용하도록 한다. 그리고 소렴 때 이미 언급했던 음식, 술, 향 등 여러 물건들도 준비한다. 이번에는 '제문'을 종이에 쓰지 않고 판자에 쓰고, '좋은' 혹은 상서로운²⁹³ 날을 골라 무덤을 판다.

이른 아침 상주는 집에서 슬피 울며 통곡한다. 그러고 나서 여러 책임자들과 지관을 앞세우고 무덤으로 향한다. 그는 일곱 개의 자두나무 막대기 중 세 개를, 무덤 터 양끝에 하나씩 그리고 가운데 하나를 박고, 나머지 네 개는 네 귀퉁이에 박는다.

가운데 꽂은 막대기의 왼쪽(동쪽)으로 제문을 읊는 사람들이 남쪽을 향하여 자리를 잡고, 술, 과일, 고기, 국을 앞에 차린다. 계속 평상복을 입고 있던 그들은 그 복장 그대로 가운데 막대기 앞(남쪽)에 서는데, 이 지점은 무덤 터의 모든 선이 만나는 곳으로서 '순위',

---

292 보통 집안마다 사유지 안에 묘지가 있다. 중국의 성 밖에 있는 무수한 무덤들은 고인의 친척들이 가족 묘지로 시신을 옮겨 갈 수 있을 만큼 부유하지 않은 경우이다.
293 중국과 조선의 학자들과 지식인들은 대부분 "매일이 같다"고 생각하지만, 로마인들이 그랬듯이 모두 상서로운 날의 지배를 받는다.

즉 '영혼의 자리 혹은 왕좌'라는 의미가 있다. 그리고 책임자들은 그들 뒤에 선다. 그들은 모두 함께 두 번 땅에 절한 다음 손을 씻는다. 그런 다음 축관들이 향을 피운 상 앞으로 나와 잔에 담긴 술을, 타고 있는 향 앞의 땅에 쏟는다. 동시에 큰 그릇 안에 종이를 넣고 태운다. 그리고 두 번 땅에 절한다. 무덤 앞에 술을 더 바치고 축관[294]의 왼편으로 가서 동쪽을 보고 무릎을 꿇고 축문을 읊는다. 이것을 마친 다음에 낭송자들이 두 번 절을 한다. 축관과 책임 맡은 사람들도 똑같이 한다. 이것이 끝나면 상주는 묘 앞으로 가서 슬피 울며 통곡하고 땅에 대고 두 번 절한다. 그곳에 이미 조상들의 묘가 있다면 상주는 그 앞에도 제물을 바치며 새로 도착할 사람을 고한다. 그다음에 무덤을 파고 석회를 바닥에 뿌리고, 그 위에 모래 혹은 흙(석회 2/3, 모래 1/3)을 덮는다. 죽은 사람이 그곳에 첫 번째 부인과 함께 묻힌 남자의 두 번째 부인인 경우에는 남편의 무덤에 묻을 필요가 없으나 그렇게 해도 무관하다.

---

294 우리가 축관이라고 부르는 학식이 있는 사람과 구분된다. 이 영창자는 여러 가지를 낭송하며, 작고한 사람의 아들이 하는 경우도 있으나 그가 할 수 없는 경우에는 축관들 중 한 사람이 한다.

장례

관을 넣을 틀을 준비해야 하기 때문에 받침대로 쓸 얇은 널빤지 네 개, 고인의 이름을 쓴 신주神主라고 부르는 작은 나무토막과 이것을 에워쌀 '독'이라고 부르는 작은 상자 혹은 성물함, 그리고 관 앞에 놓을 0.3제곱미터 넓이의 무명, 검은 비단, 돗자리, 관의 아래쪽 가장자리에 빙 둘러칠 4.5미터의 무명, 아주 두꺼운 송판, 관 아래 가로질러 놓을 또 다른 송판, 초롱, 향로를 넣을 영여靈輿 혹은 '영혼수레'(집을 축소시킨 모양), 의자, 탁자, 큰 우산, 관 앞에 놓을 병풍, 그리고 땅에 깔 돗자리 등이 필요하다.

장례 바로 전날에 제물을 준비하고 관을 옮긴다. 축관과 집사자들은 집에서 명정을 가지고 나와 관 왼편에 놓고, 음식과 과일, 고기, 국을 차린다. 축관은 손을 씻고, 향을 피우고, 술을 따른다. 그리고 이것이 끝나면 북쪽을 향하여 무릎을 꿇고 큰 목소리로 떠나간 영혼에게 이렇게 말한다.

"오늘은 길일이기에 감히 고하나이다."

그런 다음에 천천히 일어나며 눈은 공손하게 땅을 향한다. 상주를 선두로 모두 슬피 울고 통곡하며 땅에 대고 두 번 절한다. 그리고는 일가의 조상들이 있는 곳으로 관을 가져간다(집 안 혹은 옆에 이들을 위해 마련된 사당이 있으며, 이것은 조상들에게 그 숫자가 하나 늘었음을 알리기 위한 것이다). 이 사당 안에서 울부짖음과 통곡이 반복되며 이것은 관을 다시 가지고 나갈 때까지 계속된다.

해가 뜨기 시작하면 제물을 바친다. 책임을 맡은 사람이 명정을 가지고 방에서 나가 관[295]의 왼편에 놓는다. 음식, 술, 고기, 국을 관 앞에 놓고, 향을 피우고, 술을 따른다. 그러고 나서 축관이 북쪽을 향하여 무릎을 꿇고 말한다.

"예법에 따라 당신을 영원히 보내 드려야 하며, 이 오전 시간조차도 여기 계실 수가 없나이다. 오늘, 조상들의 법에 따라 상여가 틀림없이 올 것입니다."

그러고 나서 그는 눈을 땅으로 향한 채 천천히 일어나고, 상주를 선두로 모두 슬피 울며 통곡하고 땅에 대고 두 번 절한다.

해가 뜨기 전, 상여가 도착하기 전에 모든 일이 끝난다. 관의 틀 혹은 들것이 들어오면 정해진 사람이 관 앞에 음식을 놓았다가 치운다. 해가 뜨면 다시 제물을 바친다. 축관은 북쪽을 향하고 무릎을 꿇고 이렇게 말한다.

"오늘 상여가 문 앞에 왔음을 감히 고하나이다."

---

295 관은 이제 조상들의 위패가 모셔진 방의 마루에 있다. 이 위패들을 위한 방이 집 안에 따로 있고, 관은 그 육중한 크기 때문에 방 안으로 들고 들어갈 수가 없다.

그러고 나서 영좌를 관 옆에 놓는다. 여자들은 모두 물러가고 기다리던 사람들이 가까이 와서 관을 상여 혹은 수레에 싣는다. 정해진 사람이 영좌를 관 앞에 남쪽을 향하게 놓고 제물을 바칠 것을 명한다. 명정을 든 사람이 가까이 와서 관 옆에 서고, 음식,[296] 술, 고기, 국을 놓고, 향을 피우고, 술을 따른다. 축관은 무릎을 꿇고 말한다.

"상여가 준비되었으니 무덤으로 출발하려 합니다. 모든 필요한 준비가 완료되었고, 우리는 다시는 서로 얼굴을 볼 수 없게 되었나이다."

그러고 나면 상주를 선두로 슬피 울며 통곡하고, 땅에 대고 두 번 절한다. 그런 다음 정해진 사람이 제물과 축문을 썼던 종이를 치우고, 명정을 상여 중앙의 관 위에 놓는다.

무덤에 도착하면 영좌를 관 앞에 두는데, 관은 무덤의 남쪽에 깔아 놓은 돗자리 위에 북쪽을 향하도록 놓는다. 술, 과일, 고기, 국을 또 관 앞에 차리고, 상주는 술의 동쪽 편 땅에 엎드려 슬피 울며

---

[296] 긴 여행을 앞두고 있기 때문에 반복해야 한다. 이렇게 자주 알려 주는 이유는 음陰 혹은 부정적인 상태로 존재하는 영혼에게 자기 몸이 어디서 쉴지 확실히 알려 주기 위해서다. 아무런 실용적인 효과가 없다고 해도 영혼은 죽지 않는다는 믿음은 동양의 모든 나라에서 강력한 힘을 발휘한다. 그리고 이런 모든 격식에 치우친 의식들은 떠나간 자에 대한 존경심과 애정의 표현이기도 하지만, 그를 쉽게 하여 산 자들을 괴롭히지 않게 하려는 것이기도 하다.

통곡한다. 관은 완전한 수평을 이루며 내려가도록 주의를 기울인다. 상주와 다른 사람들은 울음을 그치고 관을 내리는 것을 가서 본다. 명정을 깃대에서 떼어 관 위에 던진다. 그러나 명정은 주름이 잡히지 않도록 펼쳐야 한다. 네 개의 얇은 널빤지를 아래쪽 각 면과 위쪽 면에 놓는다. 상주는 검은 비단 조각을 관 옆에 넣고, 두 번 절을 하고 머리를 조아리며 주위의 다른 친척들은 슬피 울며 통곡한다.

집사자는 제단 혹은 위에서 언급한 돌의 신에게 제사를 지내기 위해 무덤 옆에 상제들이 제자리를 잡도록 하는데, 이 신이 무덤의 책임자다. 이 돌은 원래 묘의 북쪽에 있었으나 미리 옮겨 묘 옆에 둔 것이다. 그리고 술, 과일, 고기, 국을 그 앞에 차린다. 평상복을 입은 축관들은 제단 앞에 서고, 집사자는 그 뒤에 선다. 이들은 모두 두 번 절하고, 손을 씻고, 축관이 향을 피우고, 술을 땅에 붓고 두 번 절한다. '순위' 앞에 술을 놓고 영창자는 축관의 왼편에서 동쪽을 향해 절하고, 무릎을 꿇고 이 무덤을 지키는 신에게 축문을 읊으며 고인이 평안한 잠을 잘 수 있도록 보살펴 달라고 기도한다.

관 바로 위에는 석회, 숯, 흰 돌가루를 뿌리는데, 이것은 후에 아내(혹은 남편)를 위해서 무덤을 팔 때, 전에 있던 관을 건드리지 않고도 그 위치를 알 수 있게 하려는 것이다.

무덤에서 집으로 돌아올 때는 상주를 제외하고 모두 슬피 우는데,

상주는 관을 운반했던 상여에 앉고 그들은 곡을 하며 집을 바라본다. 그들은 그가 내릴 때 또 울며, 집으로 들어가면서 또 통곡을 하고, 집 안에서는 애도하는 축문을 또 읽는다.

신주를 무덤에서 가져와 영좌에 놓고, 상주를 중심으로 모두 집 안에서 슬피 울며 통곡한다. 집안일을 하는 여자들이 영좌 앞에서 통곡한다. 이 통곡이 멈추면 종이를 태우기 위해 온 손님들을 맞아들여 절을 하고, 슬피 울며 영접한다. 모든 가까운 친척들을 모이게 하여 또 곡을 한다. 1년 혹은 9개월 동안만 상복을 입는 사람(손자, 조카 등)은 고기, 음식, 술을 대접받는다. 그러나 가족들은 먹거나 마실 수 없고 다른 사람을 접대하기만 한다. 이들은 손님을 접대하는 주인 노릇을 하지만 즐거운 잔치를 베푸는 것이 아니며 상중에 있다는 것을 분명히 한다.

제사

술을 바치거나 붓는 것만으로는 제사라고 할 수 없다. 제사는 이미 여러 번 언급했던 네 가지 음식과 두 번의 절을 포함한다. 첫 번째 제사인 우제虞祭[297]는 매장하는 날 치르는데 상주를 비롯해서 모

두 얼굴과 몸을 씻는다.[298]

　제사와 관련된 모든 일은 관여하는 사람이 정해져 있다. 세 종류의 과일 그리고 고기 한 조각을 고인에게 음식으로 바치고, 익힌 채소 한 접시, 국 한 그릇, 익히지 않은 채소 한 접시,[299] 혹은 맛이 잘 든 간장 한 접시를 놓는다. 익히지 않은 채소 옆에는 식초 접시를 놓는다. 생선 요리는 아주 싱싱한 것으로 해야 하며, 세 종류의 고기 요리[300]는 작은 조각으로 썰어야 하고, 국은 다섯 가지를(가난한 사람들은 세 가지로 족하다) 해야 한다. 과자와 끓인 밀가루, 고기를 넣은 국, 숟가락과 젓가락 한 쌍, 사초莎草,[301] 모래, 향로로 쓸 석판, 향로, 향합, 양초, 술잔, 음식과 함께 상 위에 놓을 두 번째 술병이 필요하다. '정'은 음식을 넣는 큰 그릇이다. 그리고 '수'는 같은 목적으로 쓰이는 그보다 작은 그릇이다. 이 그릇 두 개에는 고기와 생선 요리를 담아야 한다. 생명(동물)을 가진 것들은 하늘이 내린 것이기 때문에 양[302](혹은 양극)의 원리를 타고난 것으로 보며, 구하기 힘든 것일

297　우Yu. 7일 간의 애도.
298　'깨끗한 손'은 음식을 바칠 때마다 반드시 지켜야 하는 사항이다. 이 관습이나 위에서 언급한 다른 관습들이 얼마나 오래되었는지 굳이 밝힐 필요는 없을 것이다.
299　양파, 마늘 그리고 이와 유사한 채소들은 올리지 않는다.
300　돼지 간, 생선, 꿩으로서, 세 종류의 생물이다.
301　흰색이며 물속에서 자라지만 갈대는 아니다.
302　중국 철학의 목적론目的論에 따르면, 무한함이 그 위대한 최초를 생성시켰다. 그리고 이 위대한 최초가 '양'과 '음', 즉 양적이고 음적인 혹은 적극적이고 소극적인 원리를 생성했는데, 바로 남성과 여성의 유형을 말하는 것이다. 이때 남성은 양이고 여성은 음이다.

수록 제사 때 귀하게 여겨진다. '변'과 '두'는 나무 쟁반으로서 땅의 산물(과일, 곡물, 채소)을 담는다. 이런 것들은 음(음극)의 원리를 타고 난 것이기 때문에 한 종류 이상을 내야 한다. 그 외에 여러 음식, 과일, 술, 전奠[303]이 차려진다.

집사자는 영상, 즉 영혼 침상의 동쪽으로 상의 바깥쪽에 과일 그릇을 놓는다. 고기, 익힌 채소, 간장, 고깃국, 날 채소를 담은 그릇은 과일 안쪽에 한 줄로 놓는다. 세 번째 줄은 우선은 비워 두었다가 '혼'이 먹기 위해 내려오면[304] 전으로 채운다. 영상의 북쪽으로 술잔을 놓고 옆에 숟가락을 놓는다. 이것은 상의 서쪽이며, 식초 그릇과 숟가락 하나를 따로 접시에 담아 놓음으로써 술잔과 함께 첫 번째 줄을 채우게 된다. 술이 담긴 술병은 영상의 동남쪽 구석에 놓는다.

축관은 신주를 가지고 나와 독좌를 열고 신주를 보이게 하여 영좌의 왼쪽에 놓는다. 상주를 비롯한 모든 사람들이 방으로 들어와 슬피 울며 통곡한다. 이들과 '제주祭主' 혹은 제사를 올리는 임무를 맡은 가족이 함께 들어가 슬피 울며 통곡하고 영좌 앞에 서서 각자 자리

하늘은 양(해, 비 등)이고, 땅은 음이다. 이 양과 음이 함께 움직이고 반응하는 것에서 모든 생명, 즉 동물과 식물이 발생했다.
303 전은 고기, 생선, 밀가루 음식, 다식, 고깃국, 밥 등을 각각 다른 접시에 담아낸 것을 가리킨다.
304 혼백은 피워 놓은 향과 종이 위에 내려와 차려진 음식을 먹기 시작한다. 중국의 관습이 서양의 관습과 반대되는 경우가 흔히 있는데, 잔치를 할 때도 마찬가지로 과일로 시작하여 가벼운 수프와 밥으로 끝난다.

를 잡고 북쪽을 향해 선다. 상을 오래 치르는 사람들은 앞에 서고 짧게 치르는 사람들은 뒤에 선다. 연장자들과 지위가 높은 사람들은 앉고 다른 사람들은 선다. 남자 하인들은 동쪽에서 서쪽을 향하고, 여자들은 서쪽에서 동쪽을 향한다. 나갈 때는 연장자들이 먼저 나가고, 제일 어린 사람이 마지막으로, 그리고 하인들이 뒤따른다.

혼이 내리면 축문을 읽고, 곡은 하지 않는다. 상주는 손을 씻고, 영좌 앞으로 나아가 향을 피우고 두 번 절한다. 그러고 나서 그가 무릎을 꿇으면, 하인이 잔에 술을 따라 가지고 와서 무릎을 꿇고 상주에게 준다. 그는 술을 세 번에 걸쳐 모사에 붓는다. 그러고 나서 잔을 하인에게 돌려주고, 얼굴을 아래로 향하고 천천히 일어나, 계속해서 천천히 동일한 태도로 몇 걸음 물러나 두 번 절한다. 그런 다음에 애초에 서 있던 곳으로 돌아간다.

이제 전을 올린다. 음식을 올리는 사람이 생선, 고기, 구운 고기, 간, 곡분, 떡, 고깃국, 밥, 채소 국을 영좌의 왼편에 그보다 조금 앞쪽으로 놓는다. 요리마다 조금씩 덜어 태우는 종이 위에 던진다. 이렇게 음식을 연기로 만들어 고인의 영혼이 식사에 참여할 수 있게 한다.

고기(삶은?)는 술의 남쪽에, 곡물은 고기의 서쪽에, 생선은 식초의 남쪽에, 떡은 생선의 동쪽에, 구운 고기는 숟가락 접시의 남쪽에,

고깃국은 식초의 동쪽에, 밥은 술의 서쪽에 놓는다. 그리고 나서 여러 종류의 국을 세 번째 줄에 놓는다. '집사자' 혹은 음식을 올리는 사람은 이제 제자리로 물러간다.

첫 번째 술 올리기(초헌初獻)

  상주는 한두 걸음 앞으로 나아가 향로가 놓인 탁자 앞에 무릎을 꿇고 앉는다. 초헌자는 상에 놓인 술잔을 들고 채운 후에 상주 옆으로 가서 무릎을 꿇고 앉아 술잔을 건넨다. 상주는 술잔을 들고 사초와 모래에 조금 붓는다. 그리고 고개를 숙이고 천천히 일어나 술잔을 집사자에게 주면 그는 그것을 영좌 앞에 놓는다. 상주는 다시 무릎을 꿇었다가 천천히 일어난다. 그는 몇 걸음 뒤로 물러나 다시 무릎을 꿇는데, 이때 모두 함께 무릎을 꿇는다.

  축관은 축문판을 들고 상주의 오른편으로 가서 서쪽을 향하고, 무릎을 꿇고 축문을 읊는다. 다 끝나면 그는 일어나고, 상주를 비롯한 모든 사람들이 슬피 곡한다. 그리고 나서 그들은 천천히 일어나 두 번 절하고 원래 자리로 돌아간다.

두 번째 술 올리기(아헌亞獻)

 상주 혹은 그의 형제들 중 누구든 아헌자가 될 수 있다. 아헌자는 향로가 놓인 탁자 앞으로 나아가 무릎을 꿇는다. 집사자는 영좌 앞으로 가서 술잔을 들고는 다른 술잔에 술을 따른다. 그리고 첫 번째 술잔에 술을 따라 처음과 같이 무릎을 꿇고, 새로 따른 술이 담긴 술잔을 아헌자에게 건넨다. 그는 사초와 모래에 술을 조금 붓고 나서 초헌 때와 마찬가지로 천천히 일어나고, 집사자는 술잔을 원래 자리로 가져다 놓는다. 아헌자는 두 번 절하고 원래 자리로 돌아간다.

세 번째 술 올리기(종헌終獻)

 아들이나 남자 동생이 한다. 술을 올리는 사람은 아까와 마찬가지로 향로가 놓인 탁자 앞으로 나아가 새로 술을 받아 초헌 때와 똑같은 의식을 행한다.

음식 올리기

집사자는 술을 가지고 영좌 앞으로 가서 술잔에 술을 따른다. 그는 또한 음식 그릇에 숟가락을, 그 손잡이가 서쪽을 향하도록 놓는다. 쾌자 혹은 젓가락은 숟가락 옆에 똑바로 놓는다. 상주와 모든 다른 사람들은 밖으로 나가고 축祝 혹은 축관이 문을 닫는다. 영좌 앞에 문이 없는 경우에는 병풍을 친다. 상주는 문의 동쪽으로 서서 서쪽을 향한다. 상주보다 어리거나 지위가 낮은 사람은 그의 뒤에 선다. 주부는 문의 서쪽으로 서서 동쪽을 향한다. 그리고 최대한 침묵을 지킨다. 지위가 높은 애도자일수록 다른 사람들한테서 떨어져서 선다. 음식은 순서대로(532쪽) 놓고, 축관(축)이 문 앞으로 간다. 그는 북쪽을 향해 세 번 소리내어 한숨을 쉬고, 혼백을 불러 그를 위해 차린 음식을 들도록 초대한다. 그러고 나서 그는 누군가에게 문을 열거나 영좌 앞의 병풍을 접도록 명한다. 상주는 애도자들 모두와 함께 열린 문을 통해 방 안으로 들어가 슬피 통곡한다. 집사자는 고깃국을 가져가고, 차를 숟가락 옆에 놓아 바친다. 그리고 그는 다식 떡 세 접시를 후식으로 올린다. 조금 있다가 집사자는 이것들을 다시 가져다가 영좌 앞에 놓고, 여러 음식들을 모두 함께 넣어 섞는다. 그리고 뚜껑을 덮고 옆에 숟가락을 놓는다.

그리고 나서 축관은 상주의 오른쪽에 서서 제사가 끝났음을 알린다. 이 모든 의식은 고인에게 식사를 대접하기 위한 것이며, 아들이 그를 대신한다. 그리고 이 아들은 '이성利成'이라는 "제사가 끝났다"라는 말을 들으면 고인을 대신해 앉아 있던 자리에서 일어난다. 예전에는 이 대리자가 절차상 필수적인 인물이었으나 지금은 반드시 그렇지는 않다.

신주를 다시 사당에 모시는데, 안으로 가지고 들어가 독좌에 놓는다. 그동안 상주와 다른 모든 사람들은 슬피 울며 통곡하고 두 번 절한다. 그들이 잠시 통곡하고 멈춘 후에 축관은 축문을 적은 종이를 가져다가 태운다. 그리고 나서 그가 나가면 제관도 나가고 제사는 가족들이 두 번 절하는 것으로 모두 끝난다.

이 우제[305]는 장례가 있고 하루 다음 날 지낸다. 그리고 그 후로는 장례 전에 했던 것과 같은 제사를 매일 아침과 저녁에 올린다. 이 제사는 종이를 태우고 술을 바치는 것이 포함된다. 그러나 원한다면 더욱 정성을 들여 할 수도 있다.

---

305 초우初虞(옮긴이).

두 번째 우제[306]

그 형식은 첫 번째와 동일하다. 유일柔日이라고 부르는 길일 혹은 '부드러운' 날을 선택하여 이 두 번째 제사를 지낸다. 유일은 일진日辰에 을乙, 정丁, 기己, 신辛[307]이 드는 날이며, 각각 10일마다 온다. 장례 후 처음 맞는 이런 날 4일에 두 번째 제사를 지낸다. 전날 여러 음식, 과일, 술 그리고 전을 준비한다. 아침 일찍 축관이 신주를 영좌에 내놓는다. 첫 번째 우제를 그대로 반복한다.

세 번째 우제[308]

강일剛日 혹은 '센' 날 삼우제를 지낸다. 강일은 갑甲, 병丙, 무戊, 경庚, 임壬이 드는 날로 양에 해당하는 날이다. 유일은 음에 속한다(531쪽 주석 참고). 이 세 번째 제사는 모든 절차가 첫 번째와 두 번째의 반복이다.

---

306 재우再虞(옮긴이).
307 십이간지의 네 가지 동물을 가리키며, 중국인들은 이것을 쌍을 짓게 하여 독특한 부호를 만들어 육십 년을 아름다운 괘도로 표시했다. 첫 번째 절반으로는 요일을 나타냈다.
308 삼우三虞(옮긴이).

졸곡卒哭 혹은 상喪 후

　우제와 상이 끝나고 석 달이 지나면 졸곡이 강일에 시작된다. 하루 전날 여러 그릇과 집기들, 전을 준비하여 진열한다.
　다음 날 아침 일찍 일어나 음식을 술, 과일, 전과 함께 진설한다. 아침 일찍 길어 온 깨끗한 물을 그릇에 담아 놓는데, 이것은 아무것도 섞이지 않은 정화수이며 작은 상을 준비하여 놓는다. 이 물은 서쪽에 놓고 진짜 술은 동쪽에 놓는다.
　날이 밝으면 축관은 신주를 내와 영좌에 모신다. 상주 이하 모두 들어가 슬피 울며 통곡한다. 혼백이 내리면 전을 제대로 진설한다. 초헌례는 모든 면에서 우제 때와 같으며, 다만 동쪽을 향한다. 축관이 축판을 들고 주인의 왼편에서 동쪽을 향해 무릎을 꿇고 축문을 읽는다. 아헌례와 종헌례도 초헌례와 완전히 같으며 축관은 여전히 동쪽을 향한다. 이때부터는 아침저녁으로 울며 곡하는 일은 없다. 그러나 얼굴은 슬픈 빛을 띠어야 한다.
　졸곡 다음 날은 부제祔祭 혹은 모든 조상들에게 드리는 제사인데, 가족들 가운데 중요한 사람이 제물을 바친다. 가족들이 감당할 수 있으면 제사는 다른 큰 제사와 마찬가지로 한다. 그러나 얼굴에는 슬픔을 나타내야 한다.

소상 小祥

소련小練 혹은 소상은 1년 동안 상을 치른 후에 한다. 축관은 초헌 때와 똑같은 축문을 읽는다. 관 혹은 모자는 거친 흰 무명천으로 만들며, 둥그스름한 네 면은 네 잎 클로버를 닮았다. 옷은 대공大功, 즉 9개월 동안 상을 치르는 사람의 상복이다. 겉옷의 치마는 감치지 않은 구멍이 있고, 소재는 흰 무명천이다. 허리띠는 삶은 삼베여야 하고, 교차되는(어깨 위로 넘어가는) 띠도 같은 소재로 만든다. 신발은 삼을 꼬아 만든 끈으로 만들고, 지팡이는 대련大練 때와 같다. 연복(허리옷)은 수수한 색으로 해야 한다. 아버지가 살아 있고 어머니를 위한 상이라면 교대는 11개월이 끝날 때 입는다. 대련 혹은 '대상大祥'은 13개월이 끝날 때까지 입는다. 13개월이 지나면 상복을 벗고, 제사를 지낸 후, 평상복을 입는다. 소련小練은 상을 당한 지 12개월 후에 한다.

12개월이 완전히 지나기 전날 상주와 다른 상제들은 머리를 감고 몸을 씻는다. 제사 기구를 진열하고 전을 준비한다. 연복練服 혹은 갈아 입을 옷을 남녀 각각 다른 곳에 둔다. 남자는 수질首絰을 벗고, 옷깃의 솔기를 뜯는다. 치마의 단을 잘라 땅에 닿지 않도록 하고, 각각 작은 판자를 든다. 이 1년간의 애도 기간 중에는 금 장신구,

진주, 자수품 등으로 몸을 치장해서는 안 되며, 주홍색, 보라색 혹은 그 외에 붉은빛이 나는 것을 입어서 안 된다. 그 이유는 붉은색은 기쁨을 의미하기 때문이다.

1년째 되는 날 이튿날 아침 일찍 소채와 과실, 술, 전 등을 진설한다. 축관이 신주를 영좌에 내 모신다. 상주를 제외한 모든 사람들이 들어가 슬피 울며 통곡한다. 상주는 문 밖에서 상장을 짚고 서 있는다. 가족들은 상복을 입고 들어온다. 다섯 달과 아홉 달 후 상복을 벗은 먼 친척들도 제사에 들어온다. 그러나 화려한 옷은 피하고, 그들은 비통함이 충분히 표현될 때까지 계속해서 곡을 한다. 그리고 나서 그들은 밖으로 나가 각자 자리로 돌아간다. 그리고 상복을 평상복으로 갈아입고 다시 들어와, 축관이 "그만"이라고 말할 때까지 슬피 울며 통곡한다.

곡을 하는 동안 종이와 향을 태우며 신을 맞는다. 제물은 모두 우제 때와 같다. 세 번 잔을 올린 후에 신주를 다시 제자리에 모신다.

상중에는, 부친상이 되었든 모친상이 되었든 양쪽 모두든, 혹은 열세 달이 되었든 2년이 되었든 어떤 종류의 술도 마시지 않으며, 고기나 생선은 어떤 종류도, 또 마늘이나 그와 같은 종류도 먹지 않는다. 그러나 가족의 일원이 병을 얻어 일상적인 거친 음식을 먹지 못하여 생명이 위태로운 경우에는 술과 고기를 먹을 수 있으며, 몸이 회복되는 대로 먹는 것을 그만두어야 한다. 50세가 넘은 노인들은 기력을 잃지 않기 위해 고기를 먹어도 된다. 집을 벗어나는 것은 예의에 어긋나는 일이지만, 불가피한 일로 떠나야 한다면 상제는 안장과 등자를 흰 무명천으로 싸서 상중이라는 것을 알린다.

소상이 끝나면 아침저녁으로 잔을 올리던 것을 멈춘다. 그러나 음식은 신주 앞에 아침저녁으로 차린다. 그리고 곡하는 소리는 들리지 않더라도 마음과 얼굴로는 슬퍼한다. 이때부터는 먹을 수 있는 음식에 제한이 없다. 부친상이나 모친상을 당한 여자는 이제 남편의 집으로 돌아가며, 가족 중에 미혼인 여자는 결혼을 할 수 있다. 상장을 부러뜨려 울안에 버린다. 이제 상복을 벗어 하인들과 묘지기에게 나누어 준다.

대련大練 혹은 대상大祥

대련 혹은 만 2년 되는 기일의 축문은 초헌 때의 것과 같고, 모자 혹은 관은 소상 때와 같다. 의복의 깃은 똑바로 세워야 하며, 신발은 삶은 삼으로 만든다.

만 2년의 상이 끝나는 날 하루 전에 머리와 몸을 씻고, 모든 것을 소상 때와 똑같이 준비한다. 소상 때와 같이 해가 뜨기 전에 제사 지낼 음식을 갖춘다. 축관은 어스름할 때 신주를 내 모신다(541쪽).

세 번 잔을 올리고 나면 축관은 신주를 모셔다가 조상들을 위해 마련한 사당에 안치하는데, 모든 부유한 집 안에는 사당이 있다. 사당 문까지 가는 동안 상주와 함께 모두 곡을 하며 그곳에 도착하면 멈춘다.

모든 것이 끝나면 상주는 조상들의 사당에서 제사를 지낸다. 신주는 동쪽에 놓아 서쪽을 향하도록 한다. 그리고 만 3년이 지나면 남쪽을 향하도록 제자리에 놓는다.

그러고 나서 영좌를 철거한다. 상자를 부러뜨려 울안에 버린다. 상복은 벗어 하인들과 묘지기에게 나누어 준다.

담제禫 혹은 상복을 갈아입는 제의식

대상을 지낸 후 반 달이 지난 다음 날 거행하는 상례다. 평상복과 검은 모자, 검은 띠를 준비한다.

그 전날 머리와 몸을 씻는다. 영좌를 철거하기 전에 있던 자리에 신주를 놓을 곳을 마련한다. 제기들을 준비하고 전을 진설한다.

이른 아침 동이 트기 전에 채소와 과일, 술, 전을 차례대로 진설한다. 그런 다음에 상주는 조상의 사당으로 간다. 축관은 신주독을 가져와 신주를 영좌에 놓고, 상주 이하 모두 슬퍼하며 통곡하고, 슬픔이 충분히 표현되고 나면 멈춘다. 그러고 나서 그들은 각각 처소로 가서 상복을 벗고, 평상복을 입고, 다시 들어가 제자리에 선다. 이미 언급한 바와 같이 삼헌을 한다. 그러나 '신'을 보낼 때까지(즉, 신주를 내 모실 때까지) 소리 내어 곡을 하지 않고 있다가 모두 슬프게 울며 통곡한다. 그러나 사당으로 모셔 갈 때는 곡을 하지 않는다. 이때부터는 온 가족이 고기를 먹고 술을 마실 수 있다.

두 번째 장례 혹은 개장改葬

장지는 팔괘八卦를 근거로 신중하게 결정해야 하며, 첫 번째 매장과 동일하게 치른다.

첫 번째 관이 썩었다면 새로운 것이 필요하다. 그러나 오래된 것이 양호한 상태라면 그대로 사용한다. 관을 바꾼다면, 살이 모두 없어진 뼈는 제자리를 찾게 하여 다시 옷을 입히도록 한다. 관을 얹을 상여, 솜, 띠, 돗자리, 옷이 필요하다. 그러나 관이 온전히 남아 있다면 이런 것들은 필요없다. 모두 의복을 제대로 갖추어 입어야 한다. 3년상을 치르는 상제들(아들들)은 삼베 옷을 입고, 화려한 옷을 입어서는 안 된다. 묘를 열 때는 처음 장례 때와 마찬가지로 제단 혹은 묘 뒤의 조그만 돌에 후토제后土祭를 지낸다. 좋은 날을 택하여 묘를 열고, 후토제를 지내야 한다. 처음 장례 때와 마찬가지로 석회 등을 사용한다.

개장하기 하루 전날 조상들을 모신 사당에 술과 과일을 바치며 이를 고한다. 상주를 비롯한 가족들은 각자 정해진 위치에 서고, 신주를 모신 독을 연다. 행렬의 선두에 설 사람이 신주를 모시며, 모두 그 앞에 절한다. 종이와 향을 태워 혼이 내리면, 상주는 손을 씻고 향탁 앞에 서서 향을 피운 후, 두 번 절을 하고, 술을 따라 사초에 조금 붓고, 두 번 절한다. 술을 붓고 난 후에 그는 얼굴을 땅을 향하고 천천히 일어났다가, 다시 무릎을 꿇는다. 축관(가족의 일원)은 축판을 가져다가, 무릎을 꿇고 축문을 읊는다.

"…… 를 …… 년 …… 월 …… 에, 충실한 아들(혹은 때에 따라 손자), 등 등이 …… (친족 관계) …… (이름)님께, 오늘, 모시에 묘를 다른 곳으로 옮기려는 것을 고하나이다."

또한 혼백에게도 고하여 변화를 알려 몸이 쉬고 있는 곳을 알게 하며, 후에 몸이 어디로 옮겨졌는지 몰라 어려움을 당하는 일이 없도록 해야 한다.

그리고 나서 상주와 모든 다른 가족들은 각자 제자리에 서서 두 번 절한다. 그리고 그는 신주를 독에 안치하고, 신주를 향한 채 뒷걸음질을 쳐 물러난다.

옛 묘에 장막을 쳐서 남녀가 제자리를 잡을 수 있도록 한다. 장례일 이른 아침에 모두 장막으로 가서 순서대로 정렬한다. 상주는 거친 삼베 옷을 입고, 다른 사람들은 평상복을 입지만 화려한 옷은 금한다. 모두 슬피 울며 통곡하고 산신제를 지낸다.

묘를 열기 전에 묘 왼편(동쪽)에 관을 놓을 곳을 준비하고, 그 앞에는 술, 과일, 고기, 국을 차린다. 그런 다음 상주는 손을 씻고, 앞으로 나아가 무릎을 꿇고, 향을 피우고, 두 번 절한다. 그리고 땅에 술을 조금 붓고, 다시 두 번 절한다. 두 번째로 술을 붓고, 얼굴은 땅을 향한 채 천천히 일어난다. 그리고 나서 다시 무릎을 꿇는다. 축관은 무릎을 꿇고, 토지의 신께 이장하려는 사람의 이름과 지위, 축관의 이름을 밝히고, 그의 앞에 있는 자들을 도와 달라고 기도하며 음식을 바친다.

묘가 열리기 직전에 모두 각자의 자리에 서서 슬프게 통곡한다. 그들은 두 번 절한다. 상주는 무릎을 꿇고, 향을 피우고, 두 번 절한다. 그는 술잔을 놓고, 땅에 술을 좀 붓고는, 다시 두 번 절한다. 두 번째 술을 붓고는 천천히 일어난다. 축관은 마치 죽은 사람을 부르듯이 세 번 소리 내어 탄식한다. 그런 다음에 축판을 들고, 무릎을 꿇고 앉아 축문을 읊어 고인에게 앞으로 일어날 변화를 알리고, '두려워하거나 불안해하지 말며' 곧 안전한 휴식처를 찾을 것이라고 고한다.

그리고 나서 하인들이 묘를 판다. 그동안 남자와 여자들은 슬피 울며 통곡한다. 관을 준비해 둔 상여로 옮기고, 남자와 여자들은 장막 안에서 곡을 한다. 남자는 동쪽에, 여자는 서쪽에 자리한다. 축관은 헝겊으로 관을 닦고, 홑이불로 덮는다. 채소, 과일, 고기, 국, 밥 등을 평상시와 같이 관 앞에 진설한다. 모두 곡을 하며 두 번 절한다. 향을 놓은 탁자 앞으로 나아가 분향하고, 술을 따라 올리고, 일부는 쏟는다. 그리고 천천히 일어나며 곡을 하고 두 번 절한다. 바로 모든 것을 치우고, 술과 과일만 남겨 둔다.

새 관을 장막 안에 남쪽을 향하게 놓는다. 관을 묘 입구로 가져간다. 책임을 맡은 사람이 새 관의 서쪽에 상(염상)을 놓는다. 옛 관을 열고 시신을 이 상 위로 옮기고, 새 관을 상여 위에 놓는다. 그리고 바쳤던 제물을 치우고, 축관이 전과 같이 무릎을 꿇고 고인이 어디로 옮겨지는지 고한다. 그리고 다시 제물을 바친다. 상주 이하 모두

가 슬피 울며 통곡한다. 축관은 손을 씻고 분향한 다음에, 술을 따르고는 무릎을 꿇고 이렇게 고한다.

"새 집으로 영구[309]를 모셔 갈 상여가 준비되었나이다."

장례 행렬은 첫 번째 장례와 똑같다. 사람들이 새 묘로 가서 미리 장막을 치고 영좌를 설치한다. 남녀가 따로 자리를 잡는다. 그들이 도착하면 첫 번째 장례 때와 같이 슬피 울며 통곡한다. 그리고 후토제를 지낸다.

집사자가 술, 과일, 고기, 국을 묘의 왼쪽에 진설한다. 상주는 손을 씻고, 무릎을 꿇고, 분향을 하고, 두 번 절한다. 다시 술을 올리고 또 두 번 절하며 술을 붓고, 천천히 일어났다가 다시 무릎을 꿇는다. 축관은 축판을 가져다가 무릎을 꿇고 고하기를, 토지의 신에게 새로운 방문객의 도착을 알리며, 그곳으로 온 고인을 돕고 보호하시어 후일에 어려움이 없도록 하여 달라고 기원하고, 지금 올린 술 등은 그(토지의 신)를 위한 것이라고 덧붙인다. 상주는 두 번 절하고, 축관과 책임을 맡은 사람도 두 번 절한다.

첫 번째 장례 때와 똑같이 영좌 앞에서 우제를 지낸다. 다만 다른 것은, 두 번째 장례에서 첫 번째 술을 올릴 때 축관은 이렇게

---

309 영구는 '관'과 '혼백' 모두를 가리킨다.

말한다.

"무덤을 바꾸지 않았더라면 제물을 올리고 기도를 올리지 않았을 것입니다."

두 번째와 세 번째 술을 올릴 때와 상주가 '떠날' 때도 처음 장례 때와 똑같다.

두 번째 장례식이 있은 다음 날에 조상들을 모신 사당에 이를 고하며, 상주와 다른 가족들은 제자리를 지킨다. 제일 앞에 있는 사람이 신주를 모신 독을 열고 그 앞에 세 번 절한다. '혼이 내려오면' 상주는 손을 씻고 분향을 하며, 두 번 절하고 술을 따른 후에 천천히 일어난다. 그리고 신주 바로 앞에 또 술을 따르고 무릎을 꿇으며, 다른 사람들도 모두 무릎을 꿇는다. 그런 다음에 축관은 신주에 그의 몸이 묻힌 날과 장소를 고한다. 상주는 천천히 일어나 두 번 절하고 원래 자기 자리로 돌아간다. 신주를 다시 제자리에 모시고 상주 이하 모두가 두 번 절한다. 신주를 독에 넣고는 뒷걸음질쳐 나온다.

그 후 석 달이 지나면 옷을 갈아입는다. 가족들이 곡을 하는 장소가 정해진 것이 좋다.

무덤 정리 혹은 '개사초改莎草'[310]

전술한 것으로 모든 것이 완료되었지만, 이것을 추가로 덧붙이는 것이 좋다고 생각한다. 좋은 날을 선택하여(다섯 번째 달, 즉 6월의 5일과 여덟 번째 달, 즉 9월 15일이 가장 좋은 달이다) 술, 과일, 고기, 국을 묘 앞에 진설한다. 상주는 손을 씻고 가까이 다가가, 무릎을 꿇고, 분향한 다음에, 땅에 술을 붓고 두 번 절한다. 묘 앞에 술을 조금 더 붓고 천천히 일어났다가 다시 무릎을 꿇는다. 축관은 세 번 탄식을 하고 무릎을 꿇은 뒤, 매장한 지 여러 해가 지났으나 묘를 아무도 돌보지 않아 이제 고치고자 한다는 내용 등을 고한다.

개사초를 할 때도 후토제를 지낸다. 술, 과일, 고기, 국을 책임 맡은 사람이 묘의 왼편에 진설한다. 상주는 손을 씻고, 앞으로 나아가 무릎을 꿇고 분향한 다음에, 술을 땅에 붓고 두 번 절한다. 묘 앞에 조금 더 붓고 천천히 일어났다가 다시 무릎을 꿇는다. 축관도 무릎을 꿇고, 토지의 신에게 전처럼 날짜와 이름을 말하고 묘가 파손되어 지금 고치러 왔다고 고한다.

---

310 윌리엄스는 이것을 사초라고 생각했다. 그러나 여기서는 단지 무덤 위에 자라는 풀을 가리킨다. 이것은 중국의 의식에 덧붙여진 것으로서 그들은 무덤을 엉망인 상태로 방치한다.
새뮤얼 웰스 윌리엄스(Samuel Wells Williams, 1812~1884) 미국 태생의 언어학자 이자 선교사, 중국학자(옮긴이).

"그러니 신께서는 우리를 도와주시고, 고인을 도우셔서 후일에 어려움이 없도록 하여 주시옵소서."

그리고 상주는 두 번 절한다. 축관과 책임 맡은 사람(제물을 바친 사람)도 두 번 절한다. 나중에 그들은 묻힌 사람이 편히 쉬기를 기원한다. 일꾼들의 일이 끝나면 책임 맡은 사람은 술, 과일, 고기, 국을 묘 앞에 진설한다. 상주는 손을 씻고 분향한 다음에, 묘 앞에 술을 따르고 천천히 일어난다. 그는 다시 무릎을 꿇고, 축관도 무릎을 꿇고는 고인에게 묘를 새로 고쳤으니 앞으로 다시는 방해를 받지 않을 것이라고 고한다.

전술한 바를 통하여, 조선인들의 관념 속에는 여자들이 남자들보

상인 부부 　　　　　　　　　아이들과 집

다 훨씬 열등하다는 생각이 있음을 단번에 알 수 있다. 여성의 위치는 종속적일 뿐만 아니라, 아내와 어머니로서의 지위 외에는 그 어떤 실제적인 지위도 없다. '죽음'의 편에서 진술했던 바와 같이 죽은 사람의 딸들과 누이들은 상복을 입을 수가 없으며, 그들은 죽은 사람의 가까운 친척 대접을 받지 못하고 각각 그들의 남편의 아내로 간주될 뿐이다. 이것이 너무나 심하여, 조선에서는 여자가 살았든지 죽었든지 자기 이름이 없고, 누구누구 부인, 즉 남편의 이름으로 불린다. 중국에서는 여자들이 자신들을 '노예'라는 말로 부른다. 조선에서는 상황이 더욱 열악했던 것이 분명하지만, 양국 모두에서 현명한 여자들은, 여성들이 존중받는 곳에서는 찾아볼 수 없는 화술의 힘을 빌려 원하는 대로 일부 존경을 얻는 경우도 있다. 분명한 사실은 기독교만이 중국과 조선의 여성들, 즉 유럽의 여성들을 모두 합친 것보다 많은 이들 본연의 사회적 지위를 찾아줄 수 있다는 것이다. 기독교만이 그들에게 그 위치의 존엄성을 부여할 수 있으며, 그들로 하여금 그 위치에서의 책임을 기쁘고 덕스럽게 감당하여 영향력을 펼치도록 할 수 있다. 그리고 만약 서방 세계의 여성들이 남녀간의 모든 실질적인 차별을 없애라는 지극히 정당한 요구를 한다면, 기독교 여성들은, 이 동방 여성들이 자신들이 처한 형편 때문에 다음 생에는 남자로 태어나게 해 달라는 간절한 기도를 할 때 이들의 비참한 처지를 완화시키려는 노력을 더욱 진지하게 해야 하지 않을까? 오직 기독교만이 그들을 구할 수 있다.

극심한 슬픔의 표현, 되풀이되는 제식, 떠나간 영혼을 부르는 행위 등, 위에서 언급한 모든 관습이 서구적인 개념으로는 이상하게 보일지도 모른다. 그러나 이것은 가족을 상실한 유족들의 깊은 슬픔을 나타내는 것이자 죽은 사람이 다시 살아나기를 바라는 마음의 표현이다. 그러나 실제로 살아날 것이라는 희망을 나타낸다거나 떠나간 사람이 제물을 정말로 먹을 것이라고 믿는다고 생각해서는 안 된다. 이 모든 것의 출처는 미신이 아니라 자식으로서의 헌신이며, 이것은 중국과 중국의 윤리학을 도입한 모든 국가들에서 최고의 덕목으로 꼽힌다. 따라서 여러 의식들과 관습들이 어이없게 보일지도 모르겠지만, 이 의식들의 진정한 의미는 아주 높이 평가되어야 한다. 그러나 슬프게도 동양의 다른 모든 덕목들과 마찬가지로, 이것도 이론적으로는 아름답지만 애처롭게도 실제로는 그렇지 못하다. 행실이 사악하여 부모를 살해한 사람일지라도, 관을 붙잡고 충분히 곡을 하고 무덤 앞에서 종이를 좀 태우고 나서는 자신을 효자로 간주한다.

제 11 장
종교

    조선 사람들은 신을 가리킬 때 그들 고유의 이름 하나와 중국어에서 빌려 온 이름 하나를 사용한다. 전자는 하늘이라는 말에서 나온 하느님이고 후자는 상제다. 하느님이라는 이름은 너무나 독특하고 너무나 보편적으로 사용되기 때문에, 앞으로 번역이나 설교를 할 때 이 문제를 두고 오래 전에 중국의 선교사들 사이에 있었던 보기 흉한 언쟁을 걱정할 필요는 없을 것이다. 중국에서 사용되는 이름은 로마 가톨릭 교도들이 도입한 것이다. 하느님이 전달하는 의미는 전지전능한 전능자이자 눈에 보이지 않는 신을 가리키는 의미로, 중국에서 대중적으로 사용되는 천노야天老爺라는 말과 같다.

중국에서 불교와 함께 융성하는 도교는 조선에는 거의 알려져 있지 않다. 유교는 윤리 체계이지 엄밀한 의미에서 '종교'는 아니다. 따라서 불교는 경쟁 상대가 없는 셈이며, 거의 300년 동안 많은 추종자들을 얻은 가톨릭교를 그렇게 여긴다면 또 모를 일이다.

불도 혹은 불교가 널리 숭배되며, 독신주의자인 중 혹은 승려 혹은 수도사들이 너무나 많아 성인 남자 인구의 4분의 1이나 된다고 한다. 수도에만 수만 명이 있다. 가장 중요한 상징은 부처이며, 이차적인 상징은 돌로 깎은 미륵이다. 대부분의 중국 불상들이 흙으로 된 것과는 다르다. 승려들은 중국에서보다 더 존경받는다. 그리고 조선에서는 중국에서보다 사회적 지위가 높은 사람들이 삭발을 하는 것이 분명하며, 이들은 종종 국가의 대신, 군대의 지휘관, 지방의 수령들, 그리고 그 외 다른 중요한 행정직들을 맡는다. 300년 전 일본이 침입했을 당시에 총사령관이었던 승려 사명당은 오늘날까지도 칭송을 받는다. 1877년에 평양감사는 승려였다. 이 행정직 승려는 중이라고 부르지 않고 대사라고 부르는데, 이것은 그가 '사원'이라는 의미이다.

승려의 의복은 검은색이나 회색인데, 바지는 대개 검은색으로서 일반 대중은 흰색을 입는다. 그들이 예배 때 입는 공식적인 예복인 가사는 중국의 것과 모양이 같으며, 오른쪽 어깨 위로 넘어가 왼쪽

팔 밑으로 나오게 되어 있다. 또한 법문을 읊을 때는 구부러진 지팡이를 짚는다. 그들의 염주는 108개의 염주 알로 되어 있으며, 기도할 때 이것을 열심히 센다. 로마 가톨릭교의 다양한 성직 등급과 일반적인 형식과 의식이 이들의 것과 갖는 놀라운 유사성은 아주 흥미롭다. 이것이 너무나 흡사한 나머지, 사제들은 신성한 성모님의 교회 예식들을 악마가 훔쳐 가 불교에 가르쳐 준 것이라고 비난하기까지 한다. 승려가 채식과 금욕의 법을 어긴 것이 발각되면 심한 매를 맞았다. 이런 면에서 그들은 중국인들보다 우수한 사람들로 여겨진다.

불교 신자들이 나라 전체에 골고루 분포된 것은 아니다. 어떤 곳은 승려들을 따르는 사람이 3분 1도 채 되지 않지만, 다른 곳은 거의 모두가 신자들인 경우도 있다. 열심인 신자들은 절에 부지런히 드나들지만, 다른 사람들은 한 달, 혹은 1년에 한 번씩 큰 축제 때 방문한다. 산신령을 믿는 사람들이 불교 신자들보다 많다. 이 신은 산을 대표하며, 그의 신전들은 가장 높고 가장 가파른 비탈 위에 있다. 이 신에게는 1년에 한 번 제사를 지내는데, 그날은 가족들의 소풍날이다. 제사 전 7일 그리고 제사 후 여러 날 동안 고기를 먹지 않으며, 곡식과 채소는 가능한 한 가장 신선한 것으로 한다. 쌀은 보통 때보다 여러 번 더 정성들여 찧어야 하며, 채소는 일곱 배로 깨끗이 씻는다. 그 사람이 입은 것과 집에 있는 것은 모두 청결해야 한다. 이런 점에서 인도의 동지 축제와 같다. 중국인들과는 숭배하는 방식은 완전히 다르지만, 산신령의 개념은 중국에서 온 것으로 생각된다. 고대 그리스에서와 마찬가지로 중국에도 오래전부터 존재했고 지금도 존재한다.

용왕은 비의 신으로서 산신령을 믿는 사람들은 모두 이 신을 믿는다. 불교를 믿는 사람들 모두가 여기에 포함되며, 불교 신자들이 아닌 사람들까지 여기 더해진다. 전쟁의 신은 수도에서만 숭배되며, 그를 위한 신전이 두 군데 있다. 그러나 중국에는 도시마다 하나씩 있다.

공자는 1년에 두 번, 봄과 가을에 각각 한 번씩 제사를 지내 숭배한다. 그러나 각 도시를 다스리는 시장이 이를 관장한다. 왕은 수도에서 제사를 지낸다. 몇몇 제자들에게도 제사를 지낸다. 시장은 돌로 만든 신전 안에서 양을 제물로 바친다. 조선에는 양이 없기 때문에 제물로 바칠 양은 '고려문高麗門'에서 중국인들에게 구입한다.

불멸에 대한 교리는 중국식 불교가 번성하는 곳이면 어디든 필연적으로 따라다닌다. 채식주의 신도들이나 승려, 중 등이 갖는 야망은 절제하고 부지런히 불경을 읊는 것으로 로마 가톨릭교의 성자와 동등한 '신'이 되는 것이며, 양자는 비슷한 방식으로 도달된다. 그러나 불교의 가장 고결한 염원은 영혼이 열반 혹은 무$_無$의 경지에 이르는 것이며, 이것은 사실 영혼의 소멸을 의미하는 데, 영혼이 독립된 존재로서 존재하지 않게 된다. 그러나 모든 인간의 영혼이 불멸이라는 믿음은 보편적인 믿음은 아니며, 특히 조선 사람들 사이에서는 일반적으로 실재적인 믿음은 아니다. 저자가 최초로 만난 조선인은 사람들이 영원히 존재하는 운명을 지닌 영혼을 가졌다는 관념을 조롱거리로 여겼다. 왜냐하면 승려나 경건한 사람들만이 그렇게 살 수 있다고 믿었기 때문이다. 그가 아주 무지한 젊은이였던 것은 사실이다. 그러나 지금은 나와 함께 지내는 조선인 학자가 처음으로 내 주의를 끌었을 때, 그는 궁핍한 삶을 끝내기 위해 낯선 사람들 사이에서 아편을 마실 참이었다. 이런 행동을 할 수 있는 사람이라면 불멸은 허구에 불과할 것이다.

위에서 언급한, 세상을 떠난 사람에 대한 제사와 인사말은 불멸에 대한 믿음을 암시하는 것으로 보일지도 모르며, 불교가 보급된 곳이라면 어디든 필연적으로 죽음 후에 영혼의 존재가 희미하게나마 있다는 것을 부정할 수 없다. 그리고 특히 조상들을 섬기며, 세상을 떠난 영혼들이 살아 있는 사람들에게 좋고 나쁜 영향을 끼칠 수 있다고 믿는 곳에서는 더욱 그렇다. 육체에서 분리된 상태의 본질에 약간이라도 접근하는 개념을 이해하려고 시도했던 동양 사람은 없을 것이라고 생각한다. 위에서 언급한 매장 의식으로 미루어 볼 때, 죽음을 가까운 친구들과 훌륭한 사람들 사이의 영원한 이별로 간주하는 것이 분명하다. 고인이 된 사람과 아주 가까웠던 유족들의 쓰라린 통곡은 세상을 떠난 사람의 이제 '영원히' 가야 한다는 공허한 절망에 없어서는 안될 동반자이다. "우리는 그의 얼굴을 다시는 볼 수 없으리"라는 동양의 철학과 종교와 "죽지는 않았으나 먼저 간다"는 기독교는 얼마나 대조적인가. 설사 틀린 것이라고 하더라도 죽음은 우리가 생명처럼 사랑하는 사람과 잠시 떨어지는 것이라는 믿음은 살아 있는 사람들에게 얼마나 큰 위안이 되는지 모른다. 그러므로 '생명과 영생을 드러내신' 하느님께, 그가 인류를 위해 그 이상 아무것도 하지 않았다고 하더라도 깊은 감사를 드려야 한다. 조선의 상황은, 동양의 모든 나라들이 그렇듯이, '몸으로 행한 것을 따라' 그 삶의 성질이 결정된다는 믿음 외에는 일반적인 도덕성이 발디딜 곳이 없다는 사실을 증명해 보여 준다.

다음은 종교에 대한 조선의 문서를 번역한 것이다.

조선에는 네 가지 분파가 있다. 첫 번째, 도교$_{道敎}$다. 그 가르침은 두 마디로 요약할 수 있다. '청$_{淸}$'[311]과 '공$_{空}$'[312]이다. 이 종교의 제자들은 겸손하며 거만하지 않아야 한다. 그러나 평판이 좋지 않은 사람이 제자가 되면, 그는 기도와 음악(사람을 회복시켜 준다)을 멈추고, 자비심과 정직함을 저버린다.

두 번째는 풍수설로서 요나라 왕[313]의 두 신하였던 '후'와 '호'에게서 유래했다. 지적인 능력이 어느 정도 있는 사람이 이 종교를 받아들이면, 그는 사람들이 어떤 일을 하는 데 언제가 운이 따르는 기회이고 언제가 그렇게 하는 것을 삼가야 할 때인지 그의 규칙을 따르게 한다. 지적인 능력이 아주 부족한 사람이 이 종교를 받아들이게 되면, 그는 인간 행실의 규칙을 저버리고 귀신, 즉 악마와 신 혹은 미신의 충성스런 하인이 된다.

세 번째는 법관 혹은 법 종파이다. 이들은 관리로 임명된 사람들로 구성되며, 선행에 대하여는 상을 주고 악행에 대하여는 벌을 주며, 원칙과 법에 따라 행동해야 한다. 그러나 이기적인 사람이 이 위치에 오르면, 그는 사람들을 훈계하기를 그만두고 자비심과 사랑

---

311 마음, 몸, 사원이 청결해야 한다.
312 선하건 악하건 어떤 생각과 욕망도 버려야 한다. 그 이유는 완전함이란 모든 생각을 버림으로써 마음의 완벽한 평정에 이르는 것을 말하기 때문이다. 따라서 달란트를 낭비하지 않고 손수건에 잘 싸 두었던 그 사람이 훌륭한 사람인 것이다.
그러므로 분리된 개인으로서 존재하기를 그만두어야 완벽한 행복에 이른다고 하겠다. 여기서는 '도'라고 부르지만 그 이름과 내용은 사실은 불교에 속한다(『마태복음』 25장 14절의 비유)(옮긴이).
313 풍수설의 발생은 중국의 복희 때보다 훨씬 후대이다.

을 버린다.

네 번째는 묵교墨敎다. 묵은 사람들이 지식을 얻는 방편이다. 그러므로 묵은 아주 가치 있는 것으로서 소중하게 여겨야 한다.[314] 이 종파의 창시자는 맹자와 동시대 인물이었으며, 자신을 묵자라고 불렀고, 묵교를 제정했다. 그는 초라한 집이나 산속의 동굴을 마땅히 기거할 집으로 여겼다. 그들의 교리에 따르면, 젊은이들은 오시午時(오전 2시)에 일어나 세 사람의 연장자들(아버지, 어머니, 나이든 손님)의 시중을 들어야 한다. 그리고 모두를 '사랑'하라고 가르친다. 그러나 편협한 사람이 이 종파의 일원이 되면, 그는 보편적인 사랑의 교리를 너무나 논리적으로 실천한 나머지, 가까운 가족과 바깥세상을 구별하지 않는다.

어느 저자가 이렇게 말했다.

"그러나 하늘 아래 참된 교리는 하나밖에 없으며, 나머지는 모두 그릇된 것이다. 진실된 사람은 그의 진실함에 따라 대접받고, 거짓된 사람은 그 거짓됨에 따라 대접받아야 한다."

주석자가 말했다.

"이것은 어린아이의 말이다. 누가 같지 않은 것을 같게 만들 수

---

314 '펜과 칼'에 관한 영국 속담 비교.

있겠는가? 100명이 모이면 거기 도둑이 하나 있다. 그러나 그 도둑이 누구인지 모른다면 어떻게 99명을 정직한 사람으로 대접할 수 있겠는가? 장끼 한 마리가 울면, 까투리 100마리가 따라간다. 바람처럼 신속하고, 번개처럼 빨라 인간은 설 곳이 없다. 근거 없는 의심과 험담의 대상이 된 적이 없는 사람이 어디 있겠는가? 이것이 견디기 힘든 일이다. 문중서[315]는 행동을 교정하기 위해서는 한 방향으로 단호하게 마음을 쏟아야 한다(여론에 개의치 말고). 이것은 극도로 중요한 진술이다. 지식에 지식이 더할 때까지 끊임없이 생각하고 행동으로 옮겨야 할 것이다. 각 문장은 그 전 문장보다 의미심장하다. 가지에서 가지가 나오고 봉오리에 봉오리가 더해져, 참기 힘든 말을 들으면 은전을 훔쳤다고 고발을 당했던 부이와 공금을 횡령했다는 혐의를 받았던 보연과 같아질 것이니, 이들은 100대 수레 분량의 비난을 받고도 자신들의 위치를 충성스럽게 지켰다. 화살에 상처를 입은 새는 구부러진 나뭇가지를 볼 때마다 두려움에 떨고, 햇빛 때문에 고생을 한 소는 달이 뜰 때마다 '음매애' 하고 큰 소리로 울 것이다."

　진리와 거짓을 구별하는 것의 어려움을 입증하는 것으로 조선인

---

315 누구인지 정확히 알 수가 없음(옮긴이).

도덕가의 말을 여기서 끝내도록 하겠다. 다만 '스스로를 기독교인이라고 부르는' 사람들이 이처럼 진정한 지식이 많고, 동일한 관용을 베풀 준비가 되었기를 바랄 뿐이다.

제 12 장
정부

법

  조선의 법률에 관해서는 특별하게 언급할 정보가 없기 때문에, 일반적인 내용을 밝히는 것으로 만족하겠다. 조선은 외국과의 교류를 허락하지 않으며, 중국과도 정부의 특별한 허가와 엄격한 감시 아래에서만 교류가 가능하다. 예수회가 북경에서 가장 융성할 당시에 이들은 조선으로 들어가려는 의지를 보였고, 중국에서 그랬던 것처럼 조선도 그 신앙의 문을 활짝 열었다. 그러나 국정에 참견하기 좋아하는 이들의 극단적인 성향이 불행한 영향을 끼쳐 이들은 조선에서 금지되었다. 그리고 지난 몇 년 전까지만 해도 조선의 신자들 사이에 숨어 있던 예수회 수사들이 모진 박해를 받았다. 단지 프랑스 수사 두 사람만이 피신할 수 있었는데, 이들은 많은 수의 신도들을 데려갔다. 중국은 다른 식으로 박해를 했는데, 정부는 서양의 사제들을 민중들로부터 보호하기 위해 최대한의 노력을 기울였으며, 그들을 마카오의 포르투갈 사람들에게 안전하게 인도했고, 오히려 국가의 법규와 관리들의 말에 순종하지 않는 국민들을 박해했다. 사제들의 죽음을 복수하기 위해 한강을 거슬러 올라온 프랑스 함대를 성공적으로 방어한 조선은, '외국'과의 어떤 접촉도 금하는 더욱 엄격한 법을 제정했다. 중국과 조선에서는 모든 서양인들이 '외국'으로 뭉뚱그려져 있다. 무명 수입을 금하는 법도 바로 이러한 개념을 기본으로 하고 있다. 무명이 영국산임에도 불구하고 조선인들은 자신들이 몰아낸 배의 소유국과 깊은 관계가 있다고 여겼으며, 조선 국경의 시장을 폐쇄함으로써 그 나라가 재정적인 어려움을 겪을 것이라고 믿었다! 당시 이 무명을 밀수했던 조선인 상인 두 사람은 참수당했으며, 조수 둘도 마찬가지 운명을 맞았다. 현재의 젊은 왕이 즉위한 후에야 이 금지령이 해제되어, 서구적인 조선인들이 자신들이 좋아하는 영국의 무명 옷을 입을 수 있게 되었다. 가까운 곳의 관리가 파악할 수 있는 지역의 해안에 중국인이 닿았다는 소식이 전해지면, 이 관리는 그를 체포할 책임이 있으며, 만약 중국인의 도피를 묵인하면 머리를 내놓아야 한다.

1년에 한 번 고위직 관리의 책임 아래 북경으로 국가적인 규모의 조공을 보낸다. 조선 상인들은 이 기회를 십분 이용하며, 조공을 운반하는 사람들의 수행원으로 따라가거나 혹은 허락을 받고 따라가 북경에서 금과 인삼을 판다. 같은 해에 이보다 덜 중요한 사절들도 파견된다. 사절단의 책임자가 일행 한 사람 한 사람의 통행증을 발급한다. 그리고 따라갔던 사람 누구든지 정해진 시간을 초과하여 체류한 사실이 밝혀지면, 그는 조선으로 돌아온 후에 벌을 받는다. 그러나 조공을 운반했던 사람들이 돌아간 후까지 길게 머문 사람은, 항상 다음 사절단과 함께 귀국하여 발각되는 것을 피할 수 있다. 내가 만난 앞니 하나가 빠진 사내는 불운한 축에 속했다. 그는 약재 한 보따리를 가지고 다들 하는 대로 북경으로 갔다. 조선의 약재는 중국에서 높이 평가된다. 그의 이야기에 따르면, 천진으로 간 그는 태수 리훙장의 앓아누운 아들을 진찰하는 데 불려 갔다고 한다. 그는 젊은이를 성공적으로 치료했고, 고맙게 여긴 아버지의 호의로 그 집에 3년을 머물렀으며, 그가 돌아갈 때 젊은이의 아버지는 말 등을 사도록 30파운드를 주었다. 집으로 돌아오던 천 씨는 요하의 서쪽 유역에 도달했을 때 도적들을 만나 모든 것을 빼앗겼는데 앞니도 그때 잃었다. 이 이야기는 사실일 수도 있고 아닐 수도 있지만, 당시 만주가 강도들로 들끓었던 것으로 미루어 볼 때 사실이 아닌 것 같지는 않다. 그 지역의 관리가 자신의 영내에서 일어나는 모든 일에 대한 명목상의 책임이 있었기 때문에 천은 관아로 가서 잃어버린 재산을 돌려 달라고 요구했다. 여기서 말다툼과 논쟁이 일어나자 조선 정부와 많은 연락이 오갔는데, 조선 정부는 천을 고향으로 잡아오라고 명령했고, 통행증 기간을 넘겨 머물렀다는 이유로 3년형을 언도했다. 그러나 그는 동생을 대신 감옥에 보내고 자기는 다시 중국으로 도망쳐 형기가 끝날 때까지 돌아가지 않았다. 그가 내게 이 이야기를 바로 그때 했으며, 사실이라면 기이한 이야기다.

조선인들은 독한 술을 아주 좋아하는데, 중국 북부에서 생산되는 독한 술을 구하면 이것을 마시고 늘 취하곤 한다. 또 직접 쌀로 독한 술을 빚어 마시고도 취한다. 정부에서는 엿기름에 대한 세금을 부과했다. 그러나 1876년에 수확량이 풍작의 3분의 1에 불과하자, 조선에서는 알코올의 증류와 판매가 엄격하게 금지되었으며, 위반하면 무거운 벌을 받았다. 곡식이 부족할 때면 언제나 이렇게 했다. 애주崖州한 곳에서만 1,500가구 이상이 술 판매에 의지하여 살았는데, 일부는 법을 무시하고 판매하다가 귀양을 가는 일도 있었.

정강이를 굵은 막대기로 때리는 것은 아주 흔한 형벌 방식이다.

그러나 막대기를 잘못 겨냥하여 종지뼈 바로 아래로 내려오면 즉각 죽는다고 하는데, 이것은 죄인을 다스리는 관리의 미숙함 탓이다. 살인자는 나무 판자에 묶인 채 맞아 죽는다. 도둑도 같은 벌을 받기 때문에, 관리가 이 법을 엄격하게 시행하는 지역에는 도둑이 없다. 노름꾼이나 빚을 갚을 능력이 없거나 갚으려고 하지 않는 사람도 매를 맞는다. 어떤 때는 정강이를 죽을 때까지 맞는다. 아편을 피우는 것으로 밝혀진 사람은 참수형을 당하지만, 사람을 호리는 이 치명적인 마약의 노예가 된 사람을 우리는 많이 보았다. 양귀비는 그 '아름다움' 때문에 조선에서 재배하기 시작했고, 이것은 그 속에 사람을 유혹하는 '연기'가 들어 있다는 것이 알려지기 훨씬 전이다. 그러나 그 즙과 식물은 오래전에 약제사의 상점에서 고통을 더는 데 사용되었으며, 현대 의학에서 아편을 사용하는 것과 같다. 사실 조선인들은 서양보다 먼저 아편을 사용했던 것으로 보인다. 우리는 외국의 대포가 조선으로 아편이 들어갈 문을 여는 일이 결코 없기를 바란다. 그러나 그런 일이 있은 후에는, 중국의 경우에 그랬던 것처럼, 정부가 아편 교역을 막으려는 강한 의지가 없다는 소리를 들을 것이다. 일본과 조선 사이의 협정에는 마약 거래가 엄격하게 금지되어 있다. 그리고 지금 마약을 피우는 조선인에 대한 법적인 처벌은 사형이다.

밀수는 다양한 처벌을 받는다. 인삼과 쇠가죽 밀수는 참수형에 처한다. 조선인들은 인삼을 밭에서 광범위하게 재배한다. 그러나 재배된 뿌리는 산에서 야생으로 자라는 오래된 뿌리에 그 효험이 미치지 못하는 것으로 여겨지며, 이런 야생 뿌리는 엄청난 값에 팔린다. 다른 종류의 밀수는 정도를 달리한 매질로 처벌받거나 유형에 처해진다. 싸우다가 잡힌 사람은 버릇없는 어린아이들처럼 맞으며, 손바닥으로 맞는 대신 대나무로 맞는다. 부모에게 순종하지 않는 사람도 심한 매를 맞는다.

관리들이 대가를 받고 죄를 묵과하는 것을 막기 위해, 어사御史라고 부르는 사복을 입은 고위 관리가 도시 혹은 행정구를 정기적으로 방문한다. 어御는 임금이라는 말이고, 어명御命은 법을 가리킨다. 어사가 관리의 행실을 조사하는 그 행정구의 주민들을 탐문한 후에 신호를 보내면, 사복을 입고 흩어져 있던 부하들이 "어명이요. 어명이요" 하고 소리치며 상관의 주위로 몰려든다. 이렇게 나타난 후에야 어사의 존재가 처음으로 알려진다. 절대적인 권력을 가진 어사는 업무를 처리하기 위해 당장 관아로 간다. 만약 그 관리가 뇌물을 받은 것으로 밝혀지면 수도로 압송되어 참수형을 당한다. 어사는 어디든 나타날 수 있으며, 즉석에서 어떤 죄도 벌할 수 있는데, 부모에게 불순종하거나 연장자를 욕하는 것도 포함된다. 그는 기근이들 때 특히 활발하게 활동한다. 이 중요한 스파이의 힘은, 군주에게 건의를 할 수 있을 뿐인 중국 감찰관의 힘에 비하여 훨씬 크다. 그러나 그럼에도 조선의 관리들은, 이웃 나라들과 마찬가지로, 최고위직에서 최하위직까지 그 시장가격이 있다. 그리고 법은 그 의도는 좋지만 하위 공무원들에게서 돈을 짜내는 엄지손가락 죄는 틀의 역할을 할 뿐이다.

"큰 물고기는 작은 물고기를 먹고, 작은 물고기는 새우를 먹고, 새우는 진흙을 먹는다."

왕실

당 왕조가 고구려를 제압한 후로 이 나라는 절대적인 자치 정부를 가진 적이 거의 없었다. 그러나 동시에 실제적인 자치 정부가 없었던 기간도 거의 없었다. 몇 년간의 불화와 살육의 결과로 확보되었던 만주 정부에 대한 가신의 신분과, 그보다 더 많은 해 동안의 심한 과세는 사실상 명목에 불과했다. 그 이유가 동정심 때문이었는지 정책적인 것이었는지 세금은 시간이 지날수록 가벼워져, 세금을 동반하고 가는 상품들을 생각하면 조선인들에게는 세금을 내는 것이 내지 않는 것보다 더 이익이다. 따라서 이 나라의 정부에 관해서는, 중국에 대한 명목상의 의존성을 언급하지 않을 수 없다. 조선은 매년 혹은 반년마다 북경에 조공을 보내는데, 수많은 상인들이 함께 따라가 조공으로 바친 액수보다 훨씬 큰 수익을 낸다. 왕으로 선택된 사람은 항상 재가를 받기 마련이므로, 왕위 계승자는 정식으로 인정을 받기 전에 먼저 중국 황제의 승인을 받아야 한다. 또한 중국 황제는 새로운 왕의 명칭을 수여하며, 이것을 위해 특사를 보낸다. 그러나 조선인들은 사태에 대처하는 데 아주 뛰어나다. 양국 국민들 사이의 교류를 금하는 쪽은 중국 정부가 아니라 조선 정부이며, 중국 땅에 숨은 것으로 알려진 자국의 국민들의 인도를 요구하여 데려간다. 한편으로는 중국 국민들이 해안에 접근하는 것을 절대적으로 금하고 있으며, 위반하면 당장 사형에 처한다는 조건을 달고 있다.

조선의 왕은 아마도 세상에서 가장 절대적인 사람일 것이며, 아무튼 완전히 개화된 혹은 반개화된 사람들 사이에서는 그렇다. 그리고 왕이 아무리 잔인해도 반란은 불가능했으며, 중국의 힘이 그를 지지하기로 서약했기 때문이다. 그러나 수많은 백성을 학대하는 모든 왕들처럼 세습 귀족들의 자비심에 많은 것이 달려 있었다. 이들의 수가 옛날에 비하면 많은 것이 아니고 실제적으로 국가의 행정권과 법의 집행을 좌우지하는 것도 아니지만, 평범한 왕에게는 너무

강하다. 옛날에는 영국의 남작들처럼 자신들의 도시의 절대적인 주인이었다. 지금은 그 수도 적고 옛날의 세력은 대부분 잃었지만, 그들 혹은 그들의 도당은 흔히 왕에게 명령을 내릴 수 있다.

현 왕조는 이씨 성을 가진 사람이 군주가 살해된 후 나라를 건국했고, 이 일은 역사에 기록되어 있다(422쪽). 그는 태수 혹은 설립자이다. 다음은 현재까지 내려오는 이 왕조의 계보이다.

	즉위	아들	딸	사망(나이)
태조 강헌대왕	1392	15	8	74
정종 공정대왕(둘째 아들)	1398	15	8	63
태종 공정대왕(태조의 다섯째 아들)	1400	12	17	51
세종 장헌대왕(선왕의 셋째 아들)	1418	18	4	54
문종 공순대왕(선왕의 장남)	1450	1	2	38
단종 공의대왕(선왕의 아들)	1452	--	--	17
세조 혜장대왕(세종의 아들)	1455	4	1	52
덕종[316] 회간대왕(선왕의 장남)	1468	2	1	20
예종 양도대왕(세조의 아들)	1468	2	1	20

---

316 조선 세조의 세자(1438~1457) 이름은 장暲, 자는 원명原明, 세자로 책봉되었으나 즉위 전 20세에 죽었다(옮긴이).

왕	즉위년			
성종 강정대왕(덕종의 아들)	1469	16	11	38
연산군[317](선왕의 장남)	1494			31
중종 공희대왕(성종의 둘째 아들)	1506	9	11	57
인종 영정대왕(선왕의 장남)	1544	--	--	31
명종 공헌대왕(중종의 아들)	1545	1	--	34
선조 소경[318](하성군)	1567	14	11	59
광해군[319](선왕의 셋째 아들)	1608			
원종 공량대왕[320](선조의 여섯째 아들)	1623	3	0	46
인조 장목대왕(선왕의 여섯째 아들)	1623	6	1	55
효종 충선대왕(선왕의 둘째 아들)	1649	1	6	41
현종 장각대왕(선왕의 아들)	1659	1	3	34
숙종 희순대왕(선왕의 아들)	1674	6	0	60
경종 각공대왕(선왕의 장남)	1720			37
영조 장순대왕(숙종의 넷째 아들)	1724	2	12	83
진종 각민대왕(선왕의 장남)	1776			11

---

317 그는 11년의 통치 끝에 교동으로 '추방'되었기 때문에 왕이 아니라 '군君'의 칭호를 받았다. '군'은 왕의 후계자가 아니라 그의 아들에게 주는 작위다.
318 명종의 아들이 계승해야 했지만 하성군이 대신 왕이 되었다. 혁명이 일어났다고 보이지는 않지만, 그의 이름은 왕위 계승 서열에 없다. 그는 모계 쪽으로 왕족이었다고 생각된다.
319 그는 14년의 통치 후에 유형에 처해졌다.
320 인조의 아버지(옮긴이).

정조 공선대왕[321]	1776	2	2	49
순조 선각대왕[322]	1800	2	3	45
익종 강목대왕(선왕의 장남)	1834	1	0	22
헌종 장숙대왕(선왕의 아들)	1834			23
철종 충경대왕(근친)	1849			33
황제[323](익종의 미망인에 의해 입양됨)	1864			

위의 목록은 치세 중인 왕이 어느 아들을 왕으로 할지 마음대로 고를 뿐 아니라, 원한다면 그들을 제치고 사촌이나 삼촌이 선택될 수도 있다는 것을 시사한다. 왕이 자식이 많은 경우에는 아내들도 많으며, 두 번째 부인 혹은 첩들의 수는 어림잡아 300명에 이른다. 본 왕비에게 아들이 있으면 보통 후궁의 아들은 대를 이을 수 없으나, 본 왕비에게 아들이 없거나 딸만 있으면 후궁의 아들을 적법한 후계자로 여긴다. 현재의 왕인 대원군의 아들은 선왕이 후계자가 없자 양자가 되었으며, 두 번째 왕비에게서 얻은 아들이 만 3세(4세)였고, 그 다음 해에 후계자로 선포되었으나, 왕비가 임신하여 아들

---

321 주 318 참고.
322 주 318 참고.
323 당시 그는 아이였다. 그가 어렸을 때 프랑스와 미국과 치른 두 번의 전쟁이 있었다. 그는 최근에 정권을 잡았다. 황제는 모든 조선의 왕이 생존시 취하는 명칭으로서, 시호는 늘 사후에 주어지는 이름이다. 중국어의 '쫑宗'은 조선어로는 항상 '종'이다.

을 낳아 그가 후계자가 되었다. 후계자의 나이는 7세(1879)이며, 다른 아들은 11세이다. 후계자는 왕이고, 다른 아들들은 '쭌'이라 하는데, 조선어로는 '군君'이다.

부部

강한 군주에게 조언을 하고 상의하기 위해, 또 유약한 왕을 안내하고 지휘하기 위해 의정議政이라고 부르는 세 명의 정승들이 있으며, 6부에 여섯 장관(판서)들이 있다. 국무총리는 영의정이며 중국어로는 영상, 즉 '최고 의원'이다. 두 번째는 좌의정으로, 중국어로는 좌상, '좌'[324] 혹은 수석 의원'이다. 세 번째는 우의정으로, 중국어로는 우상, '우 혹은 부의원'이다. 조선의 왕은 중국의 황제 폐하와 마찬가지로 세 명의 왕비, 즉 본 왕비와 좌, 우 왕비가 각각 다른 궁전에서 다른 체제를 이루고 산다.[325] 좌의정은 좌측 궁전을 관리하고, 우의정은 우측 궁전을 관리한다. 새로운 왕이 선포되거나 선택된 후계자가 황제의 재가를 받아야 할 때는 영의정이 북경에 대사로 간다.

---

324 '좌'는 명예로운 자리이며 중국에서 도입되었다.
325 영의정, 좌의정, 우의정을 빗대어 표현한 것으로 보임(옮긴이).

제12장 정부　575

판서 혹은 참판이 공물을 운반하는 사람들의 선두에 선다. 좌찬성과 우찬성, 즉 좌우 찬성은 세 의원들 다음이다. 인사부 장관인 이조판서, 차관인 이조참판, 차관보인 이조참의가 추밀원 혹은 정부 권력의 '중추'를 구성하는 여덟 구성원들이다.

다른 부 혹은 위원회의 장관들로는, 세무장관인 '호' 혹은 호판, 혹은 호조판서, 의례를 주관하는 예판 혹은 예조판서, 전쟁을 관할하는 병조판서, 형벌을 책임 맡은 형조판서, 공사를 책임 맡은 병조판서가 있다. 이들 여섯 장관들은 차관 혹은 참판, 그리고 참의 혹은 차관보의 보조를 받는다. 판서는 정2품이며, 참판은 정3품, 참의는 정4품이다. 이 6개 부의 18명이 왕의 '자문위원회' 구성원들이다. 그러나 처음의 셋은 한꺼번에 정승이라고 부르며, 이들이 실권을 쥐고 있다. 그러나 여섯 부는 각각 군대와 독립적인 조폐소를 소유하고 있다.

달레M.Dallet는 『조선의 교회』에서 장관을 '판조'라고 부르지만, 내가 본 기록에 따르면 그냥 '판'이라고 부르며, 나의 조선어 선생님은 그들을 '판서'라고 부른다. 내가 참고한 책에 따르면 조는 여러 부의 직책들을 일컫는 이름으로, 예를 들면 병조는 국방위원회의 직책을 말하며, 이조는 인사부의 직책을 일컫는다. 따라서 달레의 글이 권위가 있는 것은 분명하지만, 나는 조선 정부의 권한으로 출판된 조선어 책을 따르는 것이 더 좋다고 생각한다.

전등典燈은 궁전의 전등과 등불을 관리하는 관리이며, 집무실로 진부라는 등불 관리인의 처소가 있었다. 대사간, 대사헌, 대제학은 감찰사를 나누는 등급이었던 것으로 보인다. 교서관은 문서를 책임 맡은 자이다. 한림원, 귀당(귀한 방) 혹은 '현자의 바다'는 학문의 전당이다. 그리고 응교(꼭 배워야 하는)는 새로 임명된 관리들이 직무를 배우기 위해 가는 곳이다. 추밀원의 기능은 승정원이 담당했다. 최고 감찰관 두 사람은 자신들의 관직의 이름을 딴 '궁전'이 있었다. 왕실 비서실의 승정원이라고 불렸고, 호위청은 왕실 근위대의 본부다. 춘추관은 사관史官의 집무실이었다. 성균관(중국의 국수전)은 최고 교육 기관이다. 의료원이 있고, 왕실 부엌 그리고 제례 담당, 왕실 하인 담당 관리의 집무실, 병기고, 천문대, 내관, 곡물 창고, 국고가 있었다.

지방 관리들과 행정관들은 그 지방의 통치자인 감사(관찰사)와 부윤, 서윤, 대도호부사, 목사, 도호부사, 군수, 현령, 현감 등의 순서로 내려온다.

"실제 공직은 잠깐이지만 명예는 일생을 간다. 군수는 종4품이며, 현감은 종6품이다. 공직은 이론적으로는 '박사' 학위를 받은 사람 누구에게나 개방되어 있지만, 실제적으로 고위 관직은 귀족들의

많이다."(달레)

이것은 우리가 개인적으로 조선인들에게 들은 내용과 동일하다.

지역 행정 장관은 감사에게 상소를 제기할 수 있으며, 감사는 왕에게 이것을 올릴 수 있으나, 궁궐에서 그에게 가까이 갈 수 있는 것은 아니다. 청원자는 왕이 조상들을 모신 사당에 제사를 지내러 갈 때까지 기다리는데, 왕는 약 한 달에 한 번씩 이곳을 방문한다. 청원자는 손에 속이 빈 나무 조각이나 소리를 내는 다른 뭔가를 들고 간다. 그는 왕이 지나갈 때를 기다려 길가에서 이것을 때린다. 왕은 이 소리를 듣고 멈춰서서 무슨 일인지 청원자에게 묻고 처리한다.

군대

행정부와 마찬가지로 군대에도 세 사람의 최고 지휘관들이 있다. 첫 번째는 훈련대장(중국은 훈장)이고, 두 번째는 어영대장(중국은 푸장)이며, 세 번째는 금위대장(중국은 금군)으로서, 이들은 병조판서보다 상급이다. 도마다 사령관이 있는데 이를 병사[326]라고 부르며, 중국의 도독과 비교할 수 있다. 감사가 병사의 업무를 담당하기도 한다. 각 도에는 군대와 요새화된 병영 혹은 영營이 있다. 수도의 기영, 충청의 금영, 경상의 영영, 전라의 완영, 강원의 동영 혹은 원영, 황해의 해영, 평안의 패영과 기영, 함경의 함영이 그것이다. 이들 외에도, 네 곳의 군 소재지에 각각 병영이 네 개씩 있었다. 개성의 순영, 강화의 진무영鎭撫營,[327] 화성부의 수원, 광주부의 남한산성이 그것이다. 각 도에는 함대가 있었는데, 수도에는 세 개가 있고 도시 북쪽과 남쪽에 하나씩 더 있었다. 그리고 여주와 동제 등 외진 기지 다섯 곳에도 소규모 함대들이 있었다.

인구

인구 조사

도	부府	군郡	가족(호)	군인(정丁)
경기도	36	409	136,600	106,573
충청도	54	552	244,080	139,201

---

326 병마절도사(옮긴이).
327 프랑스와 미국이 점령했던 곳이다.

도	부府	군郡	가족(호)	군인(정丁)
전라도	56	740	290,550	206,140
경상도	71	990	421,500	310,440
강원도	26	202	93,000	44,000
황해도	23	295	138,000	153,800
함경도	24	233	103,200	87,170
평안도	42	440	293,400	174,538
	332	3,861	1,720,330	1,221,862

부府는 중국과는 달리 일부만이 요새화되어 있다. 군은 여러 개의 작은 촌락들이 모여 이루어진 곳이다. 큰 마을이 드물고, 큰 성들이 많지 않다. 위의 인구 조사로 실제 인구를 계산하는 것은 중국의 정확한 인구를 추측하는 것과 마찬가지로 어렵다. 중국에서는 1호가 정丁 한 명 혹은 두 명을 제공하여 그가 군인이 될 수도 있지만, 조선에서는 일정한 수(10정)가 군인 한 명을 공급하고 나머지 아홉 명은 실제로 전투를 하는 사람과 그의 가족 그리고 자신의 가족을 부양한다. 이스라엘 사람들이 레위 족속을 부양했던 것과 거의 같은 비율인데, 다만 싸우는 것이 아닌 다른 목적 때문이다. 그러나 조선

은 각 정에 대해 $1\frac{1}{2}$호가 해당되지만 그 비율은 도마다 다르다. 조선에서는 이른바 군인이라고 부르는 사람들의 5분의 1도 실제로 훈련을 받지는 않으며, 100분의 1 정도만이 무기를 소지한다는 것은 굳이 말할 필요도 없을 것이다. 중국은 완전한 평화가 무엇을 의미하는지 경험한 적이 없으며, 호는 군사적인 용어로 유능한 군인 한 사람당 국토를 임의로 나눈 것이다. 조선의 방식은 중국에서 다른 많은 것들과 함께 도입한 것이며, 1호를 여섯 명으로 어림하는 것은 이 국가들의 독특한 가족 구성으로 미루어 너무 작으며, 10명은 너무 많은 것으로 생각된다. 그 평균을 가장 근접한 수로 보면, 조선의 인구를 약 1,400만에서 1,500만이라고 볼 수 있을 것이다. 그리고 우리가 아는 바와 같이 이 나라는 사람들로 북적거리고 있으므로 이 숫자가 터무니없는 추정은 아닐 것이다.

제 13 장
조선어

힌두어를 잘하고 중국어를 꽤 하는 어느 똑똑한 벵골 사람이 영어의 '삼자경三字經' 혹은 '천자문千字文'을 표현한 힌두어 책을 보았고, 이 음역 외에는 다른 영어를 접한 적이 없다고 한다면, 이 똑똑한 벵갈 사람이 영어도 중국어와 마찬가지로 단음절로 되었다고 추측하는 실수를 하는 것은 당연한 일이다. 우리의 백과사전 그리고 런던의 더글러스 교수는 조선어를 이런 식으로 불과 1년 전에 단음절어로 분류했다. 이런 실수가 더욱 쉽사리 저질러진 이유는 조선어의 발음이 북경어든 남경어든 중국 북부 언어의 발음과 매우 다르며, 광동 말에 더욱 가깝기 때문이다. 그러나 이 차이는 조선어가 단음절어로서 갖고 있는 특성을 증명하는 대신, 광동어가 북부와 남부 만다린보다 옛 발음에 가깝다는 중국 학자들의 믿음을 증명할 뿐이다. 조선인들은 중국어 상형문자와는 다른 알파벳을 가지고 있었기 때문에, 그들이 처음 배웠던 이 중국어 상형문자의 발음을 정형화할 수 있었다. 한편 중국은 이런 정형화 과정을 거치지 않았기 때문에, 불확실하고 부적절한 찬송가의 리드미컬한 전문 용어를 제외한다면 발음은 왕조가 바뀔 때마다 바뀌었고, 또 이런 왕조 변화의 직접적인 영향에서 벗어나 있는 왕국의 외딴 곳에서는 그 변화가 비교적 적었던 것으로 보인다. 내가 기억하기로는 양자강 이남에서 왕조가 나온 적이 없다.

그러나 조선어의 단음절어적인 특성에 대한 관념을 단번에 타파하는 데는 문장 2~3개가 필요할 뿐이다. 사실 중국어는 그 단음절적인 특성을 점차로 잃어 가고 있다. 이음절어 혹은 다음절어가 16개의 성에서 사용되고 있으며, 또 요동성을 중심으로 세 곳의 '동쪽 성'에서도 사용되고 있다. 만다린의 다음절어의 발음은 지역마다 다르지만, '음절'의 배열과 악센트는 거의 혹은 전부가 모든 지역에서 똑같다. 그리고 단음절이 보편적인 곳에서 가장 중요한 억양은 이 배열의 명확한 발음과 정확한 악센트 혹은 '리듬'과 비교해 가장 불필요한 것이다.

만약 조선어가 모든 언어들이 한때 그랬던 것처럼 단음절어였다면 그 특성을 오래전에 잃어버렸을 것이다. 지금은 영어와 마찬가지이며, 앵글로색슨어보다는 덜할 것이다. 그리고 이 주제를 이 책에서는 피상적으로 다루겠지만, 아직도 닫혀 있는 사람들의 오래도록 닫혀 있던 언어에 대해 충분히 자세하게 설명하여, 조선어가 언어학 도서관 선반의 알맞은 칸에 들어갈 수 있도록 하고, 그 중요한 이웃들과 비교해 보는 것은 언어에 관심이 있는 독자들에게는 흥미로운 경험이 될 것이다.

알파벳

조선인들은 자국의 문자가 있다는 사실을 낯선 사람들에게 인정하기를 꺼리며, 늘 한자를 쓴다고 말한다. 그리고 그 존재가 알려진 후에도 가르쳐 주기를 내켜하지 않을 뿐 아니라, 그 글로 말을 쓰는 것은 더욱 싫어한다. 이것은 물론 낯선 사람들에 대한 경계심과, 자기 나라의 험한 땅을 빼앗길지 모른다는 두려움 때문이다. 게다가 이들은 자국의 언어로 읽고 쓰는 능력이, 교육받은 사람의 자격을 부여하는 충분한 조건이 된다고 여기지 않는다. 그 자격은 한자를 잘 아는 사람에게만 적용된다. 그리고 만주의 『성전』을 믿을 만한 증거로 본다면, 조선인들은 중국인들보다 한자를 다루는 솜씨가 뛰어나다. 그들의 알파벳은 너무나 아름답고 단순하여 30분 안에 충분히 통달할 수 있다. 그리고 피트먼Pitman의 표음 속기법과 마찬가지로 발음을 활용했으며, 널리 알려져 있어서 남자와 여자와 아이들이 모두 사용한다. 이렇다 보니 '글자, 즉 한자를 한 자도 모르는' 사람이 「요한복음」의 사본을 들고 앉아서는 한 글자도 빠짐없이 모두 읽고 나서 일어섰다. 이것은 조선어가 중국어보다 번역에 훨씬 적합하다는 것을 증명하는 것이다.

이 알파벳은 먼저 자음이 13개로서, 조선어 알파벳을 순서대로 쓰면 ㄱ, ㄴ, ㄷ, ㄹ, ㅁ, ㅂ, ㅅ, ㅇ, ㅈ, ㅊ, ㅌ, ㅍ, ㅎ이다. 그리고 5개의 단순모음 ㅏ, ㅓ, ㅗ, ㅜ, ㅣ가 있고, 아홉 개의 이중모음 ㅐ, ㅔ, ㅕ, ㅚ, ㅟ, ㅘ, ㅝ, ㅞ, ㅙ가 있으며, 그리고 두 개의 복합모음으로서 a와 i를 결합한 let의 ㅔ(e), u와 i를 결합한 made의 a와 같은 ㅐ(ê)[328]가 있다.[329] 그 외에도 아홉 개의 끝소리가 있는데 ㄱ, ㄴ, ㄷ,

---

328 현재 음가와 정확히 일치하지 않는 듯(옮긴이).
329 내가 『만다린 입문서』에서 밝힌 바와 같이 모든 모음은 일관된 정해진 값을 갖는다. 예를 들어 far의 a, fun의 u 소리와 같으며 음절이 끝날 때도 마찬가지다. 그리고 lot의 o, moon의 oo, it의 i 소리이다. oo를 도입한 이유는 u의 이중적인 특성 때문에 일어나는 혼란을 막기 위한 것으로서, 일본어만이 이러한 혼란을 운 좋게 면제받은 것으로 보인다.

ㄹ, ㅁ, ㅂ, ㅅ, ㅇ, ㅍ이 그것이며, 모음은 모두 끝소리가 될 수 있다. 모음은 항상 자음 앞에 오기 때문에 동그라미나 영은 모음 앞에서 음절을 시작한다. 그러나 ㄷ은 절대로 끝소리로 쓰이지 않으며, ㅅ이 그 자리를 대신한다. 다음은 『조선어 입문서』에서 발췌한 것이다.

"ds와 j, ts와 ch, l과 r은 동일한 글자로 표기한다. 그러나 중국어의 l은 r이 아닌 n으로 표기된다. 우리의 w(쌍 oo)는 자음에 ㅇ를 붙여서 만든다.[330]"

"음절의 끝소리가 ㅂ, ㄱ인 경우는 영어의 끝소리 p, k로 발음한다. 그리고 ㄷ을 대신하는 ㅅ은 영어의 t로서 조선어의 ㅍ, ㅂ, ㅋ, ㄱ, ㅌ, ㄷ 사이에 위치하며, 이것은 중국어와 같다. ㄷ와 ㅌ은 중국어와 마찬가지로 입천장이 아닌 윗니 끝에서 발음한다."

"lip을 발음할 때 중국인은 li-pu라고 두 음절을 만들 수밖에 없다. 영어를 하는 사람은 p를 만든 다음에 입술을 열지만 아무 소리도 들리지 않는다. 조선인은 모든 끝소리에서 입술을 다물어 숨이 새어 나가지 않게 하며, 중국어처럼 귀에 들리는 것도 또 영어처럼 들리지 않는 것도 아니다. 이것은 일부 끝소리들을 아주 불분명하게 만든다."

"음편은 이 끝소리들에 기묘한 기교를 부리는데, 특히 ㅅ이 끝소

---

330 한글로 표기해야 하나 정확한 음가를 알 수 없어 원문의 표기를 그대로 옮겼음(옮긴이).

리일 때는 다른 ㅅ 앞에서만 ㅅ으로 남는다. ㅅ은 뒤따르는 자음에 의해 동화되어, ㄷ 혹은 ㅌ 앞에서는 영어의 t가, ㄱ과 ㅋ 앞에서는 ㅋ이, ㄴ 앞에서는 ㄴ이나 이따금 ㄹ이 되기도 한다. 끝소리 ㅂ은 보통 영어의 p이지만 ㄴ 앞에서는 m이 되고, 첫글자 ㅂ는 ㅣ 앞에서 v가 되나 이따금 ㅏ 앞에서도 그렇다. ㄱ은 가끔 ㅇ가 되기도 한다. 첫 글자 ㄴ이 끝 글자 ㄹ 다음에 오면 두 글자 모두 l로 발음된다. 끝소리 ㄴ 다음에 오는 첫소리 ㄹ은 그 반대가 되어 n이 된다. 끝소리와 첫소리에 ㄹ이 함께 오면 종종 더블 l로 발음하기도 한다.

"아주 강한 악센트를 나타낼 때는 첫소리 자음을 반복하거나 ㅅ을 나타내는 글자를 접두사로 한다. 된소리 ㄲ이 자음들 사이에 올 때는 ㄱ으로 완화된다. ogat는 흔히 oghat로 이해된다."

"조선어 알파벳은 항상 음절에 따라 쓰지만 중국어와 마찬가지로 위에서 아래로, 오른쪽에서 왼쪽으로 쓰며, 영어 필기체가 인쇄체와 다른 것만큼도 조선어는 다르지 않다."

조선어 문자와 말에는 글자 f가 없다. 그리고 l, v, w를 나타내는 소리도 없다. 조선인은 중국인과 마찬가지로 단어의 처음에 오는 r을 발음할 수 없으며, l은 끝에 오는 것을 더 선호한다. 그러나 중국인과 달리 r이, 음절의 시작이든 끝이든 단어의 중간에 오는 것을 좋아한다. 그러나 l, n, r, 이 세 가지 소리는 서로 교환할 수 있다.

구어의 한 가지 이상한 점은 중국어의 첫소리 l을 계속해서 n으로, 즉 중국어의 li를 ni로 옮기는 사람은 반대로 ni(너)를 li라고 말한다. 조선 사람들은 자음 사이의 ㅂ을, 켈트어의 b와 m과 마찬가지로 v로 유연화한다. H 연음은, 이렇게 불러도 된다면(v=bh), 구어에서는 아주 흔하지만 문어에서는 눈에 띄지 않는다. 예를 들어 gaghassum, gaghatda라고 발음되는 말을 gagassum, gagatda라고 쓴다. H 연음은 아마도 모든 언어가 가지고 있는 특성일 것이다. 히브리어에는 '다게쉬 포르테'의 연음화 형태인 bh, ph, dh, th가 있다. 영어에는 ch, sh, zh,(azure), dh, th가 있다. the에서의 연음 th는 옛 독일어 관사 die라고 생각하는 것이 꽤 일리가 있는 말이다. 그리고 누구든지, that과 thing, 이 두 단어의 th 발음 차이를 관찰할 수 있을 것이다. 전자는 d와 h 연음에 해당하며, 후자는 t와 그 동일한 것을 말한다. 이 연음화 현상은 다른 어떤 언어보다 켈트어에서 두드러지게 나타나는데, 모든 자음이 그 영향을 받을 수 있으며, 히브리어도 예외는 아니다.

이미 언급한 몇 가지 단점을 제외하고는 조선어 알파벳은 그 간소하고 실용적인 면에서는 내가 아는 한 가장 훌륭한 알파벳이다. 그 단순성으로는 이웃들, 즉 음절을 목록으로 기록한 만주어, 몽골어, 일본어의 복잡한 알파벳보다 훨씬 우수하다. 대개의 경우 만주어와 몽골어의 음절표의 '글자'는 두 개의 자음 사이에 하나의 모음이 오는 것으로 되어 있다. 일본어의 음절표는 더 간단하여 자음으로 끝나는 음절만을 포함하고 있으며, 만주어의 경우에는 이런 형태가 아주 드물어서 shan, shang, choong, chiwung이 각기 다른 글자가 된다. 이른바 만주어의 12개 어근이라고 부르는 것은 사실 끝소리들로써 수백 개의 글자로 확장된다. 그러나 음절 목록으로는 완벽하지만, 만주어의 복잡성은 조선어의 아름다운 단순성과 큰 대조가 된다. 모음이 불변하는 것 외에 조선어가 영어에 대해 갖는 이점은 ds, ts, ch, ng에 대해 각각 다른 글자가 있다는 것이다. 그러나 sh는 s 다음에 i로 시작하는 복모음을 붙여야 한다. sha(샤), s-i-a(ㅅ-ㅣ-ㅏ), sho(쇼), s-i-o(ㅅ-ㅣ-ㅗ)도 마찬가지다. 만주어와 마찬가지로 중국어에는 아주 흔한 독일어의 ü에 해당하는 표시가 없다. 그러나 만주어가 이 빈자리를 모음을 혼합한 i-o-i로 대충 메우고 있는 반면에, 조선어는 두 가지 형태가 있는 글자 u(fun의 경우)의 하나를 사용한다.

한편 만주어는 f, w, l, r, zh 혹은 프랑스어 j에 대해 각각 다른 글자가 있다. 만주어에는 ds와 ts에 해당하는 글자가 있으나 원래의 알파벳이 만들어진 후에 덧붙여진 것으로서, 아마도 만주가 중국을 정복한 후에 중국어 소리를 표현하기 위해 그런 것으로 보인다. 만약 그렇다면 남경 방언이 만주인들을 통해 연음화 과정을 거치게 된 것을 부분적으로 설명할 수 있다. 그 결과로 만주어는 오늘날의 북경어로서, 그리고 당연히 북경에서와 마찬가지로 심양에서도 완벽하게 발전했다. 이것이 연음화 현상을 완전하게 설명하지는 못하며, 만주어에는 킹king과 칭ching, 깅ging과 징jing을 각각 다른 글자로 쓴다. 그러나 개원 이남에서는 만주 사람들이 국가적인 목적에 필요할 때를 제외하고는 그들의 언어를 잃어버렸기 때문에 두 가지 형태 모두 같은 소리로 발음한다. 중국어가 만주어의 지위를 완전히 빼앗아 버렸기 때문에, 심양 최고의 만주어 학자가 자음으로 음절을 끝내지 못하는 것은 중국인이나 마찬가지다. 만주 사람들이 유일하게 간직하고 있는 발성과 관련된 특성은 r을 혀를 굴려 발음하는 것이다.

동사

조선어 동사에는 원래 세 가지 시제가 있다. 현재present imperative, 과거, 미래다. 정과거형, 부정과거형 등과 시간을 나타낼 때는 약간의 변화를 겪는다. 많은 동사들이 직설법 현재형을 갖는다. 어근 '갈gal (영어 go, 독일어 gangen, 스코틀랜드어 gang)'의 명령형은 'gashi',[331]

---

[331] sh, ss, t는 음편에 의해 동일한 글자 s에서 변화되었다(앞의 글 참고).

완료형 'has gone'은 'gassumme', 미래형 'will go'는 'gaghatda pde'이며, '먹다eat'는 'muggushi', '먹었다has eater'는 'mughussume', '먹을 것이다will eat'는 'moghatdapde'이다. 의문문 과거와 미래는 동사 끝에 자음 a를 붙여 만들며, 자음 e는 긍정문을 만든다. "gassumma? 그는 갔는가?", "gassumme. 그는 갔다." "boollu ona. (그를) 불러라"의 경우처럼 부정사에는 명령형이 쓰인다.

동사는 원래 인칭이 없지만 일인칭은 다른 경우가 있다. 예를 들어 "나는 먹었다"를 뜻하는 'mughussum'이 그것이다. 그러나 각 동사와 각 시제는 말하는 사람에 대해 그 대상의 나이나 지위가 높은지, 같은지, 낮은지에 따라 세 가지 다른 형태를 취한다. 보통 그 중간 형태를 고령자나 부모를 제외한 모든 경우에 사용할 수 있다. 이런 문제에 관해서는 조선인들이 중국인들보다 훨씬 까다롭다.

조선어에는 세 가지 형태의 부정어가 있으며, 모두 동사로서 be 동사를 함축하거나 동사 자체에 결합되어 있다. 중국어에서는 부정어 mei가 존재와 소유의 부정 모두에 사용된다. 조선어의 안(an)은 존재의 부정을 나타내고, 없(up)은 소유의 부정을 나타낸다. 항상 미래시제와 연결되는 중국어의 boo 혹은 puh는, 내가 『만다린 입문서』에서 언급한 것처럼 동사에 대한 위치에 따라 이중적인 힘을 갖는다. 한 가지 위치는 '할 수 있는'의 부정(=할 수 없음)이며, 다른 하나는 '할 것이다'의 부정(=하지 않을 것이다)이다. 조선어에서는 후자의 경우 안(an)을 사용하고, 전자의 경우 못(mot)을 사용한다.

예: Dioti anta. /좋은 아닌=좋지 않다.

Bumun issumma upsumma? /호랑이 있는 없는? /호랑이가 있나 없나?

Bumun upsowê. /호랑이 아니 /호랑이는 없다.

Bumun manta upsowe. /호랑이 많은 아닌 /호랑이가 많이 없다.

Bumun manta anta. /호랑이 많은 아닌 /호랑이가 많지 않다.

Dalliji mothaghê. /타다 못 /타지 못하다(말이 사나워서).

Sarami gami derull tami upsummunni. /사람 감히 타다 못 /감히 탈 사람이 없다.

Muggushi. /먹어(명령형).

Mugdi ansupdé. /먹지 않을 것이다(단순미래).

Mugdi mothummuni. /먹지 못할 것이다(무능력의 뜻을 내포).

Mugdi ankatdupde. /먹지 않을 것이다(마음이 내키지 않는다는 뜻을 내포).

동사의 중요한 특징들을 이와 같이 간단히 개략한 것으로 만족하기로 하며, 다음의 완성된 문장들로 보충을 하겠다. 이 문장들을 기록한 이유는, 어떤 언어의 특성과 그 언어학적인 위치를 결정하는 것은 말의 유사점이나 차이점의 정도가 아닌 문법적인 구조라는 것이 오늘날 언어학의 원리이기 때문이다. 다음 몇 가지 문장은 이 구조를 충분히 보여 줄 수 있을 정도로 다양하다.

"저 개가 문다."라는 문장은 이렇게 번역된다.

dê gai saram moonda.

저 개 사람 문다.

나리께서 법정에 앉아 그를(죄수) 심문했다.

Sadonun dangê antsusu dêsaram moonundê.

나리   법정   앉아   그 사람   심문하는.

마음속으로 인간을 싫어하는 사람은 불쌍히 여기는 것이 무엇인지 모른다.

Maum sanaoongusun saramul boolsiangi anniammé.

마음   싫어하는   사람   불쌍히 여기는   알지 못하는.

아버지는 아이를 지극히 사랑한다.

Avani arunarul gukki saranghanda.

아버지 아이   지극히 사랑하는.

그는 늙어 여행을 할 수 없다.

Degha   milgu   nungi   gil   gadi   mothanda.

그   늙은   능히   길   가지   못하는.

나는 너를 만나러 왔다.

Ne nul gwahangê ghapsê.

나 오다 너를 만나러 왔다.

나는 너와 함께 간다.

Ne wasu nerul madsa oghassumme.

나   너 함께   가다.

대장장이를 불러 철을 가지고 일하라고 명하라.

Dejiung boolu tiul mool mendurushi.

대장장이 명하다 철 물   일하다.

나쁜 사람들이 회개할지 모르니 그들을 위해 참아야 한다.

Matdangi jiongne dioti anun saram dêrul boni gottighassupda,

참아야   좋지   않은   사람 들을   보다   회개

gottiji-mot-haghassupda.

회개 않다.

조선어와 중국어의 문법적인 비교를 가장 간단하게 표현하는 방법은 문장을 ① 영어, ② 중국어, ③ 조선어로 제시하는 것이다.

영어 This house is not very large.
중국어 This house not very large.
조선어 This house large very is-not.
영어　Invite a good teacher to teach me (to learn) Corean well.
중국어　Invite one good teacher (to) cause me well learn Corean.
조선어　Good teacher invite me Corean well cause learn.

조선어에도 영어의 시간과 강조를 나타나는 것에 해당하는 허사가 있으며, 이것을 포함하여 영어에서 장소를 나타내는 수많은 전치사와 부사들의 자리에, 명사와 동사에 특정한 접사를 첨부하여 사용한다. 예를 들어 「요한복음」의 첫 번째 구절을 보자.

Chu-ume	dogha	isuni	donun	Hanunimuro
처음(에)	도가	있었다	도는	하나님과

dubooru   hangge   isuni
더불어   함께   있었다

donun   got   Hanunim-uro.
도는   곧   하느님이다.

    단어 자체만으로는 chu, do, isu, Hanunim 등으로서 접사는 강조와 시간을 나타낸다. 실제로 조선어 동사의 아름다운 유연성은 서양의 어떤 근대적인 언어에서도 그와 필적할 만한 것을 찾을 수가 없다. 내가 알고 있는 바로는 고대 희랍어가 그 유일한 비교 대상이 될 만하다.

    다음절어의 특성을 무시한다면 조선어는 중국어와 전혀 다르다는 것이 첫눈에 분명해진다. 진정한 기준이 된다고 할 수 있는 문법적인 구조로 미루어 볼 때, 영어가 조선어보다는 중국어에 훨씬 가깝다고 주장할 만한 충분한 근거가 있다. 그리고 그 많은 접미사에 주의를 집중시킬 필요도 없이 조선어는 우랄알타이어족 혹은 교착어형이라고 쉽게 분류된다. 그 생김새만 보고서도 조선어를 전혀 모르는 사람이 아무런 주저 없이 이렇게 분류할 것이다.

우랄알타이어족 이웃들의 비교

　조선어와 중국어의 문법적인 관계보다 더 흥미로운 것은 이 언어를 만주어, 몽골어, 일본어와 비교하는 일이다. 그리고 그 중의 하나에서 조선어가 나왔다는 것을 쉽게 예측할 수 있을 것이다. 그리고 우리는 가능한 한 가장 밀접한 유사성을 조선어와 만주어에서 찾아야 한다. 조선에 관한 글을 쓰는 중국의 권위 있는 학자들은 조선인들이 한 왕조 때에 융성했던 부여국에서 오늘날의 산과 강이 많은 아름다운 나라로 이주했다는 진술에 동의하고 있다. 그러나 그들의 이주는 한 왕조 훨씬 이전에 있었을 것이다. 그들은 그때 남쪽과 남동쪽으로 이동하며 요동의 북동쪽과 동쪽으로 갔을 것이다. 이 지방을 그들은 오랫동안 차지하고 있었으며, 여전히 이곳을 자신들이 물려받은 땅으로 여기고 있다. 이렇게 해서 그들은 후에 야만적인 숙신 혹은 여진족이 차지했던 땅을 지나갔다. 여진족은 금 왕조와 현재의 청 왕조를 중국에 세웠다. 그리고 금이 청의 조상이라는 윌리엄스 박사의 말은 프로이센 사람들이 영국인들의 조상이라고 하는 것만큼이나 정확하지 않다고 보아야 하겠지만, 모든 여진족들은 대부분 같은 언어를 사용했다. 그리고 오늘날까지도 중국의 영향이 미치지 않는 광대한 지역에서는 이 언어가 널리 사용되고 있는

데, 지금은 만주어라고 부르며, 조선인들의 고향이었던 곳에서 매일 사용되고 있다. 따라서 우리는 자연히 이 두 언어 사이의 완전한 일치는 아니더라도 밀접한 유사성을 찾게 된다. 우리는 이 두 민족의 알파벳에 큰 차이가 있다는 것을 보았다. 그러나 양쪽 다 조선인들이 이들의 현재 거주지 북쪽에 정착한 지 오랜 후에 글을 쓰기 시작했기 때문에, 세부적인 차이는 그들의 본래의 일치성에 대한 문제에 실제적인 영향을 끼치지 못한다. 이제 우리는 일상적인 낱말들을 도표로 만들어 이 언어들을 비교할 것이며, 유사점을 찾을 수 있겠지만 차이점은 더 쉽게 눈에 띌 것이다. 그리고 만주어, 몽골어, 일본어 문장을 덧붙여, 그 문법 구조를 위에 제시한 조선어의 문장 구조와 비교하겠다. 몽골어는 동부 몽골어이다.

English	Chinese	Manchu	E. Mongol	Corean	Japanese
하나	yi	umoo	niga	hanna	htotsz
둘	ur	jwo	hoya	door	ftatsz
셋	san	ilan	goorba	suit	mitsz
넷	su	dooyin	torbu	nuit	yotsz
다섯	woo	swunja	taboo	dasut	itsztaz
여섯	liw	ninggwun	jirkok	yusut	moot-sz
일곱	chi	nadan	tolo	nilgo	nanatsz
여덟	ba	jakwun	naiman	yadul	yatsz
아홉	giw	wooywun	yiso	aoop	kokonotsz
열	shu	jwan	arba	yul	to
열하나	shu yi	jwan umoo	arban niga	yul hanna	toamarih' to

English	Chinese	Manchu	E. Mongol	Corean	Japanese
열둘	shu ur	jwan jwo	arban hoya	yul door	toamarifta
스물	ur shu	worin	hori	sumool	hatachi
서른	san shu	goosin	gochi	shiurun	misoji
마흔	su shu	dusi	tochi	maoon	yosoji
쉰	woo shu	Swundsa	tabi	shooiun	isoji
예순	liw shu	ninggwun joo	chira	esoon	moosoji
일흔	chi shu	nadan joo	dara	nirun	nanasoji
여든	ba shu	jakwun joo	naya	yadun	yasoji
아흔	giw shu	wooywun joo	yinran	ahun	kokonosoji
일백	yi bai	umoo tangwoo	jio	yil beg	Hyak
이백	ur bai	jwo tangwoo	hoya jio	yi beg	ni b' yakoo
일천	yi chien	umoo mingga	mingka	yil chiun	sen
만	yi wan	umoo toomun	toman	man	man or ban
하늘	tien	abka	tunggali	hanul	ten
땅	di	boihon	siro	da	chibam
사람	zun	niaman	goong goong	saram	hto
집	fang	bow	guru	jip	takoo
아버지	foo	ama	yhichika	abani	chichi
어머니	moo	umn or aja	yika	amooni	haha
아들	ur	ju	kokan	adul	goshisokoo
딸	nür	sarhan	wochin	dara	—
소녀	nür, yatow	sarhanjooi	wochin	yimina	onango
그	ta	yi	tara	dê	anohto
너	ni	si	chi	nê	anata
나	wo	bi	bi	na	washi
머리	tow	woojoo	tologai	murri	atama
눈	yen	yasa	nidoo	nun	me
입	kow	anshan	ama	ip	—

English	Chinese	Manchu	E. Mongol	Corean	Japanese
귀	ur	shan	chiki	gwi	—
먹다	chu	juaku	idi	muggushi	tabe
밥	fan	boodu	booda	bap	gozen
물	chui	mooku	woosoo	mool	midz
남쪽	nan	joolargi	womoua	name	—
서쪽	si	wargi	omora	shêniug	—
금	jin(gin)	aisin	alto	so or gum	—
은	yin	munggwun	monggoo	un	—
동	toong	sirin	gaolin	toeong	—
철	tie	sulu	tamoli	tiul	tetsz
나무	moo	mow	motoo	namoo	ki
불	hwo	twa	guru	bool	hi
담배	yenye	tamagoo	tamaga	dambe	tabako
날	uz, zutow	shoon	nara	nar	binata
달	yooe	bin	sara	dal	ngatsz
년	nien	aniya	on	niun	nen
바람	fung	udoon	salkin	baram	kaze
비	yŭ	anan	boro	bi	—
있다	yoo	bisiru	bi	yisul	imas
없다	woo	akoo	oogwi	upda	nai
아는	judao	sa	maduko	adi	ronji
갈	dsow	yaboo	yaboo	gal	yoke
비 온다	hia yu,	anambi,	boro oroba,	bionda	—
밥 먹다	chu fan,	boodu juaku,	booda idina,	bap muggushi	gozen nasre

332 이러한 비교를 위해서는 북경어의 새로운 철자법 체계를 유지해야 한다고 생각한다. 나는 『만다린 입문서』에서 이것을 소개했다. 모든 언어에는 b, p, c가 있지만 모두를

이 도표의 낱말들은 보편적이고 지속적으로 사용되는 것이기 때문에 이 네 우랄알타이어의 상호적인 관계에 공정한 평가를 내릴 수 있을 것이다. 그러나 우리는 조선어와 만주어 낱말들 사이에 어떤 유사성도 찾을 수가 없다. 다만 서른, 마흔, 천, 나, 가다, 음식 등 몇 가지 예에서 만주어와 몽골어의 상호적인 친숙함의 흔적을 찾을 수 있으며, 이런 관계의 존재는 다른 예에서도 찾을 수 있다. 조선어는 이들과 아무런 유사성의 흔적도 보여 주지 않지만, 중국어에서 많은 것을 빌려 왔다는 증거들이 보이며, 흥미로운 것은 아흔 다음의 모든 숫자는 중국어에서 왔다는 것이다. 그러나 오래된 조선 문헌들을 보면, 일본어와 마찬가지로 조선어에도 고대에는 모든 숫자들의 이름이 있었던 것이 분명하다. 왜냐하면 일본어도 현재 중국어에서 열 이상의 모든 수를 빌려 쓰고 있으며, 단위들도 마찬가지이기 때문이다. 도표에 있는 일본어 숫자들은 고대의 명칭들인데, 유사 언어들을 비교하기 좋게 하려는 의도에서이다.

　　몽골어로 '온다'라는 말은 'ira'이다. '빨리 온다'는 'ootooi ira'이다. '너 여기 앉아라'는 'chi ata sao, you here sit', '뜨거운 음식을

완전히 동일한 호흡으로 발음하는 두 나라는 없다. 그리고 만주어, 몽골어, 조선어, 일본어에 b, d, g에 해당하는 글자가 있는데도, 이 글자들이 영어에서 흔히 관찰되는 것보다 센 호흡으로 발음된다는 이유 때문에 중국어를 음역할 때 이 글자들의 사용을 거부한다면 이것은 아주 불합리한 일이라고 하겠다.

먹는다'는 'kaloon booda ida, hot food eat', '미지근한 차를 마시다'는 'bookan chai ida, lukewarm tea drink', '어디 가니?'는 'kana uchina?', '너는 어디로 가니?'는 'Chi kana yiliba? you whither go?', '나는 안다'는 'bi maduko', '너는 모른다'는 'chi woolu maduko'이다. 만주어로는 'sa'가 '나는 안다'이며, 'sarkoo'는 '나는 모른다'이다. 조선어로는 'adi mothammerk'이 '나는 모른다'이다.

만주어의 동사 '가다'의 구(句) 몇 개와 문장 한두 개를 보면 조선어와 아주 다르다는 것을 알 수 있을 것이다. '가다'는 'gunu', '만약 (내가) 가면'은 'gunuchi', '가 버렸다'는 'gunuhi', '가려고 하다'는 'gunutalu', '가는 사람 모두'는 'gunuhulu', '가지 않은 모든 사람'은 'gunuhukoolu', '너는 가겠니?'는 'gunumow', '그를 가게 하라'는 'gunikini', '그가 원하면 가게 하라'는 'gunuchi gunukini', '가고 있다'는 'gunuranggi', '그는 갔는가'는 'gunuhisumow', '가지 않을래'는 'gunurakoon', '너는 가지 않을 것이다'는 'gunurakooni', '나는 가지 않을 것이다(shall)'는 'gunurakoonggi', '나는 가지 않을 것이다(will)'는 'gunurakoo', '나는 갈 수 없거나 가면 안 된다'는 'gunuchi ojorakoo', '가도 된다'는 'gunuchi ojoronggi', '가다'는 'gunumbi', '가게 하다'는 'gunuboombi', '가

버린 사람들도 있다'는 'gunurunggi bi', '가지 않을 사람들도 있다'는 'gunurakoonggi bi'이다.

네가 가는 것을 방해하는 것이 없다
Gunuchi   ojorakoonggi   akoo
If-go   may-not   (is) not

네가 갈 곳은없다
gunuchi ojoroo bi akoo
if-go   may   is not

가는 것보다 가지 않는 게 좋다
gunusu   angala   gunurakoo   dua   yisirakoo
can-to   rather   go-not   equal-to-not

갔지만 가지 않았다면 좋았을 것이다.
gunufi hono   oottoo badu   qunurakoo bu ai   hadooru
gone   moreover thus   beyond go-not   pity better-not

제13장 조선어 **603**

마지막 두 문장의 dua와 bu는 허사로서, 강조와 시간을 나타낸다.

이 예들이 만주어 동사의 변형들을 모두 보여 주는 것은 아니지만, 만주어와 조선어 사이의 넓은 심연을 보여 주기에 충분하다. 만주어의 동사 변형이 훨씬 많아서 터키어에 훨씬 가깝다. 이미 너무 많은 지면을 예문에 할애했으나, 한두 가지 예문을 더 들어서, 만주어가 동사의 접미사를 변화시키는 곳에서 조선어는 두 번째 동사를 도입한다는 것을 보여 주고자 한다. 'habshan'는 '고소', 'habsha'는 '고소하다', 'habshambi'는 '고소하기', 'habshaboombi'는 '다른 사람이 고소하게 하거나 고소한다', 'habshanambi'는 '고소하기 위해 간다', 'habshanjimbi'는 '고소하기 위해 온다'이다. 'Ambi' 혹은 'lambi'는 직설법의 능동태이며, 'mbi' 앞에 붙는 'boo'는 사역동사를 나타낸다.

이 세 언어 사이의 가장 두드러진 차이는 부정의 사용이다. 몽골어는 부정어를 주어와 서술어 사이에 삽입한다. 만주어는 부정어를 동사에 접사로 첨부하여 편입시킨다. 조선어에서는 부정어를 동사에 접두사로 첨부하여 동사에 편입시키지만, 몽골어는 접두사를 첨부하지만 부정어가 독립적인 낱말로 존재한다. 따라서 세 언어는 모두 다르며, 만주어와 조선어가 아니라 몽골어와 조선어가 가장 가깝다. 그러나 모두 일본어와 마찬가지로 주어와 동사 사이에 목적어를 두는 것에는 일치한다.

우랄알타이어족의 이 네 언어는 성性의 구분이 전혀 없다. 그리고 이런 점에서는 중국어도 마찬가지다. 그러나 중국어를 포함하여 모두, 복수를 나타내는 정해진 접미사는 없지만 복수를 뜻하는 낱말이 있다. 만주어에서 모든 인간 관계는 복수이며, 조선어도 그와 같다. 그러나 그리스어와 라틴어의 복수는 만주어와 조선어의 복수보다 훨씬 유사하다.

나는 브라운Brown의 『일본어 회화』 덕분에 일본어와 조선어를 비교할 기회를 얻었다. '비교 도표'의 일본어 낱말 목록도 여기서 발췌했다. 그러나 이 책을 샅샅이 뒤졌음에도 흔히 쓰는 낱말 몇 개를 공백으로 남겨 두었다. 철자는 내것과 일치하기 때문에 원래 있던 그대로 썼으며, 다만 브라운의 u를 일관성을 유지하기 위해 oo로 바꾸었다. 그리고 장음인 자음(ㅎ)은 반복하는 대신(oö) 내가 임의로 표시한 것이다. 또한 dz 등의 끝소리가 흔히 sz'라고 쓰는 중국어의 su로 발음되지 않는 한 자음 소리가 없다는 저자의 말이 무슨 뜻인지 분명하지 않다. 그러나 이 소리를 포함한 어떤 자음도 모음의 도움 없이는 발음할 수가 없다.

일본어 알파벳이 조선어 알파벳과 다른 점은, 무엇보다도 엄격히 말해서 알파벳이라기보다는 만주어와 마찬가지로 음절의 목록이라고 할 수 있다는 것과, 조선어에 결여된 z 소리가 있다는 것이다. 일본어는 조선어, 중국어 등의 경음 g를 ng로 연음화한다. 일본어에는 l 소리가 없기 때문에 London(런던)은 Rondon으로 발음되며, dollar(달러)는 dora로 발음된다. 그리고 v는 소리도 없지만 글자도 없다. Victoria(빅토리아)는 Bictoria가 된다. 일본어가 조선어 알파벳을 도입한다면 이득이 아주 많을 것이라고 생각하는데, 근본적으로 음절 문자표가 동일하기 때문이다.

조선어, 만주어, 몽골어와 마찬가지로, 인간 관계를 나타내는 모든 일본어 명사들에는 복수가 있으며 형태가 불규칙하다. 그리고 또한 동사는 말하는 대상의 지위에 따라 형태가 달라진다. 일본인들은 조선인들과 마찬가지로 이것을 중요한 일로 여기는 것 같다.

그러나 부정어(na, nai)를 동사에 첨부할 때는 조선어가 아닌 만주어와 비슷하다. 예를 들어 'kikoo'는 '듣다', 'kikanoo'는 '듣지 않다', 'koo'는 '먹다', 'koowanoo'는 '먹지 않다' 등이 있다. 이 동사는 다른 우랄알타이어족 언어들처럼 성과 수를 표기하지 않지만 시제와 형태에 따라 변한다. 동사 의문형은 조선어의 a와 비슷한 음절 ka를 덧붙인다.

예) anata nani wo nasarimaoka ＼ 당신은 무엇을 하세요?

또한 일본어 구문은 다른 세 언어와 흡사하다.

나의 수행원들을 준비시켜라.
Watakski no   tomo no   shtakoo wo shiro.
　나의　　　　수행원들　　준비시키다.

예방 접종은 30년쯤 전에 네덜란드인들이 일본에 처음 소개했다.
Ireboso wa san jiw nen izen Oranda jin Nipponye
예방 접종　　삼　십　년　전　네델란드　사람　일본
Mochiwatarimashta.
소개하다.

그는 자신의 사업을 잘 이해하지 못한다.
Ano o kata wa kangio no michi wo wakimaete
그는　　자신　　　사업　　　　잘　　이해한다
oraremasenoo.
못.

그는 미국인이지 일본인이 아니다.

Ano o kata wa Amerika no hto de Nippon no hto de go
그는   미국   남자   일본   남자
zarimasenoo.
아니다.

그는 그가 했다는 것을 부정한다 ＼ 그는 그가 하지 않았다고 말한다.
Ano o kata wa itashimesenoo to osshiyarimas.
그는   했다   아니 말한다.

이 마지막 문장은 독특한 것으로서, 조선어의 경우에는 '말하다'로 시작될 것이다.

이 문장들의 문법적인 구조는 다른 우랄알타이어족 언어들과 똑같이 주어, 목적어, 동사로 되어 있다. 아리아어의 전치사는 여기서 후치사가 된다. 이런 점에서 조선어는 일본어와 유사하다. 또한 부사도 동사에 선행한다. 그러나 일본어에서는 부정어의 위치가 만주어와 유사하며, 조선어는 몽골어와 가장 가깝다. 후자는 동사 앞에 부정어를 놓고, 만주어와 일본어는 뒤에 놓는다.

이 네 언어 사이의 가장 두드러진 차이점은 중국어에 진 빚으로서, 중국어는 결코 아무것도 빌린 것이 없다는 사실을 굳이 언급할

필요는 없을 것이다. 공들인 탐구에도 불구하고 만주어에서는 고유한 중국어 낱말이 비교적 적게 발견되었고, 몽골어도 이런 혼합에서 비교적 자유롭다. 그러나 한 가지 흥미로운 점은 중국인들은 담배를 '옌예yen ye' 즉 '연기 나는 잎'이라는 독특한 이름으로 부르는 반면, 몽골어, 만주어, 조선어, 일본어는 영어와 같은 이름을 붙였다는 것이다. 조선어에 통합된 중국어 낱말과 관용구의 비율은 아주 크며, 일본어의 경우도 거의 같은 형편이다. 조선어에서 중국어 낱말들이 차지하는 이 놀라울 정도의 큰 비율은 중국의 역사학자들이 주장하는 것처럼 조선이 중국과 오래전부터 의존적인 관계를 가졌다는 사실을 보여 준다. 또한 정의를 피해서든 불의를 피해서든 중국에서 도망치는 수많은 사람들이, 당시에는 인구 밀도가 희박했던 조선, 고려, 백제, 신라의 외진 산지로 피신하여 끊임없이 밀려들어 왔다는 증거도 된다. 조선은 고대에 이들 여러 왕국들로 나누어져 있었다. 한나라의 대군에게 가루가 되었던 첫 번째 조선이 중국의 학문과 문명, 풍습을 얼마나 간직할 수 있었는지를 가늠하는 일은 지금도 앞으로도 불가능한 일일 것이다. 두 번째 왕국인 고구려는 원하기만 한다면 중국을 모방하기에 편리한 위치에 있었으나, 전자와 후자 모두 오늘날의 조선을 창조하는 데는, 시저의 상륙을 반대했던 켈트인들이 오늘날의 런던을 이룩하는 데 공헌한 것보다 더한 것이 없다.

중국 출처

중국의 영향이 조선인들의 사회적이고 학문적인 삶에 침투하기 시작한 것은 당 왕조 때와 그 후로서, 불교가 중국에 소개되었을 시점이다. 이것은 파리가 방랑하는 켈트인들의 옛 궁정과 다른 것만큼이나 오늘날의 조선을 변화시켰다. 중국인들의 월등히 우수한 문학과 뛰어난 문명으로 조선어는 변화와 첨부가 불가피했으며, 이것은 조선인들에게 그들의 부족함을 드러내어 보여 주었던 바로 그 언어를 통해서 공급되었다. 이러한 그들의 고대 언어에 대한 첨가와 대체는 우리가 역사에서 배우는 것을 시사해 주기도 한다. 즉, 조선이 중국식 문명의 영향을 받게 된 것은, 불교의 땅에서 직접 문명을 전해 받은 몽골인들보다 몇 시대 전이었으며, 만주인들이 그들의 신민들의 제자가 된 지 훨씬 오래전이다. 그리고 이렇게 첨가된 것들은 조선어에 마치 오래된 암반에서 발견되는 화석처럼 그 언어와 확연히 구분된다. 그리고 지금까지 남아 있는 고대의 발음으로도, 혹은 구두점, 강조점, 어형 변화, 격 변화 등을 표시하는 접사의 첨부로도 이것을 감출 수는 없다.

제14장
지리

코리아Korea, Corea라는 이름은 우리가 이미 보았던 것처럼 서력 기원 시작 무렵의 고구려Gaogowli에서 기원한 것이다. 첫 번째 음절은 나중에 탈락되어 이 왕국은 7세기 이전에 고려Gaoli로 알려지게 되었다. 당나라 여제 측천무후의 대량 학살에서 살아남은 자들의 후손들은 이 이름을 고려Gori로 발음하는데, 2~3세기 서양에서는 코리아Corea라고 썼다. 조선인들은 현재 자신들을 고려인이라고 부르며, 나라에는 조선Chosen, Chaosien(고대)이라는 이름을 붙였다.

장백산의 수원에서 시작하여 대고산大孤山 근처의 황해로 흘러들어가는 넓고 깊은 압록강의 아름답고 맑은 물이 조선을 중국 땅에서 분리시킨다. 역시 장백산에서 시작되는 두만강은 조선의 북쪽 국경을 중국과 러시아 땅과 나눈다. 일본해는 조선과 일본을 나누며, 황해는 이 나라의 남쪽과 남서쪽 연안을 적신다.

동쪽과 서쪽 연안 모두 그 해안에 가파른 산들이 솟아 있고, 사람이 살지 않는 황폐한 바위섬이 줄지어 있다. 남쪽 곶의 동쪽에는 요새인 부산이 있으며, 일본의 쓰시마와 마주하고 있다. 이곳 항구를 통해 옛날에 일본인들이 이 나라를 약탈을 목적으로 침략했다. 지금 이 항구는 조약을 통해 일본의 무역에 개방된 몇 곳의 항구들 가운데 하나다. 여기서부터 수도까지 그대로 이어지는 길이 있다. 이 길은 전라와 경상 지방을 통과하며, 높고 가파르며 오를 수 없는 산들 사이로 나 있다. 그리고 이 길은 너무나 협소하여 한 사람이 막아설 수도 있다. 여기서 중국과 일본의 군대가 거의 3세기 전에 마주쳤으며, 아무도 서로에게 손해를 입히지 못했다.

조선의 해안에 관한 다음의 글은 런던 해군성에서 출판한 『중국수로지 China Pilot』에서 발췌한 것이다. 동해안에 관한 것은 주로 러시아의 프리깃함인 팔라스 Pallas 호의 측량 항해의 결과로서, 이 배는 1854년에 해안을 따라 항해했다. 이 측량 항해는 프랑스 선교사들이 살해(560쪽) 되는 간접적인 원인이 되었다.

부산의 다른 이름인 초산항은 조선에서 그중 중요한 항구로 꼽히는데, 그 이유는 이곳이 일본 무역의 창고 역할을 했기 때문이다. 그러나 브로턴Broughton이 이렇게 설명한 것은 18세기 말이었다. 이웃한 해안 지방에는 사람들로 붐비는 수많은 마을들이 있고, 그 옆으로는 개울들이 바다로 흘러들어 간다. 이 항구에서 북동쪽으로 97킬로미터에 이르는 해안은 산이 많은 불모 지대이다. 북위 36도 5분 45초에 위치한 클로나드 곶Clonard Cape[333]은 운코프스키 만Unkofsky[334]의 남쪽으로서, 이 만의 어귀의 너비가 6.5킬로미터이며 남서쪽을 향하고 있어 그 깊은 물은 닻을 내리기에 적합하다. 그러나 장기갑 근방은 안전하지 못하다. 장기갑에서 48킬로미터 북쪽에 위치한 평해항은 섬으로 둘러싸여 있으며, 해안은 경사가 급하고 물은 깊다. 울산만의 북쪽, 펠리시어 곶Cape Pelissier의 서쪽으로 포포프Popof라는 높은 산이 있다. 거기서부터 황량한 해안이 듀로크 만Cape Duroch까지 북북서쪽으로 193킬로미터나 계속된다. 새들로바야Sedlovaya 혹은 새들산은 북위 38도 10분 30초에 솟아 있다. 듀로크 만은 브로턴 만Broughton Bay[335]의 남쪽 끝에 있는 곳이다. 동한만은 어귀의 폭이 150킬로미터이며 어귀에서 만 연안까지가 85킬로미터이다. 동한만 북쪽의 쁘띠

---

333 장기갑(옮긴이).
334 울산만(옮긴이).
335 동한만(옮긴이).

투아르 곶Cape Petit Thouars에서 서북서쪽으로 39킬로미터에는 2,500미터 높이의 함평산[336]이 있다. 동한만 바로 북쪽으로 영흥만이 있으며 라자레프 항Port Lazaref[337]이라는 훌륭한 항구가 있다. 동안강[338]이 이리 흘러들어 가는데, 그 여러 지류들이 두 산줄기 사이의 평원 전체를 차지하고서 이쪽에서 저쪽까지 굽이쳐 흐른다. 한 가지 특이한 것은 이 강이 수도인 '서울까지 미칠 것'이며, 이곳이 "영흥에서 겨우 48킬로미터 거리에 있다!"라는 언급이다. 쁘띠투아르에서 북동쪽 96킬로미터 거리에 있는 부룻 곶Cape of Bruat 혹은 볼틴Boltin[339]은 1,922미터의 토광산[340]이 솟아 있는 긴 산맥의 동쪽 끝에 있다. 그곳의 해안은 아주 험하고 접근하기 힘들다. 콜로크제브 곶Kolokzev은 아주 높고, 위도는 북위 41도 47분 40초이다. 해안은 이곳의 작은 만을 떠나 다시 북동쪽의 고슈케비치 만Goshkevich Bay으로 이어진다. 수소라Susora 반도의 남쪽 극단은 캐시Casy 곶으로서 이 만의 남쪽 끝이다. 이 곳에서 서쪽으로 29킬로미터 떨어진 곳에 해발 1,285미터 높이의 진롱산[341]이 있다. 이 곳의 동쪽 6.4킬로미터 지점에서 큰 강이 바다로

---

336 현재 정확한 지명은 알 수 없음(옮긴이).
337 원산항(옮긴이).
338 현재 정확한 지명을 알 수 없음(옮긴이).
339 무수단(옮긴이).
340 현재 정확한 지명을 알 수 없음(옮긴이).
341 현재 정확한 지명을 알 수 없음(옮긴이).

들어간다. 이것은 두만강으로서 그 입구는 위도 42도 19분에 있으며, 그 남쪽 강둑은 최소한 1,600미터 정도 높은 산으로 이루어져 있다. 그러나 북쪽으로는 높이의 산이 눈에 띄지 않는다. 여기서 팔라스호는 측량을 끝냈다.

초도는 남서쪽 연안의 만곡부인 북위 38도 27분, 동경 124도 34분 30초에 위치하고 있다. 이 섬에는 사람이 살고 있고, 인접한 해안에는 마을들이 모여 있었다. 천수만은 북위 36도 53분 30초, 동경 126도 17분 45초 위치에 있다. 그곳의 해안도 마을로 가득하고, 바다는 대부분 초호다. 캐롤라인 만Caroline Bay[342]은 폭이 좁으며 북위 37도 1분 30초, 동경 126도 25분에 위치하고 있다. 그 몇 킬로미터 북쪽으로 프린스 임페리얼 군도Prince Imperial Archipelago[343]가 있고, 마을마다 앞에 때로는 150톤에 달하는 고물이 쌓여 있었는데, 이 모든 것이 큰 강의 존재를 말해 주지만 이 강은 프랑스의 비르지니호Virginie가 탐사하지 않았다. 해안에 모인 많은 사람들과, 대부분 자칭 수도에서 나왔다며 지켜보는 많은 관리들의 수, 그리고 배가 수도의 사법권 내에 있다는 원주민의 말을 통해 비르지니호는 서울이 그리 멀지 않다는 것을 추측할 수 있었다. 또 산들로 미루어 강이 남동쪽

---

342 가로림만(옮긴이).
343 덕적군도(옮긴이).

으로 진행하다가 다시 동쪽으로 흐른다는 것을 알 수 있었다. 프랑스 배는 이제 독자들이 흥미로워할 재미있는 정보를 더 제공할 게 없으니 작별을 고하고자 한다. 이들이 추론하여 진술하고 있는 것은, 조선인들에게는 연안 무역이 중요하여 천수만을 따라 등대를 잘 관리하고 있다는 것이다. 제주도Quelpart는 타원형이며, 아름다운 언덕과 골짜기가 있고, 해발 610미터 높이에서 농사를 짓는다. 그 위로는 해발 1995미터[344]의 한라산 꼭대기에 이르기까지 숲으로 덮여 있다. 도시는 섬의 북쪽 해안 중심에 있으며, 바다에서 보이지 않는 곳에도 두 개의 도시가 더 있다. 그리고 이것으로서 우리는 『수로지』를 떠나고자 한다.

조선은 본래 산과 강의 땅이다. 중요한 산들은 장백산에서부터 남동쪽으로 뻗어 있으며, 동아시아의 거대한 분수령에 대해 직각을 이루고 있다. 조선은 북서쪽에서 남동쪽으로 이르는 거리가 가장 멀며, 중국의 지리학 연구에 따르면 4,000리라고 한다. 북에서 남으로는 2,000리를 뻗어 있고, 동에서 서로 가장 넓은 곳이 그 3분의 2이다.

조선은 '도道'라는 여덟 지역으로 나누어져 있다. 요동의 봉황성에

---

344 실제는 1950미터(옮긴이).

서부터 첩첩이 쌓인 동일한 이름의 가파른 높은 산들의 서쪽을 돌아 고려문高麗門으로 이어지는 길까지는 남동쪽으로 30리다. 이곳은 최근까지 '중립 지대'라고 부르던 지역의 서쪽 끝이다. 그리고 마을에는 조선인과 중국인들 사이에 물물교환을 할 수 있는 시장이 있다. 이 성문의 남동쪽에는 위엄 있는 압록강의 서쪽 제방이 있으며, 동쪽 제방의 둥그스름한 구릉 꼭대기에 얹혀 있는 아름다운 조선 도시 의주는 흰 화강암 벽으로 둘러싸여 있고 장려한 산들이 에워싸고 있다. 이 도시의 남쪽에는 깎아지른 듯 높고 광대한 백마산이 있다. 이 산에는 숲이 무한히 펼쳐져 있어 새, 네발짐승, 반추동물, 육식동물 등의 수많은 짐승들에게 은신처를 제공하고 있다. 동쪽의 금강산은 그 여러 구석과 모퉁이들이 사람들로 채워지곤 하는 절과 사원들로 가득하다. 동양의 승려들은 수세기에 걸쳐 서양의 수도사 형제들보다 훨씬 더 웅대함과 아름다움에 민감했다. 의주는 중국에 가장 가까운 도시로서 평안도에 있으며, 평안도는 압록강의 원천 부근에서부터 그 강이 바다로 들어가는 입구까지 중국과 맞닿아 있다. 의주에서 남동쪽으로 여행하며 작은 돛배가 통행할 수 있는 강을 지나면 박천으로 들어간다. 작은 배가 통행할 수 있는 또 다른 강이 박천과 안주 사이의 160리를 가로지르고 있다. 그 남동쪽으로는 도청소재지인 평양이 있다. 이 도시는 기술적으로 요새화되었고, 일부는 난공불락의 산허리에 걸쳐 있어 방비를 할 필요가 없다. 평양은 의주에서 남동쪽으로 500리이며, 7세기 초 고구려가 당나라에 패할 때까지 이 나라의 수도였다. 산으로 방어된 이 훌륭한 도시의 동쪽 성문 밖에는 대동강이라는 큰 강이 흐른다. 미국의 배가 이 강을 거슬러 올라온 바 있으며, 동쪽 강기슭에 그 선체가 아직 누워 있다.

이 강이 평안도와 황해도를 분리하며, 그 도청소재지인 황주를 지난다. 평양에서 400리 떨어진 곳에서 여행자는 양주에 도착한다. 폭이 넓은 임진강은 양주의 남동쪽으로 겨우 30리이며, 이 강을 건너고 나면 서울(수도)로 들어간다. 의주에서부터 모두 1,000리. 서울은 옛 한성이며 현縣에 해당하는 도시로서 그 이름을 아직 유지하고 있는데, 이곳은 경기도[345]의 도청소재지다.

수도의 남동쪽으로 아주 근접한 곳에 드넓은 한강[346]이 있다. 충청도는 이 강의 남쪽이며 도청소재지는 공주다. 경상도는 충청도의 동쪽과 남쪽이며 도청소재지는 경주다. 이 지방의 북쪽, 경기도의 동쪽은 전라도이며, 그 북쪽이자 황해도의 동쪽은 강원도이다. 가장 북쪽인 함경도는 산이 아주 많은 불모의 땅이다. 경상도는 아주 덥

---

345 윌리엄스는 자신의 사전에서 한자의 'Giunggi Do'를 조선의 수도라며 'Kingki Tao'로 번역했다. 이러한 실수는 중국도 한때는 수많은 '도' 혹은 '다오'로 나누어져 있었다는 점에서 그리 놀라운 일이 아니다.
346 한자로 '漢江'.

고, 71개 도시가 있어서 팔도 중에 가장 인구가 많으며, 다른 도에는 도시가 각각 30~50개가 있다.

백제와 신라의 수도를 포함시키지 않는다면, 오늘날의 서울이 조선의 세 번째 수도다. 첫 번째는 평양이었다. 두 번째는 오늘날의 수도에서 200리 서쪽에 있는 개주로서, 7세기부터 15세기까지 수도였다. 서울은 팔도의 거의 중심부에 알맞게 자리 잡아 자연적으로 잘 보호되어 있으며, 사방이 산으로 에워싸여 있다. 동쪽으로 가장 먼 곳은 745리 떨어진 영해, 서쪽으로는 525리에 있는 경원,[347] 남으로는 896리에 있는 해남, 북으로는 2,102리 떨어진 온성이다.

조선은 북위 33도 15분에서 42도 31분와 동경 122도 15분에서 131도 10분에 걸쳐 있다. 따라서 본토에서 가장 긴 거리는, 새가 나는 거리인 970킬로미터 정도이며, 가장 넓은 폭은 동에서 서로 480킬로미터가 넘는다. 따라서 이 나라에 산이 많고 온성과 해남 사이에는 필연적으로 굽은 길이 많으리라는 것을 기억한다면, 이렇게 계산한 중국인들의 기록이 아주 틀린 것은 아니다.

아래에 기록한 조선의 모든 도시 혹은 행정읍의 목록은 중국어로 쓰인 『조선 지리학』에서 번역한 것이며, 발음은 조선어가 아닌 여기

---

347 인천의 옛 이름인 '경원'을 말하는 것으로 보이며 115리를 525로 잘못 표기한 것으로 생각된다(옮긴이).

서 따온 것이다. 지도에는 조선어 발음이 있다. 첫 번째 칼럼은 도시의 현대 이름, 두 번째는 고대 이름, 그리고 세 번째는 이 도시와 수도 사이의 거리를 '리'로 표시했다. 지도는 달레의 『조선의 교회』의 도움을 받았다. 그러나 그의 지도는 본토의 지리학에 비추어 판단할 때 아주 부정확하며, 많은 도시들이 다른 도시들과 비교해 수도에서 너무 멀든지 너무 가깝다.

중국의 도시들은 주도州都를 중심으로 세 개의 등급으로 나뉘어 있으며, 주도는 이 세 등급 가운데 첫 번째에 속하는 가장 중요한 도시이다. 이 구분은 부府 혹은 도都, 주州 혹은 부府, 현縣 혹은 구區로 이루어진다. 조선의 분류는 중국의 분류를 기본으로 하고 있지만 큰 차이점이 있다. 조선은 여섯 등급으로 나누어져 있다. 윤尹은 첫 번째 등급의 도시이며 지극히 드물다. 그다음은 목牧으로서 관리들은 세습 귀족이다. 고대에는 모든 도시에 세습 귀족이 있었다. 세 번째는 부府 혹은 도都, 그다음은 군郡 혹은 청廳으로서 이것은 영領과 유사하며, 마지막으로 중국과 마찬가지로 현縣 혹은 구區가 있다. 군과 영도 고대 중국에서 사용되었으나, 그때는 주 혹은 현이 없었다.

각 도의 도시 목록에 첨부된 단편적인 기록들을 보면, 조선의 전체적인 역사는 조선 땅에서 조선 서적을 통해 철저히 연구되어야 한다는 것을 알 수 있다. 예를 들어 평안도의 도시 목록 밑에는 이

산의 이름이 있다.

"묘향산 혹은 태백산은 영원에서 130리이며, 여기서 단준이 고구려에 항복했다."

이것은 고조선의 멸망 이후 고구려인들이 압록강 상류에서 하류 쪽과 동쪽으로 이동하기 시작했을 무렵을 가리키는 것으로 보인다. 그러나 이런 사실과 함께 대부분의 고대 조선의 국내 역사는 지금으로서는 무지한 상태로 덮어 둘 수 밖에 없다. 그 이유는 이미 언급한 바와 같이 중국의 역사가 '중심 왕국'과 직접적인 관계가 없는 국경 너머에 있는 것에 관심을 갖기에는 너무 고귀하기 때문이다.

다름 목록의 명칭들은 명조 시대의 발음에 따라 쓴 것이다. 첨부한 지도 3에는 조선인들의 발음이 기록되어 있는데, 그 명칭들과 비교해 보면 같은 단어의 조선어와 중국어 발음이 크게 다르다는 것을 이해하는 데 도움이 될 것이다. 중국어의 f는 조선어에서 p 혹은 b가 되며, chuen과 chwan은 chien이 되고, chung은 seng, yoong과 ying은 yeng, 단어의 첫소리 l은 n으로 바뀌고, l과 n은 임의로 교환될 수 있다.

'윤'이라는 칭호는 제2수도를 가리킨다. '목'은 귀족에 의해 세습적으로 유지되는 도시를 말한다. 고대에는 성벽으로 둘러싸인 도시는 항상 귀족이 지배했다. '부府'는 중국에서와 마찬가지로 도를 가

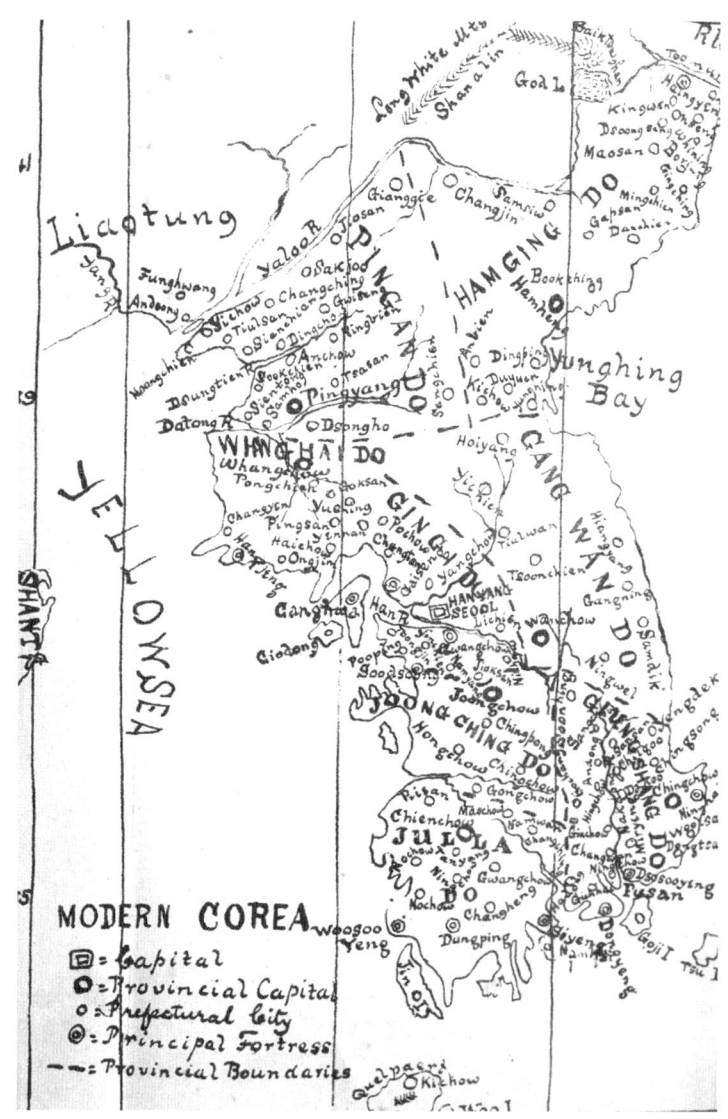

지도 3

리키며, '군'과 '영領'은 중국의 주 혹은 청에 상응하며, 판사의 관구를 가리킨다. 이 도시들의 극히 일부만이 성벽으로 둘러싸여 있으나, 중국의 도시들은 모두 높고 견고한 성벽들이 있다.

도시 이름이나 도시의 이름 다음에 오는 설명에 들어 있는 Shan 혹은 Ling은 산이며, gang 혹은 kiang은 강이고, gwo는 왕국을 뜻한다.

여덟 개의 도 가운데에 함경도와 평안도가 가장 크지만, 산이 많고 숲으로 덮여 있으며 인구가 적고 가난하다. 그리고 지도에서 볼 수 있는 바와 같이, 조선의 남쪽은 인구 밀도가 높고 도시가 많다. 함경도는 현 왕조의 고향이기 때문에 이곳 감사의 지위가 가장 높고, 평안도 감사가 가장 호화로우며, 경상도가 소득이 가장 많고 강원도가 가장 적다.

조선의 도시명 목록[348]

각 도의 도시 목록 아래 첨부된 내용은 고대 왕국$_{gwo}$의 이름과

---

[348] 지명을 정확하게 알 수 없어 원문으로 표기합니다(옮긴이).

그 위치, 그리고 중요한 산shan, gang, liang과 큰 강gang, kang이다.

1. 경기도 – 원員이 있는 34개 도시

현대 명칭	옛 명칭	수도까지의 거리(리)
목牧		
Lichow	Hwangli	180
Pochow	Hwangping	80
Yangchow	Ginchuen	60
부部		
Fooping	Gweiyang	50
Nanyang	Tangchung	105
Yinchuen	Jwanchung	50
Lichuen	Nanchuen	140
Changtwan	Twanchow	120
Foongjin	Funjun	100
Chiaotoong	Gaolin	180
Jooshan	Joochow	170
군郡		
Yanggun	Hungyang	120
Nanshan	Lienchung	57
Swoning	Nanswo	200
Nanchung	Baichung	170
Matien	Meishan	160
Gaoyang	Duayang	40
Jinpoo	Jinling	60
Jiaoho	Huenchung	80
Jiaping	Jiaping	130

현대 명칭	옛 명칭	수도까지의 거리(리)
Yoongping	Yoongping	140
영領 Loong yin Jun wei	Jüchung Ginshan	70 120
현縣 Yangchuen Diping Baochuen Gichung Gwochwen Suhing Lienchwan Yindsoo Yangju Yangchung	Baling Dihien Chingho Choongchung Foolin Chinchuen Jangchow Hüechung Chiwsi Chuahung	30 160 100 100 30 30 140 190 120 150

주) 남평양南平壤은 오늘날의 북한산성으로서 백제의 첫 번째 왕이 이곳을 수도로 삼았다. 북한산은 고구려의 북한산군이다. 신라는 그 이름을 한양군으로 고쳤다. 고려 문종文宗 때에 남쪽 수도 삼아 그 이름을 남경으로 고쳤다.
남한산은 오늘날의 광주로서 백제의 첫 번째 왕이 수도를 그곳으로 옮겼다. 신라가 이곳을 주州로 만들었다.
천마산은 산곡의 북쪽이다. 그 봉우리들은 매우 높다. 따라서 "하늘에 닿는 산"이라는 이름을 얻었다.
성주산은 산곡의 서쪽이다. 너무나 가파르기 때문에 물줄기가 그 산허리에서 사방으로 흘러내린다.
예성강은 상곡에서 서쪽으로 30리에 있다. 이곳에서 고려의 왕은 송나라 사절을 맞았다.
송악산은 개성의 관할 아래에 있으며, 두 고려 왕에 의해 두 개의 군으로 나누어진다. 고려의 태조(시조)는 수도를 철원에서 이곳으로 옮겼다.
강도江都는 오늘날의 강화(섬)이며, 고려의 왕은 몽골(원 왕조)이 침입하자 피신하여 이곳을 수도로 삼고 강도라고 불렀다. 성에서 남쪽으로 25리 되는 곳에 있는 마니산(오크랜드 산)에는 참성단이 있다.
미추홀은 오늘날의 인천으로서 온조(왕)의 형 비류가 이곳을 수도로 삼았다.

용문산은 양근군에서 동쪽으로 10리에 있다.
임진강은 장천부의 남쪽에 위치하며, 함경도 안변에서 시작된다.

2. 충청도 - 원이 있는 54개 도시

현재 이름	옛 이름	서울까지의 거리(리)
목牧		
Joongchow	Taiyooen	280
Chingchow	Shangdang	290
Goongchow	Hiwnggin	320
Hoongchow	Hoongyang	300
부府		
Chingfung	Shaye	340
군郡		
Linchuen	Gialin	400
Danyang	Danshan	370
Jainan	Chwunchung	390
Hanshan	Mashan	440
Shoochuen	Sichow	300
Mienchuen	Mienchow	310
Tiennan	Ningshan	210
Wochuen	Wochow	410
Whaishan	Whaichow	280
Swishan	Foochung	350
Wunyang	Wunchuen	230

현재 이름	옛 이름	서울까지의 거리(리)
Dahing	Yinchung	280
Baongun	Sansan	380
영領		
Wunyi	Yimow	330
현縣		
Hoongshan	Dashan	410
Dichwan	Naidi	310
Duasan	Duagung	280
Pingdsai	Hoyoo	160
Gishan	Shushan	180
Hwaiyin	Moogoo	350
Dingshan	Yooechung	350
Chingyang	Chingwoo	320
Yewfung	Changyen	320
Yinchung	Hüechang	240
Chingugan	Daongan	280
Unjin	Duangun	400
Whaidua	Bifung	340
Junchwan	Suchung	340
Lienshan	Whangshan	400
Loochung	Nichung	370
Fooyü	Yüchow	380
Shuchung	Shushan	390
Piyin	Bihiang	420
Lanpoo	Mashan	370
Giwchwan	Changshan	240
Giechung	Giechow	310

현재 이름	옛 이름	서울까지의 거리(리)
Baoning	Sinchwun	350
Haimei	Junmei	310
Tangjin	Foodsu	350
Sinchang	Wunsai	220
Lishan	Miaoshan	250
Moochwan	Daloo	240
Chwan yi	Ginchi	240
Yenchi	Chuenchi	390
Yoongchwun	Dsuchwun	470
Hwang gien	Hwangsi	510
Chingshan	Chishan	420
Yashan	Yachow	220
Yoongtoong	Gishan	470

주) 고대의 도시 등
위례성은 오늘날의 직산이며, 온조가 이곳을 첫 번째 수도로 삼았다.
웅진은 오늘날의 공주로서 백제의 웅진부를 말한다. 온조왕은 수도를 남평양에서 이곳으로 옮겼다.
조룡산은 공주에서 50리 서쪽에 있다.
사비는 오늘날의 부여이며, 백제는 웅진에서 이곳으로 수도를 옮겼다. 이 현縣에는 백마강이 있으며, 그 서쪽으로는 부소산이 있다.
속리산은 보은군에서 동쪽으로 44리에 있다. 산 정상에 문장대가 있고, 그곳의 깊은 '구멍'에서 쏟아지는 물은 세 방향으로 흘러내려 세 강의 발원지가 된다. 동쪽으로 흐르는 물줄기는 낙동강, 남쪽은 금강, 서쪽은 남한강이다.
계룡산은 연산에서 북쪽으로 27리에 있다.

3. 전라도 – 원이 있는 56개 도시

현재 이름	옛 이름	서울까지의 거리(리)
목牧		
Chuenchow	Wanshan	500
Lochow	Jwunchung	750
Gichow	Danlo	1,910
Gwangchow	Wooyu	720
Lingchow	Lingchung	750
부府		
Nanyooen	Loongchung	630
Changhing	Gwanshan	860
Shwuntien	Shungchow	770
Janyang	Chiwchung	607
Lishan	Hoostan	430
Changchung(장성)	Aoshan(오산)	670
Maojoo	Joosi	480
군郡		
Baochung	Sanyang	850
Yishan	Ginma	450
Goofoo	Yingchow	600
Lingyen	Langchow	820
Linggwang	Woohing	710
Jundao	Wochuen	1,030
Lonan	Lochwen	780
Chwunchang	Wangchow	630

현재 이름	옛 이름	서울까지의 거리(리)
Gunshan	Gunsi	480
Junshan	Wangsi	450
Ginti	Bigoo	530
영領		
Changping	Sinyang	700
Loongtan	Yu chwen	530
Linpi	Giwshan	490
Wanching	Dooshan	510
Gingow	Fungshan	520
현縣		
Gwangyang	Siyang	815
Sienyooe	Sienlo	440
Foonan	Fooning	570
Hienping	Mowyang	770
Kangjin	Danjin	880
Yugwo	Hueshan	660
Gaoshan	Fungshan	470
Tai yin	Taishan	570
Wogow	Yushan	530
Nanping	Yoongping	750
Hing dua	Hingchung	630
Ging yi	Gingchwun	590
Gaochang	Mowyang	640
Loongan	Shangchung	420
Maochang	Changsha	670
Woongan	Gunchow	790
Chiwlili	Fungchung	760

현재 이름	옛 이름	서울까지의 거리(리)
Goochung	Lochwen	670
Ywunfung	Ywunchung	687
Yinshu	Ywunshwi	570
Changshwi	Changchow	645
Junan	Yoochang	580
Joongfoo	Wungchung	730
Hingyang(홍양)	Gaohing(고흥)	890
Hainan	Haijun	900
Daging	Nilai	130
Huenyi	Hoongloo	140
Hoshwun	Yoowei	760

주) 완산은 현재의 전주다. 옛날 견원이 이곳에 머물렀다.
금마는 오늘날의 익산이다. 마한이라고 불리던 옛날에 기준箕準의 지배를 받았다.
탐라는 오늘날의 제주다. 이 섬은 그 둘레가 400리다. 시내에서 남쪽으로 20리 길에 한라산이 있고, 그곳에는 백록담이라는 호수가 있다.
덕유산은 무주, 장수, 함양을 경계로 한다.
무등산 혹은 서석산은 광주의 동쪽에 있다. †
월출산은 영암에서 남쪽으로 5리에 있으며, 영진강이 있다. †
지리산은 남원에서 동쪽으로 60리에 있으며, 높은 봉우리인 천왕봉과 중봉에는 깊은 굴들이 있다.
변산은 부안에서 서쪽으로 25리에 있다.
내장산은 장성에서 북쪽으로 30리에 있다.
감청산은 여주의 관할 구역이다.
천관산은 고흥의 서쪽이다.

† 개주에서.

4. 경상도 – 원이 있는 71개의 도시

현대 명칭	옛 명칭	수도까지의 거리(리)
윤尹		
Chingchow(경주)	Nguachu(금성)	760
목牧		
Shangchow	Shanglo	480
Ginchow	Ginshan	850
Hingchow	Hingshan	600
부府		
Changyooen	Hopoo	880
Andoong	Yoonggia	540
Ginhai	Punchung	880
Ninghai	Lichow	750
Miyang	Michow	810
Shanshan	Shanchow	550
Chingsoong	Chingyi	620
Dakiw	Dachung	670
Shwunhing	Hingchow	460
Jugi	Chichung	1,080
Yushan	Yuchow	880
Doongtsai	⎡ Tsaishan ⎣ Pungying	1,000
Hodoong	Honan	820
Guchang	Juto	710
Yintoong	Yushan	590
Chigoo	Baju	660

현대 명칭	옛 명칭	수도까지의 거리(리)
군郡		
Hienyang	Hienyang	710
Shanchwen	Daliang	710
Tsaosi	Dasi	700
Chingdao	Aoshan	740
Yoongchwen	Yoongyang	680
Lichwen	Yuchwen	480
Yoongchwen	Yoongchow	480
Hinghai	Hwigiang	750
Liangshan	Liangchow	900
Hienan	Hienchow	800
Ginshan	Ginling	590
Funggo	Gichwen	430
Kwunyang	Kwunan	900
영領		
Yichung	Wunshow	590
현縣		
Chingshan	Jangshan	700
Yingdua	Yechung	790
Goochung	Goochow	900
Nanbai	Haiyang	910
Kaining	Ganchow	550
Sangia	Chishan	770
Yining	Yichwun	770
Hoyang	Hochow	680
Loonggoong	Loongchow	450
Funghwa	Fungchung	510

현대 명칭	옛 명칭	수도까지의 거리(리)
Chingho	Duaching	810
Yenyang	Hienyang	810
Chiyooen	Chidi	770
Junhai	Banshan	840
Junbao	Junan	620
Wunchang	Gwanshan	380
Hienchang	Hienning	440
Juli	Gweichung	610
Nan yi	Hwalin	750
Gaoling	Lingchwen	650
Huenfung	Baoshan	720
Sanching	Sanyang	840
Danchung	Junchung	880
Yihing	Gweishan	610
Jwunwei	Tsulo	570
Binan	Pingshan	540
Sinming	Hwashan	640
Linan	Huenchung	510
Yenyi	Linding	770
Changki	Kikiw	810
Lingshan	Giw chung	740
Changning	Changshan	710
Suchwen	Doongchung	880
Gijang	Chuachung	950
Hiwngchwen	Pingshan	860
Chuyin	Yusha	720
Yingyang	Yen yang	640

주) 서라벌은 지금의 경주다. 원래는 진한 땅으로서 신라의 수도였다. 지금은 '동쪽의 수도'라는 의미인 동경이라고 불린다. 따라서 심양이 만주인들에게 그랬던 것처럼 이곳은 윤에 해당하는 도시다.

가야국(왕국), 김해는 원래는 변한의 땅이었으며 수로왕의 수도였다.
대가야大伽倻는 지금의 고령이다.
고령가야古寧伽倻는 지금의 함창이다.
아라가야阿羅伽倻는 지금의 함안이다.
소가야小伽倻는 지금의 고성이다.
벽진가야碧珍伽耶는 지금의 성주다.
장산국茛山國은 지금 동래라고 부르며, 양산의 관할 아래에 있다.
소문국召文國은 지금의 의성이다.
이서국伊西國은 지금의 청도다.
사벌국沙伐國은 지금의 상주다.
감문국甘文國은 지금의 개령이다.
창녕국昌寧國은 지금의 안동이다.
청량산은 36개 봉우리가 있으며 방산의 서쪽에 있다.
우산국于山國은 울릉도라고도 불렸으며 둘레는 100리로서, 명주 연안에 있다.
소백산은 순흥에서 몇 리 북쪽에 있다.
가야산은 산청에서 북쪽으로 30리에 있으며 거대한 두 개의 동굴이 있다.
노령蘆嶺은 문경에서 서쪽으로 27리에 있으며, 그 아래에는 용못이 있다.
조령鳥嶺은 풍기에서 서쪽으로 24리에 있다.
금오산은 장기의 북쪽이다.
남강은 금주의 남쪽이다. 남덕유산에서 발원하며, 한 줄기는 산의 북쪽에서, 다른 줄기는 남쪽에서 흘러내려 낙동강에 합류한다.

5. 황해도 – 원이 있는 23개 도시

현대 명칭	옛 명칭	수도까지의 거리(리)
목牧 Whangchow	Ginan	460
부府 Haichow Yennan	Showyang Haigow	380 250

현대 명칭	옛 명칭	수도까지의 거리(리)
Tingshan	Yoongfung	260
Fungchwen	Siho	550
Gooshan	Giashan	440
Changyuen	Changtan	520
Wungjin	Wungchien	480
Yooihing	Loongsi	340
군郡		
Fungshan	Nguahing	410
Nanyooe	Yangyooe	530
Dsaining	Nanling	460
Swingan	Sichow	430
Baichwen	Yinchwen	240
Sinchwen	Sungehow	460
Ginchwen	Ginlng	200
영領		
Sinsi	Sin ngun	330
현縣		
Wunhwa	Sinchow	520
Changlien	Changming	570
Soongho	Giaho	510
Kanghing	Toongkang	450
Yingli	Lichwen	550
Tooshan	Yooechung	230

주) 구월산은 문화에서 서쪽으로 10리에 있으며 단군은 이 산에서 신선이 되었다고 한다. 수양산은 해주에서 동쪽으로 5리에 있으며 이기李란의 사당이 있다.

6. 평안도 - 원이 있는 42개 도시

현재 이름	옛 이름	수도까지의 거리(리)
윤尹		
Yichow	Loongwan	1,080
목牧		
Pingyang	Gichung	550
Anchow	Anling	720
Dingchow	Dingyooen	880
부府		
Gianggie	Shuchow	1,300
Ningbien(영변)	Yooeshan(연산)	770
Changchung	Changchow	1,080
Hüenchwen	Toongchwen	910
Chungchwen	Soongyang	710
Swochow	Ningsai	1020
Shoochwen	Pingyooen	660
Gweichung	Gweichwen	880
Dsoongho	Tangshan	500
Tsushan	Tsuchwen	640
Tieshan	Toongshan	960
Loongchwen	Anhing	990
Chooshan	Lichow	1,170
Sanho	Niwshan	660
Hientsoong	Yashan	620
군郡		
Hiangyooen	Chwenshan	620
Duachwen	Duachow	820
Giechwen	Chaoyang	820
Giashan	Fooling	780

현재 이름	옛 이름	수도까지의 거리(리)
Gwoshan	Dingsiang	880
Shwunchwen	Gingyoong	705
Sichwen	Weichung	970
Bitoong	Yintoong	1,090
Ywunshan	Ywunchow	880
Bochwen	Boling	760
Weiyooen	Mishan	1,300
Mingyooen	Liaoyooen	800
영領		
Loonggang	Wooshan	640
Yoongyow	Yoongching	630
Giangsi	Wooho	600
Shandung	Nungchung	640
Giangdoong	Soongyang	610
현縣		
Jungshan	Siho	640
Shwunan	Pingjiao	600
Yangdua	Doongyang	900
Mungshan	Mungchow	750
Taichwen	Gwanghwa	810
Yinshan	Yinchow	670

주) 졸본은 동명왕이 고구려의 수도로 삼았던 비류수 유역의 성이며, 청천의 서쪽에 있다.
황룡국은 오늘날의 용강이다.
묘향산 혹은 태백산은 영변에서 동쪽으로 130리에 있으며, 여기서 단준이 고구려에 복종했다.
두령은 강계에서 남쪽으로 169리에 있다.
대동강 혹은 패강은 평양에서 남쪽으로 1리에 있다.
청천강 혹은 살수는 안주의 북쪽이다.
압록강 혹은 용만(용의 꿈틀거림)은 의주의 북서쪽에 있다.

7. 강원도 – 원이 있는 26개 도시

현재 이름	옛 이름	수도까지의 거리(리)
부府		
Giangling	Lintwun	530
Yooenchow	Sihing	240
Hwaiyang	Hiangshan	380
Hiangyang	Hiangshan	540
Chwunchwen	Showchwun	205
Tieyooen	Tiechung	200
Shanju	Juchow	650
Ningyooe	Aichung	410
Yichwen	Hwashan	280
군郡		
Pinghai	Gichung	880
Toongchwen	Toongchow	440
Hüenshan	Taoyooen	430
Gaochung	Fungyen	510
Ganchung	Swichung	550
Pingchang	Looshan	370
영領		
Ginchung	Daochung	270
현縣		
Yüjun	Hiencha	800
Higoo	Holin	470
Pingkang	Pinggiang	250
Ginhwa	Fooyoo	220

현재 이름	옛 이름	수도까지의 거리(리)
Lanchwen	Shungchwen	230
Hoongchwen	Lüyao	220
Yangkow	Yangloo	370
Linti	Joojoo	370
Hungchung	Whangchwen	240
Anjia	Answo	220

주) 위국은 오늘날의 강릉이다. 한나라 때의 임둔군이다.
맥국은 오늘날의 춘천이며, 신라 때는 우수주牛首州였다.
삭주는 오늘날의 춘천이며, 신라 때의 삭주다.
북원은 오늘날의 원주이며, 신라 때의 영원산성이다.
태봉국은 오늘날의 철원으로 궁예의 백성들이 여기 살았다. 고려는 동주라고 불렀다.
금강산은 회양에서 167리 동쪽에 있으며, 봉래산은 개골산이라고도 부른다. 1,200개의 봉우리가 있다.
설악산은 인제에서 50리 동쪽에 있다. 이 산에는 수백 미터에 달하는 눈 같은 강들이 있다(폭포).
오대산은 강릉에서 140리 서쪽에 있으며, 다섯 개의 봉우리가 원을 이루고 있다.
태백 혹은 태백산은 삼척에서 서쪽으로 120리에 있다. 이 산에서는 누런 물(광천수?)이 나온다. 신라는 이것을 '주요'라고 불렀다.
태령산은 회양에서 북쪽으로 39리에 있다.
대관령은 강릉에서 서쪽으로 45리에 있으며, 이곳에 아흔아홉 고개가 있다.
소양강은 춘천에서 북쪽으로 5리에 있으며, 인제와 양구에 그 상류가 있다.

8. 함경도 - 원이 있는 도시 24개

현대 명칭	옛 명칭	수도까지의 거리(리)
목牧 Gichow	Gichung	395

현대 명칭	옛 명칭	수도까지의 거리(리)
부府		
Gienhing	Hienchow	770
Yoonghing	Liyang	680
Gingchung	Juchung	1,600
Chingyooen	Giachow	2,195
Whining	Aoshan	1,940
Dsoongchung	Chowchow	2,040
Wunchung	Janchung	2,110
Chinghing	Whaichung	2,310
Fooning	Fooyü	1,690
Beiching	Chingchow	1,010
Duayooen	Yijow	560
dingping	Joongshan	720
Maishan	Sanshan	1,850
Nanbien	Dungchow	520
Sanshwi	Sangiang	1,365
Dwanchwun	Foochow	1,215
Mingchwen	Mingyooen	1,465
Giashan	giachwen	1,275
Changgin		1,525
군郡		
Wunchwen	Wunchow	590
Gaoyuen	Shangchow	630
현縣		

현대 명칭	옛 명칭	수도까지의 거리(리)
Hoongsien	Hoongsien	920
Liyooen	Gwanchung	1,115

주) 동옥저는 큰 바다와 접하고 있으며 개마산의 동쪽에 있다. 북동쪽으로는 숙신, 그리고 후에는 발해와 여진의 영토와 경계를 이루었다(전술한 역사 참고).
현도군은 오늘날의 함흥이다.
백두산은 여진과 경계를 이루고 있던 회령부의 서쪽이다. 세 개의 산맥이 있으며, 첫 번째가 가장 낮고 세 번째가 가장 높다. 첫 번째 산맥의 기슭에서부터 세 번째 산맥 꼭대기까지는 200리이다. 산꼭대기에 품고 있는 호수는 둘레가 800리이다(만주 역사 참고).
장백산은 경성의 서쪽에 있다.
마운령(구름에 닿는 산)은 단천에서 남쪽으로 37리에 있다.
마천령(하늘에 닿는 산)은 …… 도道에서 동쪽으로 66리에 있다.
용흥강은 영흥에서 북동쪽으로 2리에 있다. 옛날에는 횡강이라고 불렀다. 조선의 현 왕조가 이곳에서 나왔기 때문에 '용의 승천'이라는 이름이 붙었다.
두만강(토문)은 경원부에서 동쪽으로 25리에 있으며, 태백산에서 시작된다.

중국지명의 현대표기

가릉강嘉陵(江)	자링 강
강남江南	강남
강소江蘇(省)	장쑤(성)
개봉開封	카이펑
개원開原	카이위안
개주蓋州	가이펑
건덕建德	젠더
계薊	계
고북구古北口	구베이커우
고산孤山	구산
고양固陽	구양
곡부曲阜	취푸
광고廣固	광고
광동廣東(省)	광둥(성)
교주膠州(灣)	자오저우(만)
금성金城	금성
금주錦州	진저우
금주金州(灣)	진저우(만)
기주冀州	기주
기주岐周	기주
기주沂州	이저우
기주蘄州	치저우
기주夔州	쿠이저우
길림(성)吉林(省)	지린 성
낙양洛陽	뤄양
난주蘭州	란저우
간쑤(甘肅)	성의 성도.
난하강灤河(江)	롼허(강)
남경南京	난징
남구南口	난커우
내주萊州(灣)	라이저우(만)
노하老河	노하
눈강嫩江	넌장
대동大同	다퉁
대량大梁	대량
대만臺灣	타이완
동경東京	동경
동관潼關(縣)	퉁관(현)
무순撫順	푸순
무창武昌	우창
밀운密雲	미윈
백하白河	바이허(강)
병주並州	병주
보정保定	바오딩
복건福建(省)	푸젠(성)
북강北江	베이장
북경北京	베이징
북평北平	베이핑 [베이징 (北京)의 별칭]
비사성卑沙城	비사성
산동성 山東성(省)	산둥 성
산서성山西省	산시 성
산서성山西省	산시 성
산해관 山海關	산하이관
상경上京	상경
상곡上谷	상곡
상구商邱	상추
상덕常德	창더
상산(현)象山(縣)	샹산
상주常州	창저우
상해上海	상하이

서경西京	서경	유주幽州	유주
섬서성陝西省	산시 성	이춘伊春	이춘
소주蘇州	쑤저우	익양益陽	이양
송화강松花江	쑹화강	임유臨楡	린위
수양首陽(山)	서우양(산)/수양산	임천臨川	린촨
수춘壽春	수춘	장강長(江)	창장(강)
심양瀋陽	선양	장안長安	장안
안양安陽(縣)	안양(현)	정주鄭州	정저우
안평安平	안핑	제남濟南	지난
양양襄陽	샹양	제녕濟寧	지닝
양자강楊子江	양쯔 강	조양潮陽	차오양
양주揚州	양저우	조장棗莊	짜오좡
역산歷山	리산	중경重慶	충칭
연경燕京	연경	중산中山	중산
연안延安	옌안	지부芝罘	즈푸
영고탑寧古塔	영고탑	창주滄州	창저우
영구營口	잉커우	천산千山	첸산
영제永濟	융지	천진天津	톈진
오주梧州	우저우	청수淸水(河)	칭수이(강)
오환烏桓	오환	청주靑州	칭저우
옹주雍州	옹주	청하淸河	칭허
요녕성遼寧(省)	랴오닝(성)	태산台山	타이산
요동반도遼東半島	랴오둥반도	통주通州	퉁저우
요서遼西	랴오시	평량平涼	핑량
요양遼陽	랴오양	하남성河南省	허난 성
요하 遼(河)	랴오허(강)	하남河南	허난
요하강遼河江	랴오허 강	하동河東	허둥
용문龍門	룽먼	하북성河北省	허베이 성
용산龍山	룽산	하夏(縣)	샤(현)
우장牛莊	뉴좡	한양漢陽	한양
위하渭河	웨이허	항주杭州	항저우
유주柳州	류저우	해구海口	하이커우

형양衡陽	형양	회수淮水(江)	화이수이 강
형주荊州	형주	회주懷州	회주
혼하渾河	훈허(강)	회하淮河(江)	화이허 (강)
홍수紅水(河)	홍수이(강)	흑룡강黑龍江	헤이룽 강
화룡和龍	허룽	홍경興京	싱징
황하黃河	황허	홍안령興安嶺	싱안링
회녕懷寧	화이닝	홍안興安	싱안

찾아보기

(ㄱ)

가견 149
가돌우 327
가비능 80
가서한 340
가한 217
가해 338
강원도 42, 618
강화도 461
개모성 254
개봉 29
개원 30, 73, 373
개원성 276
개주 117
거란 29, 248
건릉 300
건무 243
건안성 253, 267
검모잠 291
경기도 213, 618
경상도 618
계 139
계루부 260
계민 217, 236
계성 118, 131
계주 395
고간 291

고구 196
고구려 28
고국원왕 124
고려 28
고마성 277
고문상서 483
고북구 385
고비 사막 30, 347
고양 119
고연수 260
고옹 58
고제 317
고조 239
고조선 24, 28
고차 159
고혜진 260
곡곡제 126
공손강 54
공손수 68
공손연 55
공손찬 51
공손탁 28
공왕 483
공자 35, 474
공주 276, 618
곽경 178
곽산 443
곽약사 392
관구검 63
관노부 260
관전 443
광계 350

광고	146		낙양	157
광녕	135, 353		난	100
광릉	73		난강	324
교서관	577		난루	51
구르카	448		난발	104
구이	35		난주	388
구주	396		난하강	219
구흥	163		남건	287
국팽	96		남산	287
궁	209		남생	279
궁예	411		남소	189
극성	85, 115		남한산성	444
금	407		내주	57, 216
금강	276		내호아	223
금대	108		노	483
금로산	329		노구	132
금산	288, 289		노룡	354
금성	115		노룡관	318
금연	277		노룡새	131
금위대장	578		노룡현	53
기수	35		노성	358
기자	25		노소	328
기주	24, 108		노이소	348
길림	373		노천	175
			노하	219
			녹발조	133
(ㄴ)			논어	483
			누반	51
나('벌거숭이의')족	48			
낙랑	42			
낙릉	145			
낙안성	117			

(ㄷ)

단　　　82
단감　　134
단주　　395
달레　　457
답돈　　51
당고종　29
당태종　29
대대로　207
대덕　　483
대동강　24, 213, 412
대량강　68
대만 해협　22
대만　　22
대벽　　186
대사간　577
대사헌　577
대성　　483
대수강　73
대원군　574
대일하　371
대제학　577
대조영　369
대족　　126
대주　　395
덕광　　350
덕만　　244
덕안　　277
도교　　559
도발극렬　383
도종　　253

도침　　278
도하　　92
도하강　115
돌궐족　217
돌욕　　350
동관　　163, 393
동관현　50
동단　　350
동단국　376
동단부　376
동명　　277
동평군　359
동호족　350
동화록　31
두만강　240
두방루　276
뒤 알드　30
등강　　164
등광　　167
등주　　317
등하　　165
등항　　131

(ㄹ)

러시아　30
로마　　456
로저스 제독　　461
로즈 제독 461

(ㅁ)

마령	432		모용산	82
마성	73		모용섭귀	81
마추	112		모용소	98
마한	207, 277		모용수	155
막불하	212		모용영	184
막하불	317		모용외	82, 83
만리장성	27		모용위	155
만족	153, 301		모용인	95, 97
만주	23		모용장	161, 165
만주 전쟁	31		모용준	81, 104, 128, 132
만주실록	31		모용충	161
말갈	248, 334		모용패	129, 131
매초성	293		모용평	113, 129
맥철장	222		모용한	88
맹고	174		모용황	81, 97
면지	158		목저성	122, 191
명	30		몽념	485
모문룡	435		묘족	153, 363
모숭	163		무극현	141
모여구	131		무수진	119
모여근	104, 109		무순	423
모여하신	159		무예	369, 371
모용각	113, 129		무왕	34
모용구	145		무종	132
모용귀	29, 190		무창	143
모용농	186		무후	279
모용덕	167		묵교	561
모용려	165		묵철	323
모용령	172		문예가	370
모용린	188		문왕	35, 482
			물우	212
			미아오족	301, 363

밀운현　108

(ㅂ)

발실밀　325
발착수　270
발해　29
방두　165
방본　87
백강　283
백구　210, 385
백랑　118
백랑산　53
백랑성　193, 318
백마산　617
백빙산　292
백산　329
백암성　258, 259
백제　28, 127
백하　368
백하강　219
범성　113
범양　133, 341
범양왕　167
베르뇌　457
벨로네　460
변한　43, 213
병조판서　576
병주　79
보도근　80
보장왕　293

보주성　416
복신　278, 282
복희　482
봉황산성　39
봉황성　224
부견　163, 178
부등　185
부류　164
부무　163
부산　240
부수　164
부여　28, 127
부여국　82
부여성　376
북강　37
북경　413
북직예　463
북평　105
북풍　195
비가　326
비미호　47
비사성　234, 254
비여　49
비연　66

(ㅅ)

사마광　371
사마의　66
사명　333
사비성　278

사성	172	서울	213, 619
사옹령	398	서진	81, 82
사정	186	석경당	358
사주	338	석노	380
사타상여	285	석민	135
사할린	363	석호	107
삭주	395	선비족	63
산서성	23, 74	선우	52
산양	168	선우량	124, 131
산해관	24, 29, 81, 300	설연타	364
살랄달	348	설인귀	265
살수	226	설필하력	257
삼국지	31	설하수	290
삼산도	448	섬서성	110, 129
삼자경	480	성균관	577
삼장구	113	소고	328
삼전도	447	소림	141
삼화	358	소복연	51, 75
상경	349, 353, 361	소사선	381
상경성	350, 359	소정방	276
상곡	51, 72, 135	소주	109
상산	138	소평진	157
상산로	443	속말말갈	369
상서	483	손수	196
상서령	167	손영	110, 132
상책	110	손인사	283
생여진	374	송	29
서경	42, 110	송막	274
서노부	260	송막도독부	321
서무산	53	송악	412
서연	184	송화강	202
서요성	24	송회	107

수	214		**(ㅇ)**	
수가	379			
수나라	29	아골타	378	
수양	398	아나양	317	
수춘	174	아담 샬	454	
숙신	23	아민	437	
숙여진	374	아보기	349	
순노부	260	아부수	339	
순선	150	아속	377	
순안	37	아이누족	363	
순율	351	악비	404	
순임금	23	악탁	444	
순족	23	안고	275	
순천	397	안국왕	141	
순체	40	안남족	301	
승정원	577	안녹산	333	
시경	483	안사순	340	
시라무렌	316	안순	291	
시보족	46	안시	137	
시엄수	202	안시성	260, 292	
시필	236	안정	163, 333	
신도	177	안주	318, 436	
신라	180, 213, 240	안평만	121	
신빈	205, 424	암반발극열	382	
신성	290	압록강	24, 224	
신흥왕	135	애주	373, 427	
실위	334	야눌이	148	
심경	158	야마타이국	46	
심양	24, 31, 224	야손철목아	421	
십익건	126	양	217	
싱가포르	48	양곡	188	
쌍섬	438	양국	135	

양노	89	영원	435
양삭강	319	영의정	575
양안	173	영주	24
양유	108, 113	영지	134
양읍	168	영평	73
양의신	231	예기	483
양자강	30, 405	예맥	75, 209
양주(섬서성)	129	예수회	455
양주(한반도 중부)	618	예조판서	576
양침	173	예종	416
양평	61, 66	예친왕	443
양현감	232	오	54
어양	72, 108	오거성	289
어영대장	578	오걸매	382, 392
업	140	오골성	257, 268
여광	163, 180	오국성	403
여진	29	오아속	381
여진족	362	오연	51, 75
여호	144, 157	오환	49
역경	482	오환족	63
역림구	103	옥산령	319
연	213	옥저	37, 44, 211, 369
연경	341, 389, 413	옥저국	83
연고	358	옹주	109
연나라	27	완도성	211
연산	108	완안	379
연해주	363	왕 탕	214
열수	364	왕건	411
열옹새	131	왕검	37
염민	138	왕백구	196
영고탑	30, 441	왕오	131, 141
영관	73	왕웅	80

왕인공	231		우문술	224
왕전	421		우번	55
왕제	100		우북평	49, 51, 75
왕준	87		우오현	108
왕징	87		우왕	23
왕충사	341		우의정	575
왕타	132		우장	436
왕회	330		우중문	225
왜	46		우진달	273
요녕성	99		우찬성	576
요동만	25		운	191
요동반도	23		운남	347
요동성	24		운주	356
요서성	24		운중	37, 74, 159
요수현	64		울우	327
요익중	136		웅무성	341
요임금	23		웅진	277
요하강	24		웅진강	276, 283
욕살	260		웅진성	276
욕이성	290		원	30, 215, 234
용도	172		원상	53
용산	116		원소	51
용성	115		원숭환	435, 438
용성현	81		원진	169
용안	398		원창군	436, 437
용평	375		월지족	362
우	422		위	28, 54
우거	38		위궁	211
우랄산맥	25		위만	37
우랄알타이어족 사람	26		위만조선	42
우랄알타이어족 언어	26		위문승	229
우문	82		위운기	320

위장현	138	이강	396
위주	358	이과절	330
유고인	187	이근행	293
유구	321	이대보도	325
유대유	423	이덕실	348
유백영	276	이례	331
유성	54, 116, 320	이봉	173
유송	192	이부상서	402
유양	322	이사고	325, 327
유연	86, 192, 317	이사마	258
유위진	187	이성계	422
유인공	354	이성량	424, 425
유인궤	277	이실활	325
유인원	278	이여송	428
유전현	108	이연	233
유주	24, 56, 79, 318	이임보	341
유향	483	이자춘	422
육이	136	이적	288
융	277	이조참의	576
은성	266	이조참판	576
을연성	104	이조판서	576
을지문덕	225, 262	이진	87
읍루	28, 127, 368	이토	153
응교	577	일본해	30
의라	83	임거	132
의려	83	임둔	37, 208
의무려산	353	임서	221
의수	398	임유관	216
의자	277	임읍	244
의정	575	임존산	285
의주	114, 145, 318, 388, 427, 617	임존성	279, 284
		임진강	412, 445, 618

(ㅈ)

자치통감	31		정명진	276
장각	389		정주	318, 355, 432
장간	140		제남	42
장거	49		제너럴 셔먼호	460
장구령	333, 334		제녕	403
장량	250		제주도	616
장방창	403		조	108
장백산	28, 220		조보	76
장산	445		조양사	389, 393
장세종	355		조조	53
장소	58		조주	221, 388
장손무기	263		조합	135
장수규	330		졸본	425
장순	49		종한	397
장안	63		좌의정	575
장요	53		좌찬성	576
장우	58		주	24
장자산	432		주라후	216
장족	71, 136		주룡	138
장중	398		주류성	278, 283
장중화	129		주리족	48
장통	95		주신	23
장평	148, 157		주자	31
저릉현	369		주필산	266
적리성	273		주하	55
적봉진	276		준도관	318
전국시대	27		준왕	36
전라도	618		중도	128
절노부	260		중산(중국 지명)	89, 115, 137
정림	96		지수신	284
			진	27
			진대덕	244

진령	432		춘추	275
진무	357		출하점	381
진번	37		충렬왕	419
진번군	43		충청도	618
진양	173		측시법	490
진한	38, 213, 240		침주	53

(ㅊ)

찰합이	442		탁발규	187
참판	576		탁발십익건	187
창려	81, 87, 110, 318		태대	317
창왕	422		태대형	207
창주	50, 445		태원	23, 74
창평	73		태종	443
채륜	485		태평천국의 난	50
채풍	208		태흥	118
처라후	218		태흥현	131
천진	118, 362		토묵	423
철불위진	187		토문	317
철종	458		토혼족	325
청강	182		톤욕곡	327
청량성	133		통도	253
청산	85		퉁구스족	34
청수	165			
청주	24, 56		### (ㅍ)	
청천강	436			
청하	107		판서	576
초	403		패강	279
초산항	612		패수	25
측	63		평강	34, 53

(ㅌ)

평곽	97, 195	해건	398
평구	322	해구	319
평로	332	핵리발	381
평성	213	향평	101
평양	38	현도	127
평양성	227	현도군	42
평주	29, 91, 334	형조판서	576
포홍	136	형주	24, 29, 73, 137, 224, 448
포희	482	호곤	190
풍수설	560	호관	173
풍신수길	426	호류	165
풍왕	282	호성	104
피도	435	호시리족	377
피트먼	585	호신성	89
		호조판서	576
		호족	136
(ㅎ)		혼동강	382
		혼인	487
하감	84	화룡	165
하남	155	화룡성	192
하내	144	화음	163
하북성	23, 81	환온	147
하사덕	337	황룡부	383
한	27	황수	99
한강	213, 412, 618	황제	486
한림원	577	황주	618
한반도	213	황하	23
한산성	435	황해도	618
한세충	404	황허	165
함경도	618	회수	104, 156, 182
함보	379	회원	219, 247, 253
항주	319	회하	350

효경	483	흉노족	52	
효곡	158	흑산	366	
후	323	흑수	334	
후조	107	흑수말갈	369	
후진(인명)	185	흑치('검은 치아')족	48	
후진(국명)	358	흑치상지	284	
후창	483	흠덕	350	
후한서	485	홍경	23, 224, 415, 434	
후황성	266	홍국성	105	
훈련대장	578	홍안령	374	

존 로스의 한국사

펴낸날	초판 1쇄 2010년 1월 28일

지은이 **존 로스**
옮긴이 **홍경숙**
펴낸이 **심만수**
펴낸곳 **(주)살림출판사**
출판등록 1989년 11월 1일 제9-210호

경기도 파주시 교하읍 문발리 파주출판도시 522-1
전화 031)955-1350 팩스 031)955-1355
기획·편집 031)955-1364
http://www.sallimbooks.com
book@sallimbooks.com

ISBN 978-89-522-1326-6 03910
      978-89-522-0855-2 (세트)

* 값은 뒤표지에 있습니다.
* 잘못 만들어진 책은 구입하신 서점에서 바꾸어 드립니다.

책임편집 이기선